MARKETING RESEARCH INSIGHTS

마케팅리서치 인사이트

김종훈 이상권 이은미 공저

이프레스

머리말

P R E F A C E

최근 확산되고 있는 사회문화 트렌드의 핵심인 '욜로(YOLO)'에 맞춘 제품과 서비스에 대한 관심이 높아지면서 나홀로족의 소비 트렌드는 단순히 혼자만을 의미하지 않고 욜로 소비행태로 진화하고 있다. 미국의 오바마 대통령이 '오바마 케어(건강보험 개혁안)'를 독려하기 위해 만든 코믹한 2분짜리 영상에 '욜로'라는 말이 등장한 후로 '욜로족'이 화제의 중심에 떠올랐다. '인생은 단 한 번뿐(You Only Live Once)'이라는 의미의 '욜로(YOLO)'는 미국에서 생겨난 신조어다. 욜로족은 물질적인 것보다 비물질적인 소비, 즉 경험을 중시한다. 여행이나 학습 등 배움에 관련된 것이 소비의 주요 콘텐츠를 이루고, 획일화된 라이프스타일에서 탈피하려는 움직임을 보인다. 과연 욜로족이 탄생한 근본적인 원인은 무엇일까? 높은 이자와 물가상승률을 경험했던 고성장기가 막을 내리고, 저금리 · 저성장 · 저물가가 일상이 되는 디플레이션 시대의 새로운 소비풍토가 욜로족을 출현시킨 셈이다.

시장 환경은 사회가 변함에 따라 끊임없이 변화하고 있다. 오늘날의 시장 환경은 과학, 기술의 발전과 함께 변화하였다. 또한 소득수준의 향상에 따라 욕구 수준은 더 높은 수준으로 상승하였다. 이에 따라 기업들도 생산중심의 판매에서 판매를 위한 생산체제로 변화하며 시장도 그에 따라 변화하고 있다. 따라서 이와 같은 관점에서 기업은 고객 혹은 소비자가 원하는 것에 맞춰서 창조적이고 통합적인 마케팅을 할 수밖에 없게 되었다. 이를 위해 고객의 기존 욕구를 파악하거나 새로운 욕구를 생성시키기 위해서는 마케팅조사의 이론과 실무에 대한 충실한 이해가 매우 중요하게 되었다.

본서는 오랫동안 마케팅조사의 이론을 연구하고 강의해온 상아탑의 교수들과 상당한 기간 동안을 현장의 기업체들을 상대로 리서치프로젝트를 수행해 온 마케팅조사회사의 전문가가 공동으로 집필한 찾아보기 힘든 책 중의 하나이다.

본서에 포함된 중요한 내용들은 다음과 같다. 첫째, 마케팅조사를 처음으로 접하는 학생들과 기업실무자들이 마케팅조사 프로젝트의 수행과 실무적 절차를 쉽게 이해하고, 현장에서 적용할 수 있도록 돕는 것이 본서의 주요한 목적이다. 즉, 다양한 마케팅 공모전을 준비하는 학생들과 기업의 실무자들이 마케팅전략을 수립하고 실행하는 데 직접적으로 사용 가능한 마케팅조사기법과 분석사례들을 더 많이 다루고자 하였다.

특히, 독자들은 각 장에 소개된 도입사례, 중간사례, 마무리사례를 통해 현장에서 이루어지는 마케팅조사과정을 생생하게 이해할 수 있으리라 기대한다.

둘째, 마케팅조사의 핵심은 마케팅조사 설계를 어떻게 하느냐 하는 것이다. 주어진 마케팅조사의 목적에 맞게 해결해야 할 문제들을 열거하고 그러한 문제들을 숙지하는 것이 필요하다. 그리고 문제들을 해결하기 위해서는 적절한 조사방법의 사용과 관련된 마케팅조사의 설계를 잘 이해해야 한다. 따라서 3장~7장에서는 정성적 마케팅조사와 정량적 마케팅조사에서 사용하는 조사방법과 실험방법을 설명하고, 최근 도입된 인터넷마케팅조사와 관련된 내용들을 다루었다.

셋째, SPSS통한 설문지 분석과 실험조사의 분석에서 대표적으로 많이 사용되는 통계적 기법들을 소개하였다. 마케팅조사에서는 는 주로 차이분석과 관계분석이 많이 수행된다. 차이분석에는 T 검정과 분산분석, 관계분석에는 교차분석, 상관분석, 회귀분석이 흔히 사용된다. 이러한 다섯 가지의 기본적인 분석방법들을 설명하였다. 구체적으로 12장과 13장에서 조사기법에 따른 통계프로그램 사용방법에 대한 학습을 돕기 위해 해당 기법에 대한 SPSS의 입 · 출력 화면을 상세히 제시, 설명하였다. 또한 본서에서는 자료 분석에 사용하기 위한 설문지를 직접 제작하였고, 수집된 데이터를 코딩하여 모든 분석기법에 이용함으로써 실제 설문조사에서 도출 가능한 분석결과를 가시화시키고자 하였다.

넷째, 정성적 마케팅조사와 정량적 마케팅조사를 수행한 결과를 조사보고서에 요약하고 정리하였다. 처음에 주어진 마케팅조사 목적을 달성하기 위해서 수행한 마케팅조사 결과를 제시하였다. 그런 후에 전략적 시사점을 제안함에 있어 시각적인 효과를 극대화하기 위한 활용방안을 14장에 소개하였다.

본서는 마케팅조사 입문과정에서부터 어느 정도 수준까지의 마케팅조사 능력을 스스로 배양할 수 있도록 마케팅조사의 이론과 실무를 종합적으로 다루었다. 저자들은 우리나라의 독자들이 마케팅조사의 풍부한 이론과 현장의 경험들이 잘 녹아 있는 본서를 통해 마케팅조사에 대한 통찰력을 배양하고, 이에 대한 지속적인 흥미와 관심을 갖게 되기를 기대한다.

2017.07.

김종훈 · 이상권 · 이은미

차례

CONTENTS

머리말 3

CHAPTER 01 마케팅조사의 이해

1. 마케팅조사의 의미 16
2. 마케팅조사 분야 19
   1) 상황분석 조사 19
   2) 고객조사 21
   3) STP 조사 22
   4) 마케팅믹스 조사 22
   5) 마케팅성과 조사 26
3. 마케팅조사산업의 현황 27
   1) 마케팅조사 서비스의 유형 27
   2) 세계 마케팅조사산업 27
   3) 한국의 마케팅조사산업 33

■ 요약정리 38

CHAPTER 02 마케팅조사의 유형과 절차

1. 마케팅조사의 유형 43
   1) 정성조사와 정량조사 43
   2) 탐색조사, 기술조사 및 인과조사 46
2. 마케팅조사의 절차 50
   1) 조사문제의 설정 51
   2) 조사의 설계 57
   3) 자료의 수집 65
   4) 자료의 분석 및 결론의 도출 65
   5) 결론의 도출 및 조사보고서의 작성 66
3. 마케팅조사 프로젝트의 수행과 실무적 절차 67

■ 요약정리 73

■ 부록 75

CONTENTS

CHAPTER 03 정성조사

1. 탐색조사 계획에서 정성조사의 역할 81
2. 정성조사의 접근방법 83
   1) 현상학 83
   2) 민족지 84
   3) 근거이론 85
   4) 사례분석 86
3. 정성조사에서 이용되는 기법 88
   1) 집단집중면접 88
   2) 개별심층면접(Depth Interviews) 95
   3) 투사기법 97
4. IT 기술을 활용한 정성조사 99
■ 요약정리 103

CHAPTER 04 이차자료 조사

1. 이차자료의 성격 107
2. 이차자료의 종류 110
   1) 내부자료 111
   2) 외부자료 112
3. 이차자료의 활용 125
   1) 이차자료의 활용방법 125
   2) 이자자료의 활용 분야 132
■ 요약정리 138

CHAPTER 05 설문조사

1. 설문조사의 목적과 효용 143
   1) 설문조사의 목적 143
   2) 설문조사의 장점과 단점 144
   3) 설문조사의 오류의 원천 145
2. 설문조사의 유형 151
   1) 개별면접 152
   2) 전화조사 155
   3) 자기기입식 설문조사 158
■ 요약정리 168

CHAPTER 06 관찰조사

1. 관찰조사의 역할 171
 1) 관찰조사의 대상 172
 2) 관찰조사의 특징 172
 3) 인간 행위 관찰하기 174
 4) 관찰조사 보완하기 174
2. 직접관찰과 인위적 관찰 175
 1) 직접 관찰(Direct Observation) 175
 2) 인위적 관찰(Contrived Observation) 177
3. 인간 관찰의 윤리적 문제 177
4. 물리적 대상물의 관찰 178
 1) 재고조사(Inventories) 178
 2) 내용분석(Content Analysis) 179
5. 기계적 관찰 179
 1) TV 시청률 조사 179
 2) 스캐너 조사 180
6. 생리적 반응의 측정 181
7. 소비자행동의 현장관찰 186
■ 요약정리 192

CHAPTER 07 실험조사

1. 인과관계의 개념 198
 1) 동반적 변화 198
 2) 시간적 순서 199
 3) 혼란변수 영향의 배제 199
2. 실험의 의미와 실험설계 200
 1) 실험의 의미와 설계 200
 2) 실험설계의 부호 204
3. 실험의 타당성 206
 1) 우발적 사건 207
 2) 성숙효과 207
 3) 시험효과 208
 4) 측정방법변화 208
 5) 선정편차 209
 6) 소멸효과 209

7) 감지효과 210
8) 실험대상의 대표성 문제 210
4. 혼란변수의 통제 212
1) 무작위화 213
2) 균등화 213
3) 통계적 통제 214
4) 물리적 통제 214
5) 실험대상의 대표성 확보 216
5. 실험설계의 유형 216
1) 기본유형 216
2) 다요인 실험설계 218
3) 실험실실험과 현장실험 219
6. 시험마케팅 220
■ 요약정리 223

CHAPTER 08 측정과 척도

1. 무엇을 측정할 것인가? 228
1) 개념적 정의 230
2) 조작적 정의 230
2. 측정척도의 수준 232
1) 명목척도(Nominal Scale) 233
2) 서열척도(Ordinal Scale) 233
3) 등간척도(Interval Scale) 234
4) 비율척도(Ratio Scale) 235
3. 신뢰성과 타당성 235
1) 신뢰성 235
2) 타당성 238
4. 측정척도의 형태 242
1) 범주척도(Category Scales) 242
2) 리커트척도(Likert Scale) 244
3) 어의판별척도(Semantic Differential Scale) 245
4) 총합척도(Constant-Sum Scale) 245
5) 순위서열척도(Ranking) 246
6) 쌍대비교척도(Paired Comparisons) 246
7) 단일 혹은 비교척도(Monadic or Comparative Scale) 247
8) 균형 혹은 비균형 척도(Balanced or Unbalanced Scale) 248
■ 요약정리 251

CHAPTER 09 설문지 기획

1. 설문지 기획 시 기본 고려 사항 256
   1) 설문지 목적 256
   2) 연구 주제와 설문지 사이의 연관성 257
   3) 설문지 정확성 257
2. 개방형 질문과 폐쇄형 질문 258
   1) 개방형 질문 258
   2) 폐쇄형 질문 259
   3) 자료수집 방법과 질문의 형태 261
3. 질문의 순서와 구성 263
   1) 질문의 순서 263
   2) 설문지의 질문 구성 265
4. 질문의 표현 272
   1) 어려운 단어 사용을 피하라 273
   2) 유도하거나 강요하는 질문을 피하라 273
   3) 애매한 질문을 피하고, 가능한 한 구체적으로 질문하라 276
   4) 이중 질문을 피하라 276
   5) 응답자를 쥐어 짜는 질문을 피하라 277
5. 인터넷조사 설문지 278
6. 설문지 사전조사 280
■ 요약정리 282

CHAPTER 10 표본설계와 표본추출

1. 표본조사의 기본개념 287
2. 모집단 설정과 표본추출프레임 289
3. 표본추출방법 291
   1) 비확률표본추출방법 292
   2) 확률표본추출방법 294
4. 표본의 크기 결정 296
   1) 정량적 판단 297
   2) 정성적 판단 299
■ 요약정리 302

CHAPTER 11 자료분석의 기초와 준비

1. 기술적 분석 305
1) 빈도분석과 히스토그램 305
2) 중심경향: 평균, 중위수, 최빈값 306
3) 분산과 표준편차 308
2. 모집단분포, 표본분포, 표본추출분포 310
3. 통계적 가설검정 311
1) 가설의 개념 311
2) 가설의 검정 절차 311
4. 데이터 처리하기 315
1) SPSS 315
2) 데이터 코딩 316
3) 파일 열기 324
4) 데이터 다루기 330
■ 요약정리 339

CHAPTER 12 교차분석과 차이분석

1. 교차분석 343
2. SPSS의 교차분석 346
1) 실행방법 346
2) 분석결과 350
3. 차이분석(T검정) 351
1) 단일표본 T검정 352
2) 독립표본 T검정 354
3) 대응표본 T검정 355
4. SPSS의 T 검정 357
1) 단일표본 T검정 357
2) 독립표본 T검정 359
3) 대응표본 T검정 363
5. 분산분석 367
6. SPSS의 분산분석 371
1) 실행방법 371
2) 분석결과 375
■ 요약정리 379

CONTENTS

CHAPTER 13 마케팅조사의 관계분석

1. 상관분석 383
2. SPSS의 상관분석 387
   1) 실행방법 387
   2) 분석결과 390
3. 회귀분석 394
   1) 단순회귀분석 394
   2) 다중회귀분석 402
4. SPSS의 회귀분석 408
   1) 실행방법 408
   2) 분석결과 415
■ 요약정리 421

CHAPTER 14 마케팅조사의 윤리와 조사보고서 작성

1. 마케팅조사의 윤리적 측면 425
   1) 마케팅조사에서 윤리의 중요성 425
   2) 응답자에 대한 윤리적 책임 426
   3) 조사 의뢰회사나 조사 수행회사의 윤리적 책임 428
2. 조사보고서의 목적과 구성 429
   1) 조사보고서의 목적 429
   2) 조사보고서의 구성 429
   3) 조사결과의 신뢰성과 이의 활용여부 437
■ 요약정리 440

■ 참고문헌 441
■ 찾아보기 443

CONTENTS

01

CHAPTER

마케팅조사의 이해

MARKETING RESEARCH

1. 마케팅조사의 의미

2. 마케팅조사 분야

3. 마케팅조사산업의 현황

MARKETING RESEARCH

01 CHAPTER

마케팅조사의 이해

| 학습목표 |

1. 마케팅조사의 의미와 과학적 방법을 설명하시오.
2. 마케팅조사의 세부 분야와 내용을 기술하시오.
3. 마케팅조사 서비스의 유형을 제시하시오.
4. 국내외 마케팅조사산업의 현황을 설명하시오.

도입사례

동서식품의 커피믹스 제품개발과 마케팅조사

국내 커피믹스 시장점유율 추이 (단위: %)

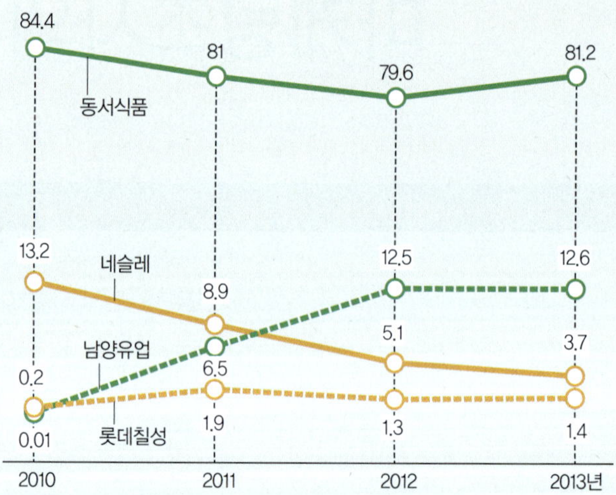

시장조사기관 AC닐슨 자료에 따르면 2013년 국내 커피믹스 시장 점유율은 동서식품이 81.2%로 압도적인 1위를 차지한 가운데 남양유업이 12.6%, 네슬레가 3.7%로 뒤를 잇고 있다. 동서식품의 '맥심'은 1980년 출시 직후부터 30여 년 동안 시장점유율과 브랜드 파워 1위를 놓치지 않고 있는 국내 대표 커피믹스 브랜드다. 국내 소비자들의 입맛에 맞는 제품 개발을 계속해 오던 동서식품은 1974년 '프리마'를 개발, 인스턴트 커피 제품 개발에 가속도가 붙었다. 이후 1976년에는 세계 최초로 커피믹스를 선보였으며, 1980년에는 '맥심(Maxim)'을 출시했다.

동서식품은 현재 '맥심 모카골드 마일드', '맥심 아라비카 100', '맥심 카누', '맥심 화이트골드' 등 소비자들의 취향과 입맛을 고려한 제품들을 다양하게 선보이고 있다. 동서식품은 '맥심'에 80% 이상의 원두를, '맥심 아라비카 100'에 콜롬비아, 과테말라, 온두라스 등의 고급 아라비카 원두를 100% 사용한다. 또 '맥심 화이트골드'에는 우유 함유 커피믹스만을 위한 커피를 개발해 무지방우유를 넣어도 커피의 맛과 향이 풍부하게 살아있도록 했다.

특히 2000년대 후반에는 국내 커피전문점이 우후죽순 생기면서 원두커피의 인기는 인스턴트 커피 시장에도 고스란히 이어졌다. 동서식품 '맥심 카누' 등 미세분쇄원두를 넣은 인스턴트 원두커피는 짧은 기간 동안 무서운 성장세를 보이며 새로운 커피 카테고리를 형성했다. 2011년 10월 출시된 동서식품 '카누'는 갈수록 고급화하는 커피 소비자의 수요를 정확하게 잡아내 큰 성공을 거둔 히트상품으로 꼽힌다. 카누라는 이름은 카페(cafe)와 새로움을 뜻하는 뉴(new)를 합친 것으로, 커피전문점과 같은 에스프레소 추출법으로 뽑아낸 커피를 그대로 냉동 건조한 커피 파우더에 잘게 분쇄한 커피를 코팅한 프리미엄급 제품이다. 인스턴트 커피의 간편함과 커피전문점 수준의 고급스러운 맛을 합리적인 가격에 즐길 수 있다는 점에서 높은 평가를 받았다. 커피를 작은 종이컵에 많이 마시는 국내 소비자들의 특성을 감안해 소포장 '카누 미니'를 내놓는 등 섬세한 마케팅으로 인기를 누리고 있다. 카누는 2013년 5월 9일 중국 상하이에서 열린 '2013 아시아 마케팅 효율성 페스티벌(Festival of Asian Marketing Effectiveness: FAME)'에서 국내 브랜드 캠페인 최초로 음료 부문과 베스트 인사이트 부문에서 각각 최고상과 동상을 수상했다.

동서식품은 소비 트렌드를 빠르고 정확하게 진단하고자 매년 100건 이상의 시장조사와 분석을 실시하고 있다. 이 결과를 바탕으로 '맥심' 커피를 4년마다 맛과 향, 패키지 디자인까지 업그레이드하는 대대적인 리스테이지(제품 새단장)를 실시해 왔다. 최근 동서식품은 5차 리스테이지를 통해 카누의 맛을 더 끌어올렸고, 이를 계기로 올해도 지난해보다 두 자릿수 높은 성장률을 기록할 것으로 기대하고 있다. 이른바 APEX(advanced prime extraction) 공법을 도입, 원두를 종전 방식보다 짧은 시간과 낮은 온도로 추출한 점이 특징이다. 좋은 원두를 최상의 조건에서 볶음으로써 아로마풍의 향을 강화하고, 마시는 느낌은 더 부드러우면서 뒷맛의 여운은 깊게 만들었다는 것이다.

카누의 성공 비밀 중 하나는 커피의 맛을 결정짓는 '황금비율'로 통하는 95대 5 비율에 있다. 95%는 인스턴트 커피 파우더를, 5%는 갈지 않은 미분쇄 원두가루로 채웠다는 뜻이다. 에스프레소 추출 방식으로 뽑아낸 커피액을 동결건조한 95%의 커피 파우더가 진한 맛을 만들어 낸다면 나머지 5%의 원두가루는 깊고 은은한 커피의 풍미를 살리는 역할을 한다.

언뜻 생각하면 미분쇄 원두가 5%밖에 들어있지 않다는 데 실망할 수도 있다. 하지만 이는 다양한 소비자 시장조사를 통해 찾아낸 '최적의 비율'이라고 동서식품은 강조한다. 커피 전문가들에 따르면 원두가루를 무조건 많이 넣는다고 해서 커피 맛이 좋아지지 않을 뿐더러, 복잡한 가공 공정을 거치는 커피 파우더의 생산원가가 원두가루에 비해 훨씬 높다. 동서식품은 원가 상승을 감수하고라도 커피의 맛과 향을 최적으로 이끌어 내는 95대 5의 황금비율을 선택해 카누에 적용했다고 설명한다.

카누의 황금비율은 지난해 상반기 4억 잔의 판매를 기록하며 동서식품의 입지를 더욱 확고히 하게 했다. 카누를 통해 인스턴트 커피 시장 내 '인스턴트 원두커피'라는 새로운 카테고리를 만들며 90%가 넘는 고성장을 기록하고 있다. 동서식품은 "인스턴트 원두커피의 품질 향상과 시장 성장을 위해 노력할 것"이라고 말했다.

출처: 국민일보(2014. 1. 7); 아이뉴스24(2014. 2. 4); 아시아투데이(2014. 1. 27); 중앙일보(2013. 11. 28); 한국경제(2014. 2. 13)

1. 마케팅조사의 의미

마케팅조사(marketing research)는 마케팅문제에 관한 데이터의 체계적이고 객관적인 수집과 분석 작업을 말한다. 마케팅은 고객에 대한 제품 및 서비스의 제공, 커뮤니케이션, 교환거래, 유통 등을 통하여 고객만족을 실현하고 바람직한 고객관계를 개발, 유지, 발전시키는 것과 관련된 모든 활동을 포괄하는 매우 중요한 경영기능이다. 마케팅관리자는 나날이 수많은 의사결정문제에 직면하게 되며, 그 적절한 해결에 부심할 수밖에 없다. 다음과 같은 문제들이 그 예이다.

- 우리 회사는 어떤 시장을 대상으로 해야 하는가? 표적시장은 어떤 고객이 되어야 하는가? 얼마나 다양한 시장을 공략해야 하는가?
- 우리 회사는 어떤 제품들을 시장에 내어놓아야 하는가?
- 표적시장 고객들의 마음을 어떻게 사로잡을 것인가? 고객에게 제공해야 할 가치 제안은 무엇인가?
- 어떤 속성과 편익의 제품 또는 서비스를 제공해야 하는가? 특히 강조되어야 할 속성은 무엇인가? 브랜드 전략은 어떻게 해야 하는가?
- 상품의 가격은 얼마를 받아야 하는가? 고객에 따라 가격차별화가 어느 정도 필요한 것인가?
- 마케팅 커뮤니케이션 전략은 어떻게 해야 하는가? 광고, 인적 판매, 판촉, 홍보, 구전 등의 상대적 비중은 어떻게 가져가야 할까? 어떤 광고를 어떤 방식으로 어느 정도 실행해야 하는가? 판촉 전략은 어떻게 해야 할까? 영업 전략은 어떻게 하는 것이 좋을까?
- 상품의 유통문제는 어떻게 해결되어야 하는 것일까? 유통경로는 어떻게 관리되어야 하는가? 물류관리는 어떻게 해야 할까?
- 마케팅 성과는 어떻게 계획, 통제되어야 하는가? 매출액, 시장점유율, 고객만족도 목표는 어떻게 설정해야 하는가?

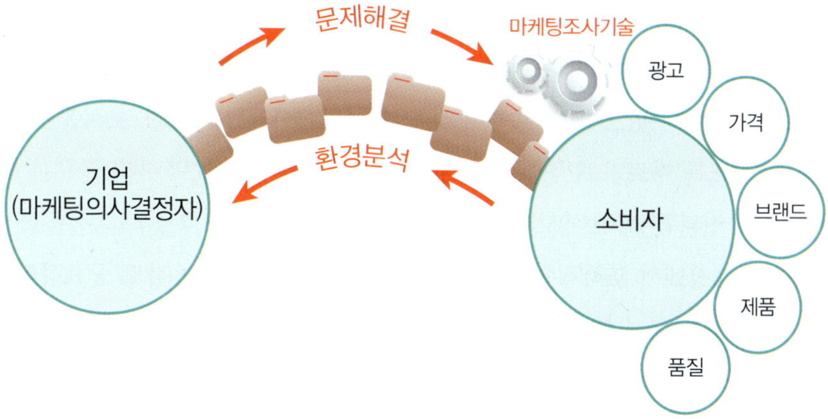

[그림 1-1] 마케팅조사의 역할

마케팅조사는 이들 마케팅 의사결정문제와 관련된 데이터를 제공해 줌으로써 의사결정에 수반되는 불확실성과 위험을 감소시켜 줄 수 있다. 그것이 마케팅조사의 본질적인 역할이다. 마케팅관리자는 의사결정을 위해 적절한 정보를 필요로 할 것이며, 마케팅조사는 마케팅관리자가 궁금해하는 여러 가지 의문사항에 대한 답변을 제시해 줄 수 있다. 다음과 같은 질문들이 그 예이다.

- 고객이 바라는 욕구는 무엇인가? 그러한 욕구 충족과 관련하여 고객이 추구하는 제품 편익은 무엇인가?
- 고객 집단별로 어떤 구매행동의 특성 차이가 존재하는가?
- 제품과 브랜드에 대한 고객의 인지도, 이미지, 태도, 만족도는 어떠한가?
- 가격 변화에 대한 고객의 민감도는 어느 정도인가?
- 광고 및 판촉에 대한 고객의 반응은 어떠한가?
- 유통경로별 고객의 만족도는 어떠한가?

마케팅조사가 마케팅 의사결정에 도움이 되는 적절하고 타당성 있는 데이터를 만들어 내기 위해서는 과학적 방법(scientific method)을 사용하는 것이 바람직하다. 과학적 방법의 개념은 조사작업의 체계성과 객관성이 핵심요소이다. 첫째, 마케팅조사는 체계적인 절차에 따라 수행되어야 한다. 이 말은 조사문제의 설정, 조사의 설계, 자료의 수집, 자료의 분석, 결론의 도출에 이르는 마케팅조사의 전 과정은 단계별로 논리적이고 일관성 있게 진행되어야 한다는 것을 의미한다. 마케팅조사는 무엇보다도 조사문제의 명확한 설정에서 출발하여야 한다. 그리고 설정된 조사문제에 대한 타당성 있는 해답을 제공해 줄 수 있도록 적절히 조사가 설계되어야 한다. 또한 조사문제와 조사설계에 적합하도록 자료가 수집, 분석되어야 한다. 이를 토대로 조사의 결론과 해석은 철저하게 분석 결과를 토대로 도출되어야 한다.

둘째, 모든 과정에서 조사작업의 객관성이 유지되어야 한다는 점도 중요하다. 마케팅조사는 작업 과정에서 주관적 편견과 오류가 발생할 가능성이 매우 크다. 조사문제의 설정부터 조사자의 편견과 착오 때문에 문제가 발생할 수 있다. 조사의 유형 선택과 구체적인 조사의 설계에서도 편견과 오류가 작용할 수 있다. 측정도구의 개발과 사용, 표본의 추출, 자료의 수집 과정에서도 그러한 문제가 발생할 가능성은 상존한다. 그리고 자료의 분석과 결론의 도출 과정에서도 편견과 오류의 문제를 배제할 수 없다. 그렇기 때문에 조사문제의 설정으로부터 결론의 도출에 이르기까지 마케팅조사의 모든 단계에서 주관적인 편견과 작업상의 오류가 최대한 배제되어야만 마케팅문제의 해결에 진정으로 도움이 되는 적절하고 정확하며, 타당성 있는 데이터와 정보의 획득이 가능하게 된다.

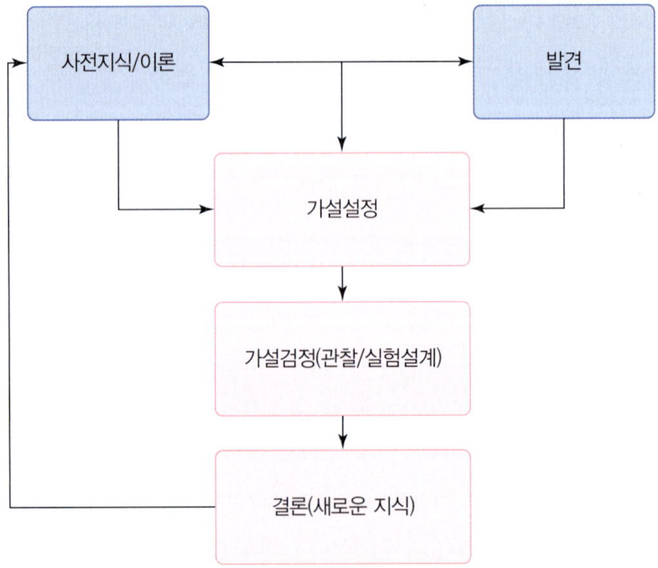

[그림 1-2] 과학적 방법의 논리적 경험주의 모델

2. 마케팅조사 분야

마케팅조사는 한마디로 정보의 제공을 통해 마케팅관리자를 고객의 세계에 연결시키는 것이 그 본질적인 기능이라고 할 수 있다. 마케팅관리자는 성공적인 마케팅활동의 수행을 위해 표적시장의 선정과 포지셔닝 등 적절한 마케팅전략과 적합한 마케팅믹스를 개발, 사용해야 하며, 이를 위해 고객과 시장에 대한 많은 정보를 필요로 한다. 마케팅조사는 이와 관련된 적절한 데이터와 정보를 제공함으로써 마케팅관리자의 다양한 의사결정에 큰 도움을 줄 수 있다. 이러한 마케팅조사의 분야는 크게 상황분석조사, 고객조사, STP 조사, 마케팅믹스 조사, 마케팅성과 조사의 다섯 가지로 분류할 수 있다(〈표 1-1〉 참조).

1) 상황분석 조사

성공적인 마케팅전략의 수립은 철저한 상황분석에 기초하여야 한다. 상황분석은 자사의 마케팅시스템을 둘러싼 기회요인, 위협요인, 그리고 자사의 강점과 약점의 파악을 가능하게 하며, 이를 위해 마케팅조사가 유용하게 활용될 수 있다. 상황분석을 위한 마케팅조사는 거시환경조사, 경쟁조사, 시장조사로 세분할 수 있다. 먼저 거시환경조사는 경제적 환경, 인구통계적 환경, 사회문화적 환경, 법률적 환경, 기술환경, 자연환경 등 거시적 마케팅환경 분석과 관련된 조사를 말한다. 여기에서 마케팅조사 측면에서 중요한 점은 단순히 거시환경 변화 분석에 그치지 않고 그런 변화들이 자사의 마케팅활동에 영향을 미치는 기회 또는 위협의 내용을 구체적으로 도출해야 한다는 점이다.

경쟁조사는 경쟁구조, 경쟁의 강도, 경쟁업체의 강점 및 약점 등 경쟁분석을 위한 마케팅조사를 말한다. 예를 들어 마케팅조사는 특정 상품에 대한 경쟁관계를 형성하는 경쟁업체의 파악을 위해서 사용될 수 있다. 또 마케팅조사는 제품군별, 제품라인별, 품목별 경쟁구조의 이해에도 사용될 수 있다. 아울러 마케팅조사는 관련 영향요인의 분석을 통하여 경쟁 강도를 측정하는 목적으로도 이용할 수 있다. 뿐만 아니라 마케팅조사는 경쟁업체들의 강점 및 약점을 분석하는 데 매우 유용하게 활용될 수 있다.

〈표 1-1〉 마케팅조사의 분야 및 내용

조사 분야	내용
■ 상황분석 조사	
• 거시환경조사	거시환경 변화의 영향
• 경쟁조사	시장의 경쟁 구조, 경쟁의 강도, 경쟁 업체의 강점 및 약점
• 시장조사	시장 규모, 시장 성장률
■ 고객조사	고객의 특성 고객 구매행동
■ STP조사	시장세분화 분석 세분시장의 평가/ 표적시장 선정 포지셔닝의 파악
■ 마케팅믹스 조사	
• 제품조사	신제품 제품개념 시험, 제품사용 시험, 시험 마케팅 브랜드 자산, 인지도, 이미지, 연상, 태도, 개성 조사 제품 속성에 대한 평가 및 반응 조사
• 가격조사	수요의 가격탄력성 조사 가격 변화에 대한 고객 반응 조사 가격과 품질 인지와의 관계 조사
• 마케팅커뮤니케이션 조사	광고의 내용, 모델, 형식에 대한 고객 반응 조사 광고 미디어에 대한 고객 반응 조사(시청률 등) 광고 효과(인지도, 태도, 구매의도, 매출) 조사 판촉 프로그램에 대한 고객 반응 조사 영업조직의 판매실적 분석 영업사원 교육프로그램 효과 분석
• 유통조사	유통경로별 매출 패턴 조사 유통경로별 서비스산출에 대한 고객 욕구 및 충족도 파악 유통경로 구성원 행동 특성(갈등, 신뢰, 역학관계) 파악 물류서비스에 대한 고객 욕구 및 물류서비스 품질 조사 상권분석 점포 이미지 조사 점포별 고객 방문 수 조사 점포별 고객 특성 조사
■ 마케팅성과 조사	매출액, 시장점유율, 고객 만족도, 충성도

경쟁업체들의 특성, 회사 및 브랜드 이미지, 고객만족도, 고객이 인지하는 제품의 품질 측정을 위한 마케팅조사가 이에 속한다고 할 수 있다.

시장조사(market research)는 특정 상품 또는 서비스의 시장잠재력 파악을 위한 마케팅조사를 뜻한다. 매출액, 판매량 등 시장 규모, 업체별 시장점유율, 시장 성장률, 기타 시장 트렌드에 관한 조사가 이에 속하며, 이 분야에서는 산업별로 특화하여 자료를 만들어 제공하고 있는 전문 조사기관들이 많이 있다.

2) 고객조사

마케팅조사는 고객의 특성과 구매행동의 파악을 목적으로 하는 고객조사로서의 활용가치가 크다. 마케팅에서 상품 또는 서비스와 관련된 고객의 욕구 또는 동기의 파악은 매우 중요한 문제이며, 마케팅조사가 그 해답을 제공해 줄 수 있다. 고객조사를 통하여 회사가 제품 또는 서비스를 통하여 충족시켜야 할 고객의 욕구가 무엇인지, 현재 그 욕구들이 충족되었는지, 충족되지 못한 욕구에는 어떤 것들이 있는지 파악이 가능하다.

그밖에 고객조사를 통하여 고객의 구매행동에 관한 다양한 정보를 얻을 수 있다. 고객의 구매의사결정 과정의 구조와 세부적 내용에 대한 파악이 가능하다. 구매와 관련된 소비자의 문제인식, 대안의 평가, 태도의 형성, 구매, 구매 후 평가 등 구매의사결정 과정에 대한 자세한 분석이 가능하다. 예를 들어 승용차 구매에 있어 자동차의 성능, 디자인, 승차감, 신뢰성, 안전성 등의 자동차 속성에 대하여 소비자가 인지하는 신념 및 중요도, 또 이를 토대로 형성되는 소비자의 태도, 그리고 구매의도 측정이 가능하며, 동시에 이들 변수 사이의 관계도 분석할 수 있다. 뿐만 아니라 관여도, 인지된 구매위험 등의 변수가 구매행위에 미치는 영향도 고객조사를 통하여 파악이 가능하다.

또한 고객조사는 구매행동과 관련이 있는 고객의 특성을 분석하기 위해서도 사용될 수 있다. 소비자의 구매행동 영향요인은 개인적 요인, 사회적 요인, 문화적 요인으로 구분할 수 있다(Kotler & Keller, 2012). 우선 소비자의 구매행동은 성별, 연령, 소득, 직업, 생애주기단계 등 인구통계적 특성과 성격, 자아개념, 가치관, 라이프스타일 등 심리적인 개인 특성의 영향을 받는다. 아울러 소비자 행동은 가족, 준거집단, 사회적 지위와 역할, 사회계층 등 사회적 요인, 그리고 문화적 요인의 영향도 받는다. 고객조사는 조사대상이 갖는 이들 고객특성의 크기를 파악하게 하고, 동시에 이들 변수와 구매행동 사이의 관계분석도 가능하게 한다.

3) STP 조사

특정 상품 또는 서비스에 대한 마케팅전략은 STP, 즉 시장세분화(market segmentation), 표적시장 선정(targeting), 포지셔닝(positioning)이 요체이다. 마케팅조사는 최적의 STP를 위해 활용될 수 있다. 시장세분화는 잠재고객 전체를 일정한 기준에 의해 각기 동질적인 세부집단으로 구분하는 과정으로서, 그 분석에는 소비재 시장의 경우 지리적 변수, 인구통계 변수(성별, 연령, 소득 등), 심리묘사적 변수(개성, 라이프스타일 등), 그리고 구매행동변수(구매량, 추구편익, 충성도 등)의 네 가지 변수가 사용된다. 마케팅조사는 이들 변수의 측정, 그리고 이들 변수 값을 기준으로 한 시장세분화 분석에 매우 유용하게 활용된다.

시장세분화 분석으로 확인된 세분시장 중에서 표적시장을 선정하는 문제에서도 마케팅조사는 유용한 데이터를 제공한다. 표적시장의 선정을 위해서는 각 세분시장의 매력도와 적합성을 평가해야 하는데, 마케팅조사를 통해 세분시장의 규모와 예상매출, 수익성, 경쟁정도, 업체별 시장점유율, 브랜드 이미지, 고객만족도 등 매우 유용한 정보를 확보해 사용할 수 있다.

표적시장 고객에 대한 가치제안(value proposition) 등 고객 마음 공간에 대한 자리매김을 위한 효과적인 포지셔닝 작업을 위해서도 마케팅조사는 유용한 정보를 제공할 수 있다.

4) 마케팅믹스 조사

(1) 제품조사

마케팅조사는 제품전략과 관련된 의사결정문제 해결에도 활용될 수 있다. 그중 대표적인 예가 제품개념시험, 제품사용시험, 시험마케팅 등 신제품개발과 관련된 마케팅조사라고 할 수 있다. 제품개념시험(product-concept test)이란 신제품의 시제품개발 이전의 시점에서 신제품 아이디어를 고객이 이해할 수 있도록 신제품의 제공편익, 형태, 기술적 특징 등을 언어적 서술, 그림 등으로 표현, 제시하여 잠재적 고객들이 신제품에 대해 갖는 신빙성, 태도, 구매의도 등 구매반응을 조사하는 것을 말한다.

제품개념시험의 결과를 토대로 몇 가지 신제품 대안에 대한 매출액의 추정도 가능하다. 그리고 제품사용시험(product use test)을 통해 표적시장에 해당하는 고객을 표본으로 선정하여, 시제품을 전달하고 일정 기간 동안 사용을 요청한 다음 그들의 반응을 조사할 수 있다. 이 조사를 통하여 시제품 속성에 대한 고객의 평가, 고객 만족도, 그리고 사용자 등 실제적 제품사용과 관련된 여러 가지의 정보 획득이 가능하다.

마케팅조사는 시험마케팅(test marketing)의 목적으로도 활용된다. 시험마케팅을 위한 마케팅조사는 대부분 실험조사(experimental research)의 성격을 갖는데, 그 유형에는 표준시험시장법, 통제시험시장법, 모의시험시장법의 방식이 있다. 표준시험시장법(standard test market)은 표적시장을 대표할 수 있는 몇 개의 도시 또는 지역을 선정하여 그 지역의 소매점들에 신제품을 진열하고, 표적시장에 사용될 광고 및 판촉 캠페인과 유사한 캠페인을 실시한 후, 소비자의 반응 및 판매성과를 조사하는 방법을 말한다. 통제시험시장법(controlled test market)은 시험시장 지역 내의 소매점들을 패널로 구성하여 광고, 판촉, 가격 등 마케팅 변수의 차이에 따른 소비자행동의 변화를 파악할 수 있도록 더욱 통제된 방식으로 시험마케팅을 실시하는 방법이다. 모의시험시장법(simulated test market)은 신제품에 대한 소비자의 모의적 구매를 통하여 신제품의 반응을 조사하는 방식을 말한다. 이 방법에서는 실험에 참가한 소비자들에게 신제품을 포함한 여러 제품들의 광고를 보여 준 후, 실험에 참가한 대가로 소정의 금액을 제공하며, 신제품을 포함한 여러 제품들이 진열된 가상의 점포 또는 실제 점포에서 실제상황과 같은 구매를 하도록 요청받는다.

제품은 기능적 특성, 스타일, 포장, 브랜드 등 다양한 속성의 결합체이며 마케팅조사는 이들 제품속성에 대한 고객의 반응을 파악하기 위해서도 유용하게 활용될 수 있다. 브랜드 이미지, 연상, 태도, 개성 등 브랜드와 관련된 여러 가지 데이터의 파악이 가능하다. 그밖에 마케팅조사를 통해 품질 등 제품의 기능적인 특성, 크기, 스타일, 포장 등 제품속성에 대한 고객의 인지적 평가와 중요도 등 다양한 제품분야 정보를 얻을 수 있다.

(2) 가격조사

마케팅조사는 가격전략 의사결정과 관련된 데이터도 제공할 수 있다. 마케팅조사

조사를 통하여 구매단계에서 고객이 갖는 쇼핑동기의 파악은 소매관리 전반에 매우 유용한 자료가 된다. 소매점 쇼핑단계에서 거래단위의 배분, 공간적 편의성, 대기시간, 상품구색, 고객 서비스 등 기능적 욕구뿐만 아니라 재미와 흥분, 일상에서의 일탈, 사회적 교류 체험, 자기변신, 긍지와 명예 등 심리적 욕구의 충족이 복합적으로 고객의 쇼핑동기로 작용할 수 있으며, 표적시장 고객의 쇼핑동기 차이에 따라 적절한 소매관리의 내용은 달라질 수밖에 없다. 그리고 마케팅조사는 소매관리의 중요 사항인 입지 선정에 유용한 데이터를 제공해 줄 수 있다. 우선, 마케팅조사는 특정 지역의 상권분석의 목적으로 사용될 수 있다. 그리고 구체적인 점포의 위치 선정을 위해 마케팅조사를 통해 경쟁 점포들과의 인접정도, 상가지역의 점포 배합, 예상 매출액, 차량 및 보행자 소통량 및 패턴, 점포의 가시성 등을 파악할 수 있다.

5) 마케팅성과 조사

마케팅전략이 실행된 이후, 마케팅조사 결과를 통해 계획된 마케팅 활동들이 적합하게 수행되어 이러한 활동들의 마케팅목표 달성 여부를 확인하게 된다. 마케팅 활동에 대한 평가 및 통제를 위한 피드백을 정기적으로 제공해 주는 마케팅성과추적조사(performance-monitoring research)의 가장 대표적인 형태는 시장점유율 분석과 매출분석이다. 그러나 마케팅 성과분석은 매출 성과와 관련된 수치에 한정되지 않으며, 그밖에도 브랜드 인지도, 판매 리드 성공률, 고객충성도, 고객만족도, 반복구매비율 등 다양한 지표들이 마케팅 성과분석을 위해서 사용될 수 있다. 모든 마케팅 성과추적과 측정 계량지표들을 마케팅 메트릭스(marketing metrics)라고 하는데, 메트릭스의 성과를 파악하기 위해서는 마케팅조사가 필요하다.

3. 마케팅조사산업의 현황

마케팅조사가 필요한 경우 회사가 내부적으로 직접 프로젝트를 수행하거나 전문조사회사에 그 작업을 위탁하는 두 가지 방법 중에서 선택이 필요하다. 마케팅조사를 회사 자체적으로 수행하면, 프로젝트에 신속히 착수할 수 있고, 회사 내부의 다른 구성원들로부터 협력을 구하기가 용이하며, 프로젝트와 관련된 내용에 대한 철저한 보안 유지가 용이하다(Zikmund & Babin, 2013). 그러나 마케팅조사를 회사 자체적으로 수행하려면 적절한 전문 인력과 기술이 필요하기 때문에, 전문적인 마케팅조사회사에게 프로젝트를 맡기는 것이 바람직할 경우가 많다. 또 외부 조직이 프로젝트를 수행하는 경우, 문제에 대해 보다 객관적이고 참신한 시각이 반영될 수 있다는 장점도 있다.

1) 마케팅조사 서비스의 유형

마케팅조사 회사들이 제공하는 서비스의 유형은 크게 맞춤조사 서비스, 표준조사 서비스, 신디케이트 서비스의 세 가지로 분류할 수 있다. 맞춤조사(customized research) 서비스는 특정의 클라이언트의 필요에 맞추어 개별적인 조사 서비스를 제공해 주는 것을 말한다. 대부분의 마케팅조사회사들은 클라이언트의 수요에 맞춰 맞춤조사 서비스를 제공하고 있다. 한편 표준조사(standardized research) 서비스는 조사회사가 특정의 조사방법을 개발하여 다수의 클라이언트를 대상으로 개별적으로 그 조사방법을 적용, 생성된 데이터 또는 정보를 제공하는 서비스를 말한다. 한국리서치가 제공하는 H-Name, H-CSM, H-DisTribution, H-Package, H-AdEffect 기법에 의한 조사가 이에 속한다. 마지막으로 신디케이트 서비스(syndicated service)는 하나의 표준화된 정보를 만들어서 동일한 정보를 다수의 클라이언트에게 판매하는 서비스를 말한다. 닐슨코리아가 제공하는 방송국 시청률 조사, 광고량 조사, 인터넷 사용자 행태 측정 조사가 그 예이다.

2) 세계 마케팅조사산업

세계 상위 25위 이내의 마케팅조사 회사들의 2015년도 매출액 합계는 244억9천만 달

중간사례

현대 제네시스의 미국시장 STP 전략

현대차는 2008년 1월 8일 4년여간 5000억 원의 연구개발비를 투자해 만든 후륜구동 고급 승용차인 제네시스를 국내외에서 동시에 선보였다. 유럽 브랜드가 장악한 세계 고급차 시장을 공략하기 위해 만든 야심작이었다. 제네시스는 벤츠, BMW, 렉서스 등이 주도하고 있는 글로벌 고급차 시장에 첫 도전해 기대 이상의 평가를 받았다. 2008년 10월 미국 일간지 유에스에이투데이(USA Today)는 "현대차가 제네시스로 럭셔리 메이커 반열에 올랐다(Surprise: Hyundai proves it's a master of luxury with Genesis)"는 제목의 자동차면 기사를 통해 제네시스에 긍정적인 평가를 내렸다. 제네시스는 2009년에는 북미시장에서 '올해의 차(Car of the Year)'로 선정되며 미국 고급 승용차 시장에 성공적으로 안착했다는 평가를 받았다.

현대차는 경기 침체 및 고유가에 따른 수요감소 추세와 기존 유럽 고급 브랜드 중심의 고급차(Luxury Car) 시장의 높은 진입장벽을 고려해 제네시스를 준고급차(Near luxury car)로 포지셔닝하고자 했다. 당시 미국의 준고급 차량 시장은 BMW 3 시리즈, 렉서스ES와 같은 단독 고급 브랜드와 크라이슬러 300과 같은 콤비네이션 브랜드의 차량이 장악하고 있었다.

제네시스는 준고급차 시장의 잠재 소비자들 중에서 새로운 브랜드에 거부감이 적고 도전적인 소비 성향을 갖고 있는 그룹을 타깃으로 삼았다. 이들은 활동적인 라이프 스타일과 함께 권위적이지 않은 브랜드를 선택하는 성향을 띤다. 대졸 이상의 학력과 함께 기혼 40, 50대의 남성이 주류를 차지하며 연평균 10만 달러 이상의 소득을 보이는 계층으로 분석됐다.

제네시스는 론칭 당시 준고급차(Near Luxury Car)로의 포지셔닝을 목표로 했다. 결과는 기대 이상이었다. 실제 소비자들은 제네시스를 한 단계 더 높은 중급 고급차(Mid-Luxury Car)로 인식했다. 또한 론칭 당시 타깃은 활동적인 라이프스타일을 가진 40, 50대 고객층이었는데, 실제 제품을 구매한 소비자들은 평균 59.3세로 연 평균 15만 달러 이상을 버는 고소득층이었다. 이는 글로벌 금융위기로 소비자들이 합리적인 가격에 우수한 성능을 갖춘 가격 대비 가치(Value for Money)가 높은 고급차를 선호했기 때문으로 풀이할 수 있다.

제네시스 소비자들의 구매고려군(Consideration Set)에 속한 차량들이 기존 현대차의 소비자들과는 다른 양상을 보인다는 점도 긍정적인 성과다. 제네시스 소비자들은 고급 차량(Luxury Car)인 렉서스, 캐딜락, BMW 등의 구매를 고려하는 계층으로 분석됐다. 현대차의 기존 고객층의 구매고려 차량과는 다른 패턴이다. 제네시스를 통해 현대차 고객 저변이 넓어진 것으로 볼 수 있다.

제네시스의 이미지 포지셔닝을 분석한 결과 중급 고급차급(Mid Luxury)의 경쟁 차량들 대비 '훌륭한 가치(Good Value), 혁신(Innovation), 강력한(Powerful)' 이미지는 강하지만 고급스러운(Prestigious) 이미지를 확실히 심어주지는 못한 것으로 보인다. '고급스러운' 이미지지는 고급 승용차 브랜드 이미지를 구축하기 위해 필수적이기 때문에 이를 개선하려는 노력이 필요할 것이다.

타깃 소비자 vs. 실제 소비자 특성 비교분석

구분	타깃소비자	실제소비자
연령층	40대 후반~50대 후반	평균 59.3세(베이비부머 이후 출생자 비율 높음)
직업	고소득 기업간부 혹은 전문직 계층 (관리직 〉 전문직 〉 자영업)	전문직(18%) 〉 자영업(12%) 〉 관리직(10%) ※ 퇴직자 비율이 가장 높음(34.5%)
소득	연 $10만 이상	연평균 $15.2만(렉서스 ES350 보유자: $15.0만)
주용도	드라이빙/쇼핑 위주 도심형 라이프 스타일 (출퇴근 〉 드라이빙 〉 쇼핑)	출퇴근(42%) 〉 쇼핑(30%) 〉 드라이빙(19%) 순으로 차량 이용
구매준거	품질 〉 동력성능 〉 조안성	Value for money 〉 Quality 〉 Fun to drive ※ 동일 차급 대비 특히 Value for money 비율 高

〈제네시스 VS 미드럭셔리 차량 포지셔닝 비교〉

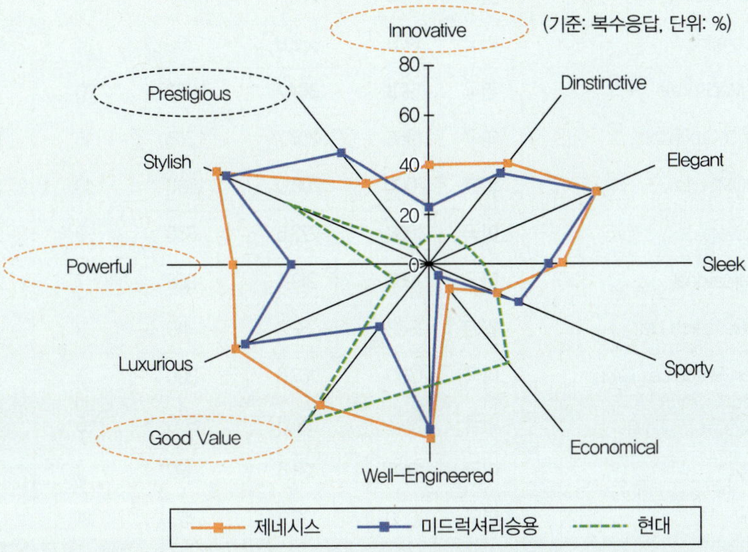

출처: 이종호 · 박용(2011). "깐깐한 美 소비자, 성능 · 가격 무장한 제네시스에 빠지다", Dong-A Business Review 85.

러로 집계되었다(American Marketing Association, 2016). 따라서 2015년 25대 조사회사의 세계 비중이 55.3%였던 것을 참고할 경우, 세계 마케팅조사산업의 시장규모는 대략 248억 달러 수준일 것으로 추정된다. 또한 이들 회사의 본사 소재지를 기준으로 미국이 14개, 영국 5, 프랑스 2, 일본 3, 독일 1개 회사로 국가별 분포가 나타났다(〈표 1-2〉 참조).

〈표 1-2〉 글로벌 Top 25 마케팅조사회사

매출 순위	회사	본사 소재지	설립 연도	2015년 매출 (단위: 백만 달러)	연구원 수	해외지사 및 사무소 수	해외매출 비율(%)
1	Nielsen Holdings N. V.	미국	1923	$ 6,172.0	43,000	106	41.6
2	Kantar	영국	1993	3,710.0	23,000	100	79.7
3	IMS Health Inc.	미국	1954	2,921.0	15,000	105	61.4
4	Ipsos SA	프랑스	1975	1,980.9	16,450	87	93.1
5	GfK SE	독일	1934	1,712.6	13,485	74	75.3
6	IRI	미국	1979	981.0	4,588	9	38.3
7	dunnhumby Ltd.	영국	2001	970.5	2,000	29	61.7
8	Westat Inc.	미국	1963	509.6	2,000	6	3.6
9	INTAGE Holdings Inc.	일본	1960	375.7	2,349	8	8.2
10	comScore Inc.	미국	1979	368.8	1,700	24	27.3
11	Wood MacKenzie	영국	1973	364.7	1,000	20	58.1
12	The NPD Group Inc.	미국	1966	307.7	1,355	15	24.9
13	MACROMILL Inc.	일본	2000	296.0	1,611	13	30.7
14	J.D. Power	미국	1968	273.5	850	9	33.8
15	ICF International	미국	1967	219.4	888	7	29.5
16	Video Research Ltd.	일본	1962	182.2	410	3	0.0
17	Decision Resources Group	미국	1990	167.6	800	5	28.1
18	MaritzCX	미국	1973	151.6	800	5	26.5
19	Abt SRBI	미국	1965	124.4	1,192	3	4.1
20	YouGov	영국	2000	122.9	475	21	71.8
21	ORC International	미국	1938	122.3	540	8	31.8
22	Lieberman Research Worldwide	미국	1973	119.8	550	3	30.9
23	Rentrak	미국	1977	116.3	575	6	15.0
24	Mediametrie	프랑스	1985	104.9	641	1	10.1
25	Cello Health	영국	2004	97.2	400	3	42.0
합계				24,487.6	135,659		55.3

출처: American Marketing Association (2016).

Nielsen은 1923년도에 설립되었으며, 미국 뉴욕에 본사를 두고 있는 세계 최대의 마케팅조사 회사이다. Nielsen의 총매출액은 2015년 61억7천만 달러를 기록하였으며, 그 중 해외매출 비율은 41.6%로 나타났다. Nielsen은 전 세계 106개국에 해외지사 및 사무소를 두고 있고, 연구원 수는 무려 43,000명에 이르고 있다. Nielsin은 사업 분야를 크게 소비자 구매행동 측정과 관련된 Buy 사업과 미디어 청취 측정에 관한 Watch 사업의 두 가지 축으로 구성하고 있다. Nielsen은 소비자의 구매행동과 미디어 시청행동과 구매행동에 대한 정보, 그리고 이들 선택행위들의 연결고리에 관한 종합적인 정보를 통한 브랜딩, 광고, 소비자 선택에 관한 인사이트 제공을 추구하고 있다. 포장소비재의 소매유통 측정 데이터와 소비재에 관한 소비자행동, 애널리틱스 정보를 주로 제공하는 Buy 사업은 Nielsen 2015년 매출의 56%를 차지하였다. Buy 사업은 전 세계 소매점포의 매달 수십억 건에 이르는 판매거래를 추적, 클라이언트들의 브랜드 및 SCM 관리, 신규 수요의 개발, 새로운 서비스의 제공, 판매 분석, 고객관리에 도움이 되는 매출, 시장점유율 측정 데이터 제공에 주력하고 있다. 그리고 Nielsen의 Watch 사업 분야는 총 매출액의 44%를 점하고 있으며, 주로 매체 및 광고회사들을 대상으로 하여 TV, 온라인, 모바일 시청, 청취 플랫폼 시청, 청취 데이터, 애널리틱스 정보를 제공하고 있다.

세계 2위 Kantar는 1993년도에 설립되었으며, 영국 런던에 본사를 두고 있다. Kantar는 2015년 매출이 37억1천만 달러에 달했고, 이 중 해외매출 비율은 79.7%로 나타났다. Kantar는 전 세계 100개 국에 해외지사 및 사무실을 두고 있으며, 연구원 23,000명을 포함해서 직원 수가 모두 30,000명에 이른다. Kantar는 소비재 마케팅과 관련된 아주 광범위한 조사 및 자문 서비스를 수행하고 있으며, Kantar Added Value, Kantar Futures, Kantar Health, Kantar IMRP, Kantar Media, Katar Millward Brown, Kantar Public, Kantar Retail, Kantar TNS, Kantar Vermeer, Kantar Worldpanel, Lightspeed의 12개 사업 브랜드로 구성되어 있다. Kantar Added Value 사업은 회사 고유의 Brand Connections 기법을 사용, 브랜드 마케팅, 소비자 분석, 신제품, 마케팅커뮤니케이션 분야의 조사, 컨설팅 서비스를 제공하고 있다. Kantar Health는 의료분야의 마케팅 조사, 컨설팅에 특화된 사업이며, Kantar Media는 전 세계의 광고주, 광고대행사, 미디어 회사들에게 다양한 미디어 분석 자료와 청취 측정 자료를 제공하고 있다. 또 Kantar Millward Brown은 브랜드, 마케팅커뮤니케이션, 미디어 및 마케팅 효과에 중점을 둔

정성조사, 정량조사, 컨설팅 서비스를 광범위하게 수행하고 있다. 한편 Kantar Retail은 소비자, 쇼핑객, 소매업체들의 행동을 조사하여, 소매분야에 관한 분석 자료와 컨설팅 서비스를 제공하는 사업 브랜드이다. 그리고 Kantar TNS는 전 세계 80여개 국가 소비자들에 대한 정량조사, 정성조사를 통하여 클라이언트들에게 시장진입, 신제품 개발, 브랜드 전환 등에 관한 마케팅전략 컨설팅 서비스를 제공하고 있다.

세계 3위 IMS Health는 1954년에 설립되었으며, 미국에 본사를 두고 있다. IMS Health의 2015년 매출은 29억2천만 달러에 달했고, 이 중 해외매출 비율은 61.4%로 나타났다. 이 회사는 전 세계에 105개의 해외지사 및 사무소를 두고 있고, 연구원 수는 15,000명에 달한다. IMS Health는 의료분야 조직체들의 성과 측정 및 개선을 위한 엔드 투 엔드 솔루션을 제공해주는 회사로서 전 세계에 5,000개 이상의 클라이언트를 갖고 있는 의료관련 정보에 전문화된 세계최대 회사이다. IMS Health는 매출자료, 처방 및 판촉 데이터, 의료비 청구자료, 진료기록, 소셜미디어 자료 등 모두 10자리 이상의 페타바이트(petabyte)에 이르는 데이터를 보유하고 있으며, 5억 명 이상의 익명 환자기록을 갖고 있다.

세계 4위의 Ipsos는 1975년에 설립되었으며, 프랑스 파리에 본사를 두고 있다. Ipsos의 2015년 매출은 19억8천만 달러에 달했고, 그 중 해외매출 비율은 무려 93.1%에 이르렀다. Ipsos는 전 세계 87개국에 해외지사 및 사무실을 두고 있고, 연구원 수는 16,450명에 달한다. Ipsos는 Ipsos Connect, Ipsos Loyalty, Ipsos Marketing, Ipsos Public Affairs, Ipsos Observer의 5개 사업단위를 구성되어 있다. Ipsos Connect는 브랜드 커뮤니케이션, 광고, 미디어의 통합화 및 복잡성 증가라는 최근 추세를 반영, 기존의 Ipsos ASI와 Ipsos MediaCT가 통합된 것이다. Ipsos Loyalty는 고객체험, 고객만족, 충성도 조사에 특화하여 고객 및 직원 관계의 측정, 모델링, 관리에 관한 컨설팅 서비스를 수행하고 있다. Ipsos Marketing은 클라이언트들의 마케팅전략 개발, 시장기회와 소비자의사결정과정의 이해, 최적의 마케팅 비용 배정, 브랜드, 서비스, 제품의 구축에 관한 컨설팅 서비스 사업내용으로 하고 있다. 한편 Ipsos Public Affairs는 특정 클라이언트를 위한 조사가 아니라 대중 여론 및 주요 이해당사자의 의견조사에 특화하여, 그 결과를 Reuters News 등의 기관에 공급하는 사업부문이다. 그리고 Ipsos Observer는 온라인, 전화, 대인면접, 모바일 등 다양한 종류의 설문조사에 대한 관리, 자료 수집, 자료 배포 서비스 사업을 운영하고 있다.

세계 5위의 GfK는 1934년에 설립되었으며, 독일 뉴렘베르그에 본사를 두고 있다. GfK의 2015년 매출은 17억1천만 달러에 달했고, 이 중 해외매출 비율은 75.3%로 나타났다. GfK는 전 세계 74개국에 지사 및 사무소를 두고 있으며, 연구원 수는 13,485명에 이르고 있다. 이 회사는 소비재, 의약품, 매체, 서비스 등 다양한 산업분야의 클라이언트들을 대상으로 제품정책, 물류, 영업, 마케팅, 광고와 관련된 정보조사 및 컨설팅 서비스를 제공하고 있다. GfK의 사업 분야는 크게 Custom Research, Retail and Technology, Media의 3개 부문으로 구성되어 있다. Custom Research 부문은 마케팅 관리, 전략 이슈에 특화되어 있으며, 특정의 표적시장 집단 및 의료직 종사자를 대상으로 정보를 수집, 활용하고 있다. GfK Retail and Technology 부문은 전 세계 80여개 국가의 소매업체 POS 데이터를 핵심자료로 사용하고 있다. 이 부문은 클라이언트들이 필요로 하는 시장정보를 StarTrack 시스템을 통해 온라인으로 제공해 주고 있고, GfK TEMAX(Technical Market Index)라는 고기술 소비재 시장의 지표를 개발하여 데이터를 제공하고 있으며, GfK Etilize 솔루션으로는 유통업체, 제조업체 웹사이트 포털들을 대상으로 해서 제품 데이터를 제공하고 있다. 그리고 Media 부문은 미국과 유럽 20개 이상의 국가에서 수집한 TV, 라디오, 인쇄매체, 옥외광고, 온라인 등 다양한 미디어의 사용 및 수용 범위, 강도, 특성에 대한 정보를 미디어 업체, 광고대행사, 브랜드 제조업체 클라이언트들에게 제공하고 있다.

3) 한국의 마케팅조사산업

한국의 리서치산업 시장규모는 마케팅조사, 여론조사 등 여러 분야를 총괄해서 대략 5,600억~5,700억 원 정도로 추정된다. 2014년 국내 20대 리서치회사의 매출액 합계는 모두 5,561억 원, 상근직원 수 합계는 2,110명으로 집계되었다(광고계동향, 2015). 그리고 이들 20개 회사의 매출액 분포를 보면 100억 원 이상이 8개, 40억~90억 원 4개, 30억 원 미만 8개, 그리고 상근직원 수 분포는 200명 이상이 4개, 100명에서 200명 미만이 4개, 40명에서 100명 미만이 5개, 40명 미만이 7개 회사로 나타났다(〈표 1-3〉 참조).

2014년 매출액 기준으로 볼 때, 국내 최대의 리서치회사는 Kantar TNS Korea로서 매출이 720억 원을 기록하였고, 마케팅조사의 비중은 79%, 상근직원 수는 310명으로 알려졌다. Kantar TNS Korea는 세계 2위 리서치회사 Kantar 그룹의 계열사 중 세계 최대의 맞춤형조사(customized research) 전문 기업인 TNS의 한국지사이다. Kantar TNS Korea는 맞춤형조사, 브랜드 커뮤니케이션, 이해관계자 관리, 신제품개발, 소매점 및 구매자, 여론조사, 디지털 조사, 정성조사를 전문조사 분야로 하고 있으며, 자동차, 소비재, 금융, 사회 및 정치, 기술 등을 리서치 표적시장으로 하고 있다.

〈표 1-3〉 국내 주요 리서치회사 현황

매출 순위	회사명	설립연도	2014년 매출 (억 원)	마케팅조사 비중	상근직원 수
1	칸타 TNS 코리아	1984	720	79%	310
2	닐슨코리아	1980	620	n.a.	350
3	한국리서치	1978	590	90%	265
4	입소스(Ipsos) 코리아	1994	420	90%	200
5	한국갤럽 조사연구소	1974	280	40%	144
6	나이스알앤씨	2007	235	n.a.	127
7	마크로밀엠브레인	1999	217	80%	180
8	리서치앤리서치/알앤알마케팅	1989	114	35%	74
9	컨슈머인사이트	2000	85	77%	60
10	월드리서치	1995	54	14%	40
11	코리아데이타네트워크	1995	48	2%	120
12	리스피아르 조사연구소	1972	47	60%	35
13	피엠아이	2012	27	n.a.	27
14	한국종합경제연구원(재단법인)	1997	21	n.a.	44
15	리서치 플러스	1998	19	18%	14
16	트루이스	2006	12	90%	14
17	날리지리서치그룹	2002	11	92%	20
18	리서치21	1999	10	20%	70
19	밸류랩 어소시에이츠	2011	9	100%	10
20	엠알씨케이	2006	8	40%	6
합계			5,561		2,110

출처: 광고계동향(2015. 6).

닐슨코리아는 세계 최대의 리서치회사 Nielsen의 한국지사로서 1980년에 설립되었는데, 2014년 매출은 620억 원, 상근직원 수는 350명으로 알려졌다. 닐슨코리아는 1982년에 국내 최초로 소비재 시장 판매 성과를 측정하는 '소매유통조사'를 출범시켰으며, 1992년부터 TV 시청률 조사 서비스를 수행해오고 있다. 그리고 2008년에는 마케팅 ROI(return of investment) 분석 서비스를 시작하였으며, 2012년에 '3스크린(TV, PC, 모바일) 통합 패널'을 구축하였다. 또 2016년에는 국내 최초로 이커머스 시장의 판매 성과를 측정하기도 하였다. 닐슨코리아의 리서치 서비스는 소비자 미디어 이용행태 조사와 소비자 구매행태 조사의 두 분야로 크게 구분되며, 소비재/헬스케어/유통, 미디어, 사회공공, 전자/통신, 자동차, 금융/엔터테인먼트의 6개 산업분야를 핵심 대상으로 하고 있다. 소비자 미디어 이용행태 조사 분야는 TV시청률 조사, 광고비 및 광고 표현물, 광고효과 조사 분석, 온라인/모바일 사용자 행태 측정, 소셜 미디어 버즈 분석이 그 주된 사업내용이다. 한편 소비자 구매행태 조사 분야는 소매유통조사, 소매점 진열 및 판촉조사, 소비자 패널 조사, 소비자 조사, 수요예측 및 애널리틱 컨설팅, 사회공공조사, 그리고 소비자의 무의식적 반응을 측정하는 닐슨 뉴로(Nielsen Neuro) 서비스를 사업내용으로 하고 있다.

국내 3위의 한국리서치는 1978년에 설립되었으며, 국내자본 리서치회사로는 최대의 기업이다. 한국리서치의 2014년 매출은 590억 원을 기록하였으며, 마케팅조사의 비중은 90%, 상근직원 수는 265명인 것으로 알려졌다. 한국리서치는 시장분석, 고객분석, STP, 제품, 브랜드, 가격, 광고, 유통 등 마케팅 전 분야에 걸쳐 다양한 정성조사와 정량조사 서비스를 제공하고 있다. 그리고 한국리서치는 시장구조조사 영역의 H Market, H-DisTriBution, M²-Radar, Obsta'Clear, Brand Matrix, Loyalty Bricks, 브랜드 진단 조사 영역의 H-TEST, Equity Scals, H-BSM,Customer Profiler, H-EQM, H-CSM, H-Detect, 광고효과 조사 영역의 H-Medialife, H-MediaMix, H-Adpre, H-AdTrack, 신제품 · 콘셉트 테스트 영역의 H-COPC, H-Product, H-Package, H-Optimum, H-Target, H-ProCon, H-Concept, H-Name, H-Pricing, H-FOCAST, 고객 및 사원 만족도 조사 영역의 분야의 SATIS'Factor, CustomerJourney Map 등 자체 개발한 다양한 특화기법을 보유하고 있다. 한국리서치의 사업조직은 마케팅조사 사업 1본부, 마케팅조사 사업 2본부, 여론조사 사업 본부의 3개 사업본부와 별도의 3개 마케팅조사 사업부, 3개의 기획조사 사업부, 그밖에 이노베이션조사 사업부, 헬스케어조사 사업부, 크리에이터조사 사업부, 소프트웨어 사업부, Survey-Link(학술조사) 사업부의 11개 독립 사업부로 구성되어 있다.

국내 4위의 입소스(Ipsos) 코리아는 맞춤형 조사(custom research) 기준으로 세계 2위 업체인 Ipsos SA의 한국지사로서 1994년에 설립되었다. Ipsos Korea의 2014년 매출은 530억 원을 기록하였으며, 마케팅조사 비중이 90%, 상근직원 수는 200명으로 알려졌다. Ipsos Korea는 설문조사의 역량에 기반을 두고 있는 리서치회사로서 Ipsos Marketing, Connect, Loyalty, Public Affairs, Observer의 5개 사업부를 두고 있다. Ipsos Marketing 사업부는 마케팅 전략 수립과 활동 평가, 신상품 개발조사를 담당하고 있고, 세부적으로는 소비자 Usage 분석, 소비자 행동 트래킹, 신제품 컨셉 테스트 및 수요예측, 소비자 만족도/충성도 분석 및 트래킹, 제품 패키지 디자인 평가, 제품 가격 조사, 제품력 평가 등의 마케팅조사를 수행하고 있다. 그리고 Ipsos Connect 사업부는 광고효과 및 콘텐츠, 미디어 및 브랜드 전문조사를 담당하고 있으며, Ipsos Loyalty 사업부는 고객 만족도 및 충성도 제고 프로그램을 사업내용으로 하고 있다. 또한 Ipsos Public Affairs 사업부는 여론조사 및 사회조사, 기업 이미지 및 홍보를 담당업무로 하고 있고, Ipsos Observer 사업부는 설문조사 관리 및 데이터 수집, 결과 제공을 사업내용으로 하고 있다.

국내 5위 리서치회사인 한국갤럽 조사연구소는 1974년에 설립되었으며, 2014년 매출은 280억 원을 기록하였고, 상근직원 수는 144명인 것으로 파악되었다. 한국갤럽은 부동산조사, 통신조사, 법률조사, 정책여론조사, 헬스케어조사, 서비스모니터링, 대규모실태조사 등 사업영역이 매우 포괄적이며, 매출액 중 마케팅조사 매출의 비중은 40%인 것으로 알려졌다.

마무리사례

현대자동차 'live brilliant' 글로벌 광고 캠페인

브랜드 커뮤니케이션 콘셉트인 'brilliant'를 개발하는 과정은 또 하나의 글로벌 프로젝트로 진행됐다. 국내 및 해외 주요 5개국의 소비자 리서치를 통해 타깃 소비자들의 라이프스타일과 트렌드 분석 및 그들이 궁극적으로 기대하는 자동차에 대한 니즈, 태도 분석, Modern Premium에 대한 기대와 혜택 분석 등이 이뤄졌으며 이를 통해 커뮤니케이션 콘셉트인 'brilliant'가 도출됐다. 즉, 브랜드 방향성인 Modern Premium을 고객이 이해하기 쉽도록 전달하고 공감을 나누기 위해서 고객의 관점에서 재해석하고 고객 혜택으로 느낄 수 있도록 은유적으로 표현한 커뮤니케이션 콘셉트가 'brilliant'인 것이다. 'brilliant'를 통해 소비자들이 현대자동차 브랜드에 대해 좀 더 특별하고 빛나는 이미지와 감동을 가지도록 했으며, 특히 'brilliant'란 단어에는 기능적, 경험적, 이미지적, 감성적 측면의 다양한 의미들이 복합적으로 담겨 있어 그 활용성이 높게 평가됐다.

'live brilliant'라는 캠페인 슬로건은 브랜드 커뮤니케이션 콘셉트인 'brilliant'를 기반으로 광고 대행사인 이노션이 개발한 것이다. 2012년부터 현대자동차는 소비자의 일상에서 삶의 공간(Life Space)으로서의 현대자동차에 대한 이야기를 담은 'live brilliant' 글로벌 브랜드 캠페인을 본격적으로 추진하고 있다. 브랜드 커뮤니케이션 콘셉트인 'brilliant'에 기반해 고객과 눈높이를 맞추고 진심을 담은 감성적 스토리텔링의 글로벌 브랜드 캠페인이 바로 'live brilliant' 광고 캠페인이다. 'live brilliant'란 메시지를 통해 현대자동차와 함께하는 매일의 일상과 삶이 더욱 빛나고 특별하게 느껴지도록 만들고 고객의 마음을 사로잡아 현대자동차에 대한 친밀도와 선호도를 높이고자 기획됐다.

현대자동차와 함께하는 고객 한 사람 한 사람의 삶이 더 특별하고 빛나게 될 것이라는 약속을 담은 'live brilliant'라는 카피를 통해 Modern Premium이 추구하는 감성적 가치와 경험적 혜택을 은유적으로 표현하고 있으며 'live brilliant'라는 캠페인 슬로건은 글로벌 시장에서 동일한 메시지와 톤 앤 매너로 일관되고 지속적으로 추진되고 있어 시너지 효과가 더 크게 발휘되고 있다.

2012년부터 현재까지 3회에 걸쳐 글로벌 전 시장에서 집행되고 있는 글로벌 브랜드 캠페인은 다양한 매체 광고를 통해 동일하게 live brilliant란 슬로건을 일관적, 지속적으로 유지하고 있으며 이를 통해 글로벌 소비자들이 현대자동차 브랜드에 대한 동일한 메시지와 이미지를 가질 수 있을 것으로 보인다. 2012년에 집행된 1차 및 2차 캠페인에 대한 효과 조사 결과를 보면 글로벌 소비자들은 현대자동차가 새로운 브랜드 캠페인을 통해 전달하고 있는 "현대자동차와 함께하는 더 특별하고 빛나는 삶의 이야기"에 대해 충분히 공감하고 긍정적으로 평가하고 있음을 알 수 있다. 1차와 2차 live brilliant 캠페인 직후 진행된 광고효과 조사 결과를 보면 캠페인을 경험한 소비자들의 브랜드 친밀도 및 선호도, 구매의향 지표가 증가함을 알 수가 있고, 특히 세련되고 고급스러운 광고 영상을 통해 현대자동차에 대한 브랜드 이미지도 업그레이드 됨을 보여준다.

1차 글로벌 브랜드 캠페인 효과조사

* Ipsos, 비인지자 대비 광고 인지자 그룹의 상대적 지표 증가율

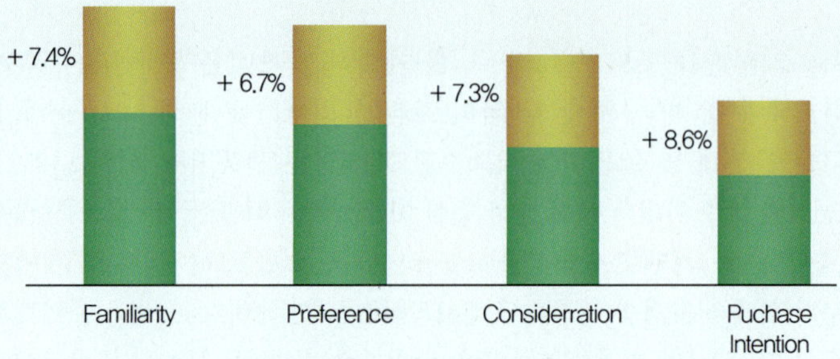

2차 글로벌 브랜드 캠페인 효과조사

* A.C. Nielsen, 비인지자 대비 광고 인지자 그룹의 상대적 지표 증가율

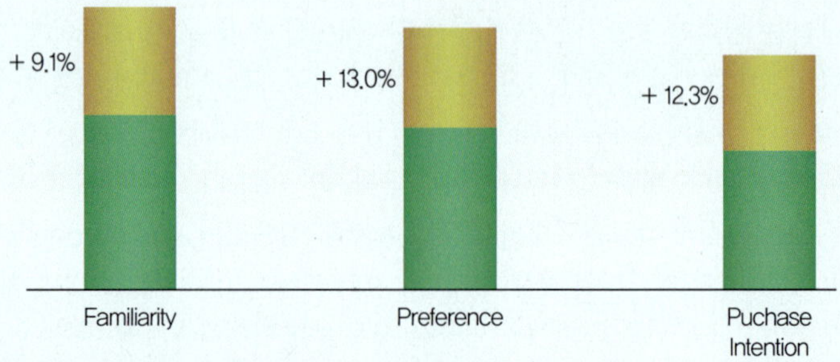

출처: 조원상(2013). "직원부터 확 바꾼 'New Thinking. New Possibilities.' 프리미엄 고객 움직인 'Live brilliant'". Dong-A Business Review 134.

요약정리

마케팅조사는 마케팅문제에 관한 데이터의 체계적이고 객관적인 수집 및 분석 작업을 말하며, 마케팅 의사결정에 수반되는 불확실성과 위험을 감소시켜 줄 수 있다. 마케팅조사에는 과학적 방법의 사용이 필요하다. 즉, 조사문제의 설정, 조사의 설계, 자료의 수집, 자료의 분석, 결론의 도출에 이르는 마케팅조사의 전 과정이 단계별로 논리적이고 일관성 있게 진행되어야 하며, 이 모든 과정에서 작업의 객관성이 유지되어야 한다.

마케팅조사는 정보의 제공을 통해 마케팅관리자를 고객의 세계에 연결시켜 주는 것

이 그 본질적인 기능이며, 그 분야는 크게 상황분석 조사, 고객조사, STP 조사, 마케팅믹스 조사, 마케팅성과 조사 다섯 가지로 분류할 수 있다. 첫째, 마케팅조사는 자사의 마케팅시스템을 둘러싼 기회요인, 위협요인, 그리고 자사의 강점과 약점이 파악을 가능하게 하는 상황분석의 용도로 활용될 수 있다. 둘째, 마케팅조사는 고객의 특성과 구매행동의 파악을 목적으로 하는 고객조사로서 활용될 여지가 크다. 셋째, 마케팅조사는 STP, 즉 최적의 시장세분화, 표적시장 선정, 포지셔닝의 분석, 개발에 활용가치가 크다. 넷째, 마케팅믹스 조사의 가능성도 크다. 마케팅조사는 제품개념시험, 제품사용시험, 시험마케팅 등 신제품 개발과 관련된 조사, 그리고 제품의 기능적 특성, 스타일, 포장, 브랜드 등 제품속성에 대한 고객의 반응을 파악하기 위하여 유용하게 활용될 수 있다. 마케팅조사는 또한 가격전략 의사결정과 관련된 데이터도 제공할 수 있다. 아울러 마케팅조사를 통해 확보된 정보는 광고, 판촉, 홍보, 영업 등 마케팅커뮤니케이션 의사결정에도 매우 유용하게 활용될 수 있다. 그리고 마케팅조사는 효과적인 유통경로의 설계 및 관리, 소매점 경영, 고객에 대한 제품의 주문처리, 하역, 포장, 수송, 저장, 재고관리 등 마케팅물류의 관리를 위해서도 적절히 활용될 수 있다. 마지막으로 마케팅조사는 매출액, 시장점유율, 브랜드 인지도, 고객 만족도 등 마케팅성과 파악에도 활용된다.

마케팅조사가 필요한 경우 회사가 내부적으로 직접 프로젝트를 수행하든가 아니면 전문조사회사에 그 작업을 위탁하는 두 가지 방법 중에서 선택이 필요하다. 마케팅조사 회사들이 제공하는 서비스의 유형은 크게 맞춤조사 서비스, 표준조사 서비스, 신디케이트 서비스의 세 가지로 분류할 수 있다. 세계 마케팅조사산업의 시장규모는 2015년 기준 대략 245억 달러 정도로 추정되며, 이 중 규모가 큰 회사들은 대부분 국제화가 많이 되어 있는 것으로 나타났다. 한편 마케팅과 정치, 사회 분야 등을 망라하여 한국의 여론조사 시장 규모는 한해 5600억~5700억 원 정도로 추정되며, 그중 마케팅조사의 비중은 80% 정도인 것으로 추산된다.

02

CHAPTER

마케팅조사의 유형과 절차

MARKETING RESEARCH

1. 마케팅조사의 유형

2. 마케팅조사의 절차

3. 마케팅조사 프로젝트의 수행과 실무적 절차

MARKETING RESEARCH

02 CHAPTER

마케팅조사의 유형과 절차

| 학습목표 |

1. 정성조사와 정량조사의 차이를 확인하시오.
2. 탐색조사, 기술조사, 인과조사의 차이를 설명하시오.
3. 조사문제의 설정 문제를 논의하시오.
4. 조사설계의 개념과 내용을 기술하시오.
5. 마케팅조사 프로젝트의 실행을 위한 실무적 절차를 설명하시오.

도 입 사 례

라네즈 중국시장 진출과 마케팅조사

한국의 라네즈(LANEIGE)는 중국의 20대 여성들에게 프랑스의 비오템, 미국의 크리니크 같은 글로벌 브랜드와 어깨를 나란히 하는 프리미엄 인기 화장품이다. 중국에서도 가장 트렌디한 도시인 상하이, 그중에서도 제일 유행을 앞서가는 팍슨백화점에서 매출이 상위권에 들 정도로 인기가 높다.

㈜아모레퍼시픽의 중국 시장 진출은 1990년대 초반으로 거슬러 올라간다. 중국 시장 개방이 본격화하기 전인 1993년에 선양 현지법인을 설립해 선양, 장춘, 하얼빈 등 동북 3성을 중심으로 영업력을 키웠다. 2000년에는 세계 글로벌 화장품회사의 각축장인 상하이에 현지법인을 세웠다. 일찌감치 중국에 진출해 한국 화장품에 대한 프리미엄 이미지를 심어주는 데 성공한 ㈜아모레퍼시픽은 2009년 중국에서 1176억 원의 매출을 올려 전년 대비 55%나 성장했다.

라네즈는 이러한 폭발적인 매출 성장세의 1등 공신이다. 라네즈는 1994년 한국에 처음 선보인 뒤 1년 만에 1000억 원의 매출을 기록한 ㈜아모레퍼시픽의 대표 브랜드이다. ㈜아모레퍼시픽은 라네즈를 중국 시장에 내놓기로 결정한 후 3년간 체계적인 시장조사를 벌였다. 전반적인 중국 진출 전략은 국내 대형 컨설팅업체와 함께 수립했고, 상하이에서 활동하는 글로벌 시장조사 업체와 손잡고 현지에서 광범위한 시장조사를 실시했다. 3,500여 명의 중국 여성들을 대상으로 제품 사용감과 화장품 사용 특성을 체크했다. 채널별 주요 경쟁사, 주요 지역 및 고객유형별 브랜드 콘셉트도 조사했다. 보다 정교한 소비자의 니즈를 파악하기 위해 집에서 5~7일간 사용할 수 있는 화장품을 나눠준 뒤, 느낌이 어땠는지 조사하는 '홈 유징 테스트'도 병행했다.

조사 결과, 중국 소비자들은 브랜드에 대한 충성도가 상대적으로 낮아 만족도가 높지 않으면 브랜드를 쉽게 바꿀 수 있다는 결론을 내렸다. 브랜드 충성도를 높이려면 프리미엄 이미지를 구축하면서 차별화된 서비스를 제공할 필요가 있다고 판단했다. 또 주력 타깃인 20대 여성들은 건조함과 끈적임을 싫어하고 보습효과가 뛰어난 제품을 선호한다는 데 주목했다. 이에 따라 수

분 콘셉트의 라네즈를 고급스러우면서도 젊은층이 소비하는 '프리미엄 영브랜드'로 포지셔닝하기로 했다. 3년간의 면밀한 현지 소비자 조사 결과를 반영해서 수립한 중국 시장 진출 전략은 라네즈 성공의 기반이 됐다.

㈜아모레퍼시픽은 3년에 걸친 현지 소비자 조사를 통해 중국 소비자들이 한국 소비자들보다 화장품을 고를 때 합리적이고 이성적인 판단을 중시한다는 결론을 얻었다. 한국 소비자들이 감성 마케팅에 익숙한 반면, 가짜 화장품에 대한 불안한 마음을 갖고 있는 중국 소비자들은 화장품 성분에 대한 설명, 효능에 대한 과학적 근거를 요구했다. 이러한 소비자들을 만족시키기 위해 도입한 것이 각종 화장품 정보를 제공하는 〈향장지〉라는 잡지였다. 향장지에는 고객들이 라네즈를 활용해 어떻게 피부관리를 해야 하는지, 라네즈의 자세한 성분과 효능은 무엇인지, 한국, 대만 등 다른 국가의 라네즈 소비자들은 어떻게 라네즈를 활용하는지에 대한 자세한 정보들을 실었다. 매장 직원들에게도 화장품 지식과 미용 지식을 가르쳐 고객을 상대로 전문적인 카운셀링을 제공하도록 했다.

출처: 김유영, 신수정(2010).

1. 마케팅조사의 유형

1) 정성조사와 정량조사

마케팅조사의 유형은 정성조사와 정량조사로 구분할 수 있다(〈표 2-1〉 참조). 정성조사(qualitative research)는 수치로 측정된 자료에 의존하지 않고 마케팅 현상을 이해, 해석, 설명하려는 조사를 지칭한다. 정성조사는 주로 문제의 이해 및 아이디어의 발견 또는 문제의 명확한 정의 도출을 목적으로 사용된다. 한편 정량조사(quantitative research)는 수치로 측정된 데이터를 수집하고 분석하여 마케팅 현상을 설명하려는 조사를 말한다. 정량조사는 조사대상 특성의 정량적 측정을 통한 객관적 서술, 그리고 변수 사이의 상관관계 또는 인과관계에 대한 정량적 검증을 목적으로 사용된다.

(1) 정성조사

정성조사는 연구원이 수치를 이용한 측정에 의존하지 않고 시장 현상을 이해하려는 연구를 지칭한다. 연구의 초점은 현상의 내적 의미를 발견하는 데 있다. 정성조사는 정량적 접근방법보다 구조화 정도가 낮은 편이다. 일반 사람들에게 친숙한 설문조사 형태의 마케팅조사와 달리 정성조사는 구조화된 응답 틀을 갖춘 설문지에 의존하지 않는다. 대신에 정성조사는 특정 주제에 관한 토론의 내용 혹은 소비자의 개인적 체험에서 일정한 의미를 추출한다.

정성조사는 대부분 조사문제가 명확하게 설정되지 못한 경우에 많이 사용되며, 현상에 대한 관찰 및 이해가 주된 접근방법이다. 따라서 조사의 설계에 있어서도 구조화되지 않은 방식이 탄력적으로 사용된다. 조사기법으로는 대화, 관찰, 주관식 질문을 통한 자료수집에 의존하는 집단집중면접(focus group interview), 개별심층면접(depth interview), 투사법(projective techniques), Z-MET, 민족지적 조사(ethnographic research) 등의 방법이 사용된다.

일반적으로 조사목적이 구체적이지 않은 경우 정성적 도구를 사용하는 것이 더 적합하다. 또한 소비자행동을 좀 더 깊게 이해한다거나 새로운 개념을 발견하는 데 강조점이 있는 경우 정성조사가 적합하다. 아래 열거한 예들은 일반적으로 정성조사가 필요한 경우이다.

경우 1	조사를 의뢰하는 고객과 수차례 만나도 정작 조사를 통해 무엇을 알려고 하는지 분명하지 못한 때
경우 2	조사목적이 특정한 현상을 매우 상세하게 이해하려는 경우로 인간 행동의 핵심 동기를 발견하는 데 목표가 있을 때
경우 3	실제 상황에서 제품이 어떻게 사용되는지 그리고 일상용어로 특정 개념이 어떻게 표현되는가를 파악하는 때
경우 4	연구원이 파악하려는 특정 소비자 행동이 놓인 환경이나 상황에 따라 달라지는 때
경우 5	정량조사만으로 만족스럽지 않을 때 정성조사가 다양한 시각 및 새로운 아이디어를 제공하는데 도움이 될 때

(2) 정량조사

정량조사는 객관적인 정량 데이터의 확보를 위하여 객관식 질문으로 구성된 설문지 또는 세부 항목으로 구성된 관찰지 등 구조화된 측정도구가 사용된다. 표본의 크기에 있어서는 일반적으로 정성조사는 작은 표본, 정량조사는 큰 표본이 사용된다. 자료의 분석 및 결론의 도출방식에 있어서도 차이가 있다. 정성조사는 자료의 분석에 비통계적인 방법이 사용되며, 결론의 도출에는 조사자의 주관적 해석이 크게 작용하게 된다. 따라서 정성조사 결과의 일반화에는 상당한 제약이 따른다. 한편 정량조사는 자료의 분석을 통계적 방법에 의존한다. 분석 결과에 대해서는 조사자의 주관적 해석이 배제되며, 철저하게 데이터에 의존한 객관적 결론의 도출이 이루어진다. 따라서 정량조사 결과에 대해서는 원칙적으로 상당한 정도의 일반화가 가능하다.

(3) 정성조사와 정량조사의 비교

정량조사는 직접적이든 간접적이든 수치를 갖는 척도를 사용하여 개념을 측정한다. 이 수치들은 통계적 계산이나 가설 검증에 이용된다. 한편 정성조사 연구원들은 관찰하기, 듣기, 이해하기에 좀 더 많은 관심을 기울인다. 이런 이유 때문에 정성조사는 상대적으로 주관적이며 조사 결과가 연구원에 의존한다. 그러므로 연구원마다 동일한 면담 내용을 갖고도 상이한 결론에 도달하기도 한다. 이와 대조적으로 정량조사 응답자들은 일정한 수치 척도에 점수를 매기기 때문에 다른 연구원이 분석한다 해도 평가된 수치는 동일하며 따라서 상대적으로 객관적이다. 탐색조사로 진행되는 정성적 조사는 수백명의 응답자를 조사하지 않으며, 소수의 소비자로도 충분하다.

정성조사가 정량조사보다 더 우세하다는 주장도 있고, 그 반대라는 주장도 있다. 그러나 실제로 이러한 논쟁은 불필요하다. 정량조사로 파악할 수 없는 것을 정성조사로 목적을 달성할 수 있으면 좋고, 마찬가지로 정성조사로 파악할 수 없는 목적을 정량적으로 달성할 수 있으면 이 또한 좋기 때문이다.

성공적으로 조사가 수행된 프로젝트를 보면 정성조사와 정량조사를 모두 수행한 경우가 많다. 예를 들어 측정하려는 개념에 대한 이해가 우선되고, 그것이 일상생활에서 어떻게 표현되고 있는가를 정성적 방법을 통해 파악한 후, 그 내용 각각에 대해 동의하는지 혹은 동의하지 않는지를 정량적으로 측정하는 것이 바람직하다.

〈표 2-1〉 정성조사와 정량조사의 비교

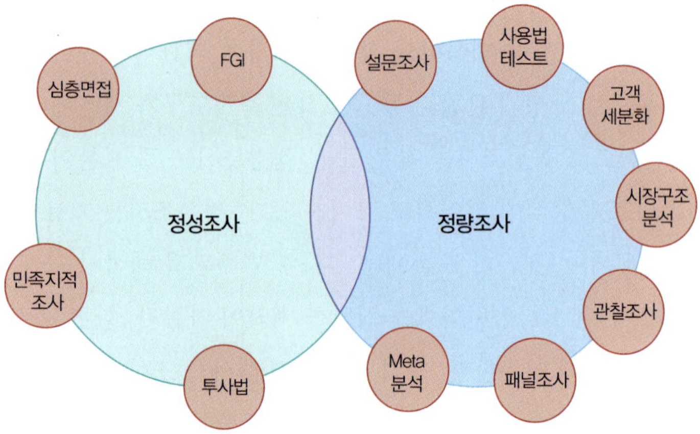

	정성조사	정량조사
조사목적	문제의 이해 및 아이디어 발견 문제의 명확한 정의	조사대상 특성의 정량적 측정 변수 관계의 정량적 검증
주된 사용영역	탐색조사	기술조사, 인과조사
조사문제	불명확	명확함
접근방법	관찰 및 이해	측정과 검증
조사의 설계	비구조화	구조화
자료의 수집	비구조화, 자유 형태	구조화된 측정도구
표본의 크기	작은 표본	큰 표본
자료의 분석 및 결론의 도출	비통계적 방법 조사자의 주관적 해석 결과 일반화의 제약	통계적 방법 객관적 결과 도출 결과의 일반화 가능

2) 탐색조사, 기술조사 및 인과조사

마케팅조사의 유형은 또한 기본적인 조사목적의 차이에 따라 탐색조사, 기술조사, 인과조사로 구분할 수 있으며, 그 차이는 〈표 2-2〉과 같이 요약된다. 탐색조사는 의사결정문제 또는 조사문제에 대한 아이디어를 확보하고 이해를 개선하기 위하여 수행하는 조사이다. 탐색조사는 또한 명확한 조사문제를 도출하기 위하여 사용되기도 한다. 한편 기술조사는 조사하고자 하는 대상의 특성 값 또는 빈도를 객관적으로 서술하기 위해서 행하는 조사이다. 또 이들 특성 사이의 연관성을 검증하는 것이 기술조사의 목적이 될 수도 있다. 그리고 인과조사는 원인 변수와 결과 변수 사이의 인과관계를 증명하기 위한 조사를 말한다.

문제에 대한 이해 및 아이디어 발견이 목적인 탐색조사(exploratory research)의 특징은 조사문제가 아직 명확하지 못하다는 점이다. 예를 들어, 회사의 매출이 갑자기 부진해졌다고 가정하자. 이때 마케팅관리자는 무엇이 문제인지 부심하게 될 것이다. 경제의 침체가 문제인가? 소비자의 선호 트렌드에 무슨 변화가 발생한 것인가? 제품에 어떤 문제가 있는가? 경쟁업체의 새로운 전략이 회사 매출에 영향을 주었는가? 제품의 가격과 관련된 어떤 문제가 발생하였는가? 광고 전략이 잘 못 되었는가? 유통경로에 색다른 문제가 발생하였는가? 이런 상황에서는 의사결정문제와 조사문제가 모두 개연적이며 불명확하다. 이때 매출부진 현상에 대한 보다 구체적인 아이디어를 확보하고 현 상황에 대한 구체적인 이해를 얻기 위하여 현상에 대한 탐색조사가 필요할 수 있다. 또 탐색조사를 수행, 명확한 조사문제를 도출하여 다음 단계의 조사를 진행할 수도 있다.

탐색조사의 또 다른 특징은 비구조화된 조사설계이다. 탐색조사의 자료수집방법, 데이터의 측정수단, 표본의 추출방법은 상황에 맞게 아주 탄력적으로 변화가 가능하다. 예를 들어, 문제와 관련된 아이디어를 얻기 위해 표적시장 소비자 소수를 대상으로 한 인터뷰를 진행할 수 있다. 탐색조사의 조사방법은 다양하다. 신문, 잡지, 인터넷, 각종 기관의 보고서, 논문 등 각종 문헌에서 조사문제와 관련된 질적 내용 및 데이터를 조사하는 문헌조사(literature research)가 그 한 가지이다. 또 조사문제와 관련하여 내부적 또는 외부적으로 이미 생성되어 존재하는 이차자료(secondary data)의 사용도 가능하다. 한편 조사문제 해당 분야의 전문가 인터뷰도 탐색조사의 방법이 될 수 있다. 아울러 본격적인 정량조사에 앞서 비교적 간단하게 실행할 수 있는 소규모의 편의표본을 사용한 설문조사나 실험조사 형태의 조사, 즉 준비조사(pilot study)도 사용할 수 있다. 그리고 관련된 특정 사례의 심층적 분석을 통하여 조사문제에 관한 이해를 돕는 사례조사도 한 가지 방법이다.

그렇지만 마케팅조사에서 가장 빈번하게 사용되는 탐색조사방법은 집단집중면접, 개별심층면접, 투사법 등의 정성조사 기법이라고 할 수 있다. 특히 집단집중면접(Focus Group Interview: FGI)은 마케팅조사의 가장 대표적인 탐색조사방법이다. 집단집중면접은 대략 6명의 참석자들에게 브랜드 이미지, 광고 주제 등 조사문제에 집중해서 비구조화된 자유로운 방식의 토론에 참여, 응답케 함으로써 자료를 수집하는 정성조사방법이다. 한편 개별심층면접(depth interview)은 조사자와 응답자 간의 1대 1 면접으로서 응답자의 얘기를 들으며 지속적으로 질문하여 응답자의 심층적인 생각을 파악해 내는 기법이다. 그밖에 탐색조사에는 단어연상법(word association), 문장완성법(sentence completion), 그림 그리기(picture drawing), 제3자 기법(third-person technique) 등의 투사법(projective techniques)이 사용되기도 한다.

〈표 2-2〉 탐색조사, 기술조사, 인과조사의 비교

	탐색조사	기술조사	인과조사
조사목적	문제에 대한 이해 및 아이디어 발견 문제의 명확한 정의	조사대상 특성의 객관적 서술 특성 간의 연관성 검증	인과관계의 증명
조사문제	불명확, 개연적	명확	명확
조사의 설계	비구조화	구조화	구조화
조사기법	문헌조사 이차자료 조사 전문가 의견조사 준비조사 사례조사 정성조사	설문조사 관찰조사 패널조사 이차자료 정량조사	실험조사

조사대상 특성의 객관적 서술 또는 특성 간의 연관성 검증을 목적으로 하는 기술조사(descriptive research)의 특징은 조사문제의 명확한 설정이라고 할 수 있다. 예를 들어 표적시장 고객의 성별, 연령 등 인구통계적 특성 또는 추구편익, 충성도, 구매량 등 구매행동 특성의 객관적 기술이 조사문제로 설정될 수 있다. 그리고 기술조사에서 때로는 조사문제가 검증 가능한 가설(hypothesis)의 형태로 설정되기도 한다. 즉, 표적시장 고객의 제품에 대한 추구편익은 성별, 연령 등 인구통계적 특성에 따라 차이가 있을 것이라는 가설에 대한 검증이 조사목적일 수 있다.

또한 기술조사는 데이터의 측정도구, 표집설계 등 조사의 설계가 상당히 구조화되어 있다는 것도 특징이다. 데이터의 측정에 구조화된 설문지 또는 관찰지가 사용되어 그 값이 기록된다. 표집설계에 있어서는 모집단의 명확한 정의, 충분한 표본의 크기, 체계적인 표본추출 절차 등이 특징이다.

기술조사는 설문조사, 관찰조사, 패널조사, 이차자료 정량조사가 대표적인 조사기법이다. 설문조사(survey research)는 설문지를 사용하여 응답자의 응답을 통해 자료를 확보하는 조사방법으로서, 기술조사의 설문조사에서는 구조화된 설문지와 과학적인 표본추출설계가 수반되어야 한다. 기술조사는 관찰조사(observation research)를 통해서도 데이터의 수집이 가능하다. 이 경우에도 구조화된 관찰지(observation form), 그리고 과학적인 표본추출설계가 사용되어야 한다. 기술조사는 패널조사(panel research)의 형태를 취하기도 한다. 패널조사는 소비자, 가구, 점포 등 조사대상의 일정 멤버로 구성이 유지되는 고정 표본을 대상으로 행해지는 기술조사를 말한다. 패널조사는 조사 때마다 표본을 새로 구성해야 하는 불편을 없애주며, 또한 경우에 따라서는 시간의 흐름에 따른 조사 표본의 특성과 구매행동 변화의 측정, 분석을 가능하게 하는 장점을 갖고 있다. 또한 기술조사는 회사 내부 또는 외부에 이미 존재하는 조사문제 관련 이차자료(secondary data)에 대한 정량적 분석을 통해서도 가능하다.

인과조사(causal research)는 두 변수 사이의 인과관계를 밝히기 위한 조사이다. 인과조사에서도 기술조사와 마찬가지로 명확한 조사문제가 설정된다. 특히 인과조사에서는 인과관계를 표현하는 질문 또는 가설의 형태로 조사문제가 설정된다. 예를 들면, 점포의 진열방식을 기존 방식에서 새로운 방식 A로 변화시키면 점포에 대한 고객의 선호도가 증가할 것이라는 가설이 설정될 수 있다. 이 경우 조사의 목적은 원인변수인 점포 진열방식과 결과변수인 고객 선호도 사이의 인과관계를 검증하는 것이 될 것이다.

두 변수 사이의 인과관계가 성립하려면, 동반적 변화, 발생의 시간 순서, 혼란변수의 통제라는 세 가지 성립요건이 충족되어야 한다. 동반적 변화(concomitant variation) 요건은 원인변수와 결과변수를 증명하기 위해서는 적어도 하나가 발생 또는 변화하면 다른 하나 역시 동반적으로 발생, 변화함을 보여 주어야 한다는 것을 의미한다. 발생의 시간 순서(order of time occurrence) 요건은 시간적으로 원인변수가 먼저 발생하고 결과변수가 그 다음에 발생해야 한다는 것을 뜻한다. 마지막으로 혼란변수의 통제(control of extraneous variables) 요건은 원인변수 이외의 다른 혼란변수가 미칠 수 있는 결과변수에 대한 영향을 통제해야 한다는 것을 말한다.

따라서 인과조사에서는 인과관계 성립요건의 충족이 가능한 실험조사방법이 주로 사용된다. 실험조사(experimental research)는 혼란변수의 영향이 통제된 상태에서 원인으로 간주되는 독립변수의 값을 변화시켜, 그에 따라 결과변수로 간주되는 종속변수에 나타나는 효과를 측정함으로써 인과관계에 대한 결론을 도출하는 조사방법을 말한다. 예를 들어, 경쟁업체의 전략 등 다른 변수의 영향을 통제하면서 일정 수의 실험대상 점포들을 두 집단으로 구분, 일정 기간 동안 한 점포집단에는 기존의 제품 진열방식을 적용하고 다른 점포집단에는 새로운 진열방식을 적용하여 두 점포집단 쇼핑 고객들의 선호도 차이를 분석하면, 진열방식과 고객 선호도 사이의 인과관계에 대한 타당성 있는 결론의 도출이 가능해질 것이다.

2. 마케팅조사의 절차

마케팅조사의 절차는 [그림 2-1]과 같이 제시할 수 있다. 마케팅조사의 첫 단계는 조사문제의 설정이다. 조사문제가 명확히 설정되면, 조사자가 취해야 할 다음 단계는 적절한 조사의 설계이다. 조사의 설계 내용에는 조사유형의 결정, 자료수집방법의 선택, 자료측정 수단의 개발, 표본추출 설계가 포함된다. 조사의 설계가 확정되면, 다음

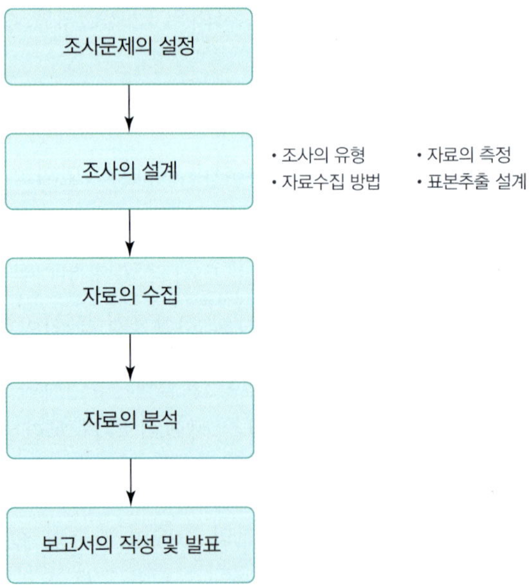

[그림 2-1] 마케팅조사의 절차

단계는 자료의 수집이다. 그 다음 조사자는 수집된 데이터를 분석, 결론을 도출하게 된다. 마지막으로 조사자는 분석 결과를 토대로 최종보고서를 작성하게 되며, 그 내용을 클라이언트에게 전달하게 된다.

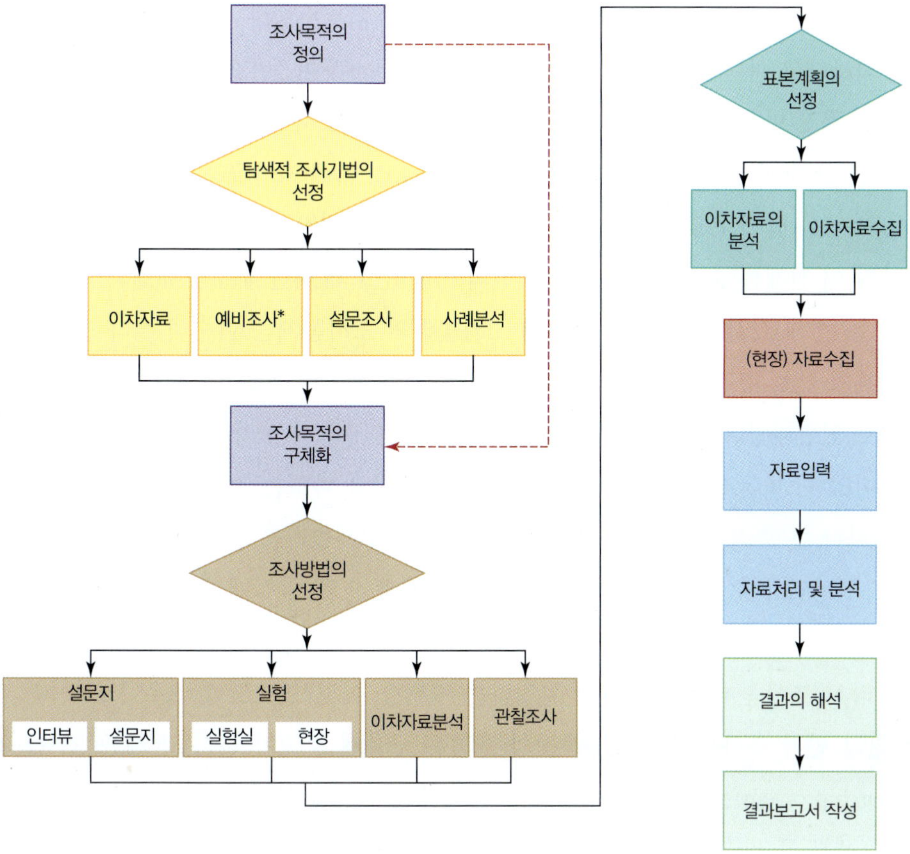

[그림 2-2] 마케팅조사 과정의 흐름

*예비조사: 참고문헌 검토, 파일럿 테스트(사전조사/FGI).

1) 조사문제의 설정

마케팅조사에 있어 적절한 조사문제의 설정이 무엇보다도 중요하다. 조사문제가 잘 설정되지 않고서 진행된 마케팅조사는 많은 시간과 비용에도 불구하고 그 결과는 활용가치가 없어지기 때문이다. 심지어 잘못된 조사문제로 진행된 마케팅조사는 의사결정에 부적절한 정보를 제공함으로써 마케팅 전략의 실패를 유발할 가능성까지도 존재한다. 그 대표적인 예가 1985년의 코카콜라 신제품 도입 사례이다(Hartley, 1995). 코카콜라는 1970년대 후반 펩시 콜라의 공격에 따른 시장점유율 잠식 사태에 직면하고 있었다. 이에 따라 코카콜라는 1982년 Kansas 프로젝트에 착수, 소비자들에 대한 대인 면접조사를 통하여 Coke 신제품의 수용 가능성을 검토하였다. 이어서 신제품 도입이 바람직하다고 판단한 코카콜라는 4백만 달러를 투자하여 2년간 무려 191,000명을 대상으로 콜라 맛의 선호를 조사하였다. 그 결과, 시음 조사 참가자의 55%가 새로 개발된 약간 단 맛의 콜라를 선호하는 것으로 나타났고, 이에 코카콜라는 대형 광고캠페인 등 팡파르와 함께 1985년 4월에 새로운 맛의 Coke를 시장에 내어놓았다. 그러나 코카콜라의 이 신제품 출시 시도는 미국시민의 거센 분노와 비난에 부딪쳐 불과 수개월 만에 모두 실패로 끝나고 말았다. 당시 코카콜라의 조사문제는 단순히 콜라 맛에 대한 소비자의 선호 측정이었으며, 이 조사는 브랜드와 포장이 가려진 블라인드 테스트 방식으로 진행되었다. Coke가 미국시민에 대해 갖는 상징적 가치를 생각하지 못한 것이 잘못이었다. 미국시민의 자존심과 같은 Coke의 맛을 바꾸는 것 자체가 미국시민들에게 얼마나 큰 충격이 될 수 있을 것인지에 대해서 코카콜라는 전혀 예상하지 못하였으며, 마케팅조사에 이러한 측면이 전혀 반영되지 못한 것이 실패의 핵심적 원인이었던 것이다.

따라서 조사문제를 적절하게 설정하는 방법을 이해하는 것이 매우 중요하다. 이를 위해 먼저 조사문제와 조사목적의 개념을 구분해 보고자 한다. 본서는 조사문제(research problem)를 조사하고자 하는 정보가 무엇인지를 가리키는 것으로 정의하고자 한다. 예를 들면, '콜라 맛에 대한 소비자의 선호도 분석'은 한 가지의 조사문제가 될 것이다. 한편 조사목적(research objective)은 조사하고자 하는 정보의 지칭뿐만 아니라 그 활용 용도까지 포괄하는 것으로 이해할 수 있다. 조사목적을 '소비자의 콜라 맛 선호도 분석을 통한 신제품전략의 개발'이라고 설정할 수 있다. 또한 조사문제와 함께 조사질문(research question)이라는 표현이 사용되기도 한다. 조사질문과 조사문제의 의미는 본질적으로 동일한 것이며, 다만 "소비자들은 어떤 콜라 맛을 더 선호할까?"와 같이 조사문제를 질문의 형식으로 표현한 것이 조사질문이 된다고 말할 수 있다.

조사문제의 적절한 설정에는 의사결정문제의 올바른 확인이 선행되어야 한다. 마케팅 의사결정문제(decision problem), 즉 의사결정을 내려야 할 사안이 무엇인지 제대로 파악하지 않고서는 조사해야 할 정보가 무엇인지에 관한 조사문제를 확정하기는 매우 어렵다. 한마디로 요약하면, 마케팅 조사문제는 정보와 지식의 세계에 속하며, 의사결정문제는 전략과 행동의 세계에 속하는 개념이라고 할 수 있다(〈표 2-3〉 참조). 이러한 관점에서 신제품 도입 여부는 마케팅 의사결정문제이며, 도입 예정 신제품의 소비자 반응 파악은 마케팅 조사문제이다. 또 광고캠페인의 변화 방향은 마케팅 의사결정문제이며, 현 광고캠페인과 신규 광고캠페인의 광고효과 비교분석은 마케팅 조사문제이다. 다시 말해서, 마케팅 의사결정문제는 본질적으로 마케팅관리자의 해결문제이며, 마케팅 조사문제는 마케팅조사자가 해답을 제공해 주어야 할 숙제가 된다.

그런데 조사문제의 설정에 있어 실질적으로 명확한 문제의 파악이 그리 쉽지 않을 수 있다. 왜냐하면, 마케팅조사를 시작하는 단계에서 마케팅관리자가 고민하는 문제는 진정한 문제라기보다는 진정한 문제에 대한 징후(symptom)일 경우가 많기 때문이다. 이것을 빙산의 원리(principle of iceberg)라고 부른다([그림 2-2] 참조). 사실상 브랜드의 매출부진, 시장점유율 하락, 또는 고객들의 불평 확산 등 표면적으로 보이는 문제점들은 사실상 문제의 징후일 뿐이며, 제품품질의 불량, 브랜드 이미지의 악화, 영업조직의 생산성 문제, 고객서비스의 실패, 또는 마케팅물류의 비효율성 등의 진정한 문제들은 깊숙이 숨어 있을 경우가 많다.

〈표 2-3〉 마케팅 의사결정문제와 조사문제

마케팅 의사결정문제	마케팅 조사문제
신제품 도입 여부	도입 예정 신제품에 대한 소비자 반응
브랜드 명칭 선정	브랜드 명칭에 대한 소비자 연상
제품가격의 인상 폭 결정	수요의 가격탄력성
광고캠페인의 변경	현재 광고캠페인의 광고효과 변경 예정 광고캠페인의 광고효과
유통경로의 개선	현재 유통경로의 서비스산출 수준 측정

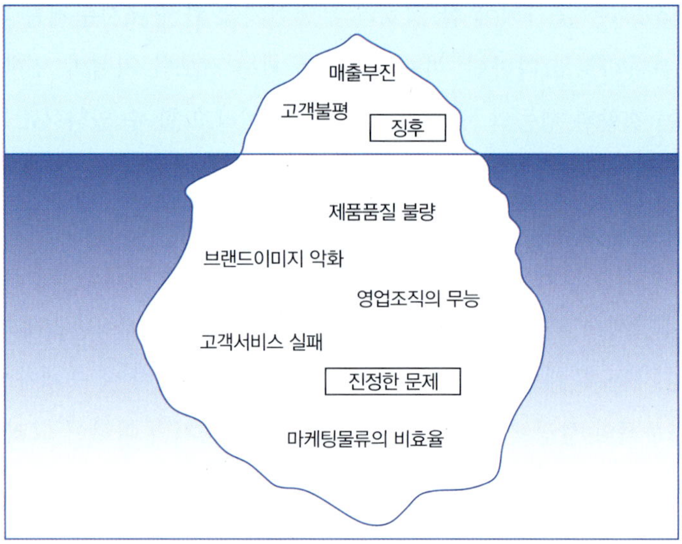

[그림 2-3] 빙산의 원리

따라서 마케팅 의사결정문제를 확정하고 그에 적절한 조사문제를 명확히 설정하기 위해서는 문제의 배경과 맥락을 잘 파악해야 한다. 문제의 배경을 잘 이해하기 위해 몇 가지 접근방법을 사용할 수 있다([그림 2-4] 참조). 조사자가 의사결정문제와 조사문제와 관련하여 의사결정자와 충분히 논의하는 것이 한 가지 좋은 방법이 될 것이다. 또한 문제와 관련된 분야의 전문가 자문 및 인터뷰가 도움이 될 수도 있다. 관련 이차자료의 검토 또는 소규모의 집단집중면접(FGI) 등 정성조사도 좋은 방법의 하나이다.

마케팅관리자가 안고 있는 문제의 배경과 맥락에 대한 이해를 통해 진정한 문제점이 파악되면, 이에 기초하여 의사결정문제와 조사문제가 확정될 수 있다. 예를 들어, 문제의 배경 조사를 통해 회사가 직면한 진정한 문제는 신제품 개발 부진이었음이 확인되었다고 가정하자. 이때 의사결정문제와 조사문제는 다음과 같이 설정될 수 있다.

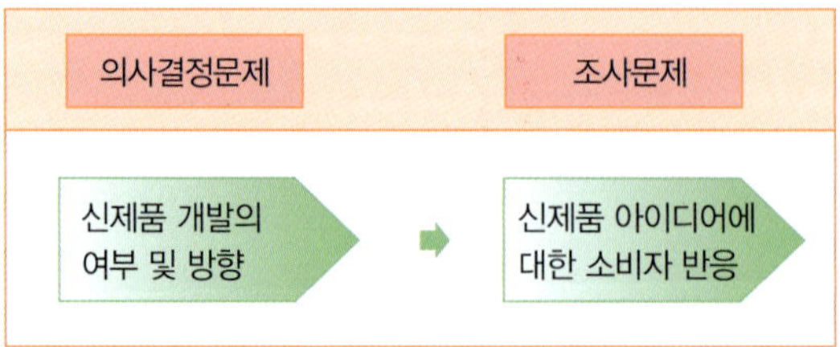

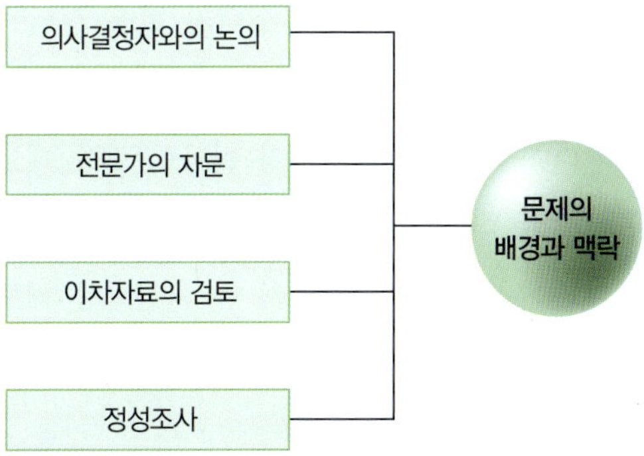

[그림 2-4] 문제의 배경 이해 접근방법

그리고 조사문제는 경우에 따라 위계적 구조의 형태로 설정될 수 있다는 것도 이해할 필요가 있다. 다시 말해서, 하나의 커다란 포괄적인 조사문제를 설정하고 이에 속하는 여러 개의 세부적인 조사문제를 열거할 수 있을 것이다. 따라서 신제품에 대한 소비자 반응 조사의 경우 조사문제의 위계적 구조는 다음과 같이 형성될 수 있다.

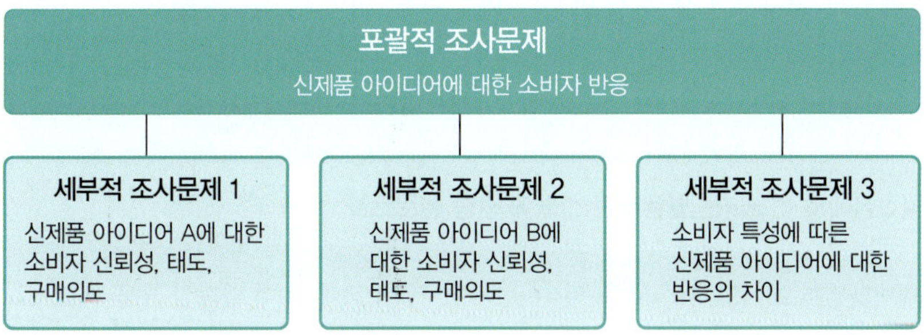

조사문제는 또한 가설의 형태로 설정될 수도 있다. 가설(hypothesis)이란 조사자가 관심을 갖고 있는 현상에 대한 검증 가능한 서술을 의미한다. 여기서 관심대상이 되는 현상은 조사대상의 특성 또는 특성들 사이의 관계가 될 수 있다. 가설은 이러한 현상에 대한 서술로서 검증 가능한 것이어야 한다. 예를 들어 신제품 아이디어에 대한 소비자 반응이라는 조사문제에 대해 다음과 같은 가설들이 설정될 수 있다.

- 가설 1: 신제품 아이디어 A에 대한 소비자 반응(신뢰성, 태도, 구매의도)은 긍정적이다.
- 가설 2: 신제품 아이디어 B에 대한 소비자 반응(신뢰성, 태도, 구매의도)은 긍정적이다.

- 가설 3: 신제품 아이디어 A와 B에 대한 소비자 반응(신뢰성, 태도, 구매의도)에는 차이가 있다.
- 가설 4: 신제품 아이디어 A에 대한 소비자 반응(신뢰성, 태도, 구매의도)은 소비자의 인구통계적 특성(성별, 연령, 직업, 소득수준)에 따라 차이가 있다.
- 가설 5: 신제품 아이디어 B에 대한 소비자 반응(신뢰성, 태도, 구매의도)은 소비자의 인구통계적 특성(성별, 연령, 직업, 소득수준)에 따라 차이가 있다.

조사문제의 설정은 바로 조사범위와 내용의 결정과 관련이 있다. 따라서 조사의 범위를 분명히 하기 위하여 조사에 포함되는 변수의 목록을 확인하는 작업이 매우 바람직하다. 신제품 아이디어에 대한 소비자 반응 조사의 예를 들면, 변수의 목록은 다음과 같이 제시할 수 있다.

- 신제품 A에 대한 소비자 반응 변수: 신뢰성, 태도, 구매의도
- 신제품 B에 대한 소비자 반응 변수: 신뢰성, 태도, 구매의도
- 소비자의 인구통계적 특성 변수: 성별, 연령, 직업, 소득 수준

중 간 사 례

롯대백화점에서 선호되는 발렌타인 선물에 관한 설문조사

롯데백화점이 2014년 1월 16일부터 18일까지 3일간, 20대~60대 백화점 방문 고객 남녀 각 1천 명을 대상으로 발렌타인데이 선물에 관한 설문조사를 실시한 결과, 발렌타인데이에 남성들이 받고 싶어 하는 선물 1위는 지갑, 벨트 등 잡화인 것으로 나타났다. 롯데백화점은 이번 설문조사에서 여성 고객에게는 '초콜렛'과 '선물' 구입에 대해 중복 응답이 가능한 질문을, 남성 고객에게는 '받고 싶은 선물'에 대한 내용으로 진행했다.

설문 결과, 남성들이 받고 싶어하는 선호 품목으로는 지갑 · 벨트(35%)라는 대답이 가장 많았으며, 의류(19%), IT · 전자기기(16%)가 뒤를 이었다. 반면 여성들이 주고 싶은 선물로는 지갑 · 벨트(38%)가 1위를 차지, 남성의 선호 품목과 일치했으나 향수 · 화장품(35%), 의류(23%) 순으로 2위 이하로는 남성들의 의견과 차이를 보였다. IT · 전자기기는 남성과 달리 겨우 1%만 주고 싶은 선물 품목으로 꼽혔다. 연령대별로 약간의 차이를 보였으나 1위 품목은 대부분 잡화 상품군이 차지했다. 또한 적정 선물 가격대로는 남성과 여성 모두 10~20만 원을 가장 선호했다. '10~20만 원'이 42%로 가장 높게 나타났으며, '20~30만 원(24%)', '10만 원 이하(23%)'가 뒤를 이었다.

아울러 '받고 싶은 선물에 대해 미리 알려주는 것'에 관한 질문에는 남성의 94%, 여성의 90%가 좋다고 답변했다. 이유로는 '원하는 것을 받을 수 있어서 좋다', '필요한 것을 사주는 것이 실용적이다', '뭐 사줘야 될지 고민하지 않아도 돼서 좋다' 등의 의견을 보였다. 솔직하고 직설적인 젊은 세대들을 중심으로 서프라이즈한 선물보다 원하는 것을 사주는 최근의 트렌드가 반영된 것으로 판단된다고 롯데백화점 측은 설명했다.

이외에도 여성 응답자의 58%가 '초콜렛을 주겠다', 74%가 '선물을 사주겠다'고 답변하는 등 발렌타인데이 선물에 긍정적인 것으로 나타났다. 초콜렛 구매 장소는 백화점(61%), 베이커리(14%), 마트(12%) 순이었으며 남성들이 받고 싶지 않은 선물로는 '핸드메이드 선물(십자수 · 인형 등)'이 62%로 압도적이었다.

연령대별 발렌타인데이 선물 선호 1위 품목

연령	남자(받고 싶은 선물)	여자(주고 싶은 선물)
20대	지갑, 벨트 등 잡화(26%)	향수, 화장품(50%)
30대	지갑, 벨트 등 잡화(35%)	지갑, 벨트 등 잡화(44%)
40대	지갑, 벨트 등 잡화(34%)	지갑, 벨트 등 잡화(47%)
50대	의류(46%)	향수, 화장품(50%)
60대	지갑, 벨트 등 잡화(48%)	지갑, 벨트 등 잡화(46%)

출처: EBN(2014. 2. 5).

2) 조사의 설계

마케팅조사 절차의 두 번째 단계는 조사의 설계이다. 조사설계(research design)는 조사문제에 대한 해답을 제공하는 데이터 확보를 위한 조사 실행의 마스터플랜이라고 할 수 있다([그림 2-5] 참조). 여기에는 조사의 유형 및 자료수집방법의 선택, 자료 측정수단의 개발, 표본설계 등의 세부적 사항에 대한 계획이 포함되며, 이 부분들은 모두 조사문제와 체계적으로 연결되어야 한다.

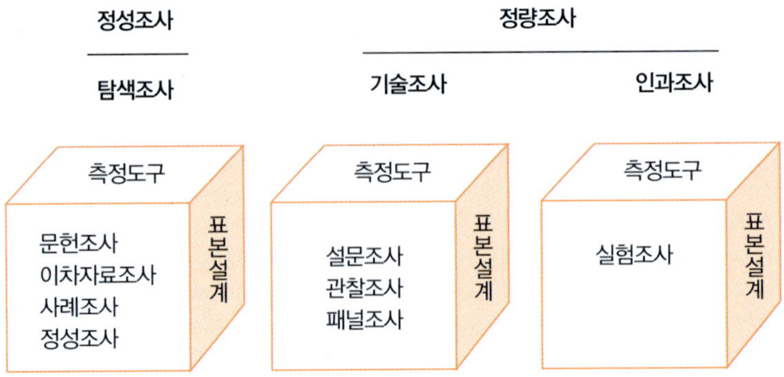

[그림 2-5] 조사의 설계

조사의 유형 선택

조사설계의 첫 번째 사항은 조사유형의 선택이다. 이미 논의된 바와 같이 조사의 유형은 탐색조사, 기술조사, 인과조사로 구분된다. 조사의 유형은 또 정성조사와 정량조사로 분류되기도 한다. 조사유형의 선택은 기본적으로 설정된 조사문제의 성격과 조사의 목적에 따라 결정된다. 설정된 조사문제가 명확하지 못하고 개연적일 경우에는 문제를 좀 더 잘 이해하고 문제와 관련된 아이디어를 발견하기 위하여 정성조사 성격으로서의 탐색조사가 적절한 조사의 유형이 될 것이다. 한편 조사문제가 명확할 경우에는 조사자가 관심 있는 현상에 대한 정량적 측정, 검증을 위한 정량조사가 적절한 조사의 유형이 될 것이며, 조사자는 상황에 따라 기술조사 또는 인과조사 중에서 선택해야 한다.

조사대상 특성의 여부, 빈도, 또는 크기를 객관적으로 서술하거나, 또는 조사대상 특성 사이의 연관성을 파악하고자 할 경우에는 기술조사를 통하여 그러한 관심 현상에 대한 객관적 서술을 시도하는 것이 바람직하다. 기술조사는 또한 자료수집의 반복 여부에 따라 횡단면 설계 조사와 종단면 설계 조사로 구분할 수 있다([그림 2-6] 참조). 횡단면 설계(cross-sectional design)는 일정한 표본을 사용, 조사하고자 하는 변수들에 대해 특정 시점에 한번 자료를 수집하는 조사설계를 지칭한다. 한편 종단면 설계(longitudinal design)는 동일한 표본으로부터 일정 목록의 변수들에 대한 자료를 여러 시점에 반복하여 수집하는 조사설계를 말한다. 횡단면 설계에 비하여 종단면 설계는 시간의 흐름에 따른 변수 값의 변화를 측정하여 파악할 수 있다는 장점을 갖지만, 조사의 시간과 비용이 훨씬 많이 든다는 문제가 있다. 또한 여러 시점에 반복하여 동일한 표본을 유지시키는 것이 기술적으로 용이하지 않다는 것도 종단면 설계의 문제이다. 따라서 종단면 설계조사에서는 일정한 인센티브를 제공하는 등의 방식을 통해 표본구성을 관리하는 패널조사방법이 사용되는 경우가 많다.

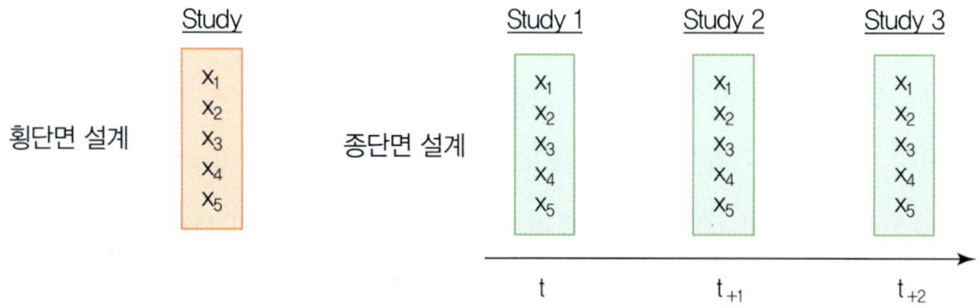

[그림 2-6] 횡단면 설계와 종단면 설계의 차이

한편 변수 사이의 인과관계를 증명하려 할 때에는 인과조사를 사용하는 것이 적절하다. 인과조사의 대표적인 조사기법은 실험조사(experimental research)이며 실험의 타당성(validity) 확보를 위해서 실험설계에 유의하여야 한다. 실험설계(experimental design)의 주된 고려사항은 시험단위의 선정, 독립변수의 선정과 조작, 종속변수의 선정과 측정, 혼란변수 통제방법의 네 가지이다. 마케팅 실험에서의 시험단위(test units)는 실험의 대상이 되는 소비자, 또는 점포 등 조직단위를 말한다. 실험조사에서의 독립변수(independent variables)는 종속변수에 영향을 미칠 것으로 예상되는 변수로서 처치변수(treatments)라고 부르기도 한다. 실험조사가 다른 조사 유형과 비교하여 가장 특색이 있는 점은 바로 조사자가 독립변수의 값을 통제 조작(manipulate)한다는 사실이다. 마케팅 실험에서는 광고캠페인의 내용, 형식, 모델, 그리고 제품의 속성, 가격 수준 등이 독립변수로 사용된다. 한편 종속변수(dependent variables)는 독립변수의 영향을 받을 것으로 예상되는 결과변수를 말하며, 마케팅실험에서는 매출액, 이익, 시장점유율, 소비자의 브랜드 인지도, 태도, 점포 이미지 등이 대표적인 예이다. 그리고 마케팅 실험에서는 경쟁업체의 공략, 제품과 관련된 소문 또는 뉴스 등 독립변수 이외에 종속변수에 영향을 미칠 수 있는 혼란변수(extraneous variables)가 적절히 통제되어야 한다. 혼란변수의 통제방법에는 무작위화(randomization), 균등화(matching), 통계적 통제(statistical control) 등이 있다.

자료수집방법

조사설계의 두 번째 사항은 자료수집방법의 결정이다. 자료의 종류는 일차자료와 이차자료로 구분할 수 있다. 일차자료(primary data)는 당면한 조사문제에 대한 해답을 구하기 위하여 조사자가 처음 수집하여 만들어 내는 자료를 말한다. 한편 이차자료(secondary data)는 조사문제와 관련된 자료로서 회사 내부 또는 외부에 이미 다른 목적으로 수집되어 존재하는 자료를 가리킨다. 일반적으로 이차자료는 비용이 적게 들고 또 자료 확보가 신속하기 때문에 잠재적 활용가치가 높다. 따라서 일차자료의 수집을 계획하기 전에 조사문제와 관련된 이차자료를 가능한 한 많이 탐색, 확보하는 노력이 바람직하다. 그러나 조사문제에 대한 적합성 또는 정확성의 문제로 이차자료가 조사문제의 해답을 적절히 제공해 줄 수 없을 경우에는 일차자료의 수집이 불가피할 수밖에 없다.

일차자료의 자료수집 방법은 크게 설문조사와 관찰조사로 구분한다. 설문조사(survey research)는 조사대상 응답자에 대한 질문을 통하여 자료를 수집하는 자료수집방법을 말하며, 크게 개별면접, 전화조사, 그리고 자기기입식 설문조사의 세 가지 종류로 구분할 수 있다. 개별면접은 대면 상태에서 질문을 통해 자료를 수집하는 방식을 말한다. 개별면접(personal interview)은 조사원이 응답자의 집을 방문하거나 혹은 쇼핑 거리에서 무작위로 접촉하여 이루어진다. 또 정성조사 기법인 집단집중면접(FGI)이나 개별심층면접도 개별면접의 방식에 속한다고 할 수 있다. 전화조사(telephone interview)는 일반전화, 휴대폰 등 전화를 이용하여 이루어지는 설문조사로서 데이터의 신속한 확보가 대표적인 특징이다. 자기기입식 설문조사(self-administered questionnaire)는 조사자와 응답자의 대면이 없는 상태에서 이루어지는 설문조사를 말한다. 우편조사, FAX조사, 이메일조사, 온라인 설문조사, 잡지 삽입 설문지조사, 매장 비치 설문지조사 등이 이에 속한다.

한편, 관찰조사(observation research)는 사람의 행위 또는 물리적 증거에 대한 관찰을 통해 자료를 수집하는 방법이다. 마케팅조사에서는 소비자의 쇼핑, TV시청, 시장 현장에서의 판매자와 구매자 사이의 대화, 목소리의 높낮이나 표정과 같은 표현, 공간적 거리나 위치, 쇼핑이나 운전 등에 소비되는 시간 등 소비자 행위의 관찰을 통해 매우 유용한 자료의 확보가 가능하다. 또한 소매점의 재고 파악, 그리고 광고, 신문, 잡지, 논문, 서신, TV 프로그램 등에 포함되어 있는 내용이나 메시지를 관찰 분석하는 내용분석 등 물리적 증거의 관찰도 유용하게 활용될 수 있다.

설문조사와 관찰조사는 서로 다른 장단점이 있기 때문에 상황에 따라서 적절한 선택이 필요하다(〈표 2-4〉 참조). 설문조사는 질문, 응답을 통한 자료수집으로 비교적 관리가 편리하다는 장점을 갖고 있다. 또 객관식 질문과 같이 구조화된 질문을 사용할 경우 측정 오차를 감소시키고 응답의 신뢰성을 확보할 수 있다는 것도 장점이다. 아울러 자료의 입력 및 분석, 그리고 결과의 해석이 비교적 간편하다는 장점도 있다. 그리고 무엇보다도 설문조사의 본질적인 강점은 질문을 통해 응답자의 생각을 알아냄으로써 구매행동의 이유를 파악할 수 있다는 점이다.

〈표 2-4〉 설문조사와 관찰조사의 특성

	설문조사	관찰조사
측정방법	응답자에 대한 질문	조사대상의 관찰
측정대상	신념, 태도, 의도, 행동, 특성 등에 대한 의견, 생각	조사대상의 행동, 물리적 증거
측정도구	설문지	관찰양식 기계장치
장점	행동의 이유에 관한 생각 측정 가능 민감한 사적 행동의 조사 가능 설문지 관리의 용이성	실제 행동의 측정 가능 설문조사가 어려운 특정대상에 대한 자료수집 가능 응답오차 배제 무응답오차 배체 조사자 오차 배제
단점	실제 행동의 측정 어려움 응답오차 발생 가능 무응답오차 발생 가능 조사자오차 발생 가능 측정 타당성의 문제 가능성	관찰된 행동의 이유 측정 불가능 민감한 사적 행동의 관찰 어려움 관찰자 오차 발생 가능 관찰조사와 관련된 윤리적 문제의 제기 가능성

그렇지만 설문조사는 단점도 있다. 우선 설문조사에는 응답자 답변의 어려움 또는 응답의 거부 등에 따른 무응답오차의 가능성이 존재한다. 뿐만 아니라 응답의 신뢰성과 정확성 등에 문제가 발생하는 응답오차의 가능성도 있다. 또한 같은 내용에 관한 질문이라도 그 형식, 방법, 어휘에 따라 응답의 결과가 달라지는 측정오차의 가능성도 설문조사의 한계이다.

이에 비하여 관찰조사는 선호, 태도, 의도와 같은 구매자의 의견이 아닌 실제의 구매행동, 쇼핑행동 등 실제적인 행동의 측정이 가능하다는 특징을 갖는다. 유아나 애완동물의 제품 선호, 반응 등 설문조사가 어려운 경우에는 관찰에 의해서만 자료수집이 가능할 것이다. 관찰조사는 또한 관찰에 의해 자료가 수집되므로 설문조사와 같은 여러 종류의 응답오차와 무응답오차가 원천적으로 배제된다.

그러나 관찰조사는 관찰된 실제의 행동이 무슨 이유에서 발생하였는지 행동 유발의 동기, 신념, 태도 등을 파악하기는 어렵다는 단점이 있다. 또한 실제 행동의 관찰도 개인위생이나 가족 내부의 상호관계와 관련된 행동 등 개인의 사적 행동의 경우에는 실행이 쉽지 않다. 그리고 관찰자의 선택적 지각에 따른 관찰오차 등의 가능성 때문에 관찰조사에서도 측정오차의 문제는 존재하기 마련이다.

측정도구의 개발

조사설계의 다음 사항은 측정도구의 개발이다. 측정(measurement)이란 일정한 규칙에 따라 조사대상의 특성에 대하여 수치 또는 기호를 1대 1로 부여하는 작업을 의미한다([그림 2-7] 참조). 그리고 측정척도(measurement scale)는 특성이 보유하는 수치의 크기 또는 기호의 종류를 측정하는 데 사용되는 잣대를 일컫는다. 설문조사의 경우 최종적인 측정도구의 실체는 바로 설문지(questionnaire)이며, 관찰조사의 측정도구는 관찰지(observation form) 및 기계장치의 기록 시스템이 될 것이다. 조사자는 설문지, 관찰지 등 실체적인 측정도구의 개발에 앞서, 측정하고자 하는 특성의 개념을 명확히 하고, 측정 작업의 방식을 규정하는 조작적 정의(operational definition)를 명확히 할 필요가 있다.

측정도구의 개발을 위하여 조사자는 측정척도의 유형을 선택해야 한다. 왜냐하면 측정하고자 하는 특성의 종류에 따라 적절한 측정척도의 유형이 달라지며, 또 측정척도의 차이에 따라 적절한 자료의 분석방법이 달라지기 때문이다. 측정척도는 수치의 이용 가능한 사칙연산 수준에 따라 명목척도, 서열척도, 등간척도, 비율척도로 구분한다. 명목척도(nominal scale)는 성별, 직업 등의 측정에서와 같이 측정 결과의 값을 특성에 관한 식별 혹은 분류의 목적으로만 사용할 수 있는 척도를 말한다. 서열척도(ordinal scale)는 브랜드의 선호 순위 등의 측정에서와 같이 측정 수치가 식별의 속성뿐만 아니라 순서의 의미도 갖고 있는 척도를 말한다. 한편 등간척도(interval scale)는 온도계의 온도 측정과 같이 수치의 차이가 식별, 순서뿐만 아니라 거리, 즉 조사대상 특성의 크기 차이를 나타내 주는 척도이다. 그리고 비율척도(ratio scale)는 식별, 순서, 거리의 속성뿐만 아니라 절대 영점, 즉 '0'이라는 숫자는 그 특성이 존재하지 않음을 표시해 주는 척도를 말한다. 따라서 비율척도의 수치는 특성의 절대적 크기를 나타내 준다.

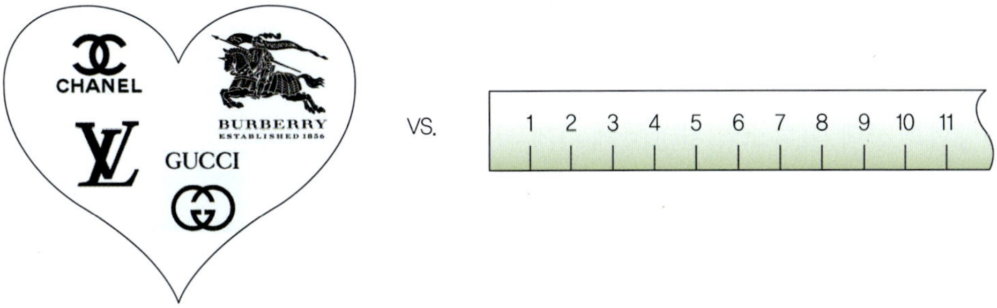

[그림 2-7] 측정의 의미

또한 조사자는 측정척도의 구체적인 형태도 선택해야 한다. 측정도구의 형태는 크게 조사대상의 직접적인 비교를 허용하는 비교척도와 특성의 직접 비교가 목적이 아닌 평정척도로 구분할 수 있다. 마케팅조사에서 사용되는 비교척도(comparative scales)에는 순위척도, 비교척도, 총합척도 등이 있다.

설문지 작성은 내용과 형식에 있어서 몇 가지 요건을 갖추어야 한다. 먼저 설문지는 조사자가 필요로 하는 정보를 질문으로 변환한 내용으로 구성하여야 한다. 또한 설문지는 응답자의 성실한 협조를 유도하고 응답오차를 최소화할 수 있도록 작성해야 한다. 설문지 질문의 내용뿐만 아니라 질문의 형식, 어휘 표현, 순서 등 여러 가지 요인이 응답자의 응답 결과 및 응답오차에 영향을 미칠 수 있다. 따라서 설문지 개발에 있어 이들 사항에 대한 면밀한 검토가 필요하다. 그중 설문지 질문의 표현과 관련된 주의사항 몇 가지를 요약하면 다음과 같다.

① 어려운 단어 사용을 피하라.
② 유도하거나 강요하는 질문을 피하라.
③ 애매한 질문을 피하고, 가능한 한 구체적으로 질문하라.
④ 이중 질문을 피하라. 즉 여러 가지를 한꺼번에 묻지마라.
⑤ 무리한 응답을 응답자에게 짜내는 질문을 피하라.

표본설계

조사 설계의 또 하나 중요한 사항은 표본설계이다. 마케팅조사는 대부분 표본조사의 형태로 이루어진다. 모집단(population)조사, 즉 소비자, 점포 등 조사대상 전체를 조사하는 전수조사(census)는 시간과 비용이 너무 많이 들기 때문에, 마케팅조사에서는 모집단 구성요소(population elements)의 일부를 추출하여 조사하는 표본조사가 일반적으로 많이 사용된다. 표본설계의 핵심적 요소는 표본추출프레임의 선정, 표본추출방법의 선택, 표본크기 결정의 세 가지 사항이다. 10장 표본설계에서 표본추출 설계에 관한 구체적인 내용을 세부적으로 다루고자 한다.

첫째, 모집단에서 표본을 추출하기 위해서는 표본추출프레임(sampling frame), 즉 모집단 구성요소 또는 표본추출단위(sampling units)의 목록을 적절하게 준비하는 것이 바람직하다. 명단 또는 명부, 주소록, 전화번호부 등이 가장 흔하게 사용되는 표본추출프레임의 예이다.

둘째, 표본설계에서 또 하나의 중요한 문제는 표본추출방법이다. 표본추출방법은 크게 확률표본추출방법과 비확률표본추출방법으로 구분된다. 확률표본추출방법(probability sampling)은 각각의 모집단 요소가 표본으로 추출되는 일정한 확률을 갖는 표본추출방법을 말하며, 세부적으로는 단순무작위 표본추출방법, 계통표본추출방법, 층화표본추출방법, 군집표본추출방법이 여기에 속한다. 한편 비확률표본추출방법(nonprobability sampling)은 표본의 추출에 확률적 절차가 사용되지 않고 조사자의 개인적 판단이나 편의성에 의존하는 표본추출방법을 뜻하며, 세부적으로는 편의표본추출방법, 판단표본추출방법, 할당표본추출방법, 스노우볼 표본추출방법이 여기에 속한다.

표본설계의 세 번째 요소는 표본의 크기 결정이다. 표본크기의 결정에는 정량적 요인과 정성적 요인을 고려할 수 있다. 표본크기의 정량적 결정방법은 마케팅조사의 신뢰구간(confidence interval) 개념에 기초한 접근방법을 말한다. 표본의 크기는 또한 여러 가지 정성적 요인에 따라 그 적절성이 고려되어야 한다. 예를 들면, 의사결정의 중요성이 클수록 표본을 크게하는 것이 바람직하다. 또 조사의 유형이 탐색조사보다는 기술조사인 경우에 표본의 크기가 훨씬 커진다. 그밖에 조사에 포함된 변수의 숫자, 그리고 시간과 예산 등 자원의 제약 등이 표본크기 결정에 고려되어야 할 정성적 요인에 포함된다.

3) 자료의 수집

조사설계의 다음 단계는 실제로 자료를 수집하는 일이다. 자료의 실사작업(field work)은 선택된 조사의 유형, 자료수집방법, 측정방법, 표본설계에 따라 집행되어야 한다. 설문조사의 경우 실사작업은 응답자를 접촉하여 설문지를 배포하고, 자료를 기록한 다음, 완성된 설문지를 수집, 제출하는 활동을 의미한다. 관찰조사의 실사작업은 관찰을 진행, 기록하여 관찰결과를 수집, 제출하는 것을 포함한다.

자료의 실사작업 관리에는 세심한 주의가 필요하다. 왜냐하면 실사작업의 관리에 따라 조사 오류의 크기가 달라질 수 있기 때문이다. 마케팅조사의 오차는 크게 표본추출오차와 비표본추출오차로 구분할 수 있다. 표본추출오차(sampling error)는 조사 표본이 모집단을 완벽하게 대표해 주지 못하기 때문에 발생하는 오차로서 표본설계와 관련된 문제이다. 한편 조사에 있어서의 표본추출오차 이외의 오차, 즉 비표본추출오차(nonsampling error)는 많은 부분이 자료의 실사작업에서 비롯될 가능성이 크다. 예를 들어 설문조사의 잘못된 응답자의 접촉, 질문의 제시, 기록, 관찰조사의 잘못된 관찰, 기록 등은 모두 비표본추출오차에 속한다. 따라서 실사작업의 철저한 품질관리가 중요하다. 특히 면접조사원과 응답자의 1대 1 대면 상태에서 자료수집이 이루어지는 개인대인면접조사의 경우 실사작업의 관리통제 어려움 때문에 특히 그 품질관리의 중요성이 두드러진다. 따라서 실사작업에 투입되는 조사원에 대한 선발, 교육 및 훈련, 감독, 실사결과의 검증, 평가 등에 대한 적절한 관리가 매우 중요하다.

4) 자료의 분석 및 결론의 도출

자료의 수집이 완료되면, 수집된 자료의 분석에 앞서 먼저 자료를 적절히 준비, 정리해야 한다. 회수된 설문지 또는 관찰 기록에 대하여 미완성된 부분이 있는지 또는 적격한 조사대상으로부터 얻어진 자료가 아닌지 등 문제점 여부를 모두 확인해야 한다. 다음에는 일단 통과된 설문지 또는 관찰기록의 내용에 대한 편집이 필요하다. 편집(editing)이란 설문지 또는 관찰 기록의 세부 내용에 대한 일관성, 명확성, 완결성, 판독가능성 등 그 정확성과 정밀성을 검토하고, 필요한 경우 해당 부분에 대해 적절히 확인, 보정하는 작업을 말한다.

자료의 분석방법은 기본적으로 정성적 분석과 정량적 분석으로 구분할 수 있다. 정성적 분석(qualitative analysis)은 수치화된 측정 자료를 정리하여 분석하기보다는 서술적인 응답 내용 또는 관찰 자료에 대한 논리적 정리를 통해 분석결과를 도출하는 접근방법을 말하며, 탐색조사의 목적으로 이용되는 정성조사의 분석방법으로 사용된다. 한편 정량적 분석(quantitative analysis)은 수치화된 측정 자료를 사용하는 방법이다. 따라서 정량적 분석의 경우, 편집이 완료된 설문지 또는 관찰기록의 각 항목 내용에 대해 숫자 또는 부호를 부여하는 코딩(coding) 작업이 꼭 필요하다. 그 다음에는 Excel 등 스프레드시트 소프트웨어나 SPSS, SAS 등 통계분석 소프트웨어를 이용하여, 코드목록(code book)을 기준으로 수집된 자료에 해당하는 숫자 또는 부호를 컴퓨터에 입력하면 분석을 위한 데이터 파일이 일차적으로 작성된다. 그리고 소프트웨어를 이용한 데이터 정비작업(data cleaning)을 통해 자료의 일관성을 검토, 보정하고 결측자료(missing data)의 처리를 마무리하면 분석을 위한 데이터 파일이 최종적으로 완성된다.

자료의 정량적 분석방법은 크게 기술통계분석과 추론통계분석의 두 가지 범주로 분류할 수 있다. 기술통계분석(descriptive statistics)은 1년간 월평균 매출, 부서별 사원 수, 연령별 인구 등 주어진 자료의 특성에 대한 분포, 빈도, 비율을 도수분포표 또는 각종 차트로 표현해 내거나, 평균, 중앙 값, 최빈 값, 분산, 표준편차 등 기술통계량(descriptive statistics)의 값을 정리하는 통계분석방법을 말한다. 한편 추론통계분석(inferential statistics)은 표본의 특성으로부터 모집단의 특성의 추정(infer)을 목적으로 하는 통계분석방법을 말하며 모집단의 특성, 즉 모수에 대한 신뢰구간(confidence interval)의 추정과 가설검정(hypothesis testing)이 그 핵심적인 내용이다. 그리고 가설검정을 위한 통계분석방법은 변량의 숫자에 따라 단변량분석(univariate analysis), 이변량분석(bivariate analysis), 다변량분석(multivariate analysis) 방법으로 구분된다. 그리고 데이터의 측정수준 차이에 따라 적절한 t-test, ANOVA, 회귀분석 등 모수통계방법(parametric statistics)을 사용하거나 교차집계분석의 Chi-square 검정, Mann-Whitney 검정 등 비모수통계방법(nonparametrc statistics)을 적절히 선택, 사용해야 한다.

5) 결론의 도출 및 조사보고서의 작성

자료의 분석이 완료되면, 분석 결과를 토대로 조사의 결론을 도출하게 된다. 조사의 결론은 한마디로 설정된 조사문제에 대한 답이라고 정의할 수 있다. 결론 부분에서는 또한 분석결과가 제시하는 마케팅 의사결정과 관련된 실무적 시사점이 제시되어야 한다.

자료분석과 결론의 도출 다음 마케팅조사 절차의 최종단계는 조사보고서의 작성과 발표이다. 조사보고서에는 조사문제, 조사방법, 분석결과, 결론이 체계적으로 정리 및 기술되어야 한다. 또한 대부분 조사 프로젝트 결과에 대한 클라이언트와의 효과적인 커뮤니케이션을 위해 구두 발표가 이루어지게 된다.

〈표 2-5〉 조사프로젝트의 수행방법

자체수행	위탁수행
신속성 내부협조의 용이성 경제성 보안유지	전문적 지식과 기량 활용 신선하고 객관적인 시각과 해석

3. 마케팅조사 프로젝트의 수행과 실무적 절차

앞서 1장에서 언급한 것과 같이 마케팅조사에서 실무적으로 매우 중요한 문제 중 하나는 누가 프로젝트를 수행할 것인가 하는 문제이다. 프로젝트를 회사 스스로 진행할 수도 있고 마케팅조사 전문기업에게 위탁할 수도 있다. 〈표 2-5〉에 정리된 것처럼 이 두 가지 대안은 각기 장단점이 있다(Zikmund & Babin, 2013). 마케팅조사를 회사 내부에서 자체 수행하는 것은 신속성, 내부협조의 용이성, 경제성, 보안유지 등의 장점이 있다. 첫째, 조사작업에 빨리 착수할 수 있고, 내부 자료의 접근 용이성 등으로 작업의 신속한 진행이 가능하다. 둘째, 회사내부 다른 부서의 협조가 비교적 원활하게 이루어질 수 있다. 셋째, 경제적 측면에서 상대적으로 낮은 비용의 조사가 가능할 수 있다. 넷째, 조사 내용에 대한 보안의 유지가 훨씬 강화될 수 있다. 그렇지만 효과적인 마케팅조사의 수행을 위한 적절한 전문적 지식과 기량을 회사 내부에 갖추고 있지 못한 경우에는 유능한 외부 마케팅조사회사에게 작업을 위탁할 수밖에 없다. 뿐만 아니라, 외부 조사회사가 작업을 진행하게 되면, 조사문제에 대한 신선하고 객관적인 시각과 해석이 가능하다는 것도 빼어놓을 수 없는 장점이다. 그리고 마케팅조사 작업을 회사 내부에서 자체적으로 수행하는 것이 항상 경제적인 대안이라고 할 수도 없다. 그렇기 때문에 전문적인 마케팅조사회사에게 조사작업을 위탁하는 경우가 많아지고 있다.

마케팅조사 프로젝트가 외부 전문회사에 대한 의뢰를 통해 진행되는 경우, 프로젝트가 성공적으로 완성되기 위해서는 조사회사와 의뢰기업(client firm) 사이의 원활한 커뮤니케이션과 협력이 필수적이다. 일반적인 마케팅조사의 실무적 진행절차는 [그림 2-8]과 같다. 마케팅조사에서 무엇보다도 중요한 것은 명확한 문제의 설정이다. 그리고 문제의 설정은 기본적으로 의뢰기업의 몫이다. 의뢰기업은 무엇이 검토해야 할 의사결정 문제인가를 제대로 정의해야 하며, 문제 발생에 대한 다양한 가설을 정립해야 한다. 그리고 의뢰기업은 관련부서 사이에 문제점을 공유해야 하며, 조사결과에 대한 행동 방안도 미리 마련해 놓아야 한다. 그 다음 마케팅조사 문제, 즉 어떤 정보가 필요한지를 확정할 필요가 있다. 아울러 조사 결과의 필요시점과 예상 비용을 추산해야 한다.

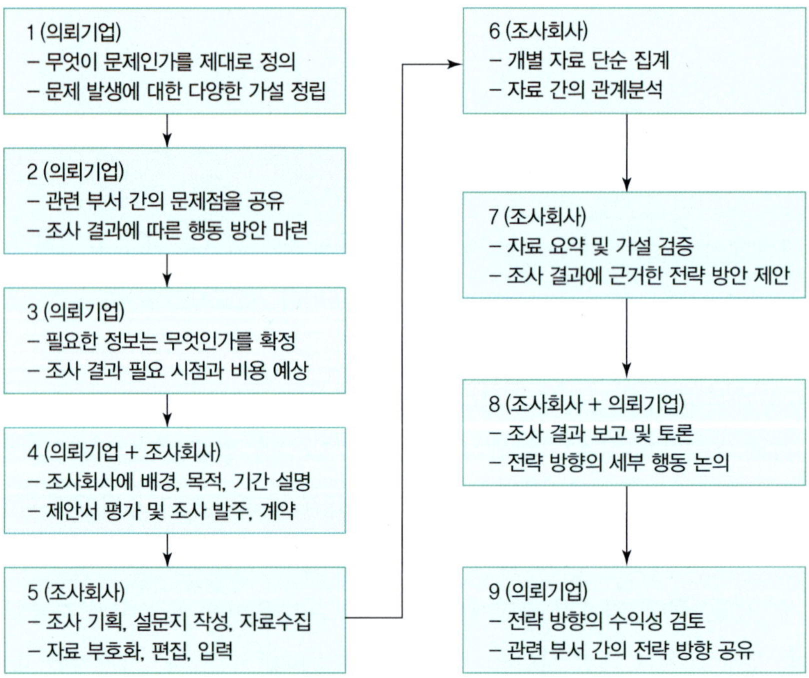

[그림 2-8] 마케팅조사의 실무적 진행절차

그 다음 의뢰기업은 조사회사에게 조사의 배경, 목적, 기간 등을 설명하고 관심을 갖는 조사회사로 하여금 제안서를 제출하게 한다(제안서 양식 〈부록〉 참조). 의뢰기업은 제안서를 평가한 다음, 특정 조사회사에게 프로젝트를 발주하게 된다. 양측의 계약이 성립하게 되면, 조사회사는 조사의 수행을 위한 세부적인 기획에 들어가게 되며, 설문지 등 측정도구를 개발하여 자료를 수집하게 된다. 이어서 조사회사는 수집된 자료에 대한 편집, 입력 등의 과정을 거쳐 자료를 분석하고, 이를 토대로 결론을 도출하게 된다. 조사회사는 의뢰기업에게 조사 결과를 보고하게 되고, 전략 방향과 관련된 세부적 행동을 함께 논의하게 된다. 최종적으로 의뢰기업은 마케팅조사의 결과를 적절히 활용하게 된다.

마무리사례

천일식품(주)의 냉동볶음밥 소비자조사

천일식품(주)은 냉동식품 전문 중소제조업체로서 2012년 730억 원의 매출액을 기록하였다. 이 회사의 주력시장은 식품 대리점, 학교, 프랜차이즈형 레스토랑 식당, 급식 서비스 업체, 항공사 등의 B2B 시장 고객으로 되어 있다. 그러나 천일식품(주)은 2013년 자사 브랜드의 확립을 통한 B2C 시장에의 진입이 필요하다고 판단, 가정에서 간단한 조리만으로 식사가 가능한 가정식 대용식품인 '쉐프다이닝(Chef's Dining)' 브랜드를 출시하였다. 제품 출시에 앞서 마케팅조사 회사 Research & Research에 의뢰, 관능조사 및 FGI와 Gang Survey 등의 마케팅조사가 이루어졌다. 이 중 Gang Survey의 진행내용을 간추려 보면 다음과 같다.

조사목적

- 자사 냉동볶음밥과 경쟁사 냉동볶음밥에 대한 소비자의 맛 선호도 및 구입 의향 평가를 통하여 제품의 맛 경쟁력을 분석하고, 패키지, 가격 에 대한 수용도 등을 파악하여 향후 제품 전략 수립을 위한 기초 자료로 활용. 세부적 조사내용:
  ① 냉동볶음밥 인지 및 구입 행태
  ② 제품 콘셉트 수용도
  ③ 제품 맛 평가
  ④ 제품 패키지 및 가격 평가
  ⑤ 주목도 및 향후 구입의도

조사 설계

- 자료수집방법: Gang Survey
- 조사대상: 최근 3개월 내 대형마트에서 파는 냉동 볶음밥 제품을 구입해서 본인과 자녀가 같

이 취식한 사람

- 표본추출: 할당표본추출법 사용, 총 30명(자녀 있는 자 21명, 자녀 없는 자 9명) 추출

30~34세	35~39세	40~44세	합계
7	11	12	30

- 조사제품:

비교평가			절대평가
[천일] 삼선 볶음밥	VS	[풀무원] 통새우 볶음밥	[천일] 새우 볶음밥(이마트)
[천일] 게살 볶음밥	VS	[풀무원] 치킨데리야키 볶음밥	[천일] 삼선 볶음밥
[천일] 우리바다멸치 볶음밥	VS	[풀무원] 야채 볶음밥	[천일] 게살 볶음밥
[천일] 불고기잡채 볶음밥	VS	[풀무원] 잡채 볶음밥	[천일] 우리바다멸치 볶음밥
[천일] 매운 갈비찜 볶음밥	VS	[풀무원] 갈릭 볶음밥	[천일] 불고기잡채 볶음밥
			[천일] 매운 갈비찜 볶음밥

- 제품콘셉트:

Chef's Dining !

호텔 요리사의 전문성과 기술을 구현한
맛과 영양이 완벽하며 세련된 요리볶음밥

✓ 5無 무첨가
  - MSG(L글루타민산나트륨), 산화방지제, 합성착색료, 합성착향료, 합성감미료를 일체 첨가하지 않았습니다.

✓ 3DOWN
  - 칼로리(Kcal), 지방, 콜레스테롤 저함량 식품

✓ 고급 음식점에서 먹던 볶음밥 맛을 완벽하게 구현

✓ 급속 동결(IQF(Individual Quick Freeze))방식
  - 밥알을 한톨한톨 얼렸기 때문에 밥알 하나하나가 살아있으며 맛과 영양을 그대로 유지하였습니다.

✓ 완벽한 한끼 식사로의 영양 밸런스
  - 성인 일일 권장량(2500Kcal) 中, 400~450Kcal/1인분(300g)

✓ 요리로서 맛볼 수 있는 세련되고 다양한 맛 구현(5種)
  - 삼선 볶음밥 / 게살볶음밥 / 매운 갈비찜 볶음밥 / 우리바다 멸치볶음밥 / 불고기잡채 볶음밥

✓ 눈에 확 띄는 새로운 형태의 패키지 디자인
  - 기존 시판 냉동 볶음밥 패키지와는 차별화 되는 세련되고 고급스러운 패키지 디자인
  - 개별포장 및 적정 중량 조절 표기(ex. 커피의 설탕 조절) 및 실링팩(ex. 스낵 대용량 포장)

✓ 국내산 쌀, 신선한 야채 등 고품질의 선별된 원료를 사용

✓ 40년의 냉동 기술의 노하우를 담아 합리적인 가격 (풀무원 대비 동일중량 대비 30% 저렴)

분석결과

1. 냉동볶음밥 인지 및 구입 행태

- 냉동식품 브랜드 중 '풀무원'이 가장 선호되며, 다음으로 '천일식품', 'CJ' 등의 순으로 나타남.
- 구입 경험 브랜드는 'CJ' 〉 '풀무원' 〉 '천일식품' 등의 순서
- 인지 브랜드는 '풀무원' 〉 'CJ' 〉 '천일식품' 〉 '동원F&B' 등의 순서
- 냉동볶음밥 구입 빈도는 월 평균 약 2.3회이며, 1회 구입 시 평균 약 5인분, 평균 약 3봉지를 구입하는 것으로 나타남.
- 냉동볶음밥 구입 시 '유명한/믿을만한 브랜드/회사'인지를 가장 많이 고려하며, 그밖에 '제품 맛', '원료/재료' 등을 고려함.
- 평소 구입하는 냉동볶음밥 재료로 '새우'의 비율이 가장 높으며, 다음으로 '각종 야채', '낙지' 등의 순으로 나타남.

2. 제품 콘셉트 수용도

- 자사 제품 컨셉 수용도 결과는 전반적으로 매우 긍정적으로 나타남.
- 컨셉 내용 중 '5無 무첨가'가 가장 기억되고 선호되는 것으로 나타났으며, 다음으로 '원료와 관련된 내용'이 다음으로 선호됨.
- 반면, '개별포장/중량표기', '영양 밸런스', '급속 동결'은 비선호되는 내용임.

3. 소비자 제품평가

- 천일 '삼선' 제품과 경쟁사 제품 비교 평가 결과 자사 제품에 대한 선호가 경쟁사 대비 높음.
- 천일 '삼선' 제품의 주요 선호 이유는 '적당한 간', '풍부한 재료' 등이며, '다소 짠 맛', '기름짐' 등의 이유로 비선호 하는 응답자도 있음.
- 천일 '게살' 제품과 경쟁사 제품 비교 평가 결과 자사 제품에 대한 선호는 경쟁사 제품과 비슷한 수준임.
- 천일 '게살' 제품의 주요 선호 이유는 '전반적인 식감 좋음', '적당한 간', '재료 크기 큼' 등이며, '다소 짠 맛', '비린내', '게살의 식감 좋지 않음' 등의 이유로 비선호하는 응답자도 있음
- 천일 '우리바다 멸치' 제품과 경쟁사 제품 비교 평가 결과 자사 제품에 대한 선호가 경쟁사 대비 월등히 높음.
- 천일 '우리바다 멸치' 제품의 주요 선호 이유는 '적당한 간', '멸치/견과류의 영양', '풍부한 재료' 등이며, '아이들이 먹기에는 다소 맵다'는 의견도 있었음.
- 천일 '불고기 잡채' 제품과 경쟁사 제품 비교 평가 결과 자사 제품에 대한 선호가 경쟁사 대비 높음.
- 천일 '불고기 잡채' 제품의 주요 선호 이유는 '제품의 윤기', '직접 조리한듯 한 맛', '적당한 간' 등이며, '다소 짠 맛', '다소 큰 고기 크기 ' 등의 이유로 비선호하는 응답자도 있음.
- 천일 '매운 갈비찜' 제품과 경쟁사 제품 비교 평가 결과 자사 제품에 대한 선호가 경쟁사 대비

높음.

- 천일 '매운 갈비찜' 제품의 주요 선호 이유는 '부드러운 고기 식감', '담백한 맛' 등이며, '다소 매운 맛/강한 맛' 등의 이유로 비선호하는 응답자도 있음.
- 자사 제품 절대 평가 결과 '삼선'에 대한 평가가 가장 높게 나탔으며, 다음으로 '불고기 잡채'가 높게 나타남.
- 반면, '게살' 제품에 대한 평가는 상대적으로 낮음.
- 자사 제품 중 가장 선호되는 제품으로 '삼선' 〉 '우리바다 멸치' 〉 '불고기 잡채' 등의 순으로 나타남.
- '삼선'과 '우리바다 멸치' 제품의 경우 '재료' 측면이 타 제품보다 긍정적으로 수용됨.

4. 패키지 및 가격 평가

- 자사 제품의 패키지에 대한 속성 평가 결과, '품질이 좋게 느껴진다'가 상대적으로 가장 높은 평가를 받았으며, 다음으로 '눈에 잘 띔', '이미지/느낌 마음에 듬'에 대한 평가가 높게 나타남.
- 전반적인 패키지 개선/보완점은 '뒷면의 간결화/심플화', '회사로고/무첨가 부각' 등에 대한 의견이 있었음.
- 자사 및 경쟁사 가격 제시 후 수용도 평가 결과 자사 제품 가격에 대한 수용도가 경쟁사 대비보다 긍정적임.
- 또한, '자사 제품 가격이 저렴/적당하다'고 인식하는 것으로 나타남.
- 게살 함유량 2배 제품의 수용가격은 최대 약 5,200원까지 이며, 600g 제품에 대한 선호 비율이 450g 제품 대비 높음.

5. 주목도 및 구입의도 평가

- 제품 진열 후 주목도 및 구입의향 평가 결과에서 자사 제품에 대한 응답 비중이 전반적으로 높음.
- 주목도 평가결과 '천일 낙지철판' 〉 '쉐프다이닝 삼선' 〉 '쉐프다이닝 게살' 등의 순으로 나타남.
- 구입의향 평가 결과 '쉐프다이닝 삼성' 〉 '쉐프다이닝 게살' 〉 '천일 낙지철판' 등의 순으로 나타남.
- 1순위 구입의향 비중이 가장 높은 '쉐프다이닝 삼선 볶음밥' 구입 의향 이유는 '주목성 뛰어남', '저렴한 가격', '용량 충분'임.
- 구입의향 Top4 제품의 구입의향 이유는 공통적으로 '주목성' 및 '저렴한 가격'으로 나타남.

출처: 천일식품(주).

요약정리

마케팅조사의 유형은 조사목적의 차이에 따라 탐색조사, 기술조사, 인과조사로 구분할 수 있다. 탐색조사는 의사결정문제 또는 조사문제에 대한 아이디어를 확보하고 이해를 개선하기 위하여 관련된 데이터와 정보를 탐색하는 조사이다. 탐색조사는 또한 명확한 조사문제를 도출하기 위하여 사용되기도 한다. 기술조사는 조사하고자 하는 대상의 특성 값 또는 빈도를 객관적으로 서술하기 위해서 행하는 조사를 말한다. 또 이들 특성 사이의 연관성을 검증하는 것도 기술조사의 목적이 될 수 있다. 한편 인과조사는 원인 변수와 결과 변수 사이의 인과관계를 증명하기 위한 조사를 말한다.

마케팅조사는 또한 정성조사와 정량조사로도 구분할 수 있다. 정성조사는 주로 문제의 이해 및 아이디어의 발견 또는 문제의 명확한 정의 도출을 목적으로 사용된다. 한편 정량조사는 수치로 측정된 데이터를 수집, 분석하여 마케팅 현상을 설명하려는 조사를 말한다. 정량조사는 조사대상 특성의 정량적 측정을 통한 객관적 서술, 그리고 변수 사이의 상관관계 또는 인과관계에 대한 정량적 검증을 목적으로 사용된다. 따라서 정성조사는 문제에 대한 초기적 이해의 개발을 위한 탐색조사 분야에서 주로 사용되며, 정량조사는 최종 행동 대안의 권고를 도출해내는 기술조사 및 인과조사 분야에서 사용된다.

마케팅조사 절차는 조사문제의 설정, 조사의 설계, 자료의 수집, 자료의 분석, 보고서의 작성 및 발표의 다섯 단계로 구분할 수 있다. 마케팅조사에 있어 무엇보다도 올바른 조사문제의 설정이 매우 중요하다. 두 번째 단계는 조사의 설계, 즉 조사문제에 대한 해답을 제공하는 데이터 확보를 위한 조사 실행의 마스터플랜의 준비이다. 여기에는 조사의 유형 및 자료수집방법의 선택, 자료 측정수단의 개발, 표본설계 등의 세부적 사항에 대한 계획이 포함되며, 이 부분들은 조사문제와 함께 모두 체계적으로 연결되어야 한다. 마케팅조사 절차의 다음 단계는 완성된 조사 설계에 맞추어 실제로 자료를 수집하는 일이다. 자료의 실사작업은 선택된 조사의 유형, 자료수집방법, 측정방법, 표본설계에 따라 집행되어야 한다. 자료의 실사작업 관리에는 세심한 주의가 필요하다. 왜냐하면 실사작업의 관리에 따라 표본추출오차와 각종의 비표본추출오차의 크기가 달라질 수 있기 때문이다. 자료의 수집이 완료되면, 자료의 적합성 확인, 편집 등 정리 과정을 거쳐 자료를 분석해야 한다. 자료의 분석방법은 정성적 분석과 정량적 분석으로 구분할 수 있다. 정성적 분석은 기본적으로 서술적인 응답 내용 또는 관찰 자료에 대한 논리적 정리를 통해 분석결과를 도출하는 접근방법을 말한다. 한편 정량적 분석은 수치화된 측정 자료를 정리하여 분석하는 것이다. 자료의 정량적 분석방법은 크게 기술통계분석과 추론통계분석의 두 가지 범주로 분류할 수 있다. 마지막으로 조사자는 분석 결과를 도출하게 되며, 이를 토대로 최종보고서를 작성하여 그 내용을 마케팅관리자에게 전달하게 된다.

부록

마케팅조사 제안서

목차

1. 조사 제안서 작성 회사 및 연구원 소개
2. 조사 배경 및 목적
3. 조사 예상 결과
4. 조사 방법 기획
5. 조사 결과물
6. 조사 담당 연구팀
7. 조사 기간 및 비용

1. 조사 제안서 작성 회사 및 연구원 소개

고객의 조사 요청서가 여러 차례 바뀌는 경우, 누구와 협의를 하여, 몇 일자로 최종 결정된 조사 요청서임을 언급함으로써 계약상 불투명한 사항을 미리 제거한다. 제안서 작성 시 논의한 의뢰 고객 회사의 파트너와 제안서 작성자 이름을 모두 밝혀 책임을 함께한다는 상호 신뢰감을 높인다.

㈜한국리서치는 ABC 회사의 2013년 3월 1일 시장조사 제안 요청서에 따라 본 ___________ 제안서를 작성 제출합니다.

본 제안서는 ABC 회사 IM팀의 팀장 안○○, 과장 김○○, 대리 정○○ 과의 지속적인 논의를 거쳐 최종 작성되었습니다.

작성자: ㈜한국리서치 마케팅조사 사업1부 차장 이○○

2. 조사 배경 및 목적(별도사례)

1) 조사 배경

① 이 시장 조사를 왜 해야 하는가?
- 진짜 문제점이 무엇인지, 예상되는 문제의 이유가 무엇인지

② 조사 결과를 어디에 어떻게 이용할 것인가?
- 예상 결과에 따른 행동 방향은 무엇인지

③ 조사 배경 끝맺음은 조사를 통해 획득한 결과를 기초로 전략 방향을 어떻게 수립할 것인지를 제시한다.
- 수익 증대: 이윤을 높이거나, 비용을 줄여서
- 매출 증대: 현재 고객 유지, 이탈 고객 탈환, 경쟁 고객 유인, 신규 고객 유치

2) 조사 목적

제안 요청서(Request For a research Proposal: RFP)에서 언급된 것처럼 ABC 회사는 이탈한 고객을 탈환하거나, 더 이상의 이탈을 방지 위해서 신제품-X를 출시할 계획이다. 이런 배경하에 본 조사는 아래와 같은 구체적인 목적을 갖는다.

① 신제품-X 개발을 지속해야 할지 말지를 결정해야 한다.

② (이 결정을 위해서) 현 카테고리에서 충족되지 않은 기대 욕구는 무엇이고, 신제품-X가 이 욕구를 해소시켜 줄 수 있는지를 알아야 한다.

③ (이것을 알려면) 시장 상황, 시장 내 제품 간의 경쟁, 제품을 구입하려는 소비자의 동기 및 특정한 제품 (비)선택 이유에 대한 정보 및 신제품-X에 대한 소비자 평가 정보가 필요하다.

④ 조사 목적 달성을 위해 필요한 정보는 아래와 같다.
- 소비자가 이 제품군을 구입하는 핵심 이유(들)
- 현재 제품의 시장 침투 비율
- 여러 제품들 간의 (비)선택 이유 및 충성 정도
- 현재 제품의 사용 만족 정도
- 현재 제품들로 충족되지 않은 불만 점(들)
- 신제품-X에 대한 관심(구입 의향)
- 구입 이유(비구입 이유)
- 구입 의향자의 profile

⑤ 위 정보를 획득하기 위해 필요한 설문 항목은 아래와 같다.
- 제품군에 대한 관심 정도는 어떤지? (원하는 제품이라면, x원을 더 내고라도 살 것이다.)
- 어떤 제품을 알고, 쓰고, 좋아하는지?
- 현재 사용 제품을 얼마 동안 사용했는지?
- 사용 제품의 좋은 점 및 개선하고 싶은 점?
- 신제품-X 개념에 대한 평가? 좋은 점, 좋지 않은 점?
- 어떤 점을 어떻게 고쳐 드리면 좋겠는지?
- 가격대별 구입 의향 변화?

3. 조사 예상 결과(별도사례)

예상되는 조사 결과는 아래와 같다.

① 가장 핵심적인 정보 [구입 의향 및 수요 예상]
- 신제품-X 구입 의향 크기 및 수요 예상 [구입자×구입빈도×구입량]

② 구입 의향이 왜 높고 낮은지 그리고 (비)의향자가 누군가?

③ 어떻게 하면 구입 의향 고객을 현실화할 것인가?
- 제품별 4p 행동 및 소비자 평가 정보에서 enforcement points 찾음.

④ 비의향 고객을 어떻게 하면 의향 고객으로 끌어 올 것인가?
- 4p 수정 방향/내용 찾고, 이에 들어가는 비용과 예상되는 매출을 비교, 수익을 고려한 후 최종 결론

4. 조사 방법 기획(별도사례)

1) 조사 대상

① 현재 Home Theater System (HTS) 사용자→사용 정보를 통해 USP를 찾음 [구입 및 사용 실태]

② 1년 이내에 HTS 구입 의향자→구입 동기, 고려하고 있는 제품 [구입 예상 행동]

2) 조사 표본 크기

① 현재 HTS 사용자 5명

② 1년 이내 HTS 구입 의향자 10명

3) 현재 HTS 사용 고객 찾는 방법

① 2012년 가정 내 HTS 이용률은 6% (참조: 한국리서치 TGI 추적조사)

② 한국리서치가 보유한 25만 명의 Master Sample(이하 MS)에서 현재 HTS 1년 이상 사용자를 찾는다.

③ 지역 및 성-연령, 소득수준, 아파트 평형대는 구입 의향자 조건과 같음

4) 1년 내 구입 의향자를 찾는 방법

① 서울 및 수도권(분당, 일산) 거주자로 만 30세~49세 남녀

② 가구 월 소득 600만 원 이상인 자

③ 40평형 이상의 아파트 거주자

④ 1년 이내에 HTS 구입 의향자

⑤ MS에서 조건 1, 2, 3에 해당하는 사람을 추출한 후 휴대전화 SMS로 조건 4에 해당하는가를 질문하여 최종 유자격한 사람을 선발한다.

5) 자료수집 방법(정성조사 1대 1 심층면접)

① 1차로 TV 시청 장면 self camera찍기

- 언제 무엇을 어떻게 찍는 가에 대해 인터넷을 통해 사전 교육

② 한국리서치 내 심난심층토의 토론 방에서 연구원과 1대 1 심층 면접

- 구입 실태, 사용 실태, 사용 평가
- self camera 찍은 내용 함께 보면서 궁금한 점 구체적으로 파악
- 신제품-X에 대한 구입 의향 및 이유

  → 최장 1시간 30분 이내로 완료한다.

6) 응답자 조건 변경 및 토론 시간 초과 시 조사 비용 및 기간이 변경된다. 변경되면 그 내용에 대해 연구원과 의뢰인이 합의 후 조사를 시작한다.

5. 조사 결과물

조사 결과물로 전달할 내용물은 아래와 같다.

① 어떤 내용을

② 어떤 형태로

③ 몇 부를
④ 누가
⑤ 어떻게 전달할 것이다.
- 서류 전달, 보고회 실시 ____회
- 서류 및 보고회
⑥ 위 자료는 최장 1년간 보관한다.
(*) 위 내용에 근거하여 조사 비용을 산정하였으며, 내용 변경 시 추가되는 조사비용은 재산정하여 청구한다.

6. 조사 담당 연구팀

1) 회사 및 연구 팀 소개

- 회사 소개서 2~3 페이지
- 본 조사를 위해 필요한 경쟁 대비 강점이라 생각되는 내용만
  ① 전체 강점을 담은 개요 1페이지
  ② 구체적인 증거물(사진 권장) 1페이지씩

예: Master Sample (자발적 조사 참여 의향자 패널)

내용 사진	수집 사진
활용 사진	관리 사진

1. MS가 필요한 이유
2. 구축 방법
3. 현재 크기
4. 활용한 프로젝트/내용

- 본 조사와 유사한 경험 리스트(회사/제목 기밀 유지)
- 연구팀 프로파일 (부서/팀)

7. 조사 기간 및 비용

1) 조사 기간

Brief 작성부터 Presentation까지 전 과정을 세부 항목으로 나누어서 stub에 쓰고 banner에 일자를 적은 후, 비고 난에 누가(의뢰자, 조사자, 공통) 무엇을(항목별 내용) 할 것인지 적는다.

2) 조사 비용

직접비와 간접비를 세부 항목별로 나누어서 자세히 계산한다.

-비용을 아래처럼 나누어 제시할 때
* 직접비용 + 간접비용 + 일반관리비(직/간접비의 5%) + 이윤(총액의 10%)
* 응답자 조건의 변경 및 전달할 내용물 변경이 있는 경우 조사 비용을 재계산하여 제안한다.

03

CHAPTER

정성조사

MARKETING RESEARCH

1. 탐색조사 계획에서 정성조사의 역할
2. 정성조사의 접근방법
3. 정성조사에서 이용되는 기법
4. IT 기술을 활용한 정성조사

MARKETING RESEARCH

03 CHAPTER

정성조사

| 학습목표 |

1. 탐색적 조사 계획에서 정성조사의 역할을 설명하시오.
2. 정성조사의 방법들은 무엇이고, 이들의 장점과 단점을 기술하시오.
3. 집단집중면접의 토의 지침서를 작성하시오.
4. IT를 활용해 정성조사방법의 기술적 발전을 설명하시오.

도입사례

'고수(高手)'될 뻔한 '미생(未生)'의 장고 끝에 나온 최고의 묘수

2013년 11월 20일 출판사 위즈덤하우스는 〈미생〉을 50만 부 판매했다고 밝혔다. 한 권 정가가 11,000원이니 55억 원어치가 팔린 셈이다. 올해 가장 많이 팔린 조정래의 소설 〈정글만리〉(11월 말까지 약 60만 부)에는 못 미치지만 소설이 아닌 만화라는 장르의 한계를 뚫고 이뤄낸 성과라는 측면에서 주목을 받았다. 인터넷 상에서도 이미 큰 히트를 쳤다. 책 출간에 앞서 2012년 1월부터 2013년 2월까지 1년여 동안 인터넷 포털사이트 다음에 웹툰(인터넷 만화)으로 연재되기 시작해 누적 조회건수가 10억 건을 넘었다. 2012년 말 '오늘의 우리만화상'과 '대한민국 콘텐트 대상 만화 부문 대통령상'을 수상하며 만화 작품으로서 최고의 한 해를 누렸다. 유료 서비스로 전환된 현재도 꾸준히 독자가 들어오고 있으며 독자들로부터 역대 다음 웹툰 최고인 평균 평점 9.8점을 받았다.

대부분의 문화 콘텐트가 그렇듯 〈미생〉의 가장 큰 성공 요인은 물론 작품 그 자체의 뛰어남이다. 윤태호 작가는 스타 만화가답게 〈미생〉으로 재미와 작품성 모두를 잡는 데 성공했다. 작품 자체의 인기 비결은 크게 여섯 가지로 정리해 볼 수 있다.

첫째, 직장 생활과 바둑이라는 다른 소재를 어색하지 않게 연결했다. 각각의 영역에 대한 지식이 풍부한 사람들이라도 호기심을 갖고 흥미롭게 볼 수 있는 융합의 이야깃거리를 제공했다. 둘째, 오랜 준비기간 동안 열심히 취재한 자료를 바탕으로 영업 현장에서 다양한 프로젝트들이 진행되거나 엎어지는 상사맨들의 현실을 드라마틱하게 보여 줬다. 셋째, 기업 현장에서 발표돼도 좋을 만한 수준의 파워포인트 슬라이드가 등장하거나 실제로 일러날 법한 기업 내·외부인과의 미팅 장면이 등장하는 등 디테일이 강조됐다. 기존의 직장인을 다룬 만화들이 주로 컴퓨터 앞에만 앉아 있는 '직장인 코스프레'에 그쳤던 것과 대조적이다. 넷째, 인턴, 사원, 대리, 과장, 차장, 임원, 그리고 퇴직한 직장인에 이르기까지 다양한 직급의 캐릭터들이 등장하며 이들이 겪을 수 있는 어려움과 갈등을 단계별로 소개했다. 어떤 독자라도 자신과 공감할 수 있는 인물이나 에피소드가 하나쯤은 포함돼 있었다. 다섯째, 소속된 팀의 구성원들이 각 직급별로 본인에게 주어진 역할을 올바르게 수행하면서 팀워크도 다지는 모습을 보여 줘 이상적인 직장인, 이상적인 팀의 모델을 보여 줬다. 여섯째, 독자들이 웹툰의 내용이나 바둑의 수를 자세하게 해설하거나 본인이 처한 현실과 대비해서 댓글을 달아주는 등 자생적이면서도 건전한 독자들의 상호작용이 있었다.

출처: 주재우(2013).

1. 탐색조사 계획에서 정성조사의 역할

조사자가 조사 대상에 대해 지식이나 경험이 부족할 때 탐색조사가 유용하다. 정성적 방법을 이용한 탐색조사는 조사를 부정확하게 혹은 바람직하지 못한 방향으로 진행될 확률을 줄이기 위한 첫걸음이다.

화학자는 물질의 특성을 연구하기 위해서 정성적 분석을 시도한다. 여기서 핵심은 이 물질이 어떤 성분들의 결합체인가이다. 이와 마찬가지로 정성조사는 양보다는 질에 가중치를 둔다. 즉, 정성조사는 고객만족이란 변수를 측정하기 위해서 수치를 적용한다거나, 관계의 정도를 파악하기보다는 고객만족이 무엇으로부터 발생하는가에 초점을 맞춘다.

대부분의 탐색조사는 정성적 자료를 만들어 낸다. 이 자료들은 숫자가 아니라 말, 글 혹은 그림이다. 정성조사는 숫자에 초점을 맞추지 않고, 이야기나 그림의 묘사나 유의미한 형상 등에 초점을 맞추고 있다. 따라서 정량조사는 경제적 추세를 파악하여 경제 상황과 영화 소비금액 간의 관계 가설을 검증하려 한다. 한편 정성적 방법을 이용하는 조사자는 경제적 어려움을 겪고 있는 사람들이 영화를 보기 위해 얼마 없는 돈을 왜 지출하는지를 이해하려 노력한다. 이것은 가설을 만드는 과정이지 가설을 검증하려는 것이 아니다. 탐색조사의 정성적 특징은 아래 두 가지 목적에서 분명하게 드러난다.

아이디어 창출

탐색조사는 아이디어를 만들거나, 다양한 아이디어를 선별하여 선택지를 줄이는데 유용하다. 탐색조사는 신제품 아이디어, 광고 카피, 판촉 아이디어 그리고 제품 개선점 등을 파악할 수 있게 해준다. 탐색조사에서 정성적 접근법을 사용하는 연구원은 소비자에게 제품 경험을 아주 자세히 설명하게 한다. 이런 자료는 제품이 어떻게 소비자 욕구를 충족시켜 주는가를 잘 알려 줄 수 있다.

예를 들어 소비자의 애견 사료 체험을 정성적 방법으로 파악할 수 있다. 애견 사료에서 원하는 것이 무엇인가를 주인에게 묻는다면 "개에게 좋은 것이지요"라는 답변을 곧바로 듣게 될 것이다. 그러나 계속해서 얘기하도록 분위기를 만들어 주면 "애견 사료는 역겨운 냄새를 풍기고", "치우기 곤란하게 어지럽혀진다"는 불평의 소리가 이어질 것이다. 이런 반응에서 우리는 "애견 사료가 단지 개에게만 초점이 맞추어지면 안 되고, 애견 주인의 불평 해소에도 신경 써야 한다"는 것을 알게 된다.

콘셉트 테스트

아이디어를 선별하는 작업에서 정성적 방법의 주된 역할은 콘셉트 테스트이다. 콘셉트 테스트는 조사 절차상 탐색조사의 한 유형이다. 여기서 테스트라는 말을 사용하지만 콘셉트 테스트 접근들은 대부분 정성적이다. 전형적으로 응답자에게 제품 설명 글, 그림 혹은 아이디어 등이 제시되고 이것들에 대한 소비자의 의견을 묻는다. 질문은 대체로 이 아이디어가 좋은지 아닌지, 쓸만한지 아닌지, 새로운지 아닌지에 대한 것이다. 그리고 응답자에게 이 아이디어를 말이나 글로 혹은 그림으로 정교화해 줄 것을 요청한다.

콘셉트 테스트는 기업이 많은 자원을 투여하기 이전 개발 초기에 실시해서 응답자의 제품에 대한 언급을 정성적으로 분석함으로써 개선할 내용을 발견한다. 콘셉트 테스트는 가장 잠재력이 있는 아이디어를 식별하거나, 중요한 개선 사항을 찾아내는 데 도움이 된다.

2. 정성조사의 접근방법

정성조사는 조사연구 방법론을 채용한다. 정성조사에서 많이 사용하는 조사방법론은 다음와 같다.

- 현상학(phenomenology)
- 민족지(ethnography)
- 근거이론(grounded theory)
- 사례분석(case study)

이 접근방법들을 정성조사에서 엄격하게 구분하기는 어렵다. 실제 정성조사는 두 개 혹은 그 이상의 접근방법을 동시에 사용하기도 한다. 그러나 각 범주는 인간 탐구와 지식 발견을 위해 각자 독특한 접근을 시도한다.

1) 현상학(phenomenology)

하나의 현상이란 감각들에 의해서 인지되는 그 어떤 것을 말한다. 현상학(phenomenology)은 물리적 대상의 실재를 부정하지는 않지만, 물리적 대상의 연구방법론에서 그들에 대한 존재의 문제를 괄호 밖으로 끌어냄(bracketing out)으로써 현상들로 다룬다는 것이 특징이다. 현상학은 인간의 경험 그 자체는 주관적이며, 자신이 살아가는 맥락에 의해 결정된다는 사상에 기초한 철학적 접근법이다. 현상학을 지향하는 조사자는 사람의 행동이 물질적 환경, 대상물, 타인 그리고 상황과의 관계에 의해 어떻게 달라지는가를 관찰한다.

현상학적 방법을 이용하는 조사자는 주로 대화를 통한 면접을 도구로 사용하는데 조사자는 그 대화 내용을 오디오와 비디오로 녹음 녹화한 후 이것을 통해 참석자를 이해한다. 현상학적 조사에서는 직접적인 질문을 하지 않도록 주의가 필요하다. 대신에 참석자에게 자신의 경험을 본인이 인지한 대로 말하도록 한다. 조사자가 할 일은 참석자가 최대한 편안하게 자신의 경험을 이야기하도록 하는 것이다. 이를테면 조사자 자신이 집단 참석자처럼 행동하는 것이다.

특정 개인이나 집단의 특성을 파악하기 위해 현상학적 방법을 사용하는 데는 상당한 시간이 소요된다. 조사자는 조사하려는 개인이나 집단과의 편안한 관계를 만들기 위해 수 주일 혹은 수개월을 쓰기도 한다. 이 기간 동안에도 대화를 조심스럽게 기록한다. 처음부터 특정한 제품이나 서비스를 설명하도록 하지 않는다. 대신에 가장 기억에 남는 장소는 어디이고, 무엇 때문에 그곳이 가장 기억에 남는지 등을 자연스럽게 묻는다. 이런 묻고 답하는 과정 중에 특정 제품과 서비스에 대해 소비자가 어떻게 생각하고 있는지를 파악한다. 일반적으로 이런 접근 방법을 통해서 소비자에 대한 새로운 통찰을 얻을 수 있다.

2) 민족지(ethnography)

민족지(ethnography)는 기술적 민족학(記述的 民族學)이라고도 한다. 넓은 뜻에서는 문화인류학의 한 분야에 포함되기도 하지만, 인류학의 연구방법이라고 보는 것이 일반적이다. 부여된 사회의 환경조건에서 사람들의 의식주 · 경제 형태 · 정치조직 · 사회조직 · 종교관념에서 예술 · 신화 · 구전문예(口傳文藝), 그 밖의 문화적 특징을 역사적 · 지리적으로 설명하고, 그 사회의 사람들이 어떠한 사고방식을 가지고 어떻게 행동하며, 어떠한 생활체계를 가지고 있는가에 대하여 자료를 제공하는 것이 그 핵심 내용이다.

참여관찰이 민족지 접근법의 전형이다. 참여관찰이란 말은 조사자가 특정 문화의 일원이 되어 관찰을 통해 자료를 끌어내는 것이다. 한 예로 기업 문화도 민족지 연구의 대상이다. 이를테면 조사자가 기업 문화의 일원이 되고 시간이 지나면서 자연스럽게 다른 직원들과 교류한다. 그러면서 조사자는 직원들의 평소 행동을 관찰할 수 있게 된다.

관찰은 민족지에서 핵심적인 역할을 수행한다. 오늘날 연구원들은 가정주부의 특정한 행동을 관찰하기 위해 가정에 비디오 카메라를 설치하는 경우가 있다. 이렇게 하면 주부들이 평소에 제품을 어떻게 사용하는지, 사용 중 불만스럽게 느끼는 것은 무엇인지 등을 자연스럽게 파악할 수 있다. 이 결과를 신제품 아이디어 개발이나 마케팅 전략의 개발에 이용한다.

민족지 방법은 자신의 생각이나 느낌을 말로 잘 표현하지 못하는 개인들로 구성된 특정 문화를 연구할 때도 유용하다. 예를 들어 민족지 방법은 질문에 제대로 답변을 하지 못하는 아이들을 이해하기 위해서 이용하면 좋다. 아이들에게 장난감을 갖고 놀게 하고, 연구원은 단순히 환경의 일 부분이 되어서 노는 아이들의 행동과 표정을 관찰하면 된다.

3) 근거이론(grounded theory)

근거이론(grounded theory)은 B. G. Glaser와 A. L. Strauss가 개념화한 것으로 체계적이고 귀납적인 자료수집과 분석을 통해 도출되는 중범위 이론을 말한다. 근거이론은 양적 연구가 체계적 사회과학연구의 유일한 형태라는 당시의 지배적 견해를 비판하고 질적 연구를 옹호하였다. 구체적으로 근거이론은 ① 이론과 탐구의 배타적 구분, ② 질적 연구를 보다 엄격한 양적 연구수행을 위한 예비단계로 보는 견해, ③ 엄밀성을 추구하는 데 질적 연구는 부적절하다는 주장, ④ 질적 방법들은 인상주의적이고 비체계적이라는 주장, ⑤ 자료수집과 자료분석의 구분, ⑥ 질적 연구는 기술적 사례 연구만을 생산하며 이론 생성에는 기여할 수 없다는 주장에 대해서 비판하였다.

근거이론은 귀납적인 탐구로서 응답자가 답변한 내용에 대해 연속해서 질문을 던지거나 혹은 응답자의 과거 기록물에 대해 질문을 한다. 질문을 지속적으로 함으로써 응답자의 좀 더 깊이 있는 설명을 끌어낸다. 근거이론 연구원들은 다음 세 가지 핵심적인 질문을 던진다. "여기서 어떤 일이 벌어졌는가?", "그것이 다른 경우와 얼마나 다른가?", 그리고 "왜 다른가?" 근거이론의 가장 두드러진 특징은 조사연구가 이론을 갖고 출발하는 것이 아니라 탐구 영역에서 벌어지는 것들로부터 이론이 도출된다는 점이다.

근거이론의 자료 코딩에는 개방코딩, 축코딩, 선택코딩의 세 가지 방법이 있다. 개방코딩(open coding)은 수집된 자료를 해체하여 개념을 발견하고 범주화하는 과정이다. 축코딩(axial coding)은 개발코딩을 통해 도출된 범주들을 관련 하위범주들과 연결시키는 분석과정으로 인과적 조건, 중심현상, 맥락적 조건, 중재적 조건, 작용/상호작용 전략, 결과로 구성된다([그림 3-1] 참조). 선택코딩(selective coding)은 모든 범주를 통합하는 핵심범주를 도출하기 위해 범주들을 연결해 서술적인 이야기를 구성하는 분석방법이다.

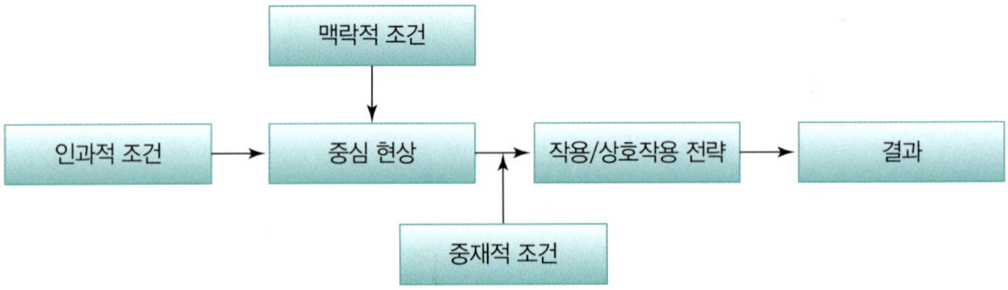

[그림 3-1] 자료코딩 분석과정

4) 사례분석

사례분석(case study)은 한 개인, 가족, 집단, 지역사회, 또는 다른 단위(단체, 공동체, 조직, 문화, 사건 등)에 대한 철저하고 체계적인 조사이며, 배경, 현상 상태(status), 환경적인 특성 및 상호작용 관련의 심층적 자료를 자연적인 상태에서 조사 연구하는 것이다.

사례분석은 사회적 현상 가운데서 비교적 적은 경험으로 인하여 학문적으로 정립이 안 되어 있는 분야에 대해 통찰력을 자극하고, 조사 연구를 위한 가설을 찾기 위해서 소수의 한정된 사례에 대한 집중적 연구에 사용되며, 또한 개인, 집단 및 지역사회와 이들의 상황에 관해서 그 특징을 밝히고 설명해 주는 충분한 정보를 얻고, 나아가 다른 유사한 사례들과의 공통성을 규명하여 보편화를 시도하는 데 사용되고 있다.

근본적으로 사례분석은 사례의 서술적 묘사(단순한 묘사 또는 설명)와 사례를 설명하기 위한 연구의 이론적 명제가 사용의 두 가지 전략으로 제시된다. 그러나 경영분야에 적용된 주된 사례분석은 전자의 전략에 해당하며, Harvard Business School이 개발한 사례분석들이 그 대표적인 예이다. 이 사례들은 특정 기업 또는 브랜드의 성공스토리,

중 간 사 례

인류학자, 맥주 바에서 살다

유럽의 맥주회사, BeerCo(가명)는 2006년 바와 퍼브에서의 매출 감소에 직면하여 열성적인 시장조사와 경쟁분석을 수행하였음에도 불구하고 그 이유가 무엇인지 도대체 알아낼 수 없었다. 소비자들은 여전히 이 회사의 핵심 제품인 정통 라거 맥주를 좋아하는 것으로 나타났으며, 소매점에서의 매출도 증가하고 있었다. 그러나 바에서는 뭔가 잘못 돌아가고 있었고, 적극적인 판촉이 전혀 먹히들어 가고 있지 않았다. 무엇이 문제였을까?

전통적인 조사방법을 다 사용해 본 뒤에 BeerCo는 사회 인류학자 팀으로 하여금 영국과 핀란드의 십여 개 바들을 직접 방문, 조사하도록 결정하였다. 이 인류학자들은 마치 보르네오의 잘 알려지지 않은 종족을 연구하는 것처럼 이 프로젝트에 접근하였다. 그들은 바의 삶에 그들 자신을 파묻어, 무엇을 발견하게 될지에 대해 어떤 가설도 세우지 않고 단순히 술집 주인들과 종업원, 그리고 단골손님들을 관찰하였다. 그들은 150시간 분량의 민족지적 동영상, 수천 장의 스틸 사진, 수백 페이지의 현장 노트들을 안고 돌아왔다. 그 다음 수주 동안 BeerCo의 관리자 팀은 인류학자들과 함께 이 데이터들을 샅샅이 살펴보면서 주된 내용을 찾아내고자 하였다.

이윽고 이야기의 모습이 나타났다. BeerCo는 컵받침, 스티커, 티셔츠 등 회사의 판촉 물건들을 바 주인들이 가치 있게 여긴다고 생각했었는데 실제로는 이들 제품들이 잘 활용되지 않을 뿐만 아니라 심지어는 조롱거리로 취급되기까지도 한다는 사실이 발견되었다. 어떤 바에서는 판촉물들을 찬장에 쑤셔놓고 "쓰레기 상자(box of crap)"라는 팻말을 붙여놓기도 하였다. 리서치 팀은 또한 여자 서빙 직원들이 자기들 직업에 갇혀 있다고 느끼고 있으며, 손님들과의 시시덕거려야만 하는 일, 그들이 "핫팬티 착용(hot pantsed)"이라고 부르는 경험을 아주 분하게 생각하고 있다는 것도 발견하였다. 더 큰 문제는 그들이 BeerCo의 제품들에 대해 별로 아는 것이 없고, 더 알고 싶어 하지 않는데, 분명 이 직원들은 주된 판매 경로라는 사실이었다.

이러한 발견들을 기점으로 하여 BeerCo는 퍼브와 바에 대한 접근방법을 획기적으로 전환하였다. 일률적인 판촉물들을 퍼붓는 대신, 유형이 다른 바와 바 주인들을 대상으로 판촉 아이템들을 맞춤화시키기 시작하였다. 각각의 바 주인을 이해하도록 영업사원들을 훈련시켰고, 점주들의 판매 캠페인 개발에 도움이 되는 도구도 개발해 냈다. 서빙 직원들에 대한 회사 브랜드 훈련을 위한 사업장 내 "학교(academies)"를 설립하였으며, 늦게까지 일하는 종업원들을 위해 택시 서비스를 제공함으로써 여자 서빙 직원들의 환심도 얻어내었다. 이년 후 BeerCo의 퍼브 및 바 매출은 다시 반등하였고, 매출액과 시장점유율 모두 성장을 지속할 수 있었다.

출처: Madsvjerg, C., & Rasmussen, M. B. (2014).

새로운 제품의 출시 또는 위기관리 대처 등의 내용을 다루고, 다양한 간접적인 정보도 함께 제공한다.

마케터는 사례분석을 통해 과연 명품브랜드가 어떠한 요인들로 인해 명성 있는 브랜드로 지각될 수 있는가에 대한 자료를 제공받을 수 있다. 예를 들어, 고급와인 브랜드의 생산과 마케팅 활동을 중심으로 수행된 사례분석에서는 명성이 높은 와인브랜드가 된 핵심요인으로 '전통성'을 도출할 수 있다. 이러한 분석결과는 평소 전통성을 중요하게 생각하는 소비자들은 전통성을 고수하는 고급 와인브랜드에게 보다 호의적인 반응을 보일 수 있음을 보여 준다.

3. 정성조사에서 이용되는 기법

정성조사에는 매우 다양한 기법들이 사용된다. 그중 마케팅조사에서 가장 대표적으로 사용되는 기법은 집단집중면접, 개별심층면접, 투사법이다(〈표 3-1〉 참조).

〈표 3-1〉 정성조사 기법

도구	내용	방법론
집단집중면접	진행자가 이끄는 소규모 집단면접	민족지, 사례분석
개별심층면접	훈련된 진행자와 응답자 사이의 1대 1 면접	민족지, 근거이론, 사례분석
투사기법	참석자가 조사목적을 모르는 상태에서 응답자의 내면에 있는 신념이나 태도 등을 단어연상법, 문장완성법, 이야기완성법, 콜라주, 구성기법, 표현기법을 이용해서 조사하는 방법	현상학, 근거이론, 사례분석

1) 집단집중면접

집단집중면접(Focus Group Interview: FGI)은 대화를 이끄는 훈련된 진행자(moderator)와 보통 6~10명의 참석자가 모여 자유로운 토론을 하는 형식으로 진행된다. 집단집중면접 주제는 상표 이미지, 제품 연관 문제점, 광고 주제 혹은 신제품 콘셉트 등 매우 다양하다. 집단집중면접은 광고회사와 조사회사에서 빈번하게 사용된다. 사실상 대부분의 조사회사들이 집단집중면접을 수행하고 있다. 실제로 우리나라의 유수한 조사기관은 집단집중면접이 가능한 장소를 갖추고 있으며, 집단집중면접을 전문으로 수행하는 특화된 부서를 두기도 한다.

특히 집단집중면접은 콘셉트 선별이나 정교화에 많이 이용된다. 콘셉트는 경영진이 이 정도면 수용 가능하다고 판단할 때까지 수정되고, 다듬어지고, 재평가된다. 예를 들어 전자 담배가 시장에 출시되기 전까지 수 차례 집단집중면접의 과정을 거쳤다. 처음에는 전자 담배는 냄새도 거의 없고, 재도 없으며, 간접 흡연의 폐해도 없는 제품이란 점이 주 구매 요인이라고 회사는 판단했다. 그러나 집단집중면접을 거치면서 이런 특징은 흡연자에게 중요하지 않았고, 단지 비흡연자들이 전자담배를 피우는 사람이 옆에 있어도 성가셔하지 않는다는 점이 흡연자가 전자담배를 구입하는 주 요인이었다. 이처럼 집단집중면접은 신제품이 시장에 어떻게 소개되어야 하는가를 밝히는데 유용하게 사용될 수 있다.

[토의실]

[관찰실]

(1) 집단집중면접 특징

집단집중면접이 갖는 특징은 아래와 같다.

- 상대적으로 빠르다.
- 실행하기 쉽다.
- 참석자들이 아이디어를 교환할 수 있다.
- 다양한 관점을 알려 준다.
- 좀 더 자세한 설명을 요구할 수 있어 유연하다.
- 다양한 관찰이 가능하다.

집단집중면접은 상대적으로 빠른 자료수집을 허용한다. 긴급한 상황에서는 일주일 만에 1~2그룹의 집단집중면접이 수행, 풀이, 보고될 수 있다. 집단집중면접에 참석한 사람들은 서로의 아이디어를 얘기하면서 창의적인 생각을 만들어 내기도 한다. 구조화된 정량조사에 비해서 집단집중면접은 유연함이 특징이다. 집단집중면접에 참석한 한 소비자의 얘기를 들어 보자. "제가 주로 사는 것은 이 세 가지 상표들 중에서 바로 이것입니다. 그런데 다른 상표가 할인 중이라면 곧바로 그것을 삽니다. 모두 다 할인을 하거나 하나도 할인을 하지 않는다면야 늘 사던 것을 삽니다." 또 다른 소비자는 "우리 집에 손님들이 여러 명 오면 맥심 모카골드 커피믹스를 타서 드리고요, 그렇지 않고 저만 마실 때는 카누를 먹습니다." 이처럼 집단집중면접에서는 어떤 상표를 선택하게 된 혹은 사용하게 된 상황적 이유에 대한 유연성 있는 질문에 대한 대답을 얻는 것이 가능하다.

(2) 집단집중면접의 진행절차

집단집중면접의 진행절차는 [그림 3-2]와 같이 물리적 환경 설계, 참가자의 모집 및 선발, 진행자 선발, 진행 토의지침서 준비, 진행, 자료분석 및 보고서 작성으로 구성된다. 집단은 미리 계획된 시간에 일정한 장소에 모인다. 진행자는 토론을 이끌어가기 위해서 화두를 꺼내어 시작한다. 이상적인 집단토론은 참석자들에 의해서 토의가 진

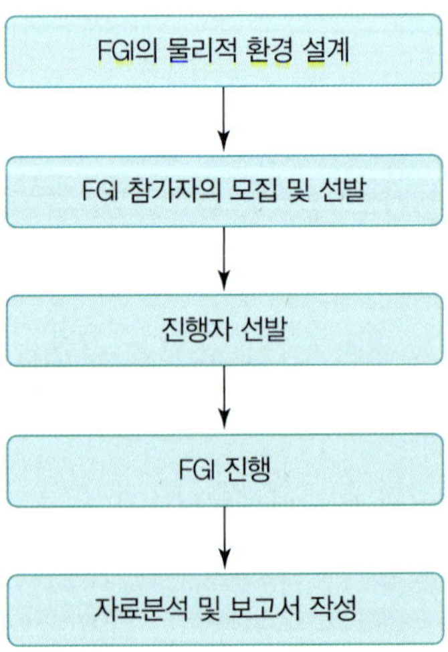

[그림 3-2] 집단집중면접 진행절차

행되는 것이지 진행자에 의해 강제로 이끌려가는 것이 아니다. 진행자는 필요한 경우가 아니면 직접적인 질문을 피해야 한다.

집단집중면접 참여자

집단집중면접에 참석하는 사람을 모집할 때 조사회사의 책임은 무엇인가? 실제로 모든 집단집중면접은 특정한 조건을 갖춘 사람을 모집한다. 예를 들어 부동산 경기가 침체된 상황에서도 신규 아파트 청약을 하는 소비자의 이유를 파악하고 싶을 때 3년 전에 아파트를 구입한 사람이나 아파트 구입 예정이 없는 사람들이 참석하면 안 된다. 이 경우는 최근 1년 이내에 신규 아파트를 일반 분양 신청한 소비자만을 대상으로 모집해야 한다.

한편 어떤 참석자가 연구자가 알고 싶은 바를 잘 표현하는 경우 이 사람을 반복해서 참석시키는 경우가 있다. 이것은 정당한가? 토의 주제에 적합한 조건을 갖추고 있다면 참석시켜도 좋지 않을까? 이런 질문은 집단집중면접 기획자라면 누구나 직면하는 문제이다. 토의를 녹화한 테이프를 보면서 이 사람이 여러 주제 토론에 반복해서 출현하는 것을 확인할 수 있다. 집단집중면접은 조사 성격상 다양한 의견을 필요로 한다. 그러나 이런 참석꾼에게서는 이런 결과를 기대하기 어렵다. 그러므로 연구원은 모집이 손쉽고 적당히 말 잘하는 특정인에 의존하기보다는 추가 비용이 들더라도 새로운 응답자를 찾아야 한다.

집단집중면접 참여자 수

집단집중면접의 참석자 수는 집단당 6명이 가장 적당하다. 집단이 2~3명처럼 너무 적으면, 서로를 모방하기가 쉽다. 반대로 집단이 7명 이상이 되면 참석자 모두가 고르게 자신의 의견을 개진할 시간적 여유가 없다. 집단집중면접은 대략 120분 진행된다. 이 경우 모더레이터의 토의 진행 및 주제 설명 발언 관련 15분을 빼면 한 사람당 15분 정도씩 할당된다((120분–15분) / 7명=15분). 이 정도의 시간에 자신의 구체적인 경험 내용과 태도를 모두 얘기하기란 불가능하다.

한 집단의 참석자들은 동질적인 특성을 갖는 것이 좋다. 어차피 제품은 유사한 성격을 갖는 세분시장을 표적으로 삼기 때문이다. 만약 표적시장을 정하기 이전이라면 집단의 수를 늘리면 된다. 그러므로 집단 내의 성격은 동질적으로, 집단 간에는 상이한 특징을 갖도록 구성한다. 예를 들어 가사 노동을 주제로 한 토론이라면 다음과 같이 4개 집단 구성이 필요할 것이다.

집단 1	집단 2	집단 3	집단 4
결혼한 여성	결혼한 남성	결혼 적령기의 미혼 남성	결혼 적령기의 미혼 여성

집단집중면접 진행자

집단집중면접이 진행되는 동안 진행자는 참석자 모두에게 말할 기회를 제공하고, 토의에 적극 참여할 수 있도록 노력해야 한다. 이러기 위해서 진행자가 갖추어야 할 자질을 열거하면 아래와 같다.

- 진행자는 참석자와 빠르게 유대감을 형성할 수 있어야 한다. 사람에 대한 관심이 많고, 다른 사람의 말을 열심히 들으려 하는 자세가 필요하다. 모더레이터와 유대감을 갖게 된 참석자는 편안한 마음으로 자신의 의견을 있는 그대로 표현할 것이다.
- 진행자는 듣는 능력이 필수적이다. 참석자의 말을 조심스럽게 듣지 않으면 참석자를 무시하는 인상을 주어서 토의를 전혀 엉뚱한 방향으로 이끄는 경우가 있다.
- 진행자는 자신의 의견을 끼워 넣으면 안 된다. "그런 경우에 어떻게 하셨는지요?" 혹은 "방금 들으신 것과 비슷한 혹은 다른 경험을 하신 적은요?" 등과 같이 중립적인 그러면서도 편하게 더 깊이 있는 의견을 들을 수 있도록 노력해야 한다. 절대로 "유기농 식품을 좋아하시죠? 요즈음 모두 다 그렇지 않나요?" 식으로 유도하는 질문을 해서는 안 된다.
- 진행자는 방관자를 끌어들이고 허풍쟁이를 통제하는 역할을 수행해야 한다. 그리고 토론을 주제 내에서 이루어지도록 집중시켜야 한다. 대체적으로 처음에는 일반적인 논의를 하면서 점차 핵심 주제로 집중시키는 능력을 갖추고 있어야 한다.

집단집중면접 토의 지침서

집단집중면접을 계획하는 연구원은 토론을 주제에 맞게 이끌기 위해 토의 지침서(guideline)를 작성한다. 토의 지침서는 토론을 통해 알아야 할 주제를 우선 나열하고, 각 주제 내에서 구체적으로 파악해야 할 내용을 정리한 것이다. 토의 지침서의 핵심은 질문과 답변이 아니라 참석자마다 본인이 체험한 내용과 그 이유를 구체적으로 설명할 수 있게 만드는 데 있다. 일반적으로 효과적인 집단집중면접을 수행하기 위한 토의 지침서는 아래와 같다.

- 우선 "참석해 주셔서 고맙다"는 인사와 진행자 소개로 시작한다. 그리고 나서 참석자들은 각자 자신을 소개하면서 좀 더 편안함을 느끼게 될 것이다.
- 처음에는 구체적인 질문이 아니라 평소의 경험이나 느낌을 묻는 등 보편적인 질문을 함으로써 누구나 본인의 생각을 얘기하면 된다는 것을 익히도록 한다.
- 그리고 토론의 주제를 좀 더 구체적인 것으로 끌고 간다. 이때 진행자는 참석자가 질문에 단답형으로 응답하기보다는 스스로 토론 주제에 대해 본인 체험을 구체적으로 설명하도록 유도하는 데 신경을 써야 한다. 진행자는 가끔씩 "지금 말씀하신 내용이 직접 경험하신 것이지요?"라고 확인할 필요가 있다.
- 왜 그 제품을 구입했는지 혹은 구입하지 않았는지, 어떤 점이 좋았고 좋지 않았는지 등의 주제는 맨 마지막에 해야 할 것이다.
- 끝으로 토의 마지막에 이런 자리가 왜 마련되었는지를 알리고, 참석자들의 궁금증이 무엇인지 묻고, 왜 그것이 궁금한지를 캐묻고, 간단히 궁금증에 답변을 하면서 참석자를 좀 더 깊이 이해한다.

집단집중면접 한계점

다른 조사기법처럼 집단집중면접도 여러 가지 단점이 있다. 집단집중면접은 역량이 뛰어난 진행자를 필요로 한다. 만약 진행자가 없다면 참석자 개개인의 의견이 아니라 1~2명의 의견이 토론을 지배할 것이다. 그러므로 집단집중면접은 진행자의 능력에 따라 성공과 실패가 좌우되는 한계가 있다.

집단집중면접 참석자가 기본적인 자격을 갖추었다 하더라도 문제를 야기할 수 있다. 이따금 조사자가 일반 소비자들보다는 자기 자신을 좀 더 분명하게 얘기하거나 혹은 사교적인 사람을 참석자로 뽑는 경우가 있다. 집단집중면접 참석자가 대표성을 갖출 필요는 없지만 이처럼 편향된 사람이어서는 안 된다.

응답자가 노출되지 않는 인터넷조사와는 달리 대면 상태의 집단집중면접은 민감한 주제를 논의하는 데 적합하지 않다. 집단집중면접은 꾸며진 상황에서 친숙하지 않은

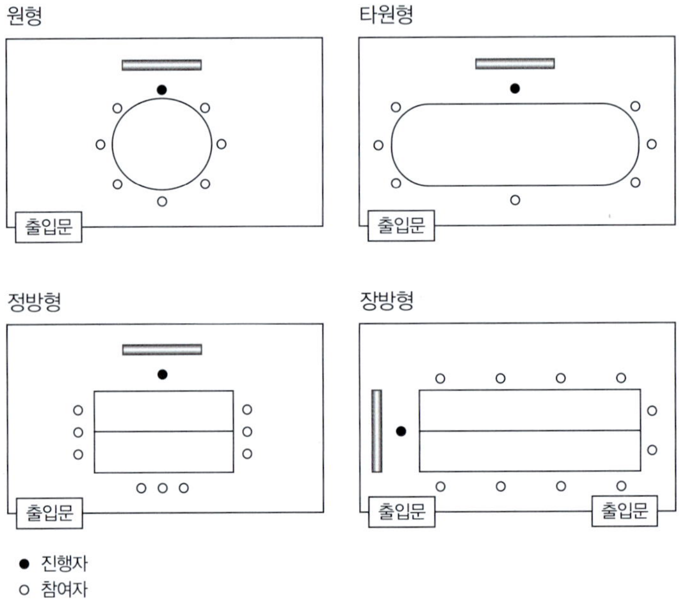

FGI(Focus Group Interview) 공간 구성

공간시설 및 기기: 녹화기, 녹음기, 일방향 거울, TV, 모니터, 녹화카메라

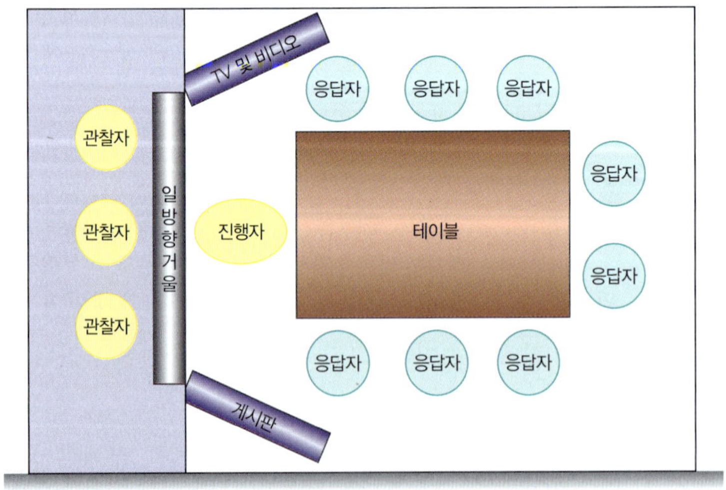

[그림 3-3] 집단집중면접 좌석배치도 예시

사람들과의 토론이다. 그러므로 사람들이 공개적으로 논의하고 싶지 않은 쟁점은 집단집중면접에서 토론하기 곤란하다.

집단집중면접은 집단 당 많은 비용이 필요하다. 참석자의 조건이나 토론 주제에 따라 계산이 다르겠지만 일반적인 비용은 아래와 같다.

직접 비용	
– 시설과 설비를 빌리는 비용	90만 원/집단
– 참석자 사례비	60만 원/집단(6명 × 10만 원)
– 토의 준비 비용	30만 원/집단
연구 비용	
– 진행자	70만 원/집단
– 연구원 (회의, 참석, 작성, 보고)	160만 원/집단
기타 비용	
– 예비비	40만 원/집단

이처럼 집단집중면접은 한 그룹당 450만 원이 필요하다. 보편적으로 한 프로젝트당 4개 집단이 구성된다. 집단 수만큼 비례하여 비용이 올라가지는 않겠지만 4개 집단의 경우 대략 1600만 원이 든다.

2) 개별심층면접(Depth Interviews)

집단집중면접의 대안이 개별심층면접이다. 개별심층면접은 연구원과 응답자 간의 1대 1 면접이다. 개별심층면접은 심리치료사의 면담과 유사하다. 연구원은 간단히 질문하고, 응답자의 얘기를 들으면서 지속적으로 캐묻기를 시도한다.

개별심층면접은 대개 60분에서 90분 정도 지속된다. 그러므로 그동안에 다양한 질문이 가능하며, 응답자의 구체적이고 상세한 답변을 들을 수 있다. 또한 응답자의 몸동작이나 표정 반응도 중요한 자료이다. 개별심층면접은 집단집중면접보다 특정 개인에 대해 좀 더 많은 통찰을 가능케 한다.

집단집중면접의 진행자처럼 개별심층면접에서는 조사자의 역할이 중요하다. 조사자는 대화의 방향에 영향을 주지 않으면서도 응답자가 자유롭게 얘기하도록 하는 고도의 기술을 갖춘 사람이어야 한다. 조사자는 면접하는 동안에 응답자가 좀 더 깊이 있는 설명을 해주기를 바란다. 인간의 질병이 증상을 통해 식별되는 것처럼 모든 문제도 증상이 있기 마련이다. 어떤 증상이 식별되었다면 조사자는 이런 변화의 원인이 무엇인가를 알기 위해 캐묻기를 시도한다. 캐묻기(probing)는 토론 중에 응답자의 좀 더 깊이 있는 설명을 끌어내기 위해 이용되는 면접 기술이다. 이 캐묻기 과정을 통해 여러 가설 중에서 주요 원인을 파악할 수 있다. 캐묻기 기술 몇 가지를 소개하면 다음과 같다.

- **명료화** 응답자가 사용하는 말의 의미나 뜻을 분명하게 해준다. "이 커피를 마시는 사람은 위가 약한 것 같아요"라고 말씀하셨는데, "위가 약하다"가 무슨 뜻인가요?
- **생각 이끌기** 응답자의 자유로운 생각을 이끌어 낸다. "이 소주가 부드럽다"라고 말씀하셨는데 어떤 점에서 그런 느낌을 받으셨는지요?
- **잠깐 멈춤** 면접 중에 아무 말도 하지 말고 가만히 쳐다본다. 조사자가 가만히 있으면 응답자는 그 순간 자기가 한 말의 내용을 좀 더 구체적으로 풀어 설명하려고 한다.
- **대조** 응답자에게 지금의 상황이 어떤 상황과 비슷한지 혹은 어떤 상황과 아주 다른지를 설명해 달라고 한다.
- **의미 찾기** 응답자에게 "특별한 뭔가가 있는지" 혹은 "흥미로웠던 점이 무엇이었는지" 묻는다.
- **툭 던지기** 응답자의 설명이 끝나자 마자 바로 "그래서 뭔가 변했습니까?"라고 툭 던지듯이 말을 건넨다.

반복적인 캐묻기 과정에서 중요한 것은 궁금한 점을 남김 없이 질문한다는 점이다. 거의 모든 상황이 캐묻기를 통해 달리 이해될 수 있다. 예를 들어 감자 칩을 만드는 P 회사는 자사의 제품이 경쟁사의 제품에 비해 맛이 더 좋아서 점유율이 올랐다고 생각했다. 그러나 소비자 개별심층면접 결과, "종이 통 속에 든 감자 칩이 오랫동안 안 부서지고, 그래서 지저분하지 않고, 마지막 한 조각까지 맛 있게 먹을 수 있기" 때문에 선택되었음을 알게 되었다. 핵심적인 차이는 품질이 아니라 포장의 차이였다.

응답자에게 여러 수준에서 상표들 간의 차이를 비교하도록 하는 방법을 사다리(laddering) 캐묻기라 한다. 사다리 캐묻기 방법을 통해서 첫 번째로 물질적 속성을 갖고 상표들을 구분하고, 두 번째로 상표가 전달하는 혜택을 통해 구분하며, 세 번째로 상표 이용 후 얻게 되는 가치 수준에서 구분한다. 예를 들어 인스턴트 커피의 상표들은 우선 배합 원두의 종류가 다르다는 점에서(진한 맛을 강조한 원두 배합 대 부드러운 맛을 강조한 원두 배합), 두 번째는 전달하는 맛과 향의 차이에서(구수하고 진한 맛 대 달콤하고 부드러운 맛), 세 번째는 사용 후 느끼는 만족감의 차이에서(기름진 음식을 먹은 후 마시면 개운하다 대 일을 시작하기 전에 부드럽게 커피 한 잔을 마신다) 커피 상표들을 구분할 수 있다.

〈표 3-2〉 FGI와 개별심층면접의 장점과 단점

	장 점	단 점
집단집중면접	• 신속한 수행 • 다양한 관점의 획득 • 유연성	• 모집단으로 일반화 하지 못함 • 민감한 주제를 다루지 못함
개별심층면접	• 개인에 대한 깊이 있는 통찰 • 특이한 행위를 이해하기 좋음	• 결과를 일반화하기 어려움

3) 투사기법

투사기법은 행동과학 분야의 임상실험에서 가장 보편적으로 사용되는 기법을 마케팅조사 분야에 적용시킨 것이다. 이 기법의 특징은 다소 애매하고 구체화되지 않은 질문에 대한 참여자들의 반응이 어느 정도 그에 대한 정보를 제공할 것이라는 신뢰를 바탕으로 그림, 미완성된 문장, 미완성된 줄거리 등을 제시하여 이에 대한 참여자의 반응을 탐색한다는 데 있다. 즉, 사람들이 그들의 진정한 관심 의견, 동기 등에 관해 직접적으로 질문했을 때 그 대답을 제대로 표현하지 못하거나 표현하기를 꺼리는 심리적 불편함을 최소화하기 위해 고안된 방법이다. 투사기법이 갖는 장점과 단점은 〈표 3-3〉과 같다.

〈표 3-3〉 투사기법의 장점과 단점

구분	내용
장점	- 조사대상자가 조사목적을 인지하는 경우 응답에 협조하지 않거나 제대로 응답하지 못할 경우에 적절한 반응을 유발시킬 수 있음 - 주제가 개인적이며 민감하고 사회적 압력(눈치)에 해당할 경우 조사 가능 - 내면 깊숙하게 존재하는 동기, 신념, 태도가 무의식 수준에서 작용할 경우 유용함
단점	- 고도로 숙련된 면접조사자의 필요성 - 수집된 자료에 대한 숙련된 해석전문가 필요 - 높은 수준의 자료해석 오류 가능성 - 높은 비용 - 응답자에게 이상한 행동을 하도록 요구할 가능성

정성조사에 널리 사용되는 투사기법에는 언어적 자극과 반응을 사용한 단어연상법(word association), 문장완성법(sentence completion), 이야기완성법(story completion)과 그림을 자극으로 사용하는 콜라주(collage), 그림투사법(picture projection), 그림분류법(picture sortes) 등이 있다.

먼저 언어적 자극과 반응을 사용한 투사기법은 특정 단어를 제시하고 떠오르는 연상내용을 적거나 말하게 하는 단어연상법과 완성되지 않은 문장을 제시하고 완성하도록 요구하는 문장완성법, 이야기를 전반부만 소개하고 나머지 이야기를 완성하도록 하는 이야기 완성법 등으로 구분된다. 즉, 단어연상법은 연상적 성격의 기법이고, 문장 완성법과 이야기 완성법은 완성적 유형의 기법이라고 할 수 있다.

단어연상법은 특정한 단어를 제시해 주고 응답자에게 가장 먼저 마음에 떠오르는 것을 응답하도록 요구하는 방법이다. 예를 들어 소나타, 모닝, 마티즈, 클릭, 산타페 등 자동차 브랜드를 하나씩 읽어 주고 그때마다 떠오르는 것을 이야기하도록 요청할 수 있다. 단어연상법을 통해 제품과 브랜드가 소비자에게 그려지는 그림을 찾아낼 수 있다.

문장완성법도 자유연상법에 기초를 두고 있다. 응답자에게 문장의 일부분만 보여주고 나서 나머지를 생각나는 대로 채우라고 요청한다. 예를 들어 다음과 같은 경우이다.

- 맥주를 마시는 사람은 ______________________________.
- 흑맥주를 마시는 사람은 ______________________________.
- 수입 맥주를 좋아하는 사람은 ______________________________.

문장 완성을 위해 응답자가 써 놓은 내용들은 단어연상에 대한 반응보다 좀 더 광범위하다. 캐묻기 능력이 없는 경우라도 이 기법을 사용하면 응답자의 심중에 무엇이 있는가를 파악하기가 용이하다. 단어연상법이나 문장완성법은 집단집중면접에서 딱딱한 분위기를 깨기 위해서 이용되기도 한다.

한편, 콜라주(collage), 그림투사법(picture projection), 그림분류법(picture sortes)은 그림을 자극으로 사용하는 방법이다. 콜라주는 응답자에게 특정한 제품, 서비스, 상표에 대한 평소 느낌을 표현하는 사진을 여러 잡지에서 골라 찢어 붙이도록 요청하는 방법이다. 응답자마다 자기가 골라 붙인 결과물(콜라주)을 보면서 왜 이러한 사진들을 선택했는가를 설명하게 한다. 이 방법은 느낌을 말로 표현하기 어려운 경우 사용하면 좋다. 맥심 인스턴트커피를 위해 진행되었던 주부들의 콜라주를 살펴보면, 한결같이 "진한 색깔의 풍경이나 사물의 이미지"가 붙은 것을 발견할 수 있었다. 소비자들이 맥심이란 상표에서 "강력하고 진한 맛과 향"을 느끼고 있다는 증거이다. 그림투사법은 응답자에게 특정 그림을 보여 주고, 그림에 나타난 다른 사람들의 대화, 생각, 느낌 등을 설명하도록 하는 방법이다. 그 그림 속에 무슨 일이 일어나고 있으며, 또 어떻게 되어 그렇게 되었으며, 또 결과는 어떻게 될지를 설명하게 함으로써 그 응답자의 갈등, 욕구, 경험, 감정 등을 확인할 수 있다. 그림분류법은 사람, 브랜드, 제품, 장소, 활동 등과 관련된 그림들의 공통된 특성을 묻는 방식으로 이루어진다.

4. IT 기술을 활용한 정성조사

첨단기술의 진보는 마케팅조사의 모든 영역을 다룰 수 있는 조사연구자 능력을 향상시키는 데 커다란 영향을 주었으며, 특히 정성적 마케팅조사의 환경적 변화를 촉진시켰다. 물리적 장소를 제공받지 못하는 상황에서 온라인으로 집단집중면접의 진행이 가능해졌고, 다양한 정성조사 기법 통해 수집된 텍스트와 범주화된 텍스트 데이터는 소프트웨어에서 체계적으로 코딩, 식별, 그리고 분석이 가능하게 되었다. 정성조사에서 활용된 IT 기술들은 아래와 같다.

- 온라인 집단집중면접

- 소셜네트워크
- 소프트웨어

온라인 집단집중면접

온라인 집단집중면접은 참석자들이 인터넷 화면 보드에 참여하면서 자신의 의견을 제공하는 정성조사를 일컫는다. 참여자들은 문자 자판을 이용하여 대화방에다 자신의 의견을 제시한다. 참석자들이 직접 컴퓨터에 자신의 의견을 올리기 때문에 토론이 끝난 후 토의한 내용을 곧바로 분석할 수 있다. 조사회사가 특정한 목적을 갖고 대화 방을 만들어 놓고 온라인 집단집중면접을 시행하는 경우도 있다. 참석자들은 익명성이 보장되고 있다고 느끼기 때문에 자신의 생각을 거침없이 기록하는 경향이 있다. 한자리에 모여서 진행하는 집단집중면접에 비해 온라인 집단집중면접은 참여자의 수가 더 많을 수 있다. 25명 정도의 참여자들로 구성된 대화방도 가능하다. 인터넷은 지리적인 제약이 없기 때문에 시간대가 다른 지역의 사람들도 한꺼번에 참여가 가능하다.

소셜 네트워크

소셜 네트워크는 최근에 가장 강력한 트렌드로 주목받고 있다. 많은 소비자들 중 비교적 젊은 세대들에게 Facebook, MySpace, Ning, Bebo, Twitter 등의 소셜 네트워크는 모든 사람들과 소통할 수 있는 주요한 도구로 사용된다. 소셜 네트워크는 방대한 양의 이메일, 휴대폰 통화, 심지어 화상채팅을 가능하게 한다. 소셜 네트워크에서 마케팅 조사에 가장 큰 관련성을 가지고 있는 부분은 시장과 소비자와 관련된 정보들이다.

오늘날 많은 기업들은 그들의 특정 브랜드와 관련한 정보를 보유하고 있는 유용한 사이트들을 탐색한다. 왜냐하면 트위터에서 누가 특정 상품 또는 브랜드에 대해 뭐라고 이야기하는지 재빠르게 탐색이 가능하기 때문이다. 즉, 기업은 트위터를 통해 소비자들이 무엇을 생각하고, 필요로 하는지를 파악할 수 있다. 이와 같은 소셜 네트워크가 제공하는 긍정적 또는 부정적 정성자료들은 마케터들에 의해 코딩된다. 만약 자사 브랜드에 대한 부정적 정보가 너무 많이 퍼져 있다면, 기업은 브랜드를 보호하기 위한 노력과 대안적 전략을 수립해야 한다. 이미 많은 기업들은 새로운 소셜 네트워킹 환경에 대비하기 위해 노력을 기울이는데 P&G(Proctor & Gamble)와 Ford 자동차에서는 리서치 데이터를 수집하고자 자신들의 소셜 네트워크 사이트를 운영하고 있다. 소셜 네트워크를 활용함으로써 기업은 소비자들의 은밀한 대화를 엿듣기도 하고, 자사 제품의 취약한 부분을 개선하기 위한 핵심적 정보를 발견할 수도 있을 것이다.

정성자료 분석 소프트웨어

전산화된 정성자료 분석은 현재 널리 사용되고 있다. 정성자료 분석 프로그램을 대표하는 소프트웨어로 ATLAS.ti와 NVivo가 있다. Nvivo는 비교적 대중성과 이용의 용이성을 갖추었다.

전통적 질적 분석은 개발된 전용 소프트웨어를 활용하지 않은 개별적이고 다양한 질적 자료 분석 방법을 총칭한 것으로 워드프로세서 프로그램이나 데이터베이스를 활용한 분석 역시 포함한다. 또한 이것은 일단 원자료를 반복하여 읽는 것에서 시작하며, 텍스트를 반복하여 읽으면서 떠오르는 생각과 의견을 메모하고 자료에 나타난 관계를 도식화하여 그려보는 방식을 강조한다. 워드프로세서 프로그램은 수작업으로 자료를 분류하여 저장하고 다시 검색하는 과정을 컴퓨터화한 최초의 시도라 할 수 있다. 수많은 파일을 동시에 열어두고 각 파일은 코드나 테마를 대표하는 것으로 지정한 다음 각 파일에 해당하는 인터뷰 자료를 복사하여 붙여 나간다. 각 파일의 이름은 범주 또는 코드를 나타낼 수 있으며, 개별 파일은 다시 분류되거나 검색에 활용된다. 그러나 이와 같이 자르고 붙이는 방식은 방법론적으로 심각한 문제를 표출한다(최희경, 2005). 예를 들면, 원래 패시지가 있던 상황에 대한 정보가 부족하기 때문에 부분들끼리 모아둔 것을 읽어 보면 큰 의미가 없음을 발견하는 경우가 종종 발생한다. 무엇보다 자료량이 방대해지면 카드와 폴더의 관리가 급격히 어려워지고 시간이 많이 소요되며, 오류의 가능성이 커진다.

반면 Nvivo는 질적 연구를 위한 소프트웨어 중 가장 대중적인 QSR NUD*IST(non-numetric unstructured data indexing, searching and theorizing)의 최신 버전으로서, 텍스트에 드러난 정보에 노드(nod)를 만들어 핵심 주제들로 구조화할 수 있기 때문에 보고자 하는 대상의 의미를 구조화시켜 드러내는 데 유용하다. 심지어 오늘날의 보다 진화한 프로그램들은 비디오테이프와 사진이 가진 의미를 해석해 주기도 한다.

마무리사례

인스턴트커피에 대한 소비자 태도

Haire(1950)는 네스카페 인스턴트커피에 대한 소비자 생각의 참된 모습을 알아내기 위하여 제삼자기법 유형의 정성조사 방법을 시도하였다. 전통적인 설문조사 방법을 사용하여 "당신은 인스턴트커피의 무엇을 싫어하십니까?"라고 물어보았을 때, 대부분의 응답은 그 맛이 싫다는 내용에 속하는 것으로 결과가 나타났다. Haire는 그러한 표면적 대답 뒤에 깊게 숨어 있는 소비자 동기를 찾아내기 위하여 간접적인 접근방법을 사용하였으며, 이를 위해 두 개의 쇼핑 목록을 준비하였다. 두 쇼핑목록의 유일한 차이는 포함된 커피의 종류뿐이다. 즉 쇼핑목록 1은 네스카페 인스턴터커피, 쇼핑목록 2는 전통적 방식의 드립커피를 포함하고 있다.

Shopping List I	Shopping List II
Pound and a half of hamburger	Pound and a half of hamburger
2 loaves Wonder bread	2 loaves Wonder bread
bunch of carrots	bunch of carrots
1 can Rumford's Baking Powder	I can Rumford's Baking Powder
Nescafé instant coffee	1 lb. Maxwell House Coffee (Drip Ground)
2 cans Del Monte peaches	2 cans Del Monte peaches
5 lbs. potatoes	5 lbs. potatoes

Haire는 쇼핑목록별로 50명의 다음과 같이 응답을 요구하였다. "다음의 쇼핑 목록을 읽으십시오. 귀하가 이 식품들을 구매한 여자의 특징을 잘 묘사해 낼 수 있을 때까지 귀하 자신을 최대한 그 상황에 투사시키도록 해보십시오. 그런 다음에 그 여자의 개성과 특징을 간단하게 써 주십시오. 가능할 때마다 귀하의 판단에 어떤 요인들이 영향을 미쳤는지 말씀해 주십시오."

응답 내용을 분석한 결과를 정리하면, 아래와 같다. 응답자의 48%가 인스턴트커피가 포함된 쇼핑목록으로 구매하는 여자를 게으르다고 여기는 반면, 전통적 드립커피가 포함된 쇼핑목록으로 구매하는 여자에 대해서는 응답자의 4%만 그런 반응을 보이는 것으로 나타났다. 일반적으로 조사 대상자들은 인스턴트커피 구매자를 상대적으로 게으르고, 쇼핑이 비계획적이며, 돈을 헤프게 쓰고, 좋은 주부가 되지 못한다고 생각하는 것으로 나타났다.

응답결과의 분석

	쇼핑목록 1	쇼핑목록 2
게으름	48%	4%
계획구매 실패	48%	12%
검소함	4%	16%
낭비적임	12%	0%
불량주부	16%	0%
좋은 주부	4%	16%

출처: Haire, M.(1950).

요약정리

정성조사의 가장 두드러진 특징은 정량조사와는 달리 수치를 사용하지 않는다는 점이다. 정성조사는 결과의 해석에 있어 조사연구자의 주관에 의존한다. 반대로 정량조사에서 집계된 수치는 조사자가 누구이든 간에 변함이 없다. 정량조사가 큰 표본을 사용하는 반면 정성조사는 작은 표본을 이용한다. 일반적으로 정성조사는 정량조사에 비해 좀 더 유연하며, 좀 더 깊이 있고 정교한 설명을 제공한다.

정성조사의 유연성 때문에 탐색조사 계획에서 정성적 기법을 사용하는 것이 매우 유용하다. 정성조사가 일정한 체계가 없다는 이유로 비판 받고 있지만 바로 이것이 탐색조사에서는 장점으로 작용한다.

가장 보편적인 정성조사는 집단집중면접과 개별심층면접이다. 집단집중면접이 개별심층면접에 비해 시간과 비용의 효율성이 더 있다. 그러나 민감한 주제를 논의할 때는 개별심층면접이 더 적합하다. 연구원들은 이외에도 다양한 정성적 기법 등을 사용하고 있다.

기술적 발전으로 집단집중면접과 같은 방법이 인터넷 채팅 룸을 통해 실행되고 있다. 몇몇 기업들은 자사의 활동에 대한 연속적인 반응을 수집할 목적으로 표적 블로그를 운영하고 있다. 또 다른 기업들은 자사 상표에 대한 정보를 수집하기 위해 SNS를 이용한다. 이 모든 방법이 비용 면에서 저렴하다는 이점이 있지만 일반 참여자들에 대한 통제력은 약하다. 최근 다양한 소프트웨어들이 비계량적 자료를 해석하는 데 많은 도움을 주고 있다.

04

CHAPTER

이차자료 조사

MARKETING RESEARCH

1. 이차자료의 성격

2. 이차자료의 종류

3. 이차자료의 활용

MARKETING RESEARCH

04 CHAPTER

이차자료 조사

| 학습목표 |

1. 일차자료와 이차자료의 장단점을 설명하시오.
2. 이차자료의 평가 기준과 절차를 제시하시오.
3. 내부 이차자료의 성격을 설명하시오.
4. 외부 이차자료의 유형, 생성기관, 배급기관에 대해 서술하시오.
5. 이차자료의 활용분야를 설명하시오.

도입사례

'젊은 소비' 큰손 떠오른 4050 꽃중년

서울에 사는 직장인 남성 길모(48)씨는 한 달에 2~3회 피부 관리를 받고, 두 달에 한 번은 미용실에서 펌과 염색을 한다. 모자나 머플러, 팔찌 등의 패션 소품도 자주 구입한다. 2~3년 전부터는 모바일 쇼핑으로 화장품과 옷, 책을 비롯해 과일이나 야채 등의 식재료를 주문하고 있다. 길씨가 모바일 쇼핑으로 물품을 주문하는 횟수는 한 달 평균 3~4회 정도인 데 반해 백화점이나 대형마트는 한 달에 한 번 갈까 말까다.

길씨는 온라인 쇼핑(6%)과 액세서리 구입(4%)에만 월 소득의 10%가량을 쓴다. 피부 · 미용에 들어가는 돈도 월 소득의 10%나 된다. 길씨는 '싱글족'이 아닌 군대에 간 아들과 고등학생 딸을 둔 평범한 가장이다. 길씨는 "운동도 헬스 · 탁구 등 땀이 많이 나는 종목 위주로 한다"며 "이제 곧 50대가 되지만 몸과 마음만은 20대처럼 살고 싶다"고 말했다.

젊은 소비 주도하는 4050 '꽃중년'들

한국 사회에서 40 · 50대는 그동안 '직장과 가정에서 가족을 위해 희생하고, 자신을 가꾸는 데는 관심 없는 세대'라는 이미지가 강했다. 하지만 최근 연령 · 업종별 카드 결제액 추이를 살펴본 결과 40 · 50대가 '젊은 소비'를 주도하는 새로운 소비 계층으로 떠오르고 있는 것으로 나타났다. 20 · 30대 못지않게 피부와 미용 등에 관심이 많고, 영화 · 뮤지컬 등의 공연 관람을 즐기며, 스마트폰으로 수시로 모바일 쇼핑을 하는 '꽃중년'이 출현하고 있는 것이다.

23일 BC카드 빅데이터센터에 따르면 지난 4년간(2012~2015년) 40 · 50대는 피부 · 미용, 온라인 쇼핑, 영화 · 공연 · 전시 등의 문화생활, 패션 소품 등 이른바 '젊은 소비'를 상징하는 여러 업종에서 20 · 30대보다 훨씬 높은 카드 사용액 증가율을 보였다.

피부 · 미용의 경우 2012~2015년 사이 20대와 30대는 카드 사용 금액이 각각 22.8%, 26.3% 증가한 데 반해 40대와 50대는 그보다 1.5배 이상 많은 35.3%, 41.7%씩 증가했다. 홍미로운 부분은 중년층 이상이 많이 가는 이발소에서의 결제 금액이 40대(-22.9%)와 50대(-7%) 모두 감소했다는 것이다. 40 · 50대는 온라인 쇼핑(모바일 포함)에서도 지난 3년 사이 각각 47.9%, 54.7%의 카드 사용액 증가율을 기록했다. 증가율이 20%대에 머문 20 · 30대보다 2배 넘게 높다. BC카드 장석호 빅데이터센터장은 "50대 이상이 스마트폰 사용에 친숙하지 않을 것이라는 생각은 최근 추세와 맞지 않다"고 말했다.

세대 간 자산 격차 벌어진 결과이기도

40 · 50대는 패션 소품 구매도 3년 전보다 20%가량 많이 한 것으로 조사됐는데, 같은 기간 30대가 1.5% 늘어난 것과 비교하면 증가율이 10배 이상 높다. 영화나 뮤지컬 · 연극 등의 공연 관람 시 카드 이용액은 40대가 지난 3년간 36.8%, 50대가 73% 증가해 20대(30.4%)와 30대(14.5%)를 압도했다.

'젊은 소비'를 주도하는 꽃중년의 출현에 대해 다수의 전문가는 "평균 수명이 증가하고, 건강한 노후를 보내는 사람이 많아지면서 중년층은 외모와 패션 나이에서만큼은 노년층과 확실한 선 긋기를 하고 싶어 하는 욕구가 커지고 있기 때문"이라고 설명한다. 요즘은 60대 이상 노년층도 중장년층 못지않게 건강하기 때문에 4050세대는 다른 부분에서의 차별화를 통해 '젊음'을 입증하려 한다는 것이다.

하지만 일각에서는 '꽃중년'의 출현을 2030세대와 4050세대 간 자산 격차가 벌어지면서 나타나는 현상으로 분석하기도 한다. 세종대 김대종 교수(경영학)는 "20대는 취업이 힘들고, 30대는 치솟는 집값과 저금리 등으로 자산 증식에 어려움을 겪는 것에 반해 4050세대는 그나마 소비 여력이 남아 있기 때문에 최근에는 4050세대가 자신을 가꾸는 데 조금 더 적극적인 소비 행태를 보이는 경향이 있다"고 말했다.

출처: 조선일보(2016. 3. 24). '젊은 소비' 큰손 떠오른 4050 꽃중년.

1. 이차자료의 성격

마케팅조사 자료의 종류는 크게 일차자료와 이차자료로 구분된다. 일차자료(primary data)는 당면한 조사문제에 대한 해답을 구하기 위하여 조사자가 새롭게 수집하여 만들어 내는 자료를 말한다. 한편 이차자료(secondary data)는 조사문제와 관련된 자료로 회사 내부 또는 외부에 다른 목적으로 수집되어 이미 존재하는 자료를 가리킨다. 회사에는 고객의 인구통계 특성, 구매상품, 구매량 등을 수록한 고객 데이터베이스 등 많은 내부 데이터가 존재할 수 있다. 또 회사 외부에는 통계청 등 정부기관, 연구소, 시장조사회사 등이 제공하는 여러 종류의 엄청난 이차자료가 존재한다. 필요에 따라 이들 이차자료는 마케팅조사에 매우 유용하게 활용될 수 있다.

이차자료가 일차자료에 비해 갖는 이점은 자료 이용의 신속성, 편의성, 경제성의 세 가지로 요약할 수 있다. 첫째, 이차자료는 이미 만들어져 있는 자료이기 때문에 적절한 자료의 소재와 입수방법을 확인한다면 신속하게 자료를 확보하여 이용할 수 있다. 둘째, 일차자료를 수집할 때와는 달리 새로운 측정도구의 개발, 표본의 설계, 조사대상 접근을 통한 자료의 수집 등이 불필요하기 때문에 자료의 확보, 이용이 훨씬 간편하게 된다. 그리고 이차자료는 흔히 일차자료보다 적은 비용으로 확보, 사용할 수 있다. 심지어 정부 및 공공기관, 그리고 각종 민간기관에서 제공하는 이차자료 중에는 무료로 이용할 수 있는 것도 매우 많다.

이점	한계
신속성 편의성 경제성	부적합성 부정확성 불완전성

[그림 4-1] 이차자료의 이점과 한계

그러나 이차자료는 부적합성, 부정확성, 불완전성의 세 가지 잠재적 한계를 갖고 있다는 점에 주의할 필요가 있다. 먼저 이차자료는 조사자가 당면한 조사문제, 조사대상, 측정단위, 조사 시점과 관련하여 적합성(relevance)이 결여될 수 있다. 이차자료는 조사자가 조사하고자 하는 조사문제에 대한 대답을 제공해 주는 정보가 아닐 수 있다. 예를 들어 특정 화장품 회사가 피부보호에 매우 효과적인 것으로 입증된 새롭게 발견된 해초 추출물을 기반으로 하는 화장품 신제품을 개발하는 과정에서 이 신제품에 대한 표적시장 고객들의 태도 및 구매의도를 파악하고 싶다고 가정하자. 이때 관련된 이차자료를 검색한 결과, 어떤 기관이 최근에 작성하여 발표한 천연화장품 일반에 대한 소비자 태도 조사보고서가 이 분야의 유일한 자료로 판명되었다. 이 경우, 이 이차자료는 어느 정도의 참고자료로 활용할 수는 있지만 기본적으로 조사문제에 대한 적합성이 결여된 것이다. 또 설령 조사자가 필요로 하는 종류의 데이터라 할지라도 그 이차자료가 조사자가 원하는 조사대상의 것이 아닐 수 있다. 예를 들면, 이삼십 대 여성 소비자의 소비자행동을 파악해야 하는데, 검색된 이차자료는 삼사십 대 여성 소비자의 소비자행동 분석 자료일 수 있다. 그리고 자료의 측정도구, 측정단위 측면에서도 적합성에 문제가 있을 수 있다. 아울러 이차자료는 조사자가 원하는 시점의 데이터가 아닐 수도 있다.

둘째, 이차자료의 또 다른 한계는 자료의 정확성에 대한 불확실성 문제이다. 이차자료는 조사자가 아닌 다른 주체가 만든 데이터이기 때문에 그 정확성을 확신할 방법이 없는 경우가 많다. 따라서 공신력이 입증된 기관이 생성한 이차자료가 아닌 경우에는 데이터의 부정확성(inaccuracy)에 대한 불안을 배제하기 어렵다. 셋째, 특정의 이차자료는 필요한만큼 그 정보 범위가 충분하지 않은 경우 또한 흔하다.

마케팅조사자가 활용할 수 있는 이차자료는 엄청나게 많다. 따라서 신속하고 편리하게 그리고 비교적 경제적인 비용으로 이용할 수 있는 조사목적에 맞는 적절한 이차자료를 확보하여 최대한 활용하는 것이 좋다. 그러나 이차자료의 부적합성과 부정확성, 그리고 불완전성의 한계 가능성을 고려하여 세심한 조정, 평가를 통하여 활용하는 것이 바람직하다([그림 4-2] 참조). 먼저 이차자료의 적합성을 검토해야 한다. 조사의 내용, 조사대상, 조사의 시점, 용어 및 변수의 정의, 측정방법의 적합성을 확인해야 한다. 이 과정에서 적합하지 못한 것으로 판명된 이차자료는 사용하기 어렵다. 다만 경우에 따라서 자료의 변환, 조정을 통하여 자료의 적합성을 확보할 수 있을 때에는 적절한 방법으로 자료의 사용이 가능할 수도 있다. 예를 들어 특정의 소비자행동과 관련하여 모든 연령층의 여성소비자를 대상으로 수집된 이차자료가 있을 경우, 조사자가 원하는 이삼십 대 여성소비자의 자료를 분할하여 사용할 수 있다면, 이와 관련된 적합성의 문제는 해결될 수 있을 것이다. 또한 용어 및 변수의 정의를 확인하여 정리하고 가능하다면 조사의 필요에 적합하도록 측정단위의 차이를 조정한 데이터의 변환(transformation)이 필요할 수도 있다. 그리고 이차자료의 사용이 흔히 경제적이기는 하지만, 경우에 따라서는 그 활용가치에 비하여 획득 비용이 과다할 수도 있기 때문에 자료의 적절한 비용대비가치 분석(cost-versus-value analysis)이 필요하다.

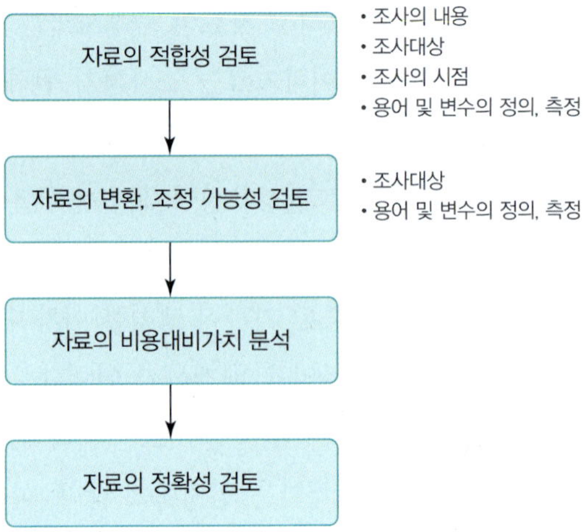

[그림 4-2] 이차자료의 평가

이차자료에 대한 적합성 평가 및 비용대비가치 분석 과정을 거친 다음에는 최종적으로 자료의 정확성을 평가해야만 한다. 이 점에서 가급적 공신력이 있는 자료 생성기관의 이차자료를 사용하는 것이 바람직하다. 또한 자료의 생성에 사용된 구체적인 조사방법을 꼼꼼하게 확인하는 것도 정확성 판단에 참고가 될 수 있을 것이다. 조사에서 사용된 용어와 개념의 정의, 표본의 추출방법, 자료수집방법, 측정도구 등이 제대로 된 것인지 확인할 필요가 있다. 그리고 대조검토(cross-check)방법이 이차자료의 정확성 판단에 유용할 수 있다. 종종 동일하거나 비슷한 내용에 대한 이차자료가 두 개 이상 존재하는 경우가 있다. 이때 이 자료들을 대조검토하여, 자료의 일관성이 나타난다면 이차자료의 정확성이 상당한 정도로 확보될 수 있다.

2. 이차자료의 종류

이차자료는 크게 내부 자료와 외부 자료로 구분할 수 있다. 내부자료(internal data)는 회사 내부에 이미 존재하는 자료를 말한다. 반면 외부자료(external data)는 회사 외부의 여러 곳에 존재하는 자료를 가리킨다.

1) 내부자료

회사를 비롯한 대부분의 조직들은 회계자료, 각종 보고서 등 끊임없이 많은 내부 데이터를 생성, 수집, 기록, 저장하며, 이 내부 자료들은 마케팅조사의 목적으로도 유용하게 사용될 수 있다. 특히 영업 데이터(sales data)는 그 활용가치가 매우 크다. 고객의 상품 조회, 주문 정보, 송장의 내용, 납품 정보, 고객서비스 기록, 고객의 불평, 반품 내역, 영업사원의 영업보고서 등 영업 관련 정보는 그 자체로서 또 경우에 따라서는 적절한 가공 처리를 통하여 마케팅조사 목적으로 사용될 수 있다. 예를 들면, 영업과정에서 생성되는 원천 데이터를 사용하여 고객유형별 매출액, 지역별 매출액, 고객유형별 판매가격 및 할인금액, 고객유형별 주문의 크기, 영업사원별 판매실적, 제품크기별 매출액, 고객유형별 불만 내용 등의 파악이 가능하다.

오늘날 많은 조직들은 내부에서 지속적으로 생성되는 데이터의 효용가치를 극대화시키기 위해 여러 종류의 데이터베이스를 구축하고 있다. 데이터베이스(database)는 데이터의 효율적인 검색, 사용을 위하여 일정한 구조에 따라 체계적으로 편성되어 컴퓨터에 입력, 저장되어 있는 원천 데이터의 집합체를 가리킨다. 마케팅조사 차원에서는 특히 고객에 관한 정보가 정리되어 있는 고객 데이터베이스(customer database)가 매우 중요한 이차자료 제공원천이라고 할 수 있다. 상황에 따라서 차이가 있지만, 고객 데이터베이스 입력되는 데이터 내용들을 예시하면 다음과 같다(Malhotra, 2012).

- 고객 식별번호
- 고객 명칭(성명 또는 상호)
- 주소
- 전화번호
- 이메일 주소
- 거래정보(날짜, 구매제품, 구매량, 구매가격, 기타 구매조건)
- 신용도 평가 관련 정보(구매대금 납입 실적 등)
- 소비자 개인적 특성(성별, 연령, 결혼여부, 교육, 직업, 자녀 수, 소득, 주거유형, 라이프스타일 관련 정보 등)
- 조직구매자 특성(업종, 매출액, 종업원 수, 개업연도, 본사 위치, 해외사업 내용 등)

2) 외부자료

(1) 자료의 유형

외부자료의 유형은 크게 인쇄 간행물, 인터넷 자료, 데이터베이스의 세 가지로 구분할 수 있다. 첫째, 도서, 보고서, 정기간행물 등 각종 간행물은 디지털 시대에도 여전히 매우 중요한 이차자료 제공원이다. 이 중에서 마케팅 조사와 관련하여 일반적으로 활용가치가 큰 국내외의 대표적인 신문, 잡지, 연감의 목록은 〈표 4-1〉에 정리된 내용과 같다.

둘째, 인터넷 자료 또한 이차자료로 이용될 수 있다. 인터넷상에는 정기간행물 자체가 온라인 형태로 많이 나타나 있을 뿐만 아니라, 블로그, 커뮤니티, 페이스북(Facebook), 트위터(Twitter), 링트인(LinkedIn), 유투브(Youtube) 등 소셜미디어에 지식, 그림, 대화, 댓글, 동영상 자료 등의 다양한 자료들이 엄청나게 산재되어 있다. 이들 인터넷 자료들은 필요에 따라 마케팅조사 이차자료로 아주 유용하게 활용될 수 있다.

셋째, 컴퓨터 데이터베이스의 형태로 되어있는 이차자료도 많다. 컴퓨터로 이용이 가능한 데이터베이스는 그 성격에 따라 수치, 문헌, 서지, 명부, 시청각 자료 데이터베이스로 구분할 수 있다([그림 4-3] 참조). 수치 데이터베이스(numeric databases)는 통계청의 KOSIS 국가통계포털이 제공하는 인구, 산업, 무역 등 각종 국가통계, Nielsen의 소비자 패널 구매실적 데이터와 같이 수치로 된 데이터를 갖고 있는 데이터베이스를 말한다. 문헌 데이터베이스(literature databases)는 보고서, 각종 정기간행물 기사, 논문, 사례연구 등 각종 문헌의 원문 또는 초록을 수록하고 있는 데이터베이스를 말한다. 한편 서지 데이터베이스(bibliographic databases)는 저자, 발행처, 발행일자, 주제어 등 문헌의 각종 서지정보를 수록하고 있다. 근래에는 ABI/Inform, Business Source Premier와 같이 서지 정보와 원문 제공 서비스가 통합된 경우가 많다. 한편 명부 데이터베이스(directory databases)는 특정 분야의 개인 또는 조직 명단과 관련 정보를 수록하고 있는 데이터베이스를 말한다. 그리고 시청각 자료 데이터베이스(visual/audio materials databases)는 그림, 사진, 동영상, 음성 파일 등의 검색, 확인이 가능한 데이터베이스를 말한다.

〈표 4-1〉 마케팅 관련 정기간행물

종류	간행물
신문(국내)	조선일보, 동아일보, 중앙일보, 한겨레신문, 매일경제, 한국경제신문, 서울경제신문, 이데일리, 헤럴드경제, 파이낸셜뉴스, 한국마케팅신문
신문(국제)	Wall Street Journal, Financial Times, New York Times
잡지(국내)	한국경제매거진, 이코노미스트, 포브스, 동아비즈니스리뷰, 한경 비즈니스, Fortune Korea, Forbes Korea, 경제인, 유니타스브랜드, MBC이코노미, 유통저널, 체인스토아, 창업 앤 프랜차이즈, 해외경제, 중소기업경영실태 및 동향, 상품정보, 물가자료, 소매점경영, 월간상품아이디어뱅크, 마케팅
잡지(국제)	BusinessWeek, Business 2.0, Economist, Forbes, Fortune, Advertising Age, Marketing News
학술지(국내)	마케팅연구, 마케팅관리연구, 소비자학연구, 유통연구, 광고연구, 광고학연구, Asia Marketing Journal, Journal of Global Scholars of Marketing Science
학술지(국제)	Harvard Business Review, Industrial Marketing Management, Journal of Marketing, Journal of Marketing Research, Journal of the Academy of Marketing Science, Journal of Business Research, Journal of International Marketing, Journal of Advertising, Joural of Advertising Research
연감	광고연감, 유통업체연감, 한국프랜차이즈연감, 한국물류유통연감, 한국디자인 포장연감, 한국상품연감, 전국소비자연감, 전국산업별시장통계연감, 한국식품산업연감, 식품유통연감, 한국외식연감, 한국섬유패션연감, 한국화장품연감, 한국자동차연감, 한국조선해운연감, 철강연감, 한국금속산업연감, 한국전자기술연감, 한국이동통신연감, 한국모바일산업연감, 한국정보통신기술연감, 신성장산업기술연감, 한국반도체산업연감, 스마트산업기술연감, 첨단과학기술연감, 한국게임산업연감, 한국석유화학연감, 한국정밀화학연감, 한국화학산업연감, 한국관광산업연감, 한국영화연감, 한국레저리조트연감, 전국중소기업연감, 한국통계연감, 한국무역연감

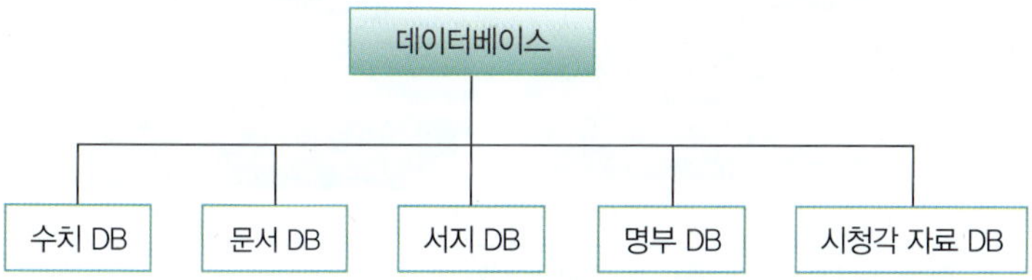

[그림 4-3] 데이터베이스의 유형

(2) 이차자료 생성기관

마케팅조사와 관련된 이차자료를 생성하는 기관은 아주 다양하다. 통계청 등 정부의 중앙행정기관 그리고 지방 행정기관, 국책 연구소, 민간 경제연구소, 협회, 마케팅 조사회사들이 엄청난 양의 이차자료를 만들어 내고 있다(〈표 4-2〉 참조).

중간사례

카니발 분해한 '정몽구의 뚝심' 美 1위로 우뚝

현대·기아자동차가 미국 최고 권위인 JD파워 조사에서 역대 최고 성적을 거뒀다. 기아자동차는 처음으로 신차 품질 조사에서 1위에 올랐으며, 현대자동차도 역대 최고 순위인 3위를 기록했다. 18년 전 현대차가 전체 꼴찌 수모를 당한 이후 본격화한 정몽구 현대차그룹 회장의 '품질 경영 뚝심'이 빛을 발한 것이다. 현대·기아차는 이번 조사에서 고급차 브랜드인 독일 벤츠·BMW·아우디, 일본 렉서스·인피니티, 미국 캐딜락 등을 모두 제쳤다. 고급차가 아닌 일반차가 JD파워 조사에서 전체 1위를 차지한 것은 1989년 일본 도요타 이후 27년 만이다.

도요타·BMW를 앞서 기아차 1위, 현대차 3위

현대·기아차는 JD파워가 22일(현지 시각) 발표한 '2016 신차 품질 조사(IQS)'에서 전 세계 자동차 브랜드 33개 가운데 기아차가 1위(83점), 현대차가 3위(92점)를 각각 기록했다고 23일 밝혔다. 우리나라 자동차 브랜드가 올해로 30년째를 맞은 JD파워의 신차 품질 조사에서 전체 1위를 차지한 것은 이번이 처음이다. 차급별 평가에서 수상 목록에 이름을 올린 차종도 11개에 달했다.

이번 신차 품질 조사는 지난해 11월부터 올해 2월까지 미국에서 신차를 사 3개월이 지난 고객을 대상으로 233개 항목에 대한 품질 만족도를 조사한 결과다. 점수는 100대당 불만 건수를 나타내며, 점수가 낮을수록 품질 만족도가 높다는 뜻이다.

현대차 엑센트(왼쪽)와 기아차 스포티지

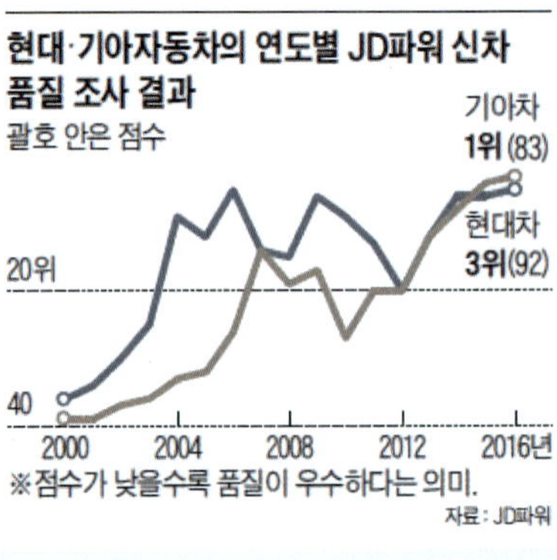

25개 차급별 평가에서도 현대차의 엑센트와 그랜저(현지명 아제라), 기아차의 쏘울과 스포티지가 '최우수 품질상'을 받았다. 또 제네시스(DH), 투싼, K3, 쏘렌토 등 7차종은 차급별 3위 이내에 주는 '우수 품질상'에 이름을 올렸다. 기아차 광주 1공장은 '아시아 지역 우수 품질 공장상'을 받기도 했다.

정몽구 회장 뚝심의 '품질 경영'

이번 성과는 정몽구 회장의 '품질 경영'과 정의선 부회장의 '브랜드 · 디자인 경영'이 시너지를 발휘한 결과라는 것이 전문가들의 대체적 시각이다. 정 회장의 품질 경영은 이미 업계에선 정평이 나 있다. 정 회장은 1970년 자동차 수리를 책임지는 현대자동차 서울사업소 소장을 맡으며 직장 생활을 시작했다. 여기서 정비사와 함께 직접 자동차 정비 · 수리를 하며 품질의 중요성을 일찌감치 깨쳤다. 특히 현대차가 1998년 JD파워 조사에서 꼴찌를 기록한 후 본격적인 품질 경영에 나섰다. 2000년에 연구 · 개발(R&D)과 생산 조직의 상위 부서인 품질본부를 신설했다. 이 무렵 정 회장이 소비자들의 불만이 잇따랐던 카니발을 서울 한남동 자택으로 몰고 가 직접 분해하면서 문제를 발견할 때마다 담당 임원을 불러 질책했다는 일화는 유명하다. 현대 · 기아차 관계자는 "세계 주요 자동차 업체 가운데 품질관리 조직을 별도로 운영하는 곳은 우리가 유일할 것"이라면서 "품질본부 승인 없이는 R&D나 생산이 불가능한 구조를 만들었다"고 말했다.

정의선 부회장은 '디자인 · 브랜드 경영'을 내세우며 명차 반열 등극을 주도하고 있다. 그는 디자인 경쟁력 강화를 위해 순혈주의를 과감히 버리고 피터 슈라이어 디자인총괄 사장, 루크 동커볼케 현대디자인센터장 등 세계 유명 자동차 브랜드의 스타 디자이너를 잇따라 영입했다. 또 지난해 말 럭셔리 브랜드로 재탄생한 '제네시스'의 론칭을 진두지휘하며 브랜드 인지도 강화에도 적극 나서고 있다.

출처: 조선일보(2016. 6. 24).

〈표 4-2〉 주요 마케팅 이차자료 생산기관

유형	기관명칭
정부 중앙행정기관	통계청, 공정거래위원회, 관세청, 국토교통부, 기획재정부, 농림축산식품부, 문화체육관광부, 미래창조과학부, 방송통신위원회, 보건복지부, 산림청, 산업통상자원부, 식품의약안전처, 안전행정부, 여성가족부, 조달청, 중소기업청, 해양수산부, 환경부
국책연구기관	한국개발원, 산업연구원, 대외경제정책연구원, 정보통신정책연구원, 에너지경제연구원, 한국보건사회연구원, 한국보건산업진흥원, 한국전기산업연구원, 한국문화관광연구원, 한국정보통신산업연구원, 국토연구원
민간경제연구소	삼성경제연구소, LG경제연구원, 현대경제연구원, 한국경제연구원, 포스코경제연구소, 한겨레경제연구소, SK경제경영연구소, 농협경제연구소
협회/조합	전국경제인연합회, 중소기업협동조합중앙회, 한국무역협회, 한국섬유산업연합회, 한국패션협회, 한국기계산업진흥회, 한국전자정보통신산업진흥회, 한국소프트웨어산업협회, 한국정보통신진흥협회, 한국철강협회, 한국로봇산업협회, 한국백화점협회, 한국체인스토어협회, 한국프랜차이즈협회, 한국광고협회, 한국광고주협회, 한국광고산업협회, 한국물가협회, 전국중소상인연쇄점협회, 은행연합회, 생명보험협회, 시장경영진흥원, 해외건설협회, 대한건설협회, 대한설비건설협회, 한국규격협회
마케팅조사회사/ 시장조사회사	닐슨코리아, TNS, 한국리서치, Ipsos Korea, 한국갤럽, 밀워드브라운미디어리서치, 아이스알앤씨, 엠브레인, 리서치앤리서치, 메트릭스코퍼레이션, Hoovers, J.D. Power, LMC Automotive, IDC, Gartner, DisplaySearch
광고회사	제일기획, 이노션 월드와이드, HS애드, 대홍기획, SK플래닛
언론기관	조선일보, 동아일보, 중앙일보, 한겨레신문, 매일경제, 한국경제, 서울경제신문
학회	한국경영학회, 한국마케팅학회, 한국마케팅과학회, 한국마케팅관리학회, 한국유통학회, 한국소비자학회, 한국광고학회
기타	대한무역투자진흥공사, 한국방송광고진흥공사, 한국소비자원, 대한상공회의소, 한국생산성본부, 정보통신산업진흥원, 한국신용평가, 한국통계진흥원, 한국인터넷진흥원

① 정부 행정기관

정부의 중앙행정기관 중 가장 대표적인 이차자료 생성 조직은 통계청(kostat.go.kr)이라고 할 수 있다. 통계청은 인구·가구, 고용·노동, 광공업, 물가·가계, 도소매·서비스 등 14개 분야, 52종의 통계를 제공하고 있다(〈표 4-3〉 참조). 통계청은 국가승인통계 공표자료의 일괄적 접속이 가능한 국가통계포털(KOSIS, kosis.kr)를 운영하고 있으며, 그밖에 마이크로데이터 서비스시스템(MDSS, mdss.kostat.go.kr), 통계쇼핑몰(www.kostat.go.kr/shopmall)을 통해서도 통계자료를 공급하고 있다. MDSS는 사업체, 가구, 인구 및 농어가 부문의 총 40종 통계조사에 대한 마이크로데이터(micro data), 즉 공표 통계표 작성 등 데이터 가공의 기초 자료로 사용되는 통계원시자료를 제공해 주는 것으로서 이를 이용하면 사용자의 통계자료에 대한 심층적 분석이 가능해진다.

통계청은 또 'e-나라지표'를 통해 주요통계지표를 표와 차트로 정리해 보여주고 관련 정보도 함께 제공하고 있다. 그리고 통계청은 통계정보와 지리정보를 융합하여 지역별 통계정보를 지도처럼 한 눈에 보이도록 서비스하는 통계내비게이터 '통계지리정보'를 운영하고 있다. 이 서비스는 전국 1300만 거처, 300만 사업장의 위치정보를 활용하여 읍면동의 약 1/23 크기인 집계구 단위에 대한 인구, 가구, 주택, 사업체의 네 분야 주요통계정보를 이용자 관심사항에 따라 설정하여 알아볼 수 있게 하고 있다. 통계청은 또 스마트폰 사용자를 위한 모바일 홈페이지(m.kostat.go.kr)도 운영하고 있다.

〈표 4-3〉 통계청 자료

분류	통계정보
인구 · 가구	인구총조사, 국내인구이동통계, 국제인구이동통계, 장래인구추계, 장래가구추계, 생명표, 인구동향조사
고용 · 노동	경제활동인구조사, 지역별 고용조사, 외국인고용조사, 임금근로일자리행정통계
광공업	광업제조업조사, 광업제조업동향조사, 기계수주동향조사
물가 · 가계	소비자물가조사, 가계동향조사, 가계금융 · 복지조사, 산지쌀값조사
보건 · 사회 · 복지	사망원인통계, 사회조사, 생활시간조사
농림어업	농림어업총조사, 농어업법인조사, 농가경제조사, 어가경제조사, 가축동향조사, 어업생산동향조사, 어류양식동향조사, 농림어업조사, 농축산물생산비조사, 농작물생산조사, 농업면적조사, 양곡소비량조사, 농가판매및구입가격조사, 귀농귀촌인통계
교통	운수업조사, 도로교통량조사, 한국철도통계, 화물수송실적
건설 · 주택	건설경기동향조사, 건설업조사, 주택총조사
도소매 · 서비스	도소매업조사, 서비스업조사, 전문 · 과학 · 기술서비스업조사, 서비스업동향조사, 전자상거래동향조사, 사이버쇼핑동향조사
경기 · 기업경영(사업체)	경기종합지수, 설비투자지수, 기업활동조사, 전국사업체조사, 전산업생산지수, 경제총조사, 기업생멸행정통계, 영리법인기업체행정통계
지역계정 · 국가자산	지역소득, 국가자산통계
행정	통계인력 및 예산조사
교육	사교육비조사, 교육기본통계
환경	녹색생활조사, 기호, 수자원현황

그리고 통계청은 산업, 직업, 질병 · 사인, 무역 등 한국표준분류에 대한 검색을 제공하고 있다. 한국표준산업분류(Korean Standard Industrial Classification: KSIC)의 체계는

A(농업, 임업), B(광업), C(제조업) 등 21개 대분류, 그 안에 76개 중분류(2자리 숫자 사용), 228개 소분류(3자리 숫자 사용), 487개 세분류(4자리 숫자 사용), 1,145개의 세세분류(5자리 숫자 사용)로 구성되어 있다. 중분류의 번호는 01부터 99까지 부여되어 있으며, 소분류 이하 모든 분류의 끝자리 숫자는 "0"에서 시작하여 "9"에서 끝나게 되어 있고 "9"는 기타 항목을 의미하고 있다(〈표 4-4〉 참조). 그리고 대외무역 대상이 되는 상품에 관련된 자료의 수집, 분석, 비교를 위하여 편성된 한국표준무역분류(Standard Korean Trade Classification: SKTC)는 10개 대분류, 67개 중분류, 262개 소분류, 1,023개 세분류, 2,970개의 세세분류로 구성되어 있다.

〈표 4-4〉 한국표준산업분류(KSIC)의 예시

A. 농업, 임업 및 어업	F. 건설업
B. 광업	41. 종합 건설업
C. 제조업	4111. 주거용 건물 건설업
10. 식료품 제조업	4112. 비주거용 건물 건설업
1061. 곡물 가공품 제조업	G. 도매 및 소매업
1062. 전분제품 및 당류 제조업	47. 소매업; 자동차 제외
1071. 떡, 빵 및 과자류 제조업	4711. 대형 종합 소매업
1072. 설탕 제조업	4712. 음 · 식료품 위주 종합 소매업
14. 의복, 의복액세서리 및 모피제품 제조업	4719. 그외 기타 종합 소매업
1411. 정장 제조업	H. 운수업
1412. 내의 및 잠옷 제조업	I. 숙박 및 음식점업
1413. 한복 제조업	55. 숙박업
1419. 기타 봉제의복 제조업	5511. 관광숙박시설 운영업
24. 1차 금속 제조업	5590. 기타 숙박업
2411. 제철, 제강 및 합금철 제조업	J. 출판, 영상, 방송통신 및 정보서비스업
2412. 철강 압연, 압출 및 연신제품 제조업	K. 금융 및 보험업
2413. 철강관 제조업	64. 금융업
2419. 기타 1차 철강 제조업	6411. 중앙은행
26. 전자부품, 컴퓨터, 영상, 음향 및 통신장비 제조업	6412. 일반은행
2611. 전자집적회로 제조업	6413. 신용조합 및 저축기관
2612. 다이오드, 트랜지스터 및 유사 반도체소자 제조업	L. 부동산업 및 임대업
2641. 유선 통신장비 제조업	M. 전문, 과학 및 기술 서비스업
2642. 방송 및 무선 통신장비 제조업	N. 사업시설관리 및 사업지원 서비스업
30. 자동차 및 트레일러 제조업	O. 공공행정, 국방 및 사회보장 행정
3011. 자동차용 엔진 제조업	P. 교육 서비스업
3012. 자동차 제조업	Q. 보건업 및 사회복지 서비스업
31. 기타 운송장비 제조업	R. 예술, 스포츠 및 여가관련 서비스업
3111. 선박 건조업	S. 협회 및 단체, 수리 및 기타 개인 서비스업
3112. 오락 및 스포츠용 보트 건조업	T. 가구 내 고용활동 및 달리 분류되지 않은 자가소비 생산활동
D. 전기, 가스, 증기 및 수도사업	U. 국제 및 외국기관
E. 하수 · 폐기물 처리, 원료재생 및 환경복원업	99. 국제 및 외국기관

출처: 통계청 홈페이지(kostat.go.kr).

마케팅조사와 관련된 이차자료를 생성하는 또 하나의 중요한 중앙행정기관으로는 산업통상자원부(www.motie.go.kr)를 꼽을 수 있다. 산업통상자원부는 산업통상자원 통계 포털(statistics.motie.go.kr)을 운영하고 있으며, 홈페이지를 통해 산업통계 데이터베이스(ISDB), 부품소재통계시스템, 정보통신통계시스템 등 15개 분야의 산업통상 관련 통계사이트에 대한 직접적인 접속을 가능하게 하고 있다(〈표 4-5〉 참조). 뿐만 아

〈표 4-5〉 산업통상관련 분야별 통계사이트

통계사이트	내용	운영기관
산업통계(ISDB)	산업경기실사(BSI), 수급구조, 하도급구조, 산업인프라 등에 대한 통계 DB	산업연구원
부품소재통계시스템 (MCTNET)	부품소재 생산 및 무역통계, 산업현황 등 부품 소재 산업에 대한 월단위 종합정보	산업통상자원부
정보통신통계시스템 (ITSTAT)	정보통신분야 생산, 수출입, 정보화 통계자료 및 통계 간행물	정보통신산업진흥원
전자통계	전자산업에 대한 통계조사 및 연구 제공	한국전자정보통신산업진흥회
자동차 통계	자동차 성장추이, 산업전망, 생산, 내수 및 해외동향, 세계 자동차통계 등 제공	한국자동차산업협회
섬유 통계	섬유산업관련 국내외 산업통계 및 섬유통계 발표자료	한국섬유개발연구원
정밀화학 통계	정밀화학 산업통계, 수출입추이 등 정밀화학산업 관련 통계자료 제공	한국정밀화학산업진흥회
자원정보 통계서비스 (KORES)	금속 및 비금속 주요자원의 가격, 수급 및 수출입 동향	한국자원정보서비스
산업단지 통계	산업단지 통계 및 주요동향, 산업입지 관련 연구자료 제공	한국산업단지공단
기술표준 통계	기술표준 통계자료	기술표준원
국가에너지통계종합정보시스템(KESIS)	석유, 가스, 전력 등 에너지 자원 전부문의 연월별 통계화 에너지 총 조사자료 등을 제공	에너지경제연구원
한국전력 통계	한국전력에서 제공하는 전기/전력과 관련된 각종 통계자료	한국전력공사
석유종합 통계 (PETRONET)	석유가격, 생산/소비, 수출입, 재고 등 석유수급에 관한 종합 정보시스템	한국석유공사
지역통계정보 (REDIS)	각종 통계조사에 분포되어 있는 지역통계자료 제공	지역발전위원회
무역 통계 (KITA.NET)	한국무역통계 및 세계무역, 미국, 중국, 일본 등 주요 교역대상국의 종합무역정보 제공	한국무역협회

니라 산업통상자원부는 FTA 종합지원포털(www.ftahub.go.kr)을 운영하고 있고, 산업통상 관련법령 및 주요정책자료와 아울러 산업통상백서 등의 각종 간행물을 제공하고 있다.

그밖에 많은 다른 중앙행정기관들도 마케팅조사 목적으로 매우 유용하게 사용될 수 있는 다양한 이차자료를 공급하고 있다. 예를 들어 문화체육관광부(www.mcst.go.kr)는 문화센터(stat.mcst.go.kr)를 통해 문화예술, 문화산업, 관광, 체육 분야의 각종 통계를 제공하고 있으며, 또한 관련 법령 및 정책 자료와 문화예술정책백서 등 각종의 간행물을 공급하고 있다. 또 국토교통부(www.molit.go.kr)는 국토교통부 통계누리(stat.molit.go.kr) 포털을 통해 교통/물류, 항공, 도로/철도, 국토/도시 등 분야의 통계를 공급하고 있으며, 동시에 국토교통 관련 법령 및 정책 자료와 국토교통백서 등 각종 간행물을 제공하고 있다. 그리고 해양수산부(www.mof.go.kr)는 해양, 항만, 해운 관련 통계와 관련 법령 및 정책 자료와 아울러 해양수산백서 등의 간행물을 공급하고 있다.

② 경제경영연구소

한국개발원, 산업연구원, 대외경제정책연구원, 정보통신정책연구원 등 국책연구기관도 중요한 이차자료 공급원이다. 예를 들어 산업연구원은 자동차, 조선, 전자 등 주력산업과 신성장 동력산업, 서비스 산업 등 산업 전 분야에 걸친 연구보고서, 정기간행물, 동향분석 자료들을 공급하고 있다. 산업연구원은 특히 산업별 통계, 신성장동력통계, 전략산업통계, 글로벌산업통계, 주요정책평가통계를 이용할 수 있는 산업통계포털 ISTANS(www.istans.or.kr)를 운영하고 있다. 아울러 삼성경제연구소, LG경제연구원 등 민간경제연구소들도 경제, 경영, 마케팅 분야의 보고서, 도서 등 많은 이차자료들을 생산해 내고 있다.

③ 협회 및 조합

산업별, 업종별 협회 및 조합들도 많은 이차자료를 생성해 내고 있다. 협회의 성격에 따라 자료수집활동의 범위나 제공되는 정보의 양과 종류에 많은 차이가 존재하지만, 이들 협회가 만들어 내는 통계자료, 백서, 보고서, 업체명부 등 각종 자료는 매우 유용하게 사용될 수 있다. 예를 들어 중소기업중앙회(www.kbiz.or.kr)는 중소기업 관련 소식, 보도자료, 보고서 등을 발간하고 있으며, 중소기업통계(stat.kbiz.or.kr) 포털을 운영하고 무역투자지원센터를 통해 중소기업을 대상으로 해외시장정보를 제공하고 있다.

또한 산업별 협회, 조합이 생산하는 이차자료는 특정 산업에 연관되어 있다는 특수성을 갖는다. 예를 들어 한국섬유산업연합회(ww.kofoti.or.kr)는 섬유산업 및 무역 통계, 섬유산업 동향 및 통상 관련 각종 자료를 제공하고 있으며, 월간지 〈섬유패션산업동향〉을 발간하고 있다. 이 협회는 또한 국내 섬유 생산제품의 용도, 소재, 조직, 염색/가공별 생산정보를 데이터베이스로 만든 '섬유업체생산정보DB(www.koreatextile.org)'를 운영하고 있다. 한편 한국광고협회(www.kfaa.org)는 한국광고주협회, 한국광고산업협회 등 국내 20여개의 광고단련단체가 연합하여 구성한 광고계 대표협회로서 〈월간 광고계동향〉, 〈KNP 인터넷 사용자 조사〉, 〈광고인명록〉 등의 자료를 발간하고 있으며, 매체별 광고를 데이터베이스로 만든 '크리에이티브 DB'도 운영하고 있다.

④ 상업적 이차자료

마케팅조사회사 또는 시장조사회사들이 제공하는 상업적 이차자료(commercial secondary data)도 많다. 이들 조사회사들이 자료를 만들어 다수의 수요자에게 공급하는 서비스는 신디케이트 서비스(syndicated service)라고 부르는데, 그 형식과 내용은 아주 다양하다. 예를 들어, Nielsen 사는 소매유통조사, 소비자 패널 조사, 광고정보 조사 서비스, 시청률 조사 서비스 등의 신디케이트 서비스를 다음과 같이 제공하고 있다.

- 소매유통조사: 이 서비스는 선국 시장을 대표하는 표본 점포를 바탕으로 국내 소매점 내에서의 제품 성과를 분석, 제품의 구입량, 총 재고량, 매장 재고량, 판매 취급률, 품절률, 평균 재고량 등을 집계한 데이터를 제공하고 있으며, 닐슨 소매점 지수(Retail Index), 식품 소매점 지수(Retail Food Index), 약국 패널 조사(Drug Index), 담배 소매점 지수(Tobacco Index), 휴대폰 지수(Mobile Index)로 구성되어 있다.
- 소비자 패널조사: 이 서비스는 패널 멤버인 세계 24개국의 125,000여 가구의 구매 행태 추적 데이터를 제공해 주고 있다. 소비자가 방문하는 모든 판매점에서 소비자가 구매한 내용을 알려 주고 누가 구매하는지, 지불 방식은 무엇인지, 쿠폰을 사용하는지, 그리고 반복 구매자 프로그램에 참여하는지에 대한 정보가 제공된다.

- 광고정보 조사 서비스: 이 서비스는 국내 6대 매체(TV, 라디오, 신문, 잡지, 케이블 TV, 온라인광고)에서 집행되는 광고를 모니터링하여 광고비를 집계하고, 광고 표현물을 데이터베이스화한 것이다.
- 시청률 조사 서비스: 시청률 자료와 미디어 데이터를 제공해 주는 이 서비스는 주요 방송국과 광고대행사, 케이블 TV 및 위성방송 사업자 등을 주요 고객으로 하고 있다.
- 인터넷 사용자 행태 측정 서비스: 이 서비스는 인터넷 사용자의 행태에 관한 패널 조사 데이터를 제공해 준다.

한편 닐슨 코리아 및 글로벌에서 발간하는 신디케이트 보고서는 다음과 같다.

- 소매점 시장 정보 연간 보고서(MID)
- 쇼퍼 트렌드 연간 보고서(대형마트 편, 편의점 편)
- 라이프스타일 연간 보고서
- 포털 사이트 분기 보고서
- 전자 상거래 분기 보고서
- 엔터테인먼트 분기 보고서
- 통신사 사이트 분기 보고서
- 게임 분기 보고서
- 스마트폰 인사이트 보고서
- 세계 소비자 신뢰지수 분기 보고서
- 세계 광고 신뢰도 보고서
- 세계 온라인 쇼핑 트렌드 보고서

그리고 회사에 관한 일반정보, 금융정보 및 산업분석 정보 분야의 신디케이트 서비스를 제공하는 조사회사들도 많이 있다. 예를 들어 Dun & Bradstreet의 자회사인 Hoover's는 전세계 기업의 일반정보, 회계 및 재무 정보, 그리고 전 산업 분야의 분석 정보를 만들어 공급하고 있다. 또 J.D. Power는 자동차, 소비재, 전자, 에너지, 금융서비스, 의료, 부동산 등 다양한 산업별로 소비자 품질평가 순위 데이터, 수요전망 데이터 등을 판매하고 있다. 또 First Research는 전 산업을 1,000개 이상의 부문으로 세분하여 산업개황, 최근동향, 당면과제, 산업전망, 고객, 마케팅전략, 가격, 경쟁에 관한 분석, 그리고 재무정보를 제공하고 있다. 한편 IT 분야의 IDC, Gartner, Forrester, 디스플레이 산업에 특화한 NPD 그룹의 DisplaySearch, 자동차 산업의 LMC Automotive와 같이 특정 산업분야에 전문화된 조사회사들도 많다.

⑤ 기타

그밖에 광고회사, 언론기관, 학회, 공사 및 공단 등 기타의 원천으로부터 생산되는 이차자료들도 적지 않다. 예를 들어, 광고회사 제일기획은 매년 우리나라 소비자의 라이프스타일에 대한 조사, 보고서를 발표하고 있다. 또 마케팅 관련학회들이 발행하는 학술지에는 마케팅조사에 참고할 수 있는 학술논문들이 계속 발표되고 있다.

그리고 한국방송광고진흥공사(www.kobaco.co.kr)는 월간지 〈광고정보〉, 학술지 〈광고연구〉를 발간하고 있고, 광고 관련 각종 통계 및 여론조사를 데이터베이스로 만든 광고통계정보시스템(adstat.kobaco.co.kr)을 구축, 운영하고 있다. 그리고 대한무역투자진흥공사(KOTRA)는 해외시장정보, 해외투자정보, 무역자료, 분석보고서 등의 정보를 제공하는 무역투자 정보포털 Globalwindow(www.globalwindow.org)를 구축, 운영하고 있다.

또한 대한상공회의소(www.korcham.net)는 보고서, 연구총서 등 각종 자료를 간행하고 있으며, 55만 건이 넘는 기업정보 서비스를 제공하고 있다. 또 대한상공회의소는 유통정보 데이터베이스인 Retail DB를 통해 유통과 관련된 최신동향, 보고서, 유통통계, 정책 및 법령을 공급하고 있고, 국제통상정보서비스(global.korcham.net)를 통해 국가별정보, 국제통상 관련 자료를 제공하고 있다.

(3) 이차자료 배급기관

이차자료는 생산기관이 직접 사용자에게 공급하기도 하지만, 유통조직이라고 할 수 있는 배급기관을 통해서 대학, 회사, 금융기관, 정부, 병원 등 여러 조직의 도서관 및 자료실 고객에게 공급되는 경우가 많다. 국내외의 주요 이차자료 배급기관 목록은 〈표 4-6〉과 같다. 국내의 대표적인 이차자료 배급기관이라고 할 수 있는 한국교육학술정보원은 방대한 양의 학술논문에 관한 서지정보 및 원문 검색이 가능한 RISS

데이터베이스를 운영하고 있다. 그밖에 한국학술정보(주)의 KISS, 누리미디어의 DPBIA, 교보문고의 교보문고스콜라 등이 중요한 국내 학술논문 데이터베이스이다. 한편 한국사회과학자료원은 사회과학 전 영역에 걸친 양적 및 질적 자료와 연구 문헌을 소장, 이용자에게 서비스를 제공하고 있다. 또 한국사회과학데이터센터는 국내 사회과학 분야 조사의 설문지, 수치 파일, 보고서 등 조사 자료를 제공하는 KSDC 데이터베이스와 미국, 유럽, 일본 등 세계 각국에서 수집된 조사자료와 수치 파일을 제공하는 ICPSR 데이터베이스를 운영하고 있다.

경영 분야의 해외 학술논문, 정기간행물, 보고서, 사례분석 등에 관한 서지정보와 원문 접속이 가능한 대표적인 데이터베이스는 Proquest사의 ABI/Inform, EBSCO의

〈표 4-6〉 국내외 주요 이차자료 배급기관 및 데이터베이스

기관(회사)명	데이터베이스	내용
한국교육학술정보원	RISS	학위논문 114만1천, 학술지 16만 8천, 국내학술지논문 339만 3천, 해외학술지논문 4118만, 단행본 823만9천 보유
한국학술정보(주)	KISS	1,100여 기관의 학회지, 대학교의 석사, 박사 학위논문 및 간행물의 원문 제공
누리미디어	DPBIA	인문사회과학분야 700여 기관의 학회지 원문 제공
교보문고	교보문고스콜라	230여개 학회의 380여 종의 학회지 원문 제공
한국사회과학출처	KOSSDA	사회과학 전 영역에 걸친 양적 및 질적 자료와 연구 문헌 소장
한국사회과학데이터센터	KSDC DB	정부, 공공기관, 연구소, 언론기관 등에서 생산된 사회과학 분야의 2,000여 건의 설문지, 수치 파일, 보고서 등 조사자료 제공
	ICPSR DB	미국, 유럽, 일본 등 세계 각국에서 수집된 19개 분야 8,000여 건의 조사자료 및 500,000여 개의 수치 파일 제공
Proquest	ABI/Inform	경영 분야의 학술논문, 정기간행물, 보고서, 사례분석의 서지정보 및 원문 제공
	Dialog	경영, 과학, 엔지니어링, 금융, 법률 등 분야의 600여 개 데이터베이스 접속 허용
EBSCO	BSP	경영 분야의 학술논문, 정기간행물, 보고서, 사례분석의 서지정보 및 원문 제공
Cengage Learning	InfoTrac	학술지 및 일반 정기간행물 원문 제공
Elsevier	Science Direct	자연과학, 공학, 사회과학, 인문학 분야의 학술논문 원문 제공
Dow Jones	FACTIVA	신문, 잡지 등 뉴스 매체, 웹 메체, 소셜미디어, 멀티미디어 등 34,000개 이상의 뉴스 제공기관으로부터의 경영 관련 뉴스, 정보 제공

Business Source Premier, Cengage Learning의 Info Trac, Elsevier의 Science Direct 데이터베이스라고 할 수 있다. 한편 Dow Jones의 FACTIVA는 신문, 잡지 등 뉴스 매체, 웹 매체, 소셜미디어, 멀티미디어 등 34,000개 이상의 뉴스 제공기관이 생성하는 엄청난 규모의 경영 관련 뉴스, 정보를 제공해 주고 있다. 그리고 데이터베이스의 데이터베이스라고 할 수 있는 Proquest의 Dialog는 경영, 과학, 엔지니어링, 금융, 법률 등 분야의 600개가 넘는 데이터베이스에 연결되어 있다.

3. 이차자료의 활용

1) 이차자료의 활용방법

뉴스, 보고서, 논문, 수치 데이터 등 각종의 이차자료는 다양한 방법과 용도로 사용될 수 있다. 이차자료의 활용방법은 크게 실태조사, 수학적 모델 구축, 데이터베이스 마케팅의 세 가지 범주로 구분할 수 있다(Eikmund & Bavin, 2013).

〈표 4-7〉 이차자료 분석의 조사 목적

광의의 목적	세부적 조사 사례
실태조사	소비패턴 확인 트렌드와 유행 분석
수학적 모델구축	시장 잠재성 평가 판매예측 상권분석
데이터베이스 마케팅	데이터마이닝 CRM 구축 및 강화

(1) 실태조사(Fact-Finding)

실태조사는 이차자료 조사의 가장 단순한 형태이다. 아침식사를 판매하는 음식점이 더 많은 고객을 유인하기 위한 새로운 메뉴가 무엇인가에 관심이 있다면, 식품산업 및 서비스 관련 이차자료를 통해 아침식사의 중요한 속성이 쉽고 빠르게 주문해서 먹는 편의성이라는 정보를 찾을 수 있다. 식문화 경향 조사 자료들에 따르면, 영양성분과 칼로리가 표기된 메뉴의 보급 증가가 소비자 선택에 큰 영향을 주지 못한 것으로 나타났다. 또한 2009년과 2010년 경기 침체가 시작되면서 전반적으로 음식점 매출이 떨어졌음에도 불구하고, 일부 패스트푸드점의 매출은 증가한 것으로 알려졌다.

이러한 실태조사의 세부적인 목적으로는 소비패턴의 확인, 시장 추세분석 등이 있다. 이차자료 조사의 한 가지 전형적인 목적은 특정 제품 범주의 소비패턴에 관한 정보를 밝혀내거나 특정 산업에 영향을 미치는 인구통계 추세를 파악하는 것이다. 예를 들면, Servigistics사는 기업의 부품 재고자료를 확인하고 그것을 마케팅 목표와 경쟁사 가격과 비교하여 적절한 가격조정을 제안하는 소프트웨어 프로그램을 판매한다. 실제로 기아 자동차는 이 프로그램 서비스를 사용하여 서비스 부품 부문의 수익성을 개선할 수 있었다. 이처럼 이차자료의 면밀한 수집, 분석을 잘 활용하면 소비 및 행동 패턴에 관한 풍부한 정보를 얻을 수 있다.

이차자료 조사의 또 한 가지 세부적인 목적은 시장추세 분석(trend analysis)이라고 할 수 있다. 시장추세 분석은 시장 트랙킹(market tracking)을 통해 이루어진다. 시장 트랙킹이란 시간의 경과에 따라 나타나는 산업의 규모와 브랜드 시장점유율의 동향을 관측, 분석하는 것을 말한다. 대형 소비재 기업들은 이차자료를 통해 정기적으로 브랜드와 제품범주의 판매량을 조사한다. 이러한 유형의 분석은 일반적으로 경쟁사의 매출 또는 자사의 과거 매출과의 비교분석도 포함한다. 또한 여기에는 다른 지역들 사이의 산업별 비교분석도 포함된다.

(2) 수학적 모델 구축(Methmatical Model Building)

이차자료 조사의 두 번째 목적인 모델 구축은 단순한 실태조사에 비해 훨씬 복잡하다. 모델 구축은 두 개 이상의 변수들 간의 관계를 설정하는 것이며, 많은 경우 서술적 또는 예측적 방정식의 개발로 이어진다. 모델은 하나의 변수가 다른 변수와 함께 어떻게 변하는지를 구체적으로 명시하게 된다. 그렇지만 모델이 반드시 복잡한 수학을 필요로 하는 것은 아니다. 사실상 대부분의 의사결정자는 이해하기 어렵고 복잡한 모델보다 누구나 쉽게 받아들일 수 있는 단순한 모델을 선호한다. 예를 들어, 시장점유율은 회사매출을 시장 총매출로 나눈 것이다. 단순한 수학공식이 시장에서의 기업의 능력을 표시해 준다. 수학적 모델 구축에 속하는 이차자료 조사의 대표적인 예로는 시장

잠재력 평가, 판매전망, 상권분석 등이 있다.

첫째, 이차자료를 활용하여 시장잠재력을 평가하는 것이 가능하다. 벨기에의 한 맥주 회사가 다른 국가에 수출 또는 투자함으로써 매출을 확대시키기 위한 기회를 모색하고 있다고 가정하자. 매니저는 우선 잠재적 표적시장의 잠재력을 측정하기로 결정한다. Data Monitor의 보고서 등 여러 자료에 대한 이차자료 조사를 통해 국별 1인당 맥주 소비량 데이터가 확보되었다. 또 Census Bureau나 CIA 등의 자료를 통해 인구추계 데이터를 얻는다. 〈표 4-8〉은 이렇게 얻은 시장 잠재력 분석 데이터를 보여 주고 있다.

2012년 체코의 시장 잠재력은 국가 인구추계량과 1일당 맥주 소비량을 곱한 값으로 도출할 수 있다.

10,190,000명 × 160리터/명 = 1,630,400,000리터

이 결과를 통해 하루에 한 사람이 한 병 이상의 맥주를 소비하고 있음을 알 수 있다. 매출액을 알기 위해서 소비량에 통상적으로 판매되는 맥주의 가격을 곱해 주면 된다. 비록 하루 맥주 소비량이 가장 큰 Czech Republic이 매력적인 시장일지라도, 궁극적으로 높은 판매 및 매출량을 보장하는 것은 인구가 많은 다른 국가들이다. 중국은 25리터의 가장 낮은 하루 맥주 소비량을 가지고 있지만 맥주 시장에서 가장 큰 시장잠재력을 가지고 있다. 물론 미국과 브라질도 상당히 높은 시장잠재력을 보유하고 있다. 중국, 미국, 브라질이 맥주 소비로 잘 알려진 나라들은 아니지만 그들의 거대한 시장규모는 맥주제조업자들에게 상당히 매력적인 표적시장으로 인식시킨다.

〈표 4-8〉 지리적 지역 선정을 위한 시장 잠재력 평가

국가	2012 인구 추계(천 명)	연간 맥주 소비량(리터)	시장 잠재력 추정치(천 리터)
미국	315,000	85	26,775,000
독일	81,000	105	8,505,000
오스트레일리아	22,000	107	2,354,000
브라질	205,000	55	11,275,000
중국	1,400,000	25	35,000,000
체코	10,190	160	1,630,400

둘째, 판매전망, 즉 일정 기간의 총판매량 예측을 위해서도 이차자료가 사용될 수 있다. 특히 포화상태의 안정적 시장에 있는 제품은 동향을 파악한 다음 과거 실적을 미래에 외삽(外揷)하는 방식의 이차자료 분석을 통해 정확한 판매전망을 얻을 수 있는 경우가 많다. 마케팅 조사자는 판매 예측을 위해 기업 내부의 판매기록을 사용하기도 하는데, 가장 기본적인 모델은 과거 판매량에 예상성장률을 곱하는 것이다. 조사자는 이차자료를 탐색하여 업계의 판매량이 연간 10% 정도 성장한다는 것을 확인할 수 있을 것이다. 이때 기업의 판매량에 10%를 곱하면 기본적인 판매예측치를 얻을 수 있다.

〈표 4-9〉는 이동평균추정방법을 사용한 메이저리그 야구경기 입장료 인상률 데이터를 보여 주고 있다. 이동평균은 지난 3년의 성장비율의 합을 3으로 나눈 값이고, 이 값은 다음 해의 입장권 가격 인상률 전망을 의미한다. 즉, 2009년부터 2011년의 이동평균가 1.9%를 사용해서 아래와 같이 2012년 야구경기 입장료를 예측할 수 있다.

$$\$26.92 + (\$26.92 \times 0.019) = \$27.43$$

메이저리그 야구팀은 판매수입과 같은 재무지표에 보다 많은 관심을 가질 수 있다. 특정 시즌의 입장권 가격을 사용하면 추정된 입장객 수와 야구게임 수와 평균 입장권 가격을 곱하여 다음 시즌의 평균 입장권 판매수익을 계산할 수 있다. 3년 동안의 이동평균을 사용한 2012년의 예측 입장객 수는 30,281명으로 전형적 팀의 예측 수익은 다음과 같이 계산된다.

$$30{,}281\text{장/게임} \times 81\text{게임} \times \$27.43 = \$67{,}279{,}234$$

이동평균 전망방식은 정태적 경쟁 환경에 가장 적합하다. 보다 동태적인 상황에서는 좀더 복잡한 다른 판매전망 기법을 적용하는 것이 바람직하다.

〈표 4-9〉 메이저리그 야구경기 입장료의 평균적 변화

연도	평균입장권가격($)	전년대비 인상률	3년 이동평균
1996	11.20	5.2%	3.5%
1997	12.36	10.4%	5.8%
1998	13.59	10.0%	8.5%
1999	14.91	9.7%	10.0%
2000	16.67	11.8%	10.5%
2001	18.99	13.9%	11.8%
2002	18.30	-3.6%	7.4%
2003	19.01	3.9%	4.7%
2004	19.82	4.3%	1.5%
2005	21.17	6.8%	5.0%
2006	22.21	4.9%	5.3%
2007	22.70	2.2%	4.6%
2008	25.43	12.0%	6.4%
2009	26.21	3.0%	5.7%
2010	26.60	1.5%	5.5%
2011	26.92	1.2%	1.9%

셋째, 이차자료 조사를 통한 상권분석은 도매업 또는 소매업의 입지선택 의사결정에 유용한 자료를 제공한다. 소매점의 입지선정을 위해 개발된 분석모델 기반의 특수목적 소프트웨어들도 있다. 이런 소프트웨어를 사용하여 분석하기 위해서는 적절한 이차자료를 찾아 사용해야 한다.

소매포화지수(Index of Retail Saturation: IRS)는 소매점 입지를 조사, 소매의 수요와 공급 간의 관계를 설명하는 한 가지 방법이다. 소매포화지수는 점포면적 당 수익 크기에 대한 정보를 제공한다.

IRS = 지역시장 잠재력(수요)/지역시장 소매점 면적

예를 들어 〈표 4-10〉은 플로리다 쇼핑센터 주변의 반경 5마일 내의 신발점포 판매에 관한 이차자료를 보여 주고 있다. 지역시장잠재력을 추정하기 위해 먼저 인구수와

1인당 연간 신발판매액을 곱해 준다. 그리고 지역시장 잠재력을 지역시장 점포면적으로 나누어 주면 아래와 같은 IRS 지수가 계산된다.

IRS = $14,249,000/94,000 sq.ft. = $152/sq.ft.

IRS 200을 기준으로 200 이상이면 그 시장은 과소 점포의 상태가 되어 잠재적 고객의 유입이 가능하다고 판단할 수 있는 반면, 200 이하로 나타나면 점포의 과잉 상태를 예측할 수 있다. 이 자료들을 사용하여 컬러별로 다양한 수준의 시장잠재력을 표시하는 상권지도(trade area maps)를 만들 수 있다. 이렇게 하여 다양한 소스의 이차자료를 통합한 지리정보시스템(GIS)을 구축, 보다 효과적인 의사결정에 사용할 수 있다.

〈표 4-10〉 IRS 계산을 위한 이차자료

① 인구	261,785
② 1인당 연간 신발판매	$54.43
③ 시장잠재력(①×②)	$14,249,000
④ 소매점 면적	94,000 sq. ft.
⑤ 소매포화지수(IRS)(③/④)	152

(3) 데이터베이스 마케팅(Database marketing)

데이터베이스 마케팅, 일명 DB마케팅(database marketing)이란 정보 기술을 이용, 고객에 대한 다양한 정보를 데이터베이스로 구축하고 이를 바탕으로 고객 개개인과 장기적인 관계 수립을 위한 마케팅전략을 수립, 집행하는 제반 활동을 말한다. DB마케팅은 고객 정보를 과학적으로 분석, 고객 중심 및 수익성 중심의 효율적인 마케팅활동을 수행하고 고객에 대한 방대한 자료를 바탕으로 경영 전반에 걸쳐 신속, 정확하게 의사를 결정함으로써 기업의 경쟁력을 높이는 데 그 목적이 있다. 데이터베이스 마케팅의 중요성은 데이터마이닝과 CRM(customer relationship management)의 활용가치를 통해 설명될 수 있다.

데이터마이닝(data mining)

데이터마이닝이란 대량의 데이터로부터 새롭고 의미있는 정보를 추출하여 의사결정에 활용하는 작업을 말한다. 마이닝(mining)이란 "광물을 캐다"라는 뜻이며 대용량의 데이터베이스에서 중요한 정보를 캔다는 의미이다. 데이터마이닝은 일반적으로 여러 분야에 적용이 가능하지만, 경영학 관점에서 데이터마이닝 기법 적용 시 제기되는 몇 가지 공통된 의문점들을 정리해 보면 다음과 같다.

첫째, 수많은 가망고객 목록 중 어느 고객이 반응할 가능성이 가장 높은가? 인구통계학 데이터 및 기타 데이터들을 이용하여 기존의 최고 우량고객들과 가장 일치하는 개인들을 파악하기 위해서 다양한 분류기법(로지스틱 회귀분석, 분류나무 등)을 사용할 수 있다. 또는 이와 유사하게 개별 가망고객들이 얼마나 많이 소비할 것인가를 미리 추정하는 예측모형을 사용할 수 있다.

둘째, 가장 부정거래를 할 가능성이 높거나 이미 부정거래를 하였을 것 같은 고객은 누구인가? 예를 들어 부정거래 가능성이 가장 높은 의료보상 청구신청을 식별하고, 이러한 청구신청에 대해 좀더 세심한 주의를 기울이기 위해 분류기법을 사용할 수 있다.

셋째, 어떤 대출신청자가 파산할 것 같은가? 파산가능성이 높은 대출신청자를 식별하기 위해 분류기법을 사용할 수 있다. 즉, '파산확률' 값을 부여하기 위해 로지스틱 회귀분석이 사용될 수 있다.

넷째, 전화, 잡지 등의 가입서비스를 포기할 것 같은 고객들은 누구인가? 이탈고객들을 식별하기 위해 '이탈확률' 값을 부여하는 로지스틱 회귀분석 등의 분류기법을 사용할 수 있다.

CRM (customer relationship management)

CRM은 기업과 고객 사이의 상호작용을 관리해 주는 의사결정지원시스템이다. CRM은 고객의 이름, 주소, 전화번호, 구매 실적, 과거 판촉에 대한 반응, 인구통계 특성 및 재무 데이터 등 기타 관련 자료들을 갖춘 고객 데이터베이스를 기반으로 한다. 데이터베이스 마케팅은 바로 CRM 데이터베이스를 사용하여 개별 고객과의 일대일 관계를 구축하고 정밀하게 표적화된 촉진 프로그램을 개발하는 것이다. 효과적인 데이터베이스 마케팅을 위해서는 엄청난 양의 이차자료를 CRM 시스템에 통합시켜야 한다.

2) 이자자료의 활용 분야

이차자료는 조사문제의 배경을 이해하고 조사문제를 명확하게 설정하는 데 도움이 될 수 있다. 조사문제와 관련된 기존의 보고서, 뉴스, 사례분석, 학술논문 등의 내용을 검토하는 것은 조사문제의 이해와 명확화에 큰 도움이 될 수 있다. 또 경우에 따라서는 수치로 되어있는 이차자료도 탐색조사에 활용될 수 있다. 한편 이차자료는 기술조사에 얼마든지 사용될 수 있다. 예를 들면, 이미 계측된 정량 자료가 존재할 경우 지역별 인구통계 특성과 같은 소비자의 특성 파악이나 경우에 따라서는 인구통계 특성과 특정 상품 소비량 사이의 관계와 같은 변수 사이의 상관관계를 추정할 수 있다. 뿐만 아니라 패널 데이터와 같이 시간적 차이를 두고 측정된 시계열 데이터(time-series data)가 존재할 경우에는 인과조사를 위해서도 이차자료가 사용될 수 있다.

이차자료는 또한 다양한 마케팅관리 분야를 위한 마케팅조사 용도로 사용될 수 있다. 이차자료는 마케팅 환경 분석을 위한 조사에 활용가치가 크며, 또 고객의 일반적 특성을 파악하기 위한 조사에도 사용될 수 있다. 또 시장세분화 분석, 표적시장 선정, 포지셔닝을 위한 마케팅조사 영역에도 이차자료의 사용이 가능하다. 그리고 마케팅성과의 측정조사에 있어서도 이차자료의 사용은 그 중요성이 매우 크다.

(1) 상황분석

이차자료는 거시환경조사, 경쟁조사, 시장조사와 같은 상황분석 조사에 사용될 수 있다. 특정 상품 또는 서비스 마케팅을 둘러싼 경제적 환경, 인구통계 환경, 사회문화 환경, 법률환경, 기술환경, 자연환경 등 거시적 마케팅환경의 변화가 가져오는 기회와 위협을 파악해 내기 위해서는 대부분의 경우에 관련 보고서, 분석자료, 동향자료, 전망자료 등의 이차자료의 수집, 분석이 필수적이다. 또 경쟁구조, 경쟁의 강도, 경쟁업체의 강점 및 약점, 제품군별, 제품라인별, 품목별 경쟁구조의 파악 등 경쟁분석 조사에도 관련 보고서뿐만 아니라, 소비자 패널 자료, 구매행동 스캐너 추적 자료, 브랜드 파워 및 고객만족도 순위 조사 등의 마케팅조사회사들이 공급하는 신디케이트 서비스 자료 등 이차자료는 활용 가치가 매우 크다. 이차자료는 또한 매출액, 판매량 등 시장규모, 업체별 시장점유율, 시장성장률, 기타 시장 트렌드 등 특정 상품 또는 서비스의 시장잠재력 추정 또는 수요전망을 위한 마케팅조사의 용도로 활용될 수 있다.

이차자료는 고객의 특성과 구매행동의 파악을 목적으로 하는 고객조사의 용도로도 활용될 수 있다. 이를 위해서는 고객의 구매욕구, 소비패턴에 관한 기존의 보고서, 논문, 사례분석 등이 큰 도움이 될 수 있다. 각종 이차자료의 수집, 분석을 통해 고객의 소비패턴과 구매행동의 파악이 가능하며, 경우에 따라서는 여러 조사 회사들이 판매하는 각 산업별, 제품별 고객의 소비패턴 및 구매행동에 관한 신디케이트 보고서의 사용도 가능하다.

회사 내부에 엄청난 규모의 고객 데이터가 축적되어 있는 경우에는 빅 데이터(big data)를 활용한 시장바구니 분석 형태의 고객조사도 가능하다. 시장바구니 분석(market-basket analysis)이란 판매점에서의 소비자 거래 데이터베이스를 분석하여 동시 발생 구매 품목을 확인하거나 구매 품목의 종류와 다른 쇼핑 정보 사이의 관계를 찾아내는 데이터마이닝 기법을 말한다(Zikmund & Babin, 2013). 프랑스의 한 대형마트 회사는 스캐너 데이터를 분석한 결과, 아기 기저귀를 구매하는 고객 중 기대 이상으로 많은 사람들이 동시에 맥주를 구매하는 사실을 확인하였다. 또 이들 기저귀, 맥주를 동시에 구매하는 사람들은 대부분 남자인 것으로 밝혀졌다.

(2) STP 전략

이차자료는 시장세분화(market segmentation), 표적시장 선정(targeting), 포지셔닝(positioning)과 관련된 마케팅조사의 용도로도 활용될 수 있다. 사실상 회사가 내부적으로 축적하는 고객 데이터베이스 정보는 본질적으로 STP 전략의 수행을 위한 것이다. 그것이 바로 소위 데이터베이스 마케팅의 핵심이다. 데이터베이스 마케팅(database marketing)이란 고객에 관한 정보를 축적한 고객 데이터베이스를 활용하여 개별 고객과의 일대일 관계를 형성하면서 맞춤화된 마케팅 커뮤니케이션, 고객 서비스를 제공하는 것을 말한다. 심지어 회사 내부에 고객 관련 빅 데이터가 축적되어 있는 경우, 데이터마이닝 기법을 사용하여 구매품목과 구매량과 고객 특성 사이의 관계를 찾아 내어 품목별로 각 고객의 고객가치를 추정해 내는 소위 고객발견(customer discovery) 분석도 가능해진다.

뿐만 아니라 회사 외부의 이차자료도 STP 용도의 마케팅조사에 사용될 수 있다. 특히 지리적 변수를 시장세분화 변수로 사용하는 경우, 앞에서 본 바와 같이 각 세분시장의 잠재력과 매력도를 평가하는 시장잠재력 분석(market potential analysis)을 통하여 표적시장을 선정함에 있어 지역별 인구통계, 기업통계, 산업통계 등의 외부 이차자료는 아주 유용하게 사용될 수 있다. 그리고 지역별 매력도를 타당성 있게 판정하기 위해서는 통계청이 제공하는 인구통계 정보와 적절한 지리정보시스템(Geogrsphical Information Sytem: GIS)의 자료를 결합한 지리인구통계정보(Geo-demographics)를 사용하는 것이 매우 효과적일 수 있다.

(3) 마케팅 프로그램

이차자료는 제품조사에도 활용될 수 있다. 신제품에 대한 시험마케팅(test marketing) 조사가 그 대표적인 예이다. 표준시험시장법(standard test market)을 사용한 시험마케팅의 경우, 표적시장을 대표할 수 있는 몇 개의 도시 또는 지역을 선정하여 그 지역의 소매점들에 신제품을 진열하고, 표적시장에 사용될 광고 및 판촉 캠페인과 유사한 캠페인을 실시한 후, 소비자의 반응 및 판매성과를 조사하게 되는데, 이때 판매성과 자료는 스캐너 데이터 등의 이차자료로 측정이 가능하다. 또 통제시험시장법(controlled test market)을 사용한 시험마케팅의 경우, 시험시장 지역 내의 소매점들을 패널로 구성하여 광고, 판촉, 가격 등 마케팅 변수의 차이에 따른 구매 등 소비자행동의 변화를 조사하게 되는데, 이때 역시 스캐너 데이터 등 판매에 관한 이차자료가 사용된다.

이차자료는 가격조사에도 사용될 수 있다. 제품, 서비스의 생산업체 제조원가, 유통업체 마진, 소비자 최종가격 등 가격구조에 관한 이차자료는 가격에 관한 의사결정을 위해 매우 유용하게 사용될 수 있는 정보이다. 또 가격변화에 따른 수요변화를 추적한 수치 데이터가 존재할 경우, 그러한 이차자료도 활용가치가 있다. 그리고 경우에 따라서는 시장에서 가격 결정을 위한 실험조사도 가능한데, 이때 소매점 스캐너 데이터 등 시장의 반응에 관한 이차자료가 분석에 사용될 수 있다.

이차자료는 광고, 판촉, 홍보, 영업 등 마케팅커뮤니케이션 의사결정을 위한 마케팅조사에도 사용될 수 있다. 예를 들어 광고카피 시험조사(copy testing)의 경우, 소비자 판매 반응을 측정하기 위하여 스캐너 데이터 등의 이차자료 사용이 가능하다. 그리고 광고매체의 선정을 위해서는 Nielsen의 TV 시청률 등 이차자료를 사용한 매체조사가 필수적이다.

인터넷 광고의 경우에도 노출수(impression), 클릭율(Click-through Rate: CTR) 등의 이차자료를 이용한 광고효과의 측정이 가능하다. 또한 샘플, 쿠폰, 사은품, 가격세일, 경품행사 등 판촉 프로그램의 효과 측정에 있어서도 이차자료는 유용하게 사용될 수 있다. 뿐만 아니라 영업사원의 평가관리를 위한 회사 내부의 영업실적 분석 등 이차자료는 판매관리 관련 마케팅조사에서도 그 활용가치가 크다.

유통조사에 있어서도 이차자료의 사용 가능성은 크다. 예를 들면, 백화점, 대형마트, 인터넷 쇼핑몰 등 여러 유통경로를 통해 상품을 판매하는 경우, 고객 데이터베이스에 축적되는 고객별 특성, 판매액 등의 이차자료는 유통경로의 상대적 효율성 파악을 위한 조사에 사용될 수 있다. 또 유통 점포별로 측정되는 제품별 판매 데이터 등의 신디케이트 자료 등 외부 이차자료도 동일한 목적으로 사용될 수 있다.

그리고 이차자료는 소매관리 관련 조사에도 활용 가능성이 크다. 예를 들면, 여러 지역의 매력도를 평가, 비교하기 위한 지역분석(regional analysis), 상권분석(trade area analysis)을 위해서는 인구통계 특성 자료, 경제상황, 사용가능한 점포 입지 분포, 관계법령 등에 관한 이차자료의 입수가 필수적이다. 이와 관련된 산출 지표 중 앞에서도 설명된 소매포화지수를 한 가지 세부적인 예로 들 수 있다. 소매포화지수(index of retail saturation)는 특정 지역의 시장 잠재력과 총 매장면적 합계의 비율로 계산할 수 있는데(Zikmund & Babin, 2013), 그 측정을 위해서는 각 지역의 인구, 1인당 상품수요, 소매점 수, 매장면적 등에 대한 이차자료가 필요하다.

유통조사에서는 지리인구통계정보(Geo-demographics)의 사용이 매우 효과적일 수 있다. 이 경우에는 통계청이 만들어 내는 인구통계자료와 함께 적절한 지리정보시스템(Gegraphical Information System: GIS)의 자료 등의 이차자료들이 통합적으로 사용되어야 한다.

마무리사례

스타벅스의 출점전략과 GIS

스타벅스는 매장출점 의사결정에 GIS(Geographical Information System) 자료를 아주 핵심적인 정보로 사용하고 있다. 한 예로 GIS에서 수행하는 밀도분석(density analysis)은 매장위치와 관련된 매우 유용한 공간패턴을 보여준다. 2013년 5월 말 기준으로 서울시에 위치한 스타벅스 매장은 모두 255개이다. 동서 37㎞ 남북 30㎞인 서울시 전역을 10m 단위의 정사각형 격자(grid) 크기로 자르고, 각 격자별로 반경 1,000m 이내에 몇 개의 스타벅스 매장이 존재하는지 공간연산한 결과를 지도에 표현한 것이 아래 그림의 내용이다. 서울에 소재한 255개 스타벅스 매장은 강핵 1곳, 중핵 6곳, 약핵 8곳으로 압축되어, 모두 15개의 밀도 높은 소권역(clusters)을 형성하고 있다. 강핵지역은 종로와 을지로가 만나는 강북의 중심업무지구(Central Business District: CBD)다. 그 다음으로 주목할 지역은 강남의 테헤란로 일대다. 작은 중핵지역으로는 종로구와 성북구가 만나는 혜화동 일대, 서대문구와 마포구가 만나는 신촌 일대, 영등포구 여의도 일대, 구로구와 금천구가 만나는 디지털단지 일대다.

서울지역 스타벅스 255개 매장의 공간 밀집도(2013년 5월 말 기준)

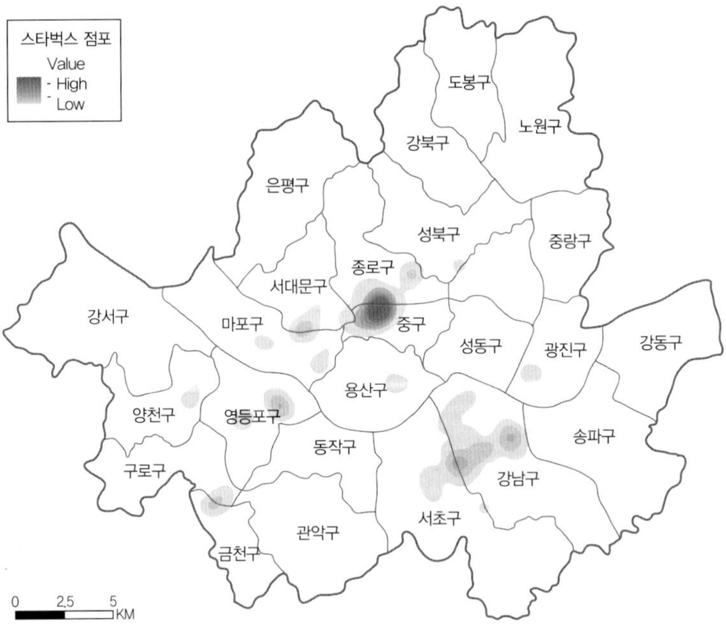

스타벅스의 표적시장은 도시의 전문직 지식근로자이며 20~45세의 고소득 개인들이다. 서울시의 스타벅스 매장 위치는 바로 스타벅스의 핵심고객인 '고학력 사무전문직'이 가장 많은 곳

들이다. 스타벅스의 매장확보 프로세스는 다양한 지리분석 모델(spatial models), 지리 · 인구통계(geo-demographics), 매출예측모델(sales forecasting models)을 사용하고 있다. 스타벅스는 특정 지역에 대한 중요한 결정을 앞두고 GIS 지도를 따로 출력해서 현장담당들에게 미리 전송한 후 다음과 같은 항목에 대해 준비할 것을 요청한다.

1) 상업지에 거주하고 일하는 사람들의 소득 수준과 주택규모 및 주택 형태
2) 스타벅스의 개념에 적합한 주 · 야간의 인구규모
3) 상업지역 내의 기업체 수
4) 경쟁자의 수와 매출규모 및 입지
5) 후보입지와 상권의 관련성
6) 점포 부근에서 실제 고객을 불러들이는 요소(population generator)
7) 거주자와 근로자, 쇼핑객과 단순 통행인의 통행패턴
8) 통행 패턴이 점포에 미칠 영향

종로 · 을지로 지역 스타벅스 매장분포와 공시지가 분포도

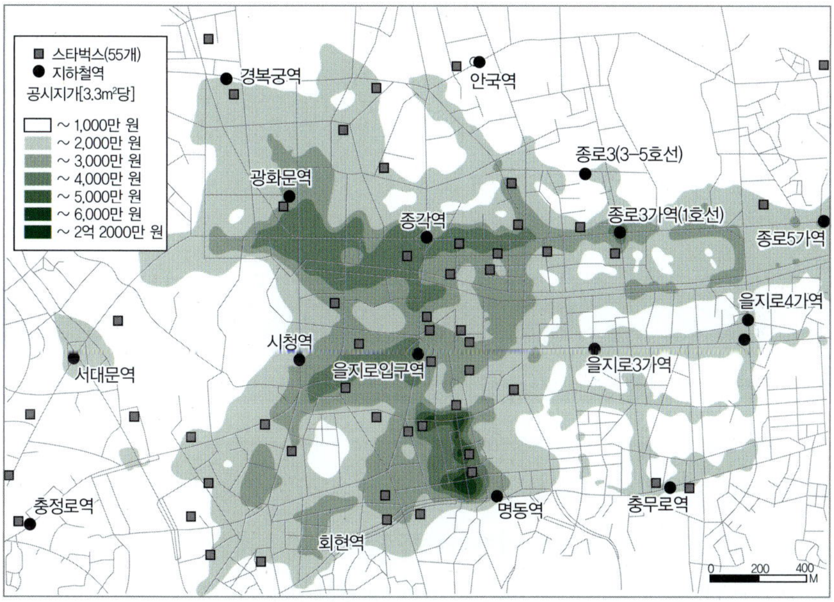

스타벅스는 한발 더 나아가 특정 도시로 진출하기 전에 고급 레스토랑에서 라떼나 카푸치노가 얼마나 판매되는지를 보고 그 지역의 고급 커피에 대한 이해도를 판단한다. 영화관과 공연장 등 대중을 끌어들이는 업태가 얼마나 있는지, 그리고 쇼핑센터나 고급 옷가게가 얼마나 있는지 파악한다. 물론 커피점이 몇 개인지도 조사한다. GIS를 활용해 이러한 데이터를 지리적 위치와 결부시킨다.

서울의 종로 · 을지로 지역은 스타벅스가 대한민국에서 가장 중요한 사업지로 선택한 전략 지역이다. 이 지역은 동서 3.4㎞ 남북 2.2㎞로 서울시 면적(605㎢)의 1%에 불과하다. 서울에는 73만 개의 사업체에 450만 명이 일하고 1000만 명이 살고 있다. 서울시에는 338개 전철역이 있고 하루 평균 1047만 명의 이용객이 지하철을 타고 내린다. 종로 · 을지로 지역에는 20개 전철역(서울 전체의 6%), 지하철 승하차 이용객 100만 명(10%), 은행점포 238개(9%), 기업체 수 5만 2,769개(7%), 종사자 수 43만 6,524명(10%)이 일하고 있다. 스타벅스는 이 지역에 55개 매장을 출점했으며, 이는 서울 전체 255개 중 22%에 해당하는 비율이다. 일자리와 지하철 유동객의 규모를 고려할 때 이 지역은 서울의 10%에 해당하는 집적도를 보였다. 면적 비율 대비 10배의 밀도라고 하면 스타벅스는 22배의 밀집도를 기록한 것으로 볼 수 있다. 상권의 가치는 토지가에 반영된다. 위 지도의 바탕을 이루고 있는 청록 색채는 2012년 서울시 공시지가를 공간연산한 결과이다.

출처: 송규봉(2013).

요약정리

마케팅조사 자료는 일차자료와 이차자료로 구분할 수 있다. 일차자료는 당면한 조사문제에 대한 해답을 구하기 위하여 조사자가 독립적으로 새롭게 수집하여 만들어 내는 자료를 말한다. 이차자료는 조사문제와 관련된 자료로서 회사 내부 또는 외부에 다른 목적으로 수집되어 이미 존재하는 자료를 가리킨다. 이차자료가 일차자료에 비해 갖는 이점은 자료 이용의 신속성, 편의성, 경제성의 세 가지로 요약할 수 있다. 그러나 이차자료는 부적합성, 부정확성, 불완전성의 세 가지 잠재적 한계를 갖고 있다는 점에 주의할 필요가 있다. 오늘날에는 마케팅조사자가 활용할 수 있는 엄청난 이차자료가 존재한다. 따라서 신속하고 편리하게 그리고 비교적 경제적인 비용으로 이용할 수 있는 조사목적에 맞는 적절한 이차자료를 확보하여 최대한 활용할 필요가 있다. 그러나 이차자료가 갖는 본질적인 부적합성과 부정확성, 그리고 불완전성의 한계 가능성을 고려하여 세심한 조정, 평가를 통하여 활용하는 것이 바람직하다.

이차자료는 크게 내부 자료와 외부 자료로 구분할 수 있다. 내부 자료는 회사 내부에 이미 존재하는 자료를 말한다. 반면 외부 자료는 회사 외부의 여러 곳에 존재하는 자료를 가리킨다. 회사를 비롯한 대부분의 조직들은 회계자료, 각종 보고서 등 끊임없이 많은 내부 데이터를 생성, 수집, 기록, 저장하며, 이 내부 자료들은 마케팅조사의 목적으로도 유용하게 사용될 수 있다. 그리고 오늘날 많은 조직들은 내부에서 지속적으로 생성되는 데이터의 효용가치를 극대화시키기 위해 여러 종류의 데이터베이스를 구축하고 있다.

이차 자료의 유형은 그 형태에 따라 크게 인쇄 간행물, 인터넷 자료, 데이터베이스의 세 가지로 구분할 수 있다. 데이터베이스는 그 성격에 따라 수치, 문헌, 서지, 명부, 시청각 자료 데이터베이스로 구분할 수 있다. 마케팅조사와 관련된 이차자료는 여러 종류의 기관들에 의하여 생성된다. 통계청 등 정부의 중앙행정기관 그리고 지방 행정기관, 국책 연구소, 민간 경제연구소, 협회, 마케팅조사회사 등 다양한 조직들이 많은 양의 이차자료를 공급하고 있다. 그리고 이차자료는 생산기관이 직접 사용자에게 공급하기도 하지만, 유통조직이라고 할 수 있는 배급기관을 통해서 대학, 회사, 금융기관, 정부, 병원 등 여러 조직의 도서관 및 자료실 고객에게 공급된다.

뉴스, 보고서, 논문, 수치 데이터 등 각종의 정성자료 또는 정량자료의 형태를 갖는 이차자료는 다양한 목적과 용도로 사용될 수 있다. 이차자료는 탐색조사의 목적으로 사용될 수 있다. 이차자료는 조사문제의 배경을 이해하고 조사문제를 명확하게 설정하는 데 도움이 될 수 있다. 그리고 이차자료는 기술조사의 목적으로도 얼마든지 사용될 수 있으며, 경우에 따라서는 인과조사의 목적으로 활용될 수도 있다.

05

CHAPTER

설문조사

MARKETING RESEARCH

1. 설문조사의 목적과 효용

2. 설문조사의 유형

MARKETING RESEARCH

05 CHAPTER

설문조사

| 학습목표 |

1. 설문조사에서 수집되는 정보의 종류를 기술하시오.
2. 설문조사의 장점과 단점을 설명하시오.
3. 설문조사의 오류의 원천을 설명하시오.
4. 방문면접, 거리면접, 집 전화 혹은 휴대 전화를 통한 설문조사의 장점과 단점을 설명하시오.
5. 설문조사에서 사전조사의 중요성을 설명하시오.

도 입 사 례

명품 소비행동에 관한 설문조사

루이비통, 구찌, 샤넬, 프라다, 버버리 등 소위 '명품'이라고 불리는 세계 유명 브랜드 상품은 어떤 사람들이, 왜 구매할까? 시장조사전문기업 마크로밀 엠브레인 트렌드모니터는 전국 만 19세~59세 성인남녀 1,000명을 대상으로 명품 소비 패턴을 조사하였다. 조사방법은 온라인 설문조사 방법이 사용되었으며, 표본은 할당표본추출방법(quota sampling)이 사용되었다.

조사 결과, 전체 응답자의 52.5%가 패션 명품을 한 번이라도 구매한 경험이 있는 것으로 나타났으며, 성별로는 여성의 57.4%, 남성의 47.6%가 명품 구매 경험이 있다고 답변하였다. 세대별로는 50대 여성의 명품 구매경험 비율이 64%로 가장 높게 나타났다. 그 뒤로 30대 여성(61.6%), 40대 여성(60.8%)의 비율이 높게 나타났다. 구매 경험이 가장 적은 집단은 20대 남성으로 28.8%만이 구매 경험이 있다고 응답하였다.

또 자신의 소득계층을 높게 평가한 사람들이 소득계층을 낮게 평가한 사람들보다 명품 구매 경험이 많은 것으로 나타났다. 스스로를 상류층이라 인식한 응답자의 68%가 명품을 구매해 본 적 있다고 답변한 반면, 자신의 소득계층을 하층이라고 평가한 응답자들은 23.5%만이 명품 구매 경험이 있는 것으로 나타났다.

브랜드별로는 복수응답을 허용하여 조사한 결과, 루이비통의 구매비율이 34.5%로 가장 높게 나타났다. 그밖에 구찌(33.9%), 버버리(29.9%), 샤넬(29.9%), 코치(26.3%), 프라다(24.6%), 페라가모(17.1%)도 인기 있는 브랜드로 꼽혔다.

그리고 소비자들이 명품을 고를 때 가장 많이 고려하는 요소는 디자인인 것으로 나타났다(70.9% 선택). 특히 여성 구매경험자들의 81.5%가 디자인을 고려했다고 답변하였다. 그 다음으로는 품질이 54.7%, 가격이 52.6%로 고려 비율이 높게 나타났다. 연령별로는 품질을 가장 많이 고려하는 계층이 50대인 것으로 나타났다(남성 60.9%, 여성 68.8%). 한편 20대 여성의 64.8%가 명품 구매시 가격을 고려한다고 답변해 가격에 대한 고민이 가장 많은 그룹인 것으로 나타났다.

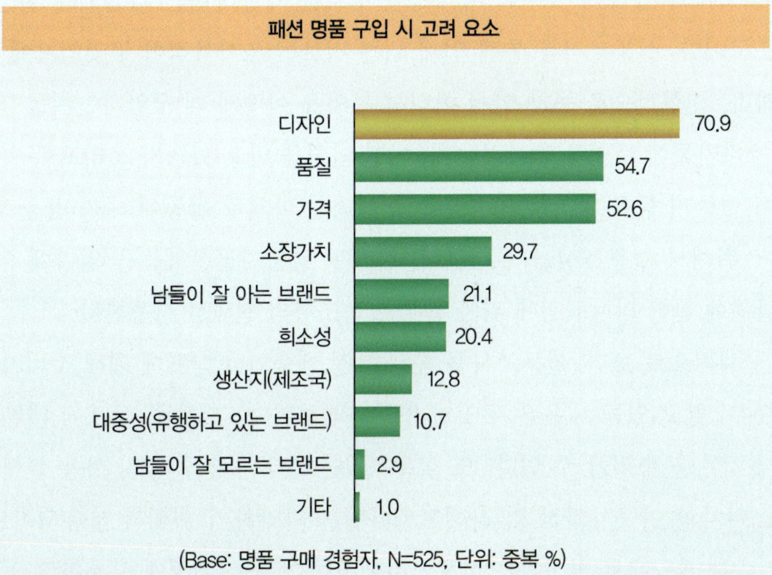

출처: 경향신문(2016. 5. 11); 윤덕환 · 김현진(2016).

설문조사는 설문지를 사용, 질문을 통해 응답자들로부터 자료를 얻는 조사방법이다. 마케팅조사는 소비자 행동에 대한 관심에서 출발한다. 소비자행동에 대해 정보를 얻는 한 가지 방법은 소비자들에게 궁금한 점을 질문하는 것이다. 이 질문에 응답하는 사람은 응답자라고 부른다. 설문조사에서는 응답자와 직접 얼굴을 맞대고 질문을 해서 응답을 얻는 경우도 있고, 전화조사나 인터넷조사처럼 응답자와 직접 만나지 않고 궁금한 점을 질문하는 방법도 있다.

1. 설문조사의 목적과 효용

1) 설문조사의 목적

설문조사는 마케팅활동을 적극적으로 수행하는 기업들이 많이 사용하고 있다. 소비자가 지금 무슨 생각을 하고 있는지를 알 수 있는 간단한 방법은 소비자에게 묻는 것이다. 소비자의 생각에 맞추어 마케팅 콘셉트를 개발하려는 기업에게 설문조사는 유용한 도구이다. 설문조사를 통해 얻게 되는 정보는 조사목적이 무엇인가에 따라 매우 다양하다. 전형적으로 누가 언제 어디서 무엇을 어떻게 왜 구입하는지를 파악하거나 혹은 소비자들이 무엇을 좋아하는지, 어떤 의견을 믿고 있는지 그리고 무엇을 구입할 의향이 있는지 등을 파악하거나 혹은 구체적인 마케팅 활동에 대한 반응 및 그 이유를 알기 위해서 설문조사를 실시한다. 마케팅 담당자들은제품을 얼마에 어디에다 어떻게 팔지에 관한 의사결정에 위와 같은 설문조사의 결과를 사용한다.

좀 더 구체적으로 보면, 설문조사를 통해 특정 제품이나 상표에 대해 소비자가 알고 있는지 여부, 알고 있는 내용은 무엇인지를 파악하거나 그 제품, 상표에 대한 소비자의 태도나 감정을 측정할 수 있다. 또 설문조사는 소비자의 구매 및 사용 실태에 관한 정보와 소비자의 인구사회적 및 라이프스타일을 파악하기 위해서 사용되기도 한다. 일반적으로 마케팅에서 실시하는 설문조사에서는 제품을 어떻게 사용하고 있으며 좀 더 기대하는 점은 무엇인가를 묻는 경우가 많다. 조사를 통해 파악된 정보는 제품 개발 및 광고 전달 내용 결정에 사용된다. 한 가지 예로 가전제품 구입 및 사용실태 조사에서 응답자 중 40%가 매장에 온 후에 구입할 상표를 결정하고 구입했다고 한다. 이를 통해 이 조사의 스폰서인 가전회사는 소비자에게 자사의 상표 이미지를 구입 전에 심어 놓는 것도 중요하지만 이에 못지 않게 매장에서의 구입 유인 활동도 중요함을 알게 되었다.

2) 설문조사의 장점과 단점

설문조사는 자료수집의 한 가지 방법이다. 지난 수십 년 동안 설문조사 기법은 더욱 과학적이고 정확해졌다. 설문조사가 적합하게 수행되면 경영진에게는 많은 이점이 있을 것이다. 그러나 설문조사가 갖는 담점도 있다. 연구원이 표본추출 방식이나 조사도구의 정확한 사용방법을 바르게 따르지 않는 경우 설문조사는 잘못된 방향으로 기업을 이끌 수도 있다. 때때로 기획이 잘 되었고 조심스럽게 수행된 설문조사가 도움이 안 되는 경우가 있는데 그 이유는 결과가 너무 늦게 전달되기 때문이다. 또한 설문조사는 조사자가 실제 소비자행동을 조사하려고 할 때 응답자가 그들이 실제 행동한 것을 잘못 응답하거나 혹은 희망사항을 마치 한 것처럼 응답함으로써 오류가 발생하기도 한다. 또한 낮은 응답 비율도 많은 설문조사가 갖고 있는 오류 중 하나이다. 연구원은 표본조사 결과를 분석하는 데 통계라는 도구를 이용할 수 있다.

3) 설문조사의 오류의 원천

설문조사의 품질평가는 조사 결과의 정확성을 하나의 기준으로 삼을 수 있다. [그림 5-1]은 설문조사 자료의 정확성을 떨어뜨리는 오류의 다양한 원천을 제시하고 있다. 오류는 크게 두 가지 유형이 있는데 하나는 무작위 표본추출 오차이고 다른 하나는 체계적 오류이다.

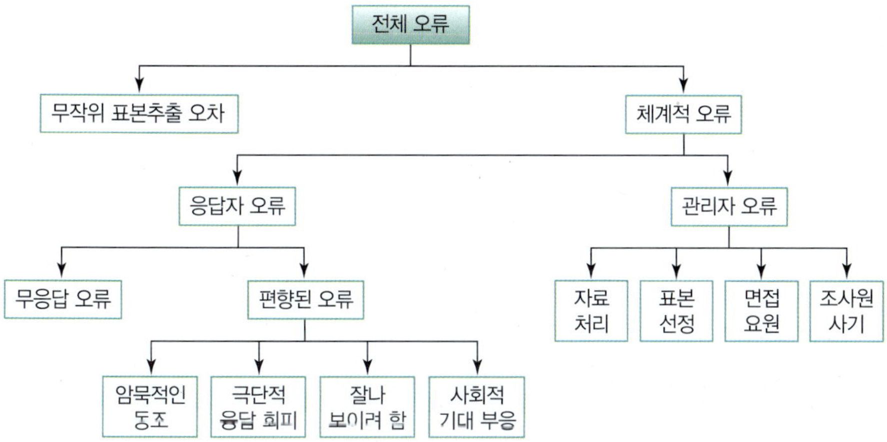

[그림 5-1] 조사의 오류

설문조사에서는 표본이 모집단의 대표성을 갖는 것이 바람직하다. 그러나 아무리 정교한 무작위 표본추출에 의해 선택된 표본이라도 통계적 오차를 갖기 마련이다. 왜냐하면 표본으로 선택된 요소들의 우연적 차이가 있기 때문이다. 이런 통계적 문제는 1,000명 이상의 표본을 조사한다고 해서 회피할 수 있는 것이 아니다. 그러나 무작위 표본추출 오차의 정도는 계산이 가능하다. 그러므로 설문조사의 결과를 해석할 때 이 오차의 크기를 고려하면 된다.

모든 표본조사가 갖게 되는 통계적 오차에서 비롯되는 무작위 표본추출 오차 이외의 모든 오류는 '비표본추출 오차'라고 부른다. 이것은 조사 기획의 불완전성이나 조사 실행 단계에서의 잘못으로부터 체계적으로 발생하는 모든 오류를 아우르기 때문에 '체계적 오류'라고도 한다. 체계적으로 응답에 영향을 미치는 수많은 오류는 응답자 오류와 관리자 오류로 나눌 수 있다.

(1) 응답자 오류

설문조사에서 질문을 받은 모든 응답자가 솔직하게 답변을 하면 필요한 정확한 자료를 얻을 수 있다. 만약 이런 조건이 충족되지 않는다면 오류가 발생하기 마련이다. 그 첫 번째 오류는 모든 응답자가 응답을 하지 않는 경우에 발생한다. 설문조사에서 100% 응답률을 얻기란 어렵다. 만약 어떤 조사에서 응답한 사람의 비율이 조사에 참여하도록 요청받은 사람 중 단 1%에 불과하다면 조사연구원은 심각한 문제에 직면하게 된다. 이 조사 결과를 자료로 이용할 수 있는 경우는 조사자가 본 설문지에 응답한 소비자가 응답하지 않은 사람들을 대표할 수 있다고 판단할 때뿐이다. 일반적으로 소수의 응답자만을 갖고 응답하지 않은 사람까지 대표한다고 주장할 때 우리는 무응답 오류가 있다고 본다. 이런 문제점은 인터넷조사에서 더욱 심각하다. 물론 이런 오류가 얼마나 큰가를 알기는 실제로 불가능하다. 말 그대로 무응답이란 응답하지 않는 것이기 때문에 내용이 기록되지 않는다. 접촉할 수 없는 사람이나 혹은 접촉하였으나 응답하지 않은 사람 모두가 무응답자에 해당한다.

또 다른 경우는 응답을 한 경우에도 일어날 수 있는 오류이다. 이러한 오류는 응답자가 특정한 속셈을 갖고 질문에 답하는 경우 발생한다. 사람들은 의식적이든 무의식적이든 거짓말을 할 수 있다. 어느 경우이든 응답 오류로 조사의 신뢰성을 떨어뜨린다. 때때로 사람들은 의도적으로 거짓된 답변을 한다. 그 이유를 밝히기란 쉽지 않다. 응답자가 조사원 앞에서 잘나 보이려 한다거나, 사적인 정보를 감추려 하거나, 당혹스러운 상황을 피하기 위해서 거짓말을 할 수도 있다. 예를 들어 지난 주말 할인 매장에 가서 소비한 총 금액을 알 수는 있지만, 구입 항목별로 금액을 기억하기란 쉽지 않을 것이다. 그래서 자신의 무지함이나 가격에 무관심하다는 것을 보이는 대신에 가장 그럴듯한 가격을 응답하는 경향이 있다. 또한 응답자들은 조사 자체가 지겨워져서 얼른 조사원을 보내기 위해 건성으로 응답을 하기도 한다. 어떤 경우는 응답자가 자신이 지성인이라는 것을 내세우기 위해서 조사원이 기대하는 내용을 답변하는 경우도 있다.

질문하는 내용을 잘 이해하지 못한 상태에서 응답자는 무의식적으로 잘못된 답변을 하기도 한다. 혹은 무슨 질문인지 정확히 이해하였으나 기억이 나지 않아서 답변을 제대로 할 수 없는 경우도 있다. "가장 최근에 콘서트를 본 적이 언제입니까?"라는 질문에 정확한 날짜를 잊었기 때문에 대략적으로 응답할 수 있다.

또한 오류는 미처 생각하지 못했던 질문을 받는 경우에도 발생한다. 응답자들은 별다른 생각이 없는 경우라도 질문에 답변을 하는 경우가 많다. 예를 들어 소비자의 구매의향을 묻는 경우 구매 척도의 예측타당성은 제시된 상품이 응답자에게 얼마나 필요한가에 따라 달라질 것이다. 그러나 그 제품에 대해 아는 것이 별로 없는 경우에도 사람들은 구매 의향이 어느 정도인가를 답변한다. 그러므로 이런 자료를 근거로 미래를 정확히 예측할 수 없다.

소비자들이 자신의 생각을 제대로 표현하지 못하는 경우도 흔히 있다. 그 원인 중 하나가 질문이 불분명하기 때문이다. 커피를 마실 때 "커피크림을 사용하는가?"라고 질문을 하면 실제보다 낮은 사용 비율을 얻게 된다. 우리나라에서 커피크림이란 말 보다 프림('프리마'라는 상표의 줄인 말로 통용됨)이라 말을 해야 사람들이 쉽게 이해하기 때문이다.

응답을 했을 때 발생하는 응답 오류는 크게 암묵적인 동의를 표현하는 오류, 극단적 응답을 피하려는 오류, 응답자 자신을 내세워 보이려는 오류, 사회적 기대에 따르려는 오류 네 가지 유형으로 나뉜다. 응답자들은 암묵적으로 쉽게 동의하는 경향이 있다. 제시된 대부분의 의견에 동의하는 경우가 많다. 이런 경향을 암묵적 동의 오류라고 한다. 이런 오류는 신제품 조사에서 흔히 나타난다. 신제품에 대해 소비자 조사를 실시하는 경우 대부분 높은 긍정 비율을 얻게 된다. 그러므로 그 값을 해석할 수 있는 과거 규범적 수치 기준이 필요하다.

많은 응답자들이 척도의 선택지 중 극단적 위치를 피하거나 좀 더 가운데 것을 선택하려는 경향이 있다. 응답 스타일은 사람마다 다르기는 하지만 어쨌든 극단적인 응답을 피하는 경향은 분명하다.

응답 오류가 조사원과 응답자 간의 상호작용으로도 발생한다. 조사원의 존재가 응답자에게 거짓을 말하게 하거나 뭔가 수정된 답변을 하도록 영향을 미친다면 이 조사는 조사원에 의한 오류가 있다. 응답자는 그들이 믿고 있는 사실을 얘기하기보다 조사원이 기대하는 답을 제공하거나, 자신이 지성인이고 부유한 것처럼 보일 수 있게 답변하는 경향이 있다.

조사원의 성별, 연령, 옷 차림새, 목소리, 표정 등이 응답자의 답변에 영향을 미칠 수도 있다. 미소를 짓거나 응답자의 답변에 긍정적인 표현을 하는 경우 응답자가 이전 답변과 비슷한 응답을 하는 경향이 있다. 또 여성 보험 판매원의 성적 피해 사례 연구에서는 남자 조사원이 여자 조사원에 비해 솔직한 답변을 얻기가 어려울 것이다. 그러므로 이런 경우 조사원 없이 자료를 수집하는 기법이 오류를 회피할 수 있다.

조사원은 지시사항과는 달리 자신의 편리에 의해서 질문을 줄여서 묻거나 바꾸는 경우가 있다. 조사원은 조사 오리엔테이션에서 설문지에 있는 그대로 질문하도록 교육 받는다. 그러나 편의에 따라 한쪽만을 질문하는 경향이 있다. 예를 들어 신제품에 대한 구입의향을 묻는 질문을 보자. "지금 보신 제품 설명 글에 있는 제품을 구입하실 생각이 있는지요, 아니면 구입하실 생각이 없는지요?" 이런 질문을 몇몇 조사원은 단순히 "구입하실 생각이 있습니까?"라는 식으로 줄여서 질문한다. 이런 식으로 질문하면 긍정적인 응답을 유도하는 오류가 발생하기 쉽다.

사회적으로 바람직하다고 생각하는 방향으로 응답자가 답변을 하는 경우가 있다. 그렇게 함으로써 자신의 체면을 챙기려는 의도이다. 그러므로 소득은 부풀려지고, 교육수준은 과장되며, 위세를 얻을 수 있는 쪽으로 응답하려는 경향이 있다. 예를 들어 "지난 대선에 투표를 하셨습니까?"라고 질문하면 실제 투표율보다 더 높은 투표율이 보고될 것이다. 또한 사적인 민감한 질문에 대해서는 더 더욱 사회적으로 바람직하다는 쪽으로 답변을 하는 경향이 있다. 예를 들어 "하루에 이를 몇 번이나 닦습니까?" 혹은 "요즈음 한 달에 책을 몇 권이나 읽습니까?"라고 질문하면 실제보다 좀 더 많은 횟수가 보고될 것이다.

(2) 관리자 오류

부적합한 조사 관리의 결과로도 오류가 발생한다. 관리자는 부주의함, 혼란, 무시 및 탈락 등의 이유로 오류를 발생시킨다. 관리자 오류 영역은 자료 처리상의 오류, 표본 선정의 오류, 조사원의 역량 부족에 의한 오류, 그리고 조사원의 의도된 거짓말 등 네 가지이다.

컴퓨터를 이용해서 자료를 처리하는 과정에서 자료를 코딩하고 편집, 입력하는 과정에서 오류가 발생한다. 자료 처리상의 오류는 각 단계마다 조심스러운 검증을 통해서 줄일 수 있다.

많은 오류가 대표적인 표본을 선택하지 못해서 발생한다. 표본 선정 오류는 표본 선정 기획상의 오류이거나 혹은 표본추출 과정상의 오류 때문에 발생한다. 절차상의 오류가 없는 표본추출을 하기는 어렵다. 이를테면 전화번호부에서 표본을 선정하는 경우를 생각해 보자. 이 방법에도 피할 수 없는 한계가 있다. 이미 전화번호부에 등록하지 않는 사람이 있기 때문이다. 쇼핑 센터에서 사람을 무작위로 접촉하는 경우도 인터넷이나 홈쇼핑을 통해 상품을 구입하는 직장인들을 배제하고 있기에 체계적 오류가 발생한다.

조사원마다 면접 역량에 상당한 차이가 있다. 조사원이 설문지의 앞쪽과 뒤쪽의 연관된 질문에 서로 맞지 않는 응답을 점검하거나 혹은 응답자가 말한 내용을 기록하는 과정에서 오류가 발생할 수 있다. 또한 조사원 본인의 생각과 다른 의견을 제대로 기록하지 않는 경우, 조사원 오류가 발생한다.

조사원이 실제로 설문지를 끝까지 조사하지 않고서 전체를 기록하거나 혹은 의도적으로 일부 질문에 답을 채워 넣는 경우 오류가 발생한다. 조사원은 가능한 면접을 빨리 끝내거나 혹은 민감한 주제를 회피하려는 목적으로 이런 오류를 만든다. 사실 이것은 오류가 아니라 사기에 속한다.

체계적 오류를 측정하는 기법은 통계적 오차를 계산하는 것처럼 엄밀하지 못하다. 연구원들 나름대로 기존의 경험을 바탕으로 체계적 오류를 주먹구구식으로 정하고 있다. 마케팅조사에서 경험이 많은 연구원은 신제품을 분명히 구입하겠다고 응답한 사람 중 일정 부분만이 실제로 구입한다는 것을 알고 있다. 그러므로 연구원은 실제 조사한 결과를 제시하면서 이와 함께 체계적 오류를 기반으로 추정한 구입 비율을 제시한다. 예를 들어 인터넷 TV를 시청하겠다는 사람을 기반으로 시장성을 예측하는 경우 "아마 시청할 것이다."라고 대략적으로 시청 의향을 나타낸 사람 중에서 1/3만이 실제로 시청할 것이라 예측된다.

중 간 사 례

모바일 쇼핑과 옴니채널

산업연구원의 최근 연구에 따르면, 모바일 쇼핑의 등장으로 모바일 쇼핑의 등장으로 유통시장 환경이 변화하면서 소비자들의 쇼핑행태도 변화된 것으로 분석되었다. 이 연구는 모바일의 등장으로 변화된 소비자들의 쇼핑행태를 실태조사를 통해 분석하였다. 최근 6개월 이내 제품(혹은 서비스) 구매 시 두 개 이상의 유통채널 이용 경험이 있는 20~59세 300명의 소비자를 대상으로 구조화된 설문지를 바탕으로 온라인 설문조사를 실시하였다.

자료 분석 결과, 모바일이 제품구매과정에 영향을 미쳤다고 응답한 소비자가 전체 응답자의 77.7%에 달해 모바일이 소비자 쇼핑에 미치는 영향력이 강화되고 있는 것으로 나타났다. 뿐만 아니라 모바일과 PC를 합친 디지털 채널은 소비자의 정보탐색, 구매, 수령, 반품/환불, 마일리지 적립 등 전 구매 과정에서 그 이용이 매우 높은 비중을 차지하는 것으로 나타났다.

그리고 소비자들이 온라인과 오프라인을 동시에 이용하여 제품을 구매하는 경향도 증가하고 있는 것으로 나타났다. '최근 6개월 이내 하나의 제품을 구매하기 위해 여러 유통채널을 이용해 본 경험이 있는지'를 묻는 질문에 응답자의 74.6%가 '있다'고 응답하였다. 뿐만 아니라 최근 6개월 내 두 개 이상의 유통채널을 이용한 빈도를 묻는 질문에 평균 이용경험 횟수가 8.02회로 나타났으며, 응답자의 36%는 6회 이상 복수의 유통채널을 이용한 경험이 있는 것으로 응답해, 소비자들의 복수 유통채널 이용이 비교적 빈번하게 발생하는 것으로 확인되었다.

한편 쇼핑 시 복수 유통경로를 이용하는 이유로는 가격비교 목적이 가장 크게 나타났고, 그 밖에 가격할인, 제품정보 획득, 쇼핑편의의 증대 등이 이용 이유로 나타났다. 이는 소비자들이 더 나은 거래조건을 찾아 이동하고 있기 때문에 특정 유통업체에 대한 소비자 충성도가 약화되고 있음을 보여주고 있다고 해석할 수 있다.

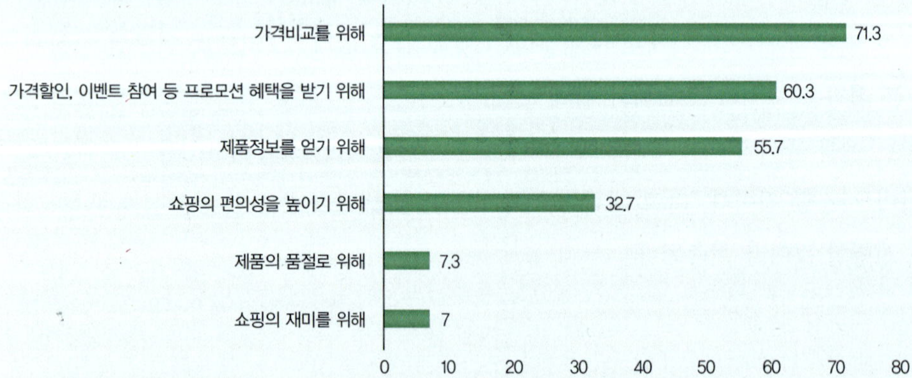

소비자 멀티채널 이용 이유

출처: 구진경 · 이상현 · 이동희(2015).

2. 설문조사의 유형

설문조사의 유형은 크게 개별면접, 전화조사, 자기기입식 설문조사로 구분할 수 있다. 또 자기기입식 설문조사에는 우편조사, FAX조사, 이메일 조사, 인터넷조사 등 다양한 방법이 있다. 주요 설문조사 방법의 장단점을 정리하면 〈표 5-1〉과 같다.

〈표 5-1〉 주요 설문조사방법의 장단점 비교

	장점	단점
개별면접	-	-
전화조사	신속함 비교적 저렴한 비용 넓은 접촉 범위 면접원 감시 용이 컴퓨터지원 가능 전화번호부를 표본추출프레임으로 사용	시각자료 사용 불가능 긴 질문이 어려움 면접원 편견 가능 인터뷰 수락률이 낮음
우편조사	주소목록이 있는 경우 표본추출프레임 결정 용이 면접원 편견의 염려 없음 응답자의 편리한 시간, 자기 속도에 의한 응답 익명 보장 가능 넓은 접촉 범위 사적 질문에 최적 가장 저렴한 비용	응답자의 정확성 통제 불가능 회수기간이 오래 걸림 낮은 회수율 애매모호한 질문 설명 불가능 탐사질문 불가능
인터넷조사	신속한 자료 수집 시스템 구축 후 비용 절감 면접원 관리문제가 없음 익명보장으로 민감한 질문 가능 피드백을 통한 명료화 가능 복잡한 답변을 캐물을 수 있음 긴 면접도 가능 설문지의 완성도 높음 동영상 보기도 가능 응답자 참여율 높음	시스템 구축비용 많음 표본 통제가 어려움 응답률이 낮음 조사원의 영향력이 큼 응답자의 익명성 보장 안 됨 비싼 비용

1) 개별면접

개별면접은 대면 상태에서 응답자에게 조사원이 질문을 하고 답변을 듣는 형태를 취한다. 개별면접은 연구원이 응답자의 집을 방문하거나 혹은 쇼핑 거리에서 무작위로 접촉하여 이루어진다. 전통적으로 연구원은 종이와 연필을 이용하여 대화 내용을 기록한다. 현재는 IT 기기를 이용하여 응답을 자동적으로 기록하는 방법이 많이 사용된다.

(1) 방문면접과 거리면접

개별면접은 다양한 방법으로 수행될 수 있다. 개별면접은 응답자의 집이나 사무실이나 다른 여러 장소에서 이루어질 수 있다. 그러나 집이나 사무실에서의 면접이 어려운 경우가 많아 개별면접이 쇼핑 거리에서 수행되는 경우가 늘어나고 있다. 공공 장소에서 접촉된 응답자에게 신제품의 맛을 보게 하거나 새로운 광고물을 시청하도록 요청한다.

① 방문면접

문 앞에 조사원이 와 있다면 일반적으로 면접이 완성될 가능성이 높아질 것이다. 방문면접이 참여 비율을 높이기 때문에 우편조사보다는 모집단의 대표성이 더 높다. 예를 들어 전화번호를 등록하지 않은 사람이나 접촉하기가 어려운 사람일수록 방문면접을 통해 접근해야 한다. 그러나 방문면접은 그 거주 지역에 따라 과도하게 대표되거나, 그 반대로 과소하게 대표될 수 있다.

방문면접은 보안 시스템이 설치되어 있는 집단 거주 지역에 있는 사람들에게는 불가능하다. 또한 대부분의 가정에서 보안을 이유로 낯선 사람에게 문을 열어 주지 않는다. 이 경우 미리 전화를 걸어서 방문 약속을 잡아 조사하면 좀 더 대표성이 확보될 수 있다. 그러나 이런 리스트를 얻는다는 것은 대단히 어려운 일이라 점차 방문면접은 사용할 수 없는 과거의 방법이 되고 있다.

② 거리면접

쇼핑 거리에서 개별면접하는 것을 거리면접이라 부른다. 조사원은 쇼핑센터의 출입구에서 응답자를 접촉한다. 따라서 자료수집이 신속하게 이루어질 수 있다. 또 응답자의 거주 지역까지 이동하지 않기 때문에 비용이 방문면접에 비해 저렴하다.

한편 거리면접이 갖는 문제점은 접촉하는 사람들이 대부분 바쁜 경우가 많아서 거절 비율이 대단히 높은 데 있다. 또한 표본이 모집단의 대표성을 갖기가 매우 어렵다. 특정한 쇼핑 거리를 선택했다면 이미 그 장소에 쇼핑을 하는 사람들의 성향은 전체 모집단의 성격과는 다를 것이다.

(2) 개별면접의 장점

개별면접은 여러가지 장점이 있다. 피드백을 통한 명료화가 가능하며, 복잡한 답변을 캐물을 수 있다. 긴 면접도 가능하고 설문자의 완성도도 높다. 그리고 응답자의 참여율이 비교적 높다.

① 피드백을 통한 명료화 가능

개별면접은 피드백을 통해 명료화할 기회를 갖고 있다. 예를 들어 응답자가 민감한 질문에 대답하기를 거부할 경우에 응답자에게 응답의 모든 내용을 비밀로 유지한다고 말하고 다시 한 번 응답해 줄 것을 요청할 수 있다. 개별면접은 응답자가 질문의 내용을 잘못 이해할 경우에도 재차 내용을 알려 줌으로써 오해의 가능성을 줄일 수 있다.

② 복잡한 답변을 캐물을 수 있음

개별면접의 또 다른 특징은 캐묻기를 할 수 있는 기회가 있다는 점이다. 만약 응답자의 답변이 너무 모호하다면 연구원은 좀 더 분명한 설명을 요구할 수 있다. 캐묻기에서 "또 다른 이유는 무엇인지요?" 혹은 "좀 더 구체적으로 말씀해 주십시오."와 같은 표준화된 질문을 갖고 명료화를 요청한다.

③ 긴 면접도 가능

조사목적상 설문지 길이가 극히 긴 경우라면 개별면접이 좋은 방법이다. 인터넷조사나 전화조사에서는 대략 15분 이내가 적당한 조사 유지 시간이다. 개별면접은 상대적으로 긴 시간의 설문조사를 가능하게 한다.

④ 설문지의 완성도 높음

조사원과 응답자 사이의 상호작용이 응답자로 하여금 설문을 끝까지 다 수행하도록 도와준다. 전화조사에 응대하다가 따분해진 응답자 중에는 중도에 전화를 끊어 버리는 경우가 있다. 우편조사의 경우도 응답자의 더 많은 노력을 요구한다. 주관식 질문이 많은 경우라면 응답자는 그 질문에 모두 다 응답하지 않을 개연성이 높다. 개별면접에서는 질문 곳곳에 응답하지 않을 확률을 훈련된 조사원에 의해 낮출 수 있다.

⑤ 동영상 보기도 가능

대면하여 응답자를 면접하는 상황에서는 응답자에게 신제품 샘플이나, 새로운 광고 영상물을 기업 비밀 보장하에 보여 주기가 가능하다.

⑥ 응답자 참여율이 높음

사람들이 설문조사에 참여하기를 꺼려할지라도 조사원이 앞에 있으면 면접에 성공할 확률이 높아진다. 조사원이 있는 경우 전화조사나 인터넷조사 혹은 다른 비 대면적 조사에 비해 조사를 거부하기가 쉽지 않다. 응답자 스스로 무엇인가를 읽거나 쓰지 않고 단지 말만 하면 되기 때문에 응답 비율이 높다.

(3) 개별면접의 단점

개별면접은 장점도 많지만 몇가지 단점도 있다. 조사원의 영향력이 응답자의 답변에 영향을 미칠 수 있고 응답자의 익명성 결여가 문제를 발생시킬 수 있다. 또 비용이 많이 든다.

① 조사원의 영향력

조사원의 인구사회적 특징이 응답자의 답변에 영향을 미칠 수 있다. 예를 들어 응답자가 여성이라면 조사원도 여성일 때 조사 진행이 더 매끄러울 것이다. 거꾸로 남자 조사원이 여자 응답자에게 질문할 경우 답변의 편차가 매우 크게 나타날 수 있다.

또한 조사원의 다양한 면접 기술에 따라 응답이 달라질 수도 있다. 질문의 내용을 조사원 나름대로 바꾸어 묻거나, 목소리 톤 및 외양 모두가 답변에 영향을 미친다. 그리고 한 프로젝트에서 면접 부수가 20부를 넘게 되면, 조사원 스스로 집중력을 잃게

되고 응답자의 답변을 미리 예상해서 선택적으로 기록하는 경우까지도 발생한다.

② 응답자의 익명성 결여

개별면접에서 응답자가 익명성을 보장받을 수 없을 것으로 생각하여 개인적인 정보를 제공하는 데 거부감을 갖기 쉽다. 따라서 가구 소득과 같은 민감한 질문에 대해서는 직접적인 응답보다는 선택 보기를 만들어서 해당되는 번호를 말하도록 하는 등 세심한 주의가 필요하다.

③ 비싼 비용

개별면접은 전화조사, 인터넷조사보다 비싸다. 그러나 조사원이 응답자와 가까이 있어 자료가 명료하거나, 설문지의 길이가 길어도 끝까지 조사할 수 있다는 등의 장점과 비싼 비용을 견주어 판단할 필요가 있다.

2) 전화조사

오늘날 전화는 많은 통신 수단 중 하나이다. 전화조사를 계획하고 있는 조사자의 궁금증은 집전화, 휴대전화, CATI(Computer Assited Telephone Interview) 등 여러 종류의 통신수단이 서로 다른 조사 결과를 낳는 것은 아닌가라는 의구심에서 시작한다. 이런 의문점을 자세히 살펴보자.

(1) 전화조사의 종류

① 집전화조사

수십 년 동안 집전화는 자료수집의 주요한 수단이었다. 전화를 통해 수집된 자료는 개별면접을 통해 얻은 자료와 별반 차이가 없다. 도리어 개별면접보다 전화조사를 통해 좀 더 사적인 정보를 구체적으로 제공받을 가능성이 더 높다.

이전에는 전화번호부에 등록된 사람들이 전체 모집단을 대표하였으나 현재는 많은 사람들이 집전화를 리스트에 등록하지 않거나 심지어 아예 집전화가 없는 경우도 많다. 집전화 없이 휴대전화만을 사용하는 가정이 20%에 달한다. 또한 집전화가 있는 경우라도 전화번호부에 집전화 번호를 올리지 않는 가정이 절반에 달한다. 결국 전화번호부를 통해 응답 대상자를 선정하는 것은 대표성의 문제가 있다. 집전화조사로는 10명 중 6명은 선택될 기회가 없기 때문이다(문화일보, 2012. 8. 8.).

② 휴대전화조사

휴대전화를 통해 조사를 실시하는 것은 집전화를 통해 조사하는 것과 차이가 많다. 휴대전화를 받는 상황이 집전화와 달리 운전 중이거나 지하철 안이거나 시끄러운 공공장소인 경우가 많아서 조사 상황이 좋지 않은 경우가 많다.

그러나 집전화의 대표성 문제 그리고 전화가 걸려도 받지 않거나 받아도 응답하지 않는 등의 한계를 극복할 수 있는 방법은 휴대전화조사이다. 휴대전화는 국번으로 지역을 확인할 수 없기 때문에 자율적으로 시장조사에 참여 의사를 밝힌 이전 응답자들의 휴대전화번호와 거주지역, 성, 연령을 응답받아 패널로 확보하여 조사하는 것이 일반적이다.

③ CATI

컴퓨터 기술이 발전함으로써 전화조사는 화면에 나타나는 내용을 조사원이 질문하고 응답자의 답변 내용을 키보드로 기록하고 있다. 이런 방법을 CATI(Computer Assisted Telephone Interviewing)라 부른다. 이 방법은 가능한 질문에 대한 답변이 구조화되어 있어야 한다. 보기 중에 하나를 선택하도록 하는 구조화된 질문이 사용된다. 또한 응답자가 적합하지 않은 답변을 하는 경우 컴퓨터는 입력 즉시 에러 메시지를 띄우고 다음 질문으로 넘어가지 않도록 통제가 가능하다.

CATI 진행 화면

(2) 전화조사의 특징

전화조사는 다른 기법과 비교해서 여러 가지 다른 특징이 있다. 빠른 조사가 가능하다는 게 전화조사의 대표적인 장점이다. 개별면접에 비해 비용은 비교적 저렴하다. 그러나 표본의 대표성 확보에 문제가 있고, 면접시간을 짧게 해야 한다는 등의 단점이 있다.

① 빠른 조사

전화조사의 장점은 빠르게 자료를 수집할 수 있다는 점이다. 개별면접이나 인터넷 조사에 비해 전화조사는 수백 명을 조사하는 데 하루가 걸리지 않는다. 또한 컴퓨터의 도움을 받는 전화조사에서는 컴퓨터 화면에 뜨는 질문에 응답자의 답변을 직접 입력하기 때문에 자료 입력 및 편집에 들어가는 시간을 절약할 수 있다.

② 저렴한 비용

개별면접에 비해 전화조사는 비용이 저렴하다. 전화조사 비용은 방문면접 비용에 비해 약 1/4 정도이다. 응답자 거주지역으로의 이동 시간과 경비가 없기 때문이다.

③ 표본의 대표성

전화조사의 대상은 주로 집전화번호부를 통해서 접촉된다. 그러나 집전화를 갖지 않은 가정과 전화번호부에 번호를 등록하지 않는 가정이 늘어 나면서 대표성의 문제가 발생한다.

집전화를 등록하지 않은 가정을 접촉하기 위해서 무작위로 전화번호를 생성하여 전화 걸기(Random Digit Dialing: RDD)를 시도하는 방식이 이용되고 있다. RDD 방식은 전화번호부에 등록되어 있는 번호의 마지막 한 자리 혹은 두 자리를 무작위로 만들어 전화를 자동적으로 걸도록 한다. 그러나 불행하게도 RDD 방식으로 전화를 거는 경우 그런 번호가 없어서 신호가 가지 않거나, 신호가 가더라도 받지 않거나, 전화를 받아도 응답을 거절하거나 등등의 이유로 실제 성공 비율은 매우 낮다. 몇몇 조사 결과에서는 전체 통화 시도 건 중 최종 전화면접을 완성한 건이 0.1%도 안 되는 사태도 발생하였다.

④ 시간의 한계

조사가 길어지면 대부분 참지 못하고 전화를 끊어 버리는 경우가 많다. 끝까지 조사를 지속하려면 가능한 조사 시간을 짧게 해야 한다. 15분 이상 걸리지 않도록 주의할 필요가 있다. 또한 조사를 시작하면서 최대한 몇 분 정도 걸린다는 점을 미리 알리는 것이 조금이라도 성공 비율을 높이는 방법이다.

⑤ 시각적 내용물 결여

전화조사는 시각적 보조물을 사용할 수 없다는 단점이 있다. 따라서 전화조사는 상품 포장, TV나 신문 광고 테스트 및 시각적 내용을 담은 콘셉트 테스트에 부적합하다. 또한 응답자에게 그림으로 만들어진 평가 척도를 사용하는 조사도 수행할 수 없다.

3) 자기기입식 설문조사

자기기입식 설문조사는 조사원 없이 설문조사가 이루어지는 방법을 말한다. 연구원이 응답자에게 우편, FAX, 전자 메일 등을 통해 설문지를 전달한다. 어떤 경우는 잡지나 포장 안에 설문지를 끼워 넣기도 한다. 설문지는 종이에 인쇄되거나 인터넷 혹은 전자 메일에 붙여지기도 한다. 설문지가 어떤 방식으로 전달되든 간에 질문을 읽어 주거나 답변을 기록하는 조사원이 없다는 점에서 자기기입식 조사는 대면면접과 판이하다. 자기기입식 설문지는 조사원이 없기 때문에 질문 단어, 문구 등에 더욱 세심한 준비가 필요하다.

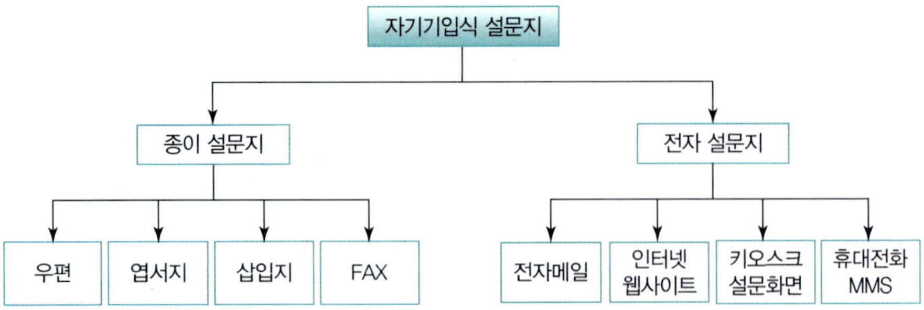

[그림 5-2] 자기기입식 설문지 유형

(1) 우편조사

전통적인 우편조사는 자기기입식 설문지를 응답자에게 보내고, 응답자는 본인이 스스로 질문에 답변을 기록한 후 동봉한 봉투에 완성된 설문지를 넣어 회송하는 것이다. 우편조사는 지리적 유연성, 저렴한 비용, 응답 편리성 등의 장점을 갖고 있다. 그러나 우편조사는 응답률이 낮고 응답 회수기간이 길다는 단점이 있다.

우편조사의 특징

① 지리적 유연성

우편조사는 조사원이 필요 없기 때문에 지리적으로 흩어져 있는 표본에 동시에 접근 가능하다. 고립된 지역에 사는 농부나 쉽게 접근하기가 어려운 전문가도 우편을 통해 접촉 가능하다. 예를 들어 제약회사에서는 의사를 면접하거나 전화 접촉하기가 어렵다. 그러나 지리적으로 넓게 퍼져 있는 농촌 및 도시 의사들 모두를 우편조사를 통해 접촉할 수 있다.

② 저렴한 비용

우편 설문지는 개별면접에 비해 비교적 싸다. 그렇지만 실제로 응답 회수 비율을 높이기 위해서 종이의 질을 높이거나 칼라 인쇄로 품질을 높이는 등의 노력을 하기 때문에 비용이 생각보다 저렴하지만은 않다.

③ 응답 편리성

우편조사와 같이 자기기입식 설문지는 응답자가 질문 내용을 읽고 자신의 생각을 기록할 시간이 필요하다. 쉽게 접근하기가 어려운 응답자들은 대부분 자기가 편리한 시간에 응답하기를 선호하기 때문에 우편을 통해 조사하는 것이 다른 면접 방법에 비해 좋을 수 있다.

④ 응답자의 익명성 보장

우편조사 설문지의 맨 앞장에 응답자의 답변이 모두 비밀로 취급될 것임이 명시된다. 그러므로 응답자들은 민감한 질문이나 당혹스러운 질문에 대해서도 있는 그대로 답변할 가능성이 높다. 예를 들어 개별면접과 우편조사 모두에서 "귀하는 은행 대출을 받고 있습니까?"라고 질문한 적이 있었다. 개별면접에서는 17%가 그렇다고 응답하였고, 우편조사에서는 42%가 그렇다고 응답한 결과가 나타났다. 물론 이 차이에는 표본오차가 작용했을 수 있지만, 익명성 보장이 크게 작용한 것으로 판단된다. 개인적인 재산 관련 질문을 하는 경우와 같은 민감하거나 당혹스러운 질문에는 우편조사가 개별면접보다 좀 더 유리하다고 볼 수 있다.

⑤ 조사원 부재

우편조사에서는 조사원이 없기 때문에 응답자가 민감한 질문에 쉽게 답변을 하거나 사회적으로 바람직하지 않은 행동을 한 경우에도 솔직하게 답변할 가능성이 높다. 그러나 조사원이 없기 때문에 발생하는 단점도 있다. 응답자가 설문지를 받으면 질문과 답변 과정은 통제하기 어렵다. 질문의 내용이나 보기가 모든 응답자에게 동일하게 제시된다 하여도 응답자 마다 그 의미를 달리 해석할 수 있다. 선택적 지각이 조사에서도 적용된다. 응답자는 조사원에게 질문할 수 있는 기회가 없다. 개별면접에서 명료화가 가능한 문제들이 우편조사에서는 잘못 이해된 상태로 남게 된다. 답변을 명료화한다거나 부가적인 정보를 캐물을 수 있는 조사원이 없고, 기록된 응답이 응답자 생각을 파악한 내용의 전부이다. 또한 조사원의 통제가 없기 때문에 응답자는 질문에 응답하기 전에 설문지 전체를 훑어 볼 수도 있다. 이런 경우 뒤 질문이 앞 질문에 영향을 미치게 되어 심각한 오류가 발생할 수 있다.

⑥ 표준화 질문

우편조사 설문지는 형식이나 질문이 상당 수준 구조화되어 있다. 질문과 지시 글이 명백하고 직설적이다. 모호한 질문은 잘못된 응답을 이끌어 내기 때문이다. 조사원을 통한 설문에서는 응답자의 완벽한 이해를 위해 수차례 되짚기가 가능하다. 자료수집 초기에 이런 문제가 지속해서 발생하면 연구원은 질문 자체를 수정할 수도 있다. 그러나 우편조사에서는 설문지가 응답자에게 전달되면 질문 자체의 수정이 불가능함은 물론이고 설문을 되짚어 설명해 줄 수도 없다.

⑦ 시간 소요

조사에서 시간이 가장 중요한 요소라면 그리고 응답자의 태도가 시간이 지나면서 빠르게 변화하는 경우라면 우편조사는 바람직한 자료수집방법이 아니다. 왜냐하면 우편조사는 응답회수기간에 상당한 시간을 소요하기 때문이다. 우편조사는 최소한 2주 정도의 자료수집 기간이 소요된다. 처음 우편에 대해 응답이 저조한 경우, 다시 우편을 보내게 되면 자료수집에 더 많은 시간이 걸릴 수 있다.

⑧ 설문지 길이

우편조사 설문지의 길이는 짧게는 엽서 형태의 단 몇 문항 질문에서부터 수백 개의 질문이 담긴 책자형 설문지까지 매우 다양하다. 설문의 길이가 길면서도 응답 비율을 높이기 위해서는 응답자에게 그만큼 적절한 보상 제공을 고려할 필요가 있다.

ⓐ 낮은 응답률

두꺼운 부피의 우편조사 설문지가 앞에 놓여져 있다면 귀하는 어떻게 할 것인가? 실제로 많은 사람들은 설문지를 바로 휴지통에 버리게 된다. 더욱이 질문이 따분하고 불 명확하고 너무 복잡하다면 더더욱 그럴 것이다. 이처럼 잘 못 꾸며진 우편조사 설문지의 회신 비율은 5%도 넘지 못한다.

이처럼 우편조사의 최대 약점은 낮은 회신 비율에 있다. 조사 내용에 관심이 있는 사람만이 조사에 참여하게 된다. 또한 설문지에 답변한 사람이 원래 응답해야 할 대상인지를 확신할 수도 없다. 사실 이런 문제는 단지 우편조사뿐만 아니라 자기기입식 사료수집 모두에서 보편적으로 발생하는 오류이다.

(2) FAX 조사

팩스조사는 팩스를 이용하여 설문지를 응답자에게 보내고 완성된 설문지를 팩스로 되돌려 받는 조사방법이다. 팩스조사의 단점은 설문지를 완성한 경우 팩스를 갖고 있으며 팩스로 본 설문지를 회신하는 수고를 마다하지 않는 응답자만이 이 방법에 참여한다는 점이다. 현재 팩스조사는 다른 전자기기를 이용하는 조사로 바뀌고 있다.

(3) E-Mail조사

이메일조사는 이메일을 통해 설문지를 잠재 응답자에게 보내고 완성된 설문지를 회신 메일로 받는 조사이다. 이메일이 보편화되면서 이런 방법으로 자료수집하는 경우가 늘어나고 있다.

이메일을 통해 응답자와 접촉하는 세 가지 방법이 있다. 첫째 방법은 설문지를 이메일 본문에 포함시키는 방법이다. 이때 설문지의 길이는 질문을 10개 이내로 짧게 만드는 것이 바람직하다. 이렇게 해야 응답 비율이 높아진다. 두 번째 방법은 이메일에 설문지를 첨부 파일로 보내는 경우이다. 응답자는 첨부된 파일을 열어서 질문에 답변을 하게 된다. 이런 경우 응답자는 첨부파일을 열고, 질문에 답하고 이것을 다시 저장하여 회신하는 등의 노력이 필요하다. 따라서 응답 비율이 떨어지는 경향이 있다. 세 번째 방법은 응답자로 하여금 설문지가 있는 웹사이트로 접속하도록 연결고리를 만들어 놓는 것이다. 응답자는 웹사이트 상에서 질문에 바로 응답하면 된다. 이런 접근방법이 오늘날 이메일조사에서 가장 많이 행해지는 보편적인 방법이다. 이런 경우의 이메일조사는 인터넷조사가 된다.

(4) 인터넷조사(웹 서베이)

인터넷조사는 웹사이트에 올려져 있는 설문지에 응답자 스스로 답변을 기록하는 자기기입식 조사 중 하나이다. 인터넷조사에서는 접촉 비율과 응답 비율을 모두 고려해야 한다. 접촉 비율이란 잠재 응답자가 이메일 접촉 연결고리를 누르거나 웹사이트에서 설문지 접촉 표식을 누르거나 하는 비율을 의미한다. 아주 긴 설문지를 제외하고는 설문지 웹사이트로 들어 온 사람이라면 대부분 설문에 응답하는 경향이 높다.

인터넷조사는 신제품 사진, 새로운 광고물 등을 시각적으로 보여 주기에 가장 적합한 방법이다. 오늘날 인터넷조사는 마케팅조사에 자발적으로 참여하겠다고 응답한 패널에게 이메일을 통해 연결 주소로 접속하도록 알림으로써 시행된다. 사전에 파악된 패널에게 이메일이 전송되기 때문에 응답 비율이 대단히 높다. 패널 참여자에게는 일정한 금전적 보상이 이루어진다.

인터넷조사를 통해 답변한 내용은 곧바로 연구원의 컴퓨터로 전송된다. 또한 사전 프로그램에 의해 부적합한 응답 내용은 설문지에 기록되지 못하도록 걸러진다. 예를

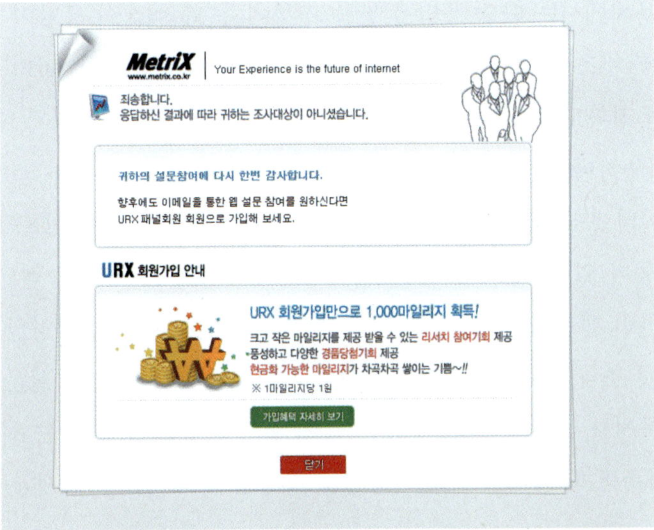
MetriX
www.metrix.co.kr
Your Experience is the future of internet
죄송합니다.
응답하신 결과에 따라 귀하는 조사대상이 아니셨습니다.
귀하의 설문참여에 다시 한번 감사합니다.
향후에도 이메일을 통한 웹 설문 참여를 원하신다면
URX 패널회원 회원으로 가입해 보세요.
URX 회원가입 안내
URX 회원가입만으로 1,000마일리지 획득!
크고 작은 마일리지를 제공 받을 수 있는 리서치 참여기회 제공
풍성하고 다양한 경품당첨기회 제공
현금화 가능한 마일리지가 차곡차곡 쌓이는 기쁨~!!
※ 1마일리지당 1원
가입혜택 자세히 보기
닫기

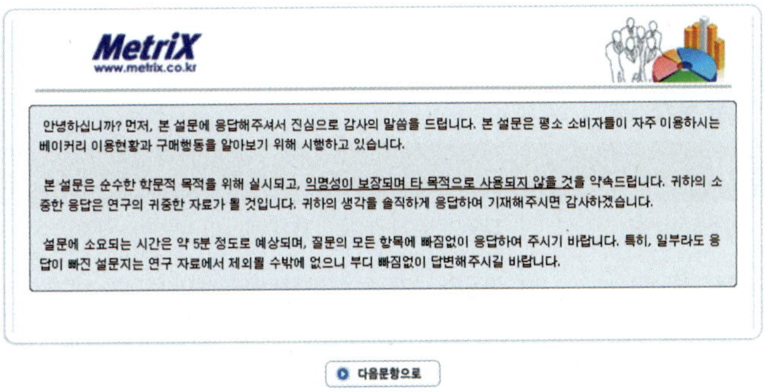
MetriX
www.metrix.co.kr
안녕하십니까? 먼저, 본 설문에 응답해주셔서 진심으로 감사의 말씀을 드립니다. 본 설문은 평소 소비자들이 자주 이용하시는 베이커리 이용현황과 구매행동을 알아보기 위해 시행하고 있습니다.
본 설문은 순수한 학문적 목적을 위해 실시되고, 익명성이 보장되며 타 목적으로 사용되지 않을 것을 약속드립니다. 귀하의 소중한 응답은 연구의 귀중한 자료가 될 것입니다. 귀하의 생각을 솔직하게 응답하여 기재해주시면 감사하겠습니다.
설문에 소요되는 시간은 약 5분 정도로 예상되며, 질문의 모든 항목에 빠짐없이 응답하여 주시기 바랍니다. 특히, 일부라도 응답이 빠진 설문지는 연구 자료에서 제외될 수밖에 없으니 부디 빠짐없이 답변해주시길 바랍니다.
다음문항으로

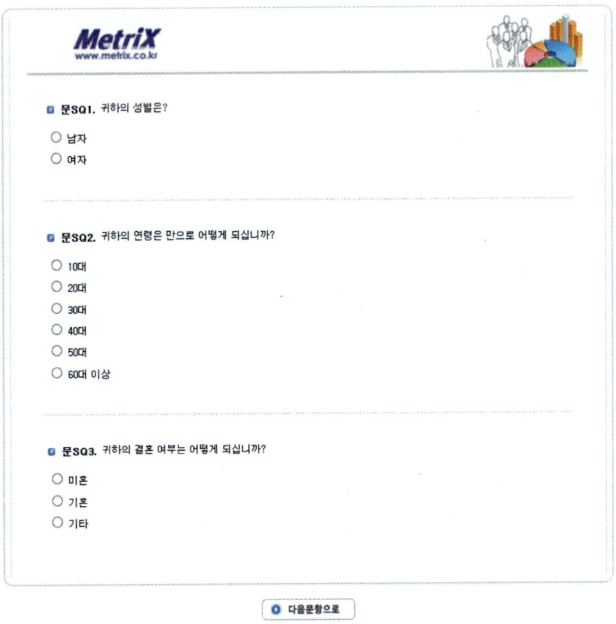
MetriX
www.metrix.co.kr
문SQ1. 귀하의 성별은?
남자
여자
문SQ2. 귀하의 연령은 만으로 어떻게 되십니까?
10대
20대
30대
40대
50대
60대 이상
문SQ3. 귀하의 결혼 여부는 어떻게 되십니까?
미혼
기혼
기타
다음문항으로

[그림 5-3] 웹서베이 화면

들어 종이 설문지에서는 단일 응답을 받는 질문에 두 개 이상의 응답이 기록될 수 있다. 그러나 인터넷조사에서는 이런 응답은 아예 입력될 수 없도록 미리 걸러진다. 그러므로 자료의 정확도가 더욱 높다. 또한 실시간으로 자료가 입력되기 때문에 실시간 자료분석이 가능하다.

대표적인 인터넷조사 방법으로는 한국사회과학데이터센터의 KSDC DB와 퀄트릭스(Qualtrics) 등이 있다. 한국사회과학데이터센터의 KSDC DB는 양적연구와 연관된 자료탐색, 온라인 설문조사 및 통계분석, 강의 및 교육지원 등의 다양한 서비스를 제공한다. 인터넷 조사 필요 시 사용자가 직접 웹상에서 이미 작성된 설문 파일을 올리거나 직접 설문지를 작성하여 조사, 응답 집계, 결과 분석을 할 수 있는 시스템이다. 퀄트릭스는 조사목적 및 설계에 따라 다양한 문항작성 및 부가기능을 제공하고 있다(〈표 5-2〉 참조).

〈표 5-2〉 문항작성 및 부가기능

<table>
<tr><th colspan="2">유형</th><th>내용</th></tr>
<tr><td rowspan="5">문항작성</td><td>단일선택형</td><td>질문의 보기 중 응답자가 하나의 보기만 선택할 수 있는 타입</td></tr>
<tr><td>복수선택형</td><td>질문의 보기 중 응답자가 여러 개의 보기를 선택할 수 있는 타입</td></tr>
<tr><td>매트릭스형</td><td>다수의 문항을 동일한 척도로 측정하고자 할 때 사용할 수 있도록 구조화된 형태의 질문</td></tr>
<tr><td>우선순위형</td><td>질문에 대해 우선순위별로 보기를 선택하는 타입</td></tr>
<tr><td>서술형</td><td>[단문응답형] 응답자가 자유롭게 간단한 답변을 기재하는 타입
[장문응답형] 응답자가 자유롭게 장문의 답변을 기재하는 타입</td></tr>
<tr><td rowspan="3">부가기능</td><td>주석문</td><td>주석을 입력할 수 있는 기능</td></tr>
<tr><td>이미지</td><td>이미지를 삽입할 수 있는 기능</td></tr>
<tr><td>필수/선택/조건 옵션</td><td>• 필수: 설문항에 대해 응답자가 반드시 입력해야 할 경우
• 선택: 설문항에 대해 응답자가 선택적으로 입력할 경우
• 조건: A번 설문항에 대한 응답이 특정문항인 경우에만 응답하도록 설정(예: 1번 문항에 2번을 체크한 사람만 응답)</td></tr>
</table>

(5) 모바일 조사

모바일 조사 시스템(mobile survey system)은 조사 목적에 따라 모집단을 구성하고, 구성한 모집단에서 쿼터 할당에 의한 RDD 방식으로 표본을 추출, 추출된 응답자에게 모바일 폰으로 SMS를 전송하여 조사내용을 고지한다. SMS를 받은 응답자는 통화버튼을 눌러 문자 메시지와 같이 보내준 회신(callback) 번호로 본 시스템의 응답서버에 접속한 후 정해진 설문 절차에 따라 응답을 하게 된다. 응답자가 응답서버에 접속하면 응답서버는 회신(callback) 번호를 확인하고 그 번호와 매핑된 설문 프로젝트에 연결된 설문을 진행하게 된다. 설문을 진행하기 전 반드시 응답자의 회신자 ID 정보가 해당 조사의 대상자인지 여부를 확인해야 한다. 응답자가 모든 설문을 마치면 응답서버는 설문 데이터를 즉시 데이터베이스에 저장한다.

모바일 조사는 자료의 수집부터 분석에 이르기까지 모든 과정을 시스템화하여 별도의 인력이나 추가적인 장비를 필요로 하지 않지만, 모바일이 가지는 특성으로 인한 한계점도 있다. 모바일 조사의 장점과 단점을 비교하면 다음과 같다.

모바일 조사는 조사원으로 인한 비표본오차를 줄일 수 있다는 장점이 있다. 전화조사의 경우에는 조사원의 말투, 억양, 뉘앙스 등에 따른 차이, 응답자의 대답을 조사원 스스로 해석하고 왜곡하는 것과 같은 상황들을 통제하기 어렵다. 그러나 모바일 조사는 같은 음성, 같은 분량의 녹음내용이 모든 응답자에게 제공되므로 조사원에 따른 차이를 최소화할 수 있다. 둘째, 같은 시간에 많은 수의 응답을 받을 수 있다. 동일한 회선 수로 조사를 하더라도 전화조사에 비해 훨씬 짧은 시간에 많은 응답을 받아낼 수 있다. 셋째, 주간(day time)에 조사가 가능하다. 일반적으로 전화조사는 응답자와 통화 가능성이 가장 높은 시간대인 저녁 6시 이후에 이루어진다. 하지만 대부분의 응답자들은 종일 모바일을 소지하며 사용하기 때문에 주간에 조사하여 데이터를 수집할 수 있다. 넷째, 전화조사의 대상이 가구 단위인 것에 반해 모바일 조사는 각 개인을 대상으로 한다. 따라서 조사대상자로의 접근이 용이하고 전화조사에서 할 수 없는 추적조사가 가능하다.

한편 모바일 조사는 단점도 있다. 첫째, 전화조사보다 설문의 분량과 내용에 많은 제약이 있다. 질문 내용은 짧고 단순해야 하며, 질문의 수도 많아서는 안 된다. 보통 전화조사에서는 인구통계학적 변수를 포함하여 20~25문항 정도(약 10분)가 가장 적당하지만 모바일 조사는 이보다 짧아야 한다. 전화조사에서는 응답자가 더 이상 설문을 원하지 않으면 조사원이 끝까지 응답을 유도할 수도 있으나 모바일 조사는 응답자가 마음대로 전화를 끊어 버릴 수 있기 때문에 결측을 보완하기 어렵다. 둘째, 설문에 대한 추가설명이 어렵다. 전화조사는 응답자가 설문의 뜻을 잘못 이해하더라도 조사원에게 다시 물어 부연설명을 요구할 수 있지만, 모바일 조사는 이러한 작업이 전혀 이루어질 수 없다. 셋째, 응답자가 실수로 응답 버튼을 잘못 누르면 변경할 수 없는 문제도 있다.

(6) 기타 자기기입식 조사

그밖에도 많은 종류의 자기기입식 조사방법이 있다. 예를 들어 항공사들은 탑승자에게 설문지를 제공하여 승객 만족 정도를 기록하도록 한다. 음식점, 호텔, 그리고 많은 서비스 기관에서도 엽서 형태의 종이에 짧은 설문을 통해 고객에게서 서비스 평가를 받고 있다. 많은 기업들이 그들 제품이 언제 어디서 구입되는 가를 파악하기 위해 구입자 등록 카드를 이용하고 있다. 이런 등록 카드는 소비자의 구입 행위를 추적하는 가장 저렴한 기법이다.

마무리사례

Unilever, 실시간 경험추적 조사

Unilever는 데오도런트 브랜드 Axe의 마케팅 캠페인으로 이 제품이 표적시장인 청년 남성들을 여자들한테 더 매력적이게 만들어준다는 광고 캠페인을 사용하고 있었다. 그런데, 대부분의 시장에서 이 광고는 아주 효과적이었는데, 이탈리아에서는 이상하게 이 광고가 전혀 먹혀들지 않고 있었다. 이 골치 아픈 문제의 해법을 찾기 위하여, Unilever는 소위 실시간 경험추적(real-time experience tracking) 조사방법을 활용하였다. 소비자들로 하여금 특정 브랜드를 접촉할 때마다 문자 메시지를 보내도록 하여 자료를 수집하는 이 조사방법을 통하여 Uniliver는 문제의 핵심을 알아낼 수 있었다.

문제는 이탈리아에서는 청년 남자들이 흔히 부모들과 함께 살고 있으며, 따라서 집에서 TV 광고를 볼 때 그들의 적절한 사회적 정체성(social identity)은 "만날 수 있는 남자(available man)"가 아니라 "책임을 다하는 아들(dutiful son)"이라는 사실이었다. 따라서 이탈리아 청년들은 광고의 메시지를 부정적으로 받아들였던 것이다. 왜냐하면 Axe의 광고 메시지가 부모와 함께 있을 때 불편해보일 수 있는 행동에 초점을 두고 있었기 때문이었다. 해답은 저녁 시간에 표적시장 고객인 이들 청년들에 대한 효과적인 마케팅 방법은 그들이 친구들과 함께 밖에 있을 때 옥외광고와 "Axe Police"라고 하는 예쁜 젊은 여성들로 하여금 지나가는 남자들한테 Axe를 분사시키는 방법을 사용하는 것이었다. 표적시장 고객을 대상으로 동일한 광고 메시지가 사용되었지만, 사회적 정체성이 적절하도록 광고의 매체 선택과 실행방법을 바꾼 것이 Unilever의 해법이었다.

실시간 경험추적 조사방법을 사용하면, 고객이 여러 접점에서 겪게 되는 많은 고객경험의 상세하고 참된 모습을 파악해내는 것이 가능하며, 이것은 종래의 설문조사 방법으로는 좀처럼 가능하지 않다. 예를 들어, 소비자 전자제품의 경우 효과적인 마케팅을 위해서는 고객의 구매의사결정 과정을 통해 존재하는 다양한 접점에 대한 철저한 이해가 필요하다. 이를 위하여 한 전자회사가 500명의 소비자들에게 한 달 동안 5개의 전자제품 브랜드와의 접촉 내용을 알려주도록 조사를 다음과 같이 진행할 수 있다.

먼저 월초에 전통적인 방법의 설문조사가 실행된다. 응답자들은 각 브랜드의 인지도, 지식, 지각, 사용정도 등에 대해 답변을 제공한다.

둘째, 응답자가 각 브랜드와 접촉하게 될 때마다 휴대폰으로 문자 메시지를 보낸다. 이때 각각의 접점에서 오로지 4개의 문자만 보내면 충분하다. 첫 번째 문자는 접촉한 브랜드가 무엇인지를 나타내는 글자(A, B, C, D, E 중 선택)이며, 두 번째 문자는 접점의 유형(TV, 점포, 친구 집 등), 세 번째 문자는 긍정적 태도를 가리키는 점수(1~5), 네 번째 문자는 재구매의도 성향을 나타내는 점수(1~5)로 구성된다.

셋째 단계로 응답자는 온라인 다이어리를 작성한다. 저녁에 시간이 있을 때 응답자는 여기에다 각 접점에 대한 의견을 적어놓고 필요하면 사진도 올려놓는다. 또 응답자는 풀다운 메뉴를 사용하여 각 접점의 하위 유형을 표시할 수 있다. 예를 들면 구전(word-of-mouth) 형태의 접촉이 응답자 자신이나 다른 사람에 의해 이루어진 것인지 또는 단순히 우연하게 들은 것인지 그 구체적 유형을 선택해서 표시할 수 있다.

마지막 네 번째 단계에서 전통적 방법의 설문조사가 실행된다. 브랜드의 접촉을 통해 소비자의 태도에 어떤 변화가 발생했는지 파악하기 위하여 첫 번째 설문조사와 같은 내용의 설문조사가 사용된다,

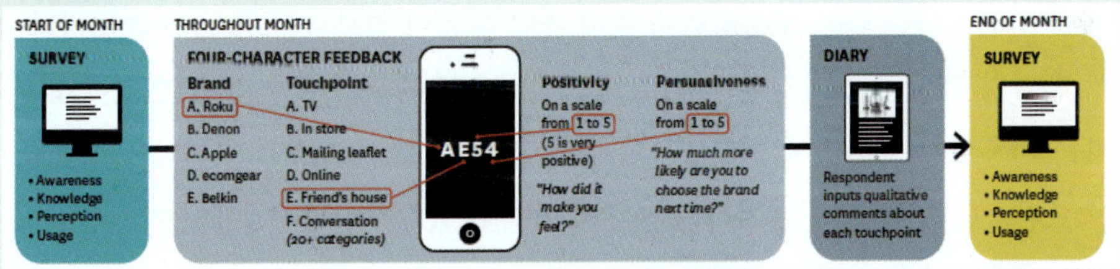

실시간 경험추적 조사방법의 예

출처: Guy, C., Wilson, H. N., & Macdonald, E. K. (2015); Macdonald, E. K., Wilson, H. N., & Konus, U. (2012).

요약정리

설문조사는 모집단을 대표하는 표본에게서 질문, 응답을 통해 자료를 획득하는 방법이다. 모집단을 대표하는 표본의 구성원을 응답자라고 부른다. 가장 기본적인 설문조사는 상표 인지, 지식, 상표 구입 및 이용 실태, 의견, 태도, 구입 의향 등을 측정하는 기술적 조사이다.

설문조사의 전체 오류는 두 가지 유형이 있다. 하나는 표본을 추출하는 과정에서 드러나는 오차로 표본의 크기에 따라 통계적으로 오차의 크기를 측정할 수 있다. 다른 하나의 오류는 체계적 오류로서 매우 다양하다. 무응답 오류는 응답자가 조사에 참여할 의사를 갖지 않기 때문에 발생한다. 응답자의 오류로는 네 가지가 있다. 암묵적인 동의의 오류, 극단적 응답을 피하려는 오류, 조사원 앞에서 있어 보이려는 오류, 사회적 기대감에 맞추려는 오류이다. 이와 달리 관리자의 오류도 있다. 조사원의 능력 차이로 발생하는 오류 혹은 아예 조사를 수행하지 않고 실행 한 것처럼 속이는 오류도 있다.

설문조사는 응답자와 소통하는 방식으로 구분할 수 있다. 조사원과 응답자 사이에 소통이 가능한 조사와 조사원이 없는 비소통의 조사방법이 있다. 면접조사, 전화조사 등이 소통이 가능한 조사이고, 우편조사나 인터넷조사가 비소통 조사이다.

개별 면접조사는 다른 조사방법에 비해 응답 비율이 높으나 비용이 가장 비싸다. 더욱이 응답자 개인의 보안상의 이유로 방문면접은 수행하기가 어렵다. 한편 거리면접조사는 비용도 저렴하면서 면접조사의 장점도 있다. 그러나 표적 모집단을 대표할 수 있는 표본을 선택할 수 있는가라는 점에서 약점이 있다. 어느 지점에서 거리면접을 실시하는가에 따라 응답자의 성격이 달라질 수 있기 때문이다. 전화조사는 빠르게 그리고 저렴하게 정보를 수집할 수 있는 장점이 있다. 그러나 집 전화를 등록하는 가정이 적고 심지어 아예 집 전화를 갖고 있지 않은 가정도 많아지는 추세라서 전화번호부에 의존하여 표본을 추출하는 전화조사는 대표성의 한계가 있다. 이를 극복하기 위해 휴대전화를 통해 전화조사를 실시하는 방안이 시도되고 있지만 휴대전화 번호를 미리 파악하기가 어려운 실정이다. 또 다른 해결책으로 무작위 번호 걸기인 RDD를 시도할 수 있으나 실제 성공 확률이 0.1%에도 못 미칠 정도로 너무 낮아 시간적 비용적 효율성이 매우 낮다.

06

CHAPTER

관찰조사

MARKETING RESEARCH

1. 관찰조사의 역할
2. 직접관찰과 인위적 관찰
3. 인간 관찰의 윤리적 문제
4. 물리적 대상물의 관찰
5. 기계적 관찰
6. 생리적 반응의 측정
7. 소비자행동의 현장관찰

MARKETING RESEARCH

06 CHAPTER

관찰조사

| 학습목표 |

1. 마케팅조사방법 중 하나인 관찰의 역할에 대해 설명하시오.
2. 직접 관찰과 인위적 관찰의 방법을 비교하여 설명하시오.
3. 사물과 메시지 내용을 관찰하기가 무엇인지 기술하시오.
4. 기계적 관찰의 주요 유형을 설명하시오.
5. 생리적 반응을 관찰하는 기법을 기술하시오.

도입사례

한국마트서… 몽땅 둘러보는 中, 살 것만 보는 日

작년 한국을 방문한 중국인 관광객 '유커(遊客)'는 612만 명. 한국 경제계를 움직이는 '큰손'으로 자리매김한 이들은 대체 어디서, 무엇을, 어떻게 구매할까. IT(정보기술) 기업 LG CNS가 중국인 관광객 3000여 명을 대상으로 그들의 쇼핑 행태를 분석했다. 대형마트 · 면세점에서 중국인 관광객 뒤를 졸졸 따라다니고, 서울 명동에서 인터뷰도 하고, 설문조사도 했다. 그렇게 조사한 결과를 바탕으로 중국인이 현지에서 한국 물건을 살 수 있는 역(逆)직구 쇼핑몰 '한유짠(韓友贊)'을 열었다.

◇ 유커는 '호기심 많은 탐험가'형

LG CNS는 중국인 관광객의 쇼핑 행태를 분석하기 위해 시내 대형마트와 면세점을 찾았다. 2인1조가 되어 중국인과 일본인 손님 뒤에 바짝 붙었다. 이들이 매장에 진입하는 순간부터 쇼핑을 마치고 나가서 택시를 탈 때까지 전 과정을 몰래 따라다녔다. 대화를 귀동냥으로 듣고 일거수일투족을 꼼꼼히 기록했다. 서비스혁신팀 진윤정 과장은 "두 달 반 동안 매일 이들의 뒤를 좇았더니 중국과 일본 관광객의 쇼핑 성향 차이가 뚜렷하게 드러났다"고 했다.

예컨대 중국인 관광객 4인 가족의 평균적인 쇼핑 행태는 이랬다. 이들이 대형마트에 들어서면 여자들이 제품을 고르는 동안 남자들은 모든 식품 코너를 돌며 시식(試食)을 했다. 진 과장은 "계획된 소비보다는 매장 내 모든 코너를 일일이 돌아보는 복잡한 동선이 중국인의 특징"이라고 했다. 제품을 고를 때는 흩어졌던 가족들이 한자리에 모여 상의했고, 주위의 한국인이 특정 제품을 집으면 이를 눈여겨봤다가 똑같이 고르는 경향도 보였다.

일본인은 달랐다. 매장에 들어서자마자 스마트폰이나 쇼핑물품을 적은 종이를 카트 위에 딱 펼쳤다. 여기저기 둘러보는 중국인과 달리 일본인은 원하는 물품만 착착 찾아갔고 그것만 구매한 뒤 매장을 떠났다. 쇼핑을 하다 어려움이 있어도 누군가에게 묻는 일은 거의 없었고, 제품 정보를 꼼꼼히 읽어볼 뿐 남의 도움을 구하는 일이 드물었다.

중국인 · 일본인 관광객의 쇼핑행태 비교

중국인		일본인
길고 복잡(한 매장도 여러 번 방문)	매장 내 동선	짧고 단순(구매 즉시 퇴장)
모든 것에 관심을 갖고 여기저기 둘러봄	구매물품	종이 · 스마트폰 등에 미리 적어온 쇼핑목록 위주
– 타인 · 가족 의견 적극 참고 – 한국인이 고르면 따라 구매하는 경향	구매결정	– 남에게 묻거나 도움을 구하지 않음 – 제품정보를 꼼꼼히 보고 되도록 혼자 결정
'호기심 많은 탐험가' 형(型)	특징	'신중한 실속파' 형

자료: LG CNS.

◇중국 본토인과 대만 관광객은 쇼핑 행태 달라

LG CNS는 이 같은 조사를 바탕으로 구매 잠재력이 높은 '중화권(中華圈) 관광객'을 주요 타깃으로 삼았다. 하지만 '중국 문화권은 거의 비슷하지 않을까'하는 생각은 서울의 쇼핑 · 관광 명소에서 중화권 관광객 450여 명을 집중 인터뷰하면서 여지없이 깨졌다. 중국 본토, 대만, 홍콩 등 출신지에 따라 성향이 제각각이었다.

대만 · 홍콩 관광객은 다양한 브랜드를 고르게 소비하고 씀씀이도 컸다. 하지만 자국(自國) 내에서의 쇼핑 여건도 나쁘지 않은 편이어서, 한국 쇼핑몰의 샘플만 사용해보고 구매는 하지 않는 사람들도 많았다. 반면 중국 본토에서 온 사람들은 한국의 유명 브랜드를 집중적으로 구매하는 편이었다. 쇼핑 자체에 목적을 둔 행태를 보였다.

출처: 조선일보(2015. 6. 17).

1. 관찰조사의 역할

마케팅조사에서 관찰은 사람의 구매 행위, 일어나는 사건을 기록하는 체계적인 과정이다. 이 과정에서 사람들 간의 대화나 의사소통은 없다. 관찰조사에서는 조사자가 발생한 사건을 직접 기록하거나 인터넷 서핑 등 관찰대상행동의 내용이 자동적으로 기록된다. 이러한 체계적 기록 시스템은 소비자가 어떤 제품을 가격 할인 때 구입했는지 혹은 평상시 가격에서 구입했는지를 알려 주고, 인터넷 서핑에서 특정한 웹 페이지를 보는데 이느 정도의 시간을 소비했는가와 같은 자료를 제공한다.

관찰은 정성조사 및 정량조사 모두에서 유용한 역할을 담당한다. 더욱이 구입 패턴에 대한 실제 관찰은 탐색적, 기술적, 심지어 인과적 조사에서도 유용하다. 예를 들어 다양한 다이어트 프로그램에 소비자들이 어떻게 반응하는가를 관찰한다고 하자. 이런 관찰 내용은 인과 관계 연구에서 종속변수의 역할을 한다. 그러나 관찰은 일반적으로 정성적 조사 및 탐색적 조사에서 더 많이 사용되고 있다.

1) 관찰조사의 대상

관찰조사는 행위에 대한 폭넓은 정보를 수집한다. 관찰 내용은 쇼핑이나 TV시청 같은 물리적 행동, 시장에서 판매자와 구매자 사이의 대화, 목소리의 높낮이나 표정과 같은 표현, 공간적 거리나 위치, 쇼핑이나 운전 등에 소비되는 시간, 회수되는 신문지 양과 같은 물리적 대상물, 광고물의 내용과 같은 기록물, 마케팅활동에 대한 뇌의 반응 등 매우 다양하다.

그러나 태도, 동기와 같은 인지적 현상은 관찰되지 않는다. 결국 관찰조사는 왜 이런 행동을 하였는지 그리고 무엇이 이런 행동을 하도록 유도하였는지에 관해 설명하지 않는다. 또 다른 한계점은 관찰이 비교적 짧은 시간 동안에 일어난다는 것이다. 며칠 혹은 수 주일에 걸쳐서 일어나는 행위 패턴을 관찰하려면 너무 비용이 비싸고 심지어 불가능하기까지 하다.

2) 관찰조사의 특징

관찰조사의 방식은 크게 사람에 의한 육안관찰과 기계장치에 의한 관찰로 구분할 수 있다. 사람에 의한 관찰은 시장 현장에서의 구매자와 판매자 사이의 대화와 표정 등 조사에 앞서서 쉽게 예측할 수 없는 행위나 혹은 상황을 관찰하는 데 적합하다. 한편 폐쇄형 카메라 같은 기계장치에 의한 관찰은 차량의 교통량 파악이나 슈퍼마켓 소비자 동선 추적 등 일상적이고 반복적이며 일정한 패턴이 있는 상황이나 행위 유형을 관찰하는 데 적합하다. 그밖에도 마케팅조사에서 사용되는 기계장치에 의한 관찰은 종류가 다양하다. 피플미터(peoplemeter)를 사용한 TV 시청률 측정, 소매점에서의 바코드 스캐너를 사용한 소비자 쇼핑행동의 추적도 대표적인 기계장치에 의한 관찰이다. 또한 광고 카피 및 포장, 또는 기타의 마케팅 자극물에 대한 소비자의 심리적, 생리적 반응을 측정하기 위해서도 많은 종류의 기계장치가 이용되고 있다. 이런 장비는 주로 소비자가 스스로 자신의 느낌을 잘 모르거나 혹은 일부러 거짓 응답을 할 우려가 있다고 생각될 때 사용된다. 대표적인 소비자의 생리적 반응 측정 장비로는 눈의 초점을 추적하는 장치(eye-tracking monitor), 동공의 크기를 재는 장치(pupilometer), 심리적 흥분에 따라 변화하는 피부 전기적 양을 측정하는 장비(psychogalvanometer), 목소리 높이를 재는 장비(voice pitch analyzer) 등이 있다. 최근에는 뇌파검사(Electroencephalography: EEG) 장치를 사용, 마케팅 자극물 노출에 따른 뇌파의 추적을 이용한 뉴로마케팅(Neuromarketing) 분석을 위한 관찰조사방법도 사용되고 있다.

관찰조사는 구체적인 관찰 임무에 적합한 사람이나 기계를 이용하여 인간 행위, 대상물, 사건 등을 관찰한다. 사람에 의한 관찰은 조사에 앞서서 쉽게 예측할 수 없는 행위나 혹은 상황을 관찰하는 데 적합하다. 교통량을 파악하거나 슈퍼마켓 소비자 행동을 기록하는 폐쇄형 카메라 같은 기계적 관찰은 일상적이고 반복적이며 일정한 패턴이 있는 상황이나 행위 유형을 관찰하는 데 적합하다. 뇌신경 활동이나 거짓말 탐지기 같은 생리적 반응을 파악하는 정교한 기계들도 기계적 관찰에 포함된다.

사람에 의한 관찰이든 기계적 관찰이든 관찰 기록 중에는 응답자와 아무런 대화를 하지 않는다. 예를 들어 소비자에게 쇼핑하는 데 시간이 얼마나 걸리는가를 질문하는 대신에 특정 고객이 가게에 들어와서 나갈 때까지를 관찰하여 그 시간을 기록에 의해 파악하면 된다. 이처럼 관찰이 이루어지고 있음을 관찰 대상자가 모르는 경우를 은폐 관찰이라 한다. 은폐 관찰이 관찰 대상자의 오류를 줄여 줄 수 있다. 이에 반해 관찰자가 옆에 있거나 기록하는 기계가 눈에 띄도록 하는 경우는 노출 관찰이다. 특정한 사람을 관찰하려면 사전에 조사에 참여해 달라고 요청하여야 한다. 소비자에게 카메라 앞에서 머리를 감아 달라고 요청하는 것은 노출 관찰인데 반해 샴푸를 쇼핑하는 과정을 녹화하는 것은 은폐 관찰이다.

소비자가 어떤 행동을 했다고 답변하는 일반 조사에 비해 은폐 관찰을 통해 자료를 획득하는 방법이 갖는 주요 장점은 사회적 기대에 따르려는 오류, 조사원 앞에서 자기를 내세우려는 오류, 행동은 한 것 같은데 구체적으로 기억할 수 없는 오류 등을 부분적으로나마 줄일 수 있다는 점이다. 관찰은 행위가 발생하는 바로 그 지점에서 실행되기 때문이다.

3) 인간 행위 관찰하기

설문조사가 말로 답변하기를 강조하는 데 반해 관찰조사는 말없이 행동 그 자체를 관찰한다. 기저귀 조사에서 애기들의 착용감을 알고 싶다면, 해당 제품을 찬 애기가 어떤 반응을 보이는가를 관찰하면 된다. 애기에게 착용감을 물을 수 없기에 실제 행동을 관찰함으로써 제품의 만족 정도를 확인할 수 있다.

사람들은 의미를 교환하는 소통 과정으로 비언어적 행위를 사용한다. 머리를 끄덕이거나, 입가에 미소를 짓거나, 눈썹을 치켜 세우거나 하는 등의 동작이나 표정으로 의미를 전달한다. 이와 같은 몸짓이나 표정을 관찰하는 것도 마케팅조사의 중요한 자료가 된다. 고객이 많이 몰리는 시간대의 판매원의 행동과 한가한 시간대의 판매원의 행동 간에는 분명한 차이가 있을 것이다. 그러나 판매원에게 각 시간대에 따른 고객 대응의 차이점을 말하도록 질문하는 경우 친절한 태도와 행동을 일관되게 보여 준다는 답변을 듣게 될 것이다. 이런 경우에는 은폐 관찰을 통해 그 차이를 파악하는 것이 사실을 파악할 수 있는 더 좋은 방법이다.

4) 관찰조사 보완하기

관찰조사는 관찰 대상의 실제 느낌에 관한 보완 증거를 확보함으로써 그 결과가 더욱 유용해진다. 집단집중면접에서 조사의뢰 기업의 담당자는 일면경 뒤에서 토론 내용을 듣고 관찰한다. 이 경우 참석자들이 얘기하는 내용은 얼굴 표정이나 몸짓 등으로 더욱 생생하게 의미가 전달된다. 예를 들어 영양소가 듬뿍 든 인스턴트 죽을 개발하여 집단심층면접에서 시식해 보도록 데워서 일반 접시에 담아 권하였으나 참석자 전부가 숟가락을 들지 않는 경우가 발생한 적이 있었다. 일면경 뒤에서 현장을 관찰하고 있던 조사 의뢰 기업의 제품 개발자는 무엇인가 잘못되었음을 즉시 알아챘다. 한 참석자가 손가락으로 데운 죽을 가리키면서 "이거 개죽 같아요"라고 말했다. 이때 모든 참석자는 머리를 끄덕였다. 신제품 죽이 데워져서 접시에 담긴 모양이 싫다는 언어적 표현도 있었지만 참석자의 표정으로도 아주 강한 부정적 의미를 파악할 수 있었다. 집단심층면접은 그날 부로 중단되었고, 신제품은 즉시 수정 보완에 들어갔다.

어떤 조사에서는 노출관찰과 개별면접을 혼합하는 경우도 있다. 우선 관찰한 내용을 녹화한 후에 관찰 대상자에게 특정한 행동에 대해 설명하도록 면접하는 것이다. 손에 바르는 로션을 사용하는 주부들을 관찰한 결과, 두 가지 유형의 이용자가 있는 것으로 나타났다. 하나의 유형은 로션을 듬뿍 덜어서 손에 덕지덕지 바르는 여자들이고 다른 한 유형은 조금 떠서 얇고 넓게 바르는 사람들이었다. 이런 관찰 내용을 보여 주면서 왜 듬뿍 바르는가를 질문한 결과, 로션이 거친 피부를 치유해 줄 것이란 믿음에서 그렇게 행동을 했다는 대답을 얻었다. 한편 살짝 바르는 사람은 로션에서 나는 그 향을 즐기면서 피부를 부드럽게 하는 게 목적이라고 대답하였다. 이에 따라 거친 피부 치유용도와 일반 피부 보습용도로 제품을 구분할 필요가 있음을 알게 되었다.

2. 직접관찰과 인위적 관찰

관찰조사에서는 조사자가 어느 정도까지 조사 상황에 관여해야 하는가를 결정해야 한다. 현상학적 접근에서는 조사자가 조사 상황에 직접적으로 가담한다. 레스토랑에서 일하는 직원에게 이 레스토랑이 위생이나 고객의 안전에 얼마나 신경을 쓰고 있는지를 조사한다고 생각해 보자. 조사자가 직원에게 직접 질문을 하거나, 아니면 직원이 어떻게 반응하는가를 알기 위해서 도발적인 행동을 할 수도 있다. 이와 달리 은폐 카메라를 레스토랑에 실치하여 직원의 행동을 관찰 기록할 수도 있다. 또는 조사자가 직접 그 레스토랑에 위장 취업하여 다른 직원들이 어떻게 행동하는가를 관찰할 수도 있다.

1) 직접 관찰(Direct Observation)

직접 관찰은 일정 기간 동안 사람들이 실제로 어떤 행동을 하는가를 상세하게 기록하는 방법이다. 여기서 관찰자는 그 상황을 조작하거나 통제하는 어떠한 시도도 하지 않으며 단지 수동적인 역할만을 수행한다. 관찰자는 그 상황에 관여하지 않도록 최선을 다한다. 예를 들어 물건 진열 방식을 바꾸어서 고객이 좀 더 손쉽게 상품을 찾도록 조치할 수 있게 슈퍼마켓 내에서 입장객이 몇 명인지 그리고 그들이 어떻게 움직이는가를 조사할 수 있다. 이런 자료는 입장객에게 슈퍼마켓 내에서 어떻게 움직이는가를 질문하는 대신에 단순히 입장객의 움직임을 관찰함으로써 더욱 정확해진다. 일반 조사처럼 쇼핑객에게 각 코너에서 얼마 동안 머무르는가를 직접 질문한다면 정확한 답변을 얻을 수 없을 것이다.

(1) 직접 관찰의 활용가치

직접관찰은 가장 단순한 자료수집방법으로서 아주 흔하게 사용된다. 대형마트 관리자는 정기적으로 같은 지역 경쟁점 등의 가격 정보를 관찰, 입수할 수 있다. 또 경쟁점표의 전단지나 홈페이지를 통해 판촉행사의 내용을 관찰할 수도 있다.

경우에 따라 관찰조사는 매우 경제적인 자료수집방법이다. 이를테면 쇼핑센터에 주차된 자동차들의 번호판을 관찰하여 그 자료와 자동차 등록정보를 결합한다면 쉽게 고객의 거주지를 파악할 수 있다.

또한 특정한 자료는 직접 관찰을 통해 더 빠르고 쉽게 획득할 수 있다. 다이어트 음료를 어떤 사람들이 구입하는지 알고 싶다면 수퍼마켓의 음료 진열 영역에서 다이어트 음료를 구입하는 사람들을 관찰하면 될 것이다. 이처럼 직접 관찰은 많은 경우에 가장 단순하고, 가장 빠르며, 가장 정확한 자료수집방법이 될 수 있다.

(2) 직접 관찰의 오류

직접 관찰의 경우 관찰 대상자와의 직접적인 상호작용이 없기는 하지만 오류를 완전히 피할 수는 없다. 우선 관찰자의 발생 사건 기록이 주관적일 수 있다. 관찰자의 시각에서 관찰대상의 소득수준이나 교육수준을 낮추거나 높일 수 있다. 이와 같은 인식상의 차이로 나타나는 측정의 왜곡 현상을 관찰자 오류(observer bias)라 부른다. 일반적으로 판매원이 건방진지 아니면 겸손한지를 관찰하여 기록하는 경우 관찰 과정 상 관찰자의 주관적 해석에 따라 다르게 측정될 수 있다.

또한 특정한 상황에서 사람, 대상물, 사건을 기록하는 데 있어 관찰자가 주관적으로 선택하여 기록함으로써 오류가 발생할 수 있다. 관찰자는 모든 내용을 상세하게 기록해야 한다. 그러나 사건이 벌어지는 속도, 관찰자의 쓰는 속도, 관찰자의 기억력 등의 요인이 기록 가능한 정보의 양을 제약한다.

관찰 자료의 해석에서도 오류가 있을 수 있다. 비슷한 얼굴 표정이나 비언어적 소통 내용의 의미가 다양할 수 있다. 웃음짓는 것이 항상 기쁨을 표시하는 것일까? 대표이사 옆자리에 앉아 있는 사람이 당연히 높은 지위에 있다고 판단할 수 있는가? 이처럼 관찰자료의 해석에는 주관적 판단에 따른 오류가 발생할 수 있다.

2) 인위적 관찰(Contrived Observation)

대부분의 관찰이 자연적인 상황에서 이루어지지만 가설 검증을 위한 목적으로 특정한 상황을 꾸며 놓고 관찰을 실시하는 경우가 있다. 이런 접근방법을 인위적 관찰이라고 한다. 상황을 인위적으로 꾸미지 않았다면 특정한 사건이 발생하기까지 상당한 시간을 기다려야 하는 경우에 인위적 관찰의 사용이 필요할 수 있다. 많은 유통업체들은 "미스터리 쇼퍼(mystery shopper)"라 불리는 관찰자를 이용하여 매장의 제품과 서비스에 대해 점검하고 있다. 관찰자는 매장을 떠난 후에 매장의 제품이나 판촉물 진열 상태 및 판매원의 서비스 내용 등을 평가하여 보고하게 된다.

3. 인간 관찰의 윤리적 문제

관찰조사는 윤리적 문제를 안고 있다. 특히 은폐 관찰은 응답자의 사생활 보호 권리를 침해할 소지가 있다. 만약 여성이 속옷을 어떻게 착용하는가를 알기 위해서 폐쇄형 카메라를 통해 행위를 관찰하여 기록한다면 이는 명백한 인권 침해이다. 그러므로 이런 경우라면 특정의 여성에게 사전에 동의를 얻은 상태에서 관찰 기록해야 한다.

그러나 사전에 대상자에게 관찰해도 좋다는 허락을 얻기도 힘들고, 허락을 미리 얻는다면 관찰 대상자가 자연스럽게 행동하지 않을 것이다. 그렇기 때문에 상대방의 동의를 얻지 않고 몰래 관찰하려는 유혹이 강하게 발생할 수 있다. 또한 길거리 걸어 가는 사람을 관찰한다든지, 공항 대합실에서 비행기를 기다리는 탑승객을 관찰할 경우와 같이 개개인의 동의를 받을 수 없는 상황도 많이 있다.

그렇다면 언제 관찰조사를 부담없이 사용할 수 있을까? 다음 세가지 질문을 통해 이것을 알아 보자. 첫째, 관찰하려는 행위가 다른 누군가가 내 행동을 볼 수 있다고 생각되는 공공장소에서 보통 일어나는 일인가? 둘째, 관찰 대상자의 익명성이 보장되는가? 셋째, 관찰 대상자가 관찰에 동의하였는가? 만약 앞의 두 가지 질문에서 그렇다고 대답했다면, 이제 관찰 대상자의 사생활 보호 권리의 침해는 문제될 것이 없다. 또한 앞의 두 질문에 긍정적인 대답을 할 수 없더라도 세 번째 질문에 그렇다고 대답한다면 문제가 없다.

또한 인위적 관찰을 비윤리적이라고 보는 견해도 있다. 상대방을 혼란스럽게 하거나 곤혹스럽게 하여 그 반응을 파악하려는 인위적 관찰은 분명히 폭력적 행위에 속한다. 그러나 관찰대상자에 대한 위해 가능성이 없다면 인위적 관찰방법의 사용이 어느 정도 허용될 수 있다.

4. 물리적 대상물의 관찰

물리적 현상이 관찰조사의 대상이 될 수 있다. 물리적 흔적증거(physical-trace evidence)는 과거 발생 사건의 가시적 표지이다. 예를 들어 도서관에 비치된 책들의 낡은 정도는 어떤 책이 많이 대출되고 읽혔는지를 간접적으로 나타낸다 할 수 있다. 또한 전시실 바닥이 마모된 정도를 해당 전시물의 상대적 인기도의 측정치로 사용할 수 있다.

1) 재고조사(Inventories)

물리적 대상물을 관찰하는 방법으로 소매점의 재고를 파악하는 관찰조사가 있다. 이 방법을 통해 브랜드의 판매량, 시장 점유율, 계절적 구매패턴 등을 파악할 수 있다. 시장조사회사에서는 이런 관찰 조사를 소매점 지표조사(retail audit)라 부른다.

관찰자는 응답자가 정확하게 기억하지 못하는 정보를 발견하기 위해서 물리적 흔적 자료를 기록할 수 있다. 예를 들어 인스턴트 커피를 타서 마시는 경우 소비자들은 자신이 어느 정도의 커피, 설탕, 커피크림 양을 넣는지 정확히 모르는 경우가 많다. 이때 소비자들에게 그 내용을 묻는 대신, 소비자의 허락을 받고 조사기간 중에 찬장조사

(pantry audit)를 진행한다면 원하는 정보를 수집할 수 있을 것이다.

2) 내용분석(Content Analysis)

내용분석은 광고, 신문, 잡지, 논문, 서신, TV 프로그램 등에 포함되어 있는 내용이나 메시지를 관찰, 분석함으로써 데이터를 확보하는 방법이다. 내용분석은 메시지 그 자체를 연구하고, 나아가 메시지의 언급 회수나 빈도를 집계하기도 한다.

5. 기계적 관찰

관찰은 많은 경우 사람보다 기계에 의해 이루어진다. 비디오 카메라, 교통량 파악 폐쇄 카메라와 같은 기계가 행동을 관찰하고 기록한다. 초기의 기계적 관찰 시도는 철도 이용객의 사진촬영이었다. 철도 승객이 어떻게 앉아 있고 어떤 움직임을 보이는지를 사진으로 찍어서 승객이 갖는 편안함의 수준을 결정하였다. 또 다른 경우에는 도시 한 가운데의 교통량을 비디오 카메라로 찍어서 교통 혼잡이 얼마나 발생하며 어떤 이유로 발생하는가를 파악하여 도로를 재설계하는 사례도 있었다. 소매업의 경우 비슷한 기법을 사용해서 점포 레이아웃을 설계하거나 고객동선 또는 상품진열과 관련된 문제를 해결하기 위한 정보를 확보할 수 있다.

1) TV 시청률 조사

아마 가장 잘 알려진 기계적 관찰은 시청률 조사일 것이다. 이 조사의 절차는 다음과 같다. 전국을 대표할 수 있는 가정을 먼저 선정한다. 그 다음 그 가정에 방송되고 있는 프로그램과 시청하고 있는 가족 구성원에 관한 정보를 받아서 중앙 서버에 그 정보를 전송하는

닐슨 홈페이지

피플미터(people meter)라고 부르는 기기를 TV와 연결시킨다. 장비와 기기가 갖추어지면 가족 구성원 누군가가 TV를 킬 때 자신을 식별할 수 있는 코드 번호를 누르면 기기는 누가 언제 무엇을 보고 있다는 자료를 정해진 시간대에 중앙 서버로 전송하고 이 데이터가 저장된다. 그 결과로 특정 시각에 몇 대의 TV가 켜져 있으며, 어떤 채널이 시청되고 있고, 누가 그 프로그램을 보고 있는지를 알 수 있다. 한국에서는 4,230가구가 TV 시청률 조사 패널에 참여하고 있다.

2) 스캐너 조사

레이저를 투과하여 바코드를 읽는 기술이 발전함에 따라 마케팅조사에서 기계적 관찰의 사용이 가속화되고 있다. 이 기술로 어떤 판촉 활동이 판매에 더 효과적인가를 알 수 있다. 스캐너조사로 가격 할인 판촉 활동에 대한 소비자들의 다양한 반응을 파악할 수 있고, 특정한 판촉의 수익성 차이를 파악할 수 있게 되었다. 소비자 패널 정보 수집이 과거 일기장 기록 방식에서 스캐너 방식으로 바뀌고 있다.

전형적인 스캐너 소비자 패널에서는 선택된 가정의 구성원에게 스캐너로 읽을 수 있는 카드가 제공된다. 이 카드를 제공 받은 패널은 제품 구입 후 이 카드를 점원에게 제시한다. 각 가정의 상품 구매 정보가 이렇게 반복적으로 저장된다. 다른 패널 조사와 마찬가지로 각 패널의 인구통계 및 라이프스타일 정보는 별도로 수집된다. 그 다음 상품 구매 정보와 개인에 대한 정보를 연결하면 특정 상품의 구입량 변화와 고객 특성 사이의 관계 파악이 가능해진다. 일기장 방식과 비교해서 스캐너 방식의 자료 수집방법을 통해 다음과 같이 자료의 정확성이 개선된다.

- 구매 행위 보고를 통해 자료가 수집되는 것이 아니라 실제 구매 행위가 관찰 기록된다.
- 사람에 의한 기록 유지를 기계적 기록으로 대체함으로써 정확도가 높아진다.
- 측정이 눈에 띄지 않도록 이루어지므로 면접조사의 응답자 오류가 배제된다.
- 계산대에서 스캐너를 통해 상품 구입 정보가 획득됨으로써 해당 상품의 가격 할인, 진열, 특정한 판촉 활동의 효과를 체계적으로 파악할 수 있게 된다.

6. 생리적 반응의 측정

마케팅조사에서 광고 카피, 포장 혹은 여러 자극물에 대한 소비자의 신체적 그리고 정신적 반응을 평가할 수 있는 수 많은 기계적 장비들이 이용되고 있다. 특히 소비자가 스스로 자신의 느낌을 잘 모르거나 혹은 일부러 거짓 응답을 할 우려가 있다고 생각될 때 이런 장비가 이용된다. 생리적 반응을 측정하는 주요한 방법에는 심장혈관계(cardiovascular system), 근육활동 측정, 피부측정, 두뇌활동 측정, 안구운동 측정이 있다.

심장혈관계(Cardiovascular System) 측정

심장혈관계 지표들은 심박률(heart rate: HR) 및 혈압과 관련된 측정치들로서, 감정적 경험, 즐거움의 유인가(hedonic valence), 새로운 자극에 대한 정향 반응(orienting response), 또는 방어 심리생리학적 측정방법(psychophysiological measures)을 활용한 광고연구 현황 분석적 반응과 같이 자율신경계(Autonomic Nervous System: ANS) 중 주로 부교감신경계(Parasympathetic Nervous System: PNS)에 의해 통제되는 심리적 상태를 반영하는 것으로 알려져 있다. 그러나 심장은 부교감신경계는 물론 교감신경계에 의해서도 지속적으로 활성화되기 때문에 심장혈관계 지표들을 단순히 부교감신경계의 활동으로 해석하기보다는 교감신경계와 부교감신경계의 상호작용으로 해석하는 것이 바람직하다.

심박률은 주의, 인지적 노력, 각성, 그리고 감정과 같은 미디어 연구에서 중요한 여러 과정들에 대한 중요한 정보를 제공함으로써 광고 및 미디어 연구에 있어 유용한 지표인 것으로 밝혀져 왔다. 특히 심박률은 단기적 주의 선택(무의식적 자원 할당)은 물론 장기적 주의 노력(의식적 주의) 정도를 측정하기 위한 유용한 방법으로 제시되어 왔다. 단기적 주의 선택과 관련하여, 심박률은 새로운 자극에 대한 정향 반응을 측정하는 지표로 사용될 수 있다. 정향 반응은 주의의 일시적 변화와 관련 있으며 새롭거나, 기대하지 못하거나, 또는 의미있는 자극에 의해 유발된다. 또한 심박률은 기존의 커뮤니케이션 연구에서 무의식적 주의정도를 부정적으로 반영하는 타당하고 신뢰도 높은 측정치로 인정받고 있다. 즉 일시적인 심박률의 감속은 무의식적 주의의 증가를 반영하는 반면, 호흡 공동 부정맥(Respiratory Sinus Arrhythmia: RSA) 지수의 감소는 의식적 주의의 증가를 반영하는 것으로 알려져 있다.

실제로 외부 자극에 의해 주의가 기울여지거나 정보가 받아들여질 때 심박률이 감소한다는 것을 보여주는 많은 실증적 연구들이 있다. 이것은 심장혈관계 기능의 변화가 대뇌 피질의 작용을 촉진하거나 억제할 수도 있음을 시사한다. 즉, 심장의 감속이 감각적 수용을 돕는다는 것이다. 주의와 관련된 심장 감속 현상을 설명하는 Jennings(1992)의 운동신경 억제 모델(motor inhibition model)에 따르면, 심장의 감속은 주의 증가에도 불구하고 규칙적인 운동과 단기적 심박 증가를 야기하는 활동이 억제된 일종의 각성된 상태를 반영하는 것으로 설명된다.

근육 활동(Muscle Activity) 측정

근전도 측정(Electromyography: EMG)은 근육의 활성 신호를 기록하고 평가하는 방법으로서, 근전 기록 장치를 이용해서 근육 세포들이 수축하거나 이완될 때 생성되는 전기적 전위(electrical potential)를 감지하여 근전도(electromyogram)라 불리는 기록을 생산하는 과정으로 정의된다. 미디어 연구에서의 근전도 측정을 이용한 연구들은 주로 미디어 자극으로 인해 유발된 감정적 반응을 반영하는 측정하기 위해 안면에 분포한 다양한 근육들의 활동에 초점을 맞춘다. 안면 근전도(facial EMG)는 안면 피부에 부착된 표면 전극들(surface electrodes)을 통해 기록되는데, 전극에서 측정된 전위차(potential difference)가 감정 상태를 반영하는 지표로 사용된다. 눈썹주위 근전도(corrugator EMG)는 부정적 감정 반응들의 타당한 지표로서 미디어 연구에서 사용될 수 있다. 반면에 관골주위 근전도(zygomatic EMG)를 긍정적 감정 반응들의 지표로 사용하는 경우에는 주의가 요구된다. 주의할 점은 대관골근(zygomatic) 활동과 정서적 유인가 간의 관계가 완전히 선형적이지 않다는 것이다. 예를 들면, 가장 불쾌한 자극(예: 절단된 신체 사진)이 얼굴을 찌푸리게 함으로써 대관골근 활동을 경미한 정도로 증가시킬 수도 있다. 끝으로 눈 주위(orbicularis oculi) 근육 활동은 비록 높은 각성 수준의 자극이 주어지면 증가하지만 미디어 메시지에 노출되는 동안의 긍정적 감정 반응들을 측정할 수 있는 잠재적으로 유용한 지표이다.

피부(Skin) 측정

인간의 피부를 포함한 신체에는 일정한 전류가 흐르고 있으며 따라서 전기적 전도성을 띠고 있다는 것은 주지의 사실이다. 이러한 피부의 전기적 도체로서의 특성은 커뮤니케이션 연구에서 상당한 주목을 받아 온 생리적 각성 지표 중 하나로서 타당하고 신뢰도 높은 측정치로 인정받고 있다(Lang, 1990; Lang & Newhagen, 1996). 피부 전도성으로 흔히 알려진 전기피부활동(Electrodermal Activity: EDA)은 장기적 및 일시적 지표들, 즉 피부전도수준(skin conductance level: SCL)과 피부전도반응(Skin Conductance Response: SCR)을 모두 제공한다. 우선 장기적 피부전도수준(tonic SCL)은 일반적으로 장시간 동안의 평균 또는 기저수준의 전도성(base levels of conductance)을 의미하는데, 사람들마다 실질적으로 다를 수 있으며 상이한 심리적 상태에 따라 개인 차원에서도 달라진다. 피부전도수준은 기본적으로 환경 요인 및 피부 타입에 따라 다소 편차를 보인다는 단점에도 불구하고, 인지적 해석으로 인해 오염되지 않은 감정적 각성 상태를 반영할 수 있는 유용한 지표이다.

또한 이러한 장기적 전기피부활동(tonic EDA) 지표는 미디어 노출과 관련하여, 자극에 대한 정보처리 역량의 흐름 또는 자극과의 관여를 반영한다는 점에서도 미디어 연구에 유용하다. 그러나 미디어 이용은 대개 매우 조용한 상태이며, 미디어 자극들은 상대적으로 긴 데 반해 전기피부반응은 종종 매우 빨리 습관화되기 때문에, 미디어 연구에서 장기적 전기피부활동을 이용하는 데에 잠재적 단점들 또한 존재한다.

두뇌 활동(Brain Acitivity) 측정

최근에는 중앙신경계(Central Nervous System: CNS)에 대한 관심이 증가함에 따라 많은 연구자들이 이벤트 관련 전위(Event-Relatcd Potentials: ERPs), 뇌파, 기능적 신경촬영(functional neuroimaging), 양전자 방사 단층촬영(Positron Emission Tomography: PET), 자기 뇌촬영(Magnetoencephal Ography: MEG) 등의 다양한 방법을 통해 대뇌의 전위를 측정하고 있다.

fMRI(기능적 자기공명영상)는 특정 자극에 대한 뇌 반응영상으로 최근 가장 각광 받고 있는 측정방법 중 하나이다. fMRI는 인지신경과학 연구에서 비롯된 것으로 뇌의 특정 영역들이 어떤 조건에서 활성화되는가에 대한 연구가 활발해지기 시작하면서, 뇌의 각 영역과 관련된 인간의 특정 행동이나 심리 상태가 조금씩 밝혀지고 있다(성영신 · 정건지 · 장영, 2004). 병원에서 사용되는 진단용 MRI가 인체의 해부학적인 단면만 찍는 것에 비해, fMRI는 아주 짧은 시간(100~200msec) 안에 뇌를 단층 촬영하여 활동 상황을 영상으로 보여준다. fMRI는 뇌가 활동할 때 혈류의 산소수준인 BOLD 신호를 반복 측정하여 뇌가 기능적으로 활성화된 정도를 측정하는 방법으로서 보다 활성화된 뇌 영역이 더 많은 혈류공급을 필요로 한다는 가정에 기반을 두고 있다. 이 방법을 통해 여러 가지 자극물을 제기했을 때 어떤 자극물이 어떤 뇌 영역을 활성화시키는지를 확인할 수 있다.

뇌파분석(EEG)은 인간의 뇌에서 발생하는 상이한 유형의 전기적 파동(예, 알파파와 베타파)의 주파수 상의 변화를 분석하는 방법이다. 뇌파분석은 마케팅 및 광고연구 분야에서 비교적 자주 사용되는 방법으로서, 뇌 활동과 소비자의 인지적(예: 주의 및 기억 등) 및 정서적(예: 각성 및 즐거움) 변화의 관계를 검토하기 위해 사용된다(Klebba, 1985). 광고연구 분야에서, 뇌파분석은 다양한 광고들에 대한 소비자들의 반응을 조사하기 위한 목적으로 Krugman(1971)에 의해 최초로 사용된 이래, 뇌의 활성도를 측정함으로써 광고에 대한 소비자들의 반응을 연구하기 위해 상당한 노력이 기울여져 왔다(Young, 2002). 뇌파분석 기법을 이용한 선행 광고 연구는 광고, 포장, 그리고 브랜딩의 변화에 따른 소비자들의 즉각적인 반응을 검토하는 데 연구의 초점을 두고 있다.

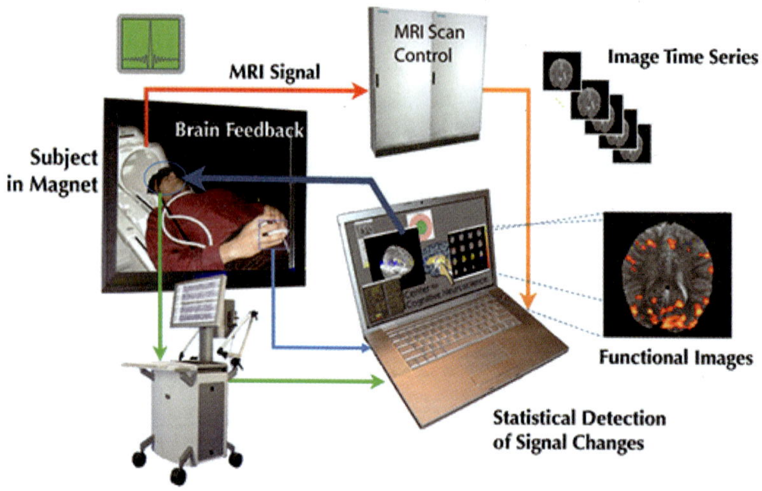

안구 운동(Eye Movement) 측정

사람의 눈과 관련한 심리생리적 측정 방법으로는 아이트래킹(eye tracking)과 동공측정(pupilometry)이 대표적이다. 먼저 아이트래킹은 인간의 눈동자 움직임을 지속적으로 관찰하여 자극에 대한 인간의 반응과 정보습득 결과를 연구하는 방법이라고 정의할 수 있다. 아이트래킹 지표는 크게 공간적 지표와 시간적 지표로 구분할 수 있다. 공간적 지표로는 안구운동의 진폭(amplitude of saccade)과 주사선의 길이(scanpath length)가 활용된다. 시간적 지표는 응시 기간(fixation duration), 응시 횟수(fixation number), 그리고 주사 기간(scanpath duration)을 포함한다. 이를 이용하여 광고연구자들은 소비자의 광고 자극에 대한 주의 정도를 측정할 수 있으며, 시각적 광고 내의 어떤 요소들이 그리고 어떤 순서로 소비자의 시각적 주의를 끄는지를 분석할 수 있다.

한편, 동공측정은 인간의 동공이 다양한 감정과 시각적 자극에 따라 어떻게 반응하는가를 조사하는 것이다. 다양한 얼굴 표정들은 의식적으로 억제하는 것이 가능한 반면, 동공의 확장이나 수축은 무의식적인 반응으로서 인지적인 방법으로 통제할 수 없다.

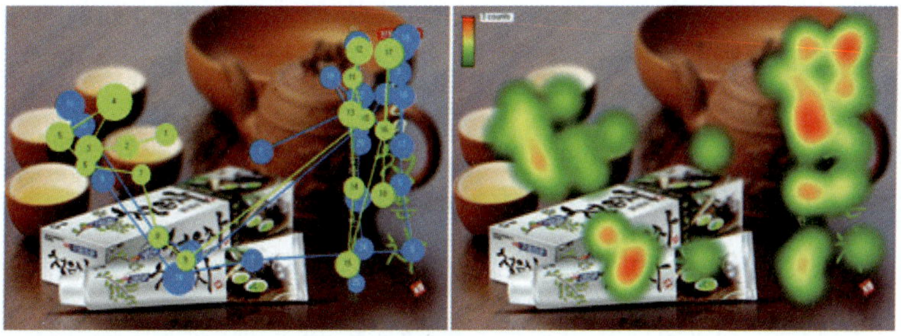

이 모든 장비들은 생리적 반응이 인지적 반응을 동반한다고 가정한다. 그러나 이런 가정이 명백하게 입증된 것은 아니다. 또한 이런 생리적 변화가 앞으로의 판매량이나 상품에 대한 태도 변화의 타당한 측정치라고 주장할 강력한 이론적 근거를 갖고 있지 못하다. 이런 장비들을 사용함에 있어 문제점은 개인마다의 생리적 반응 양의 차이가 다르다는 점이다. 흥분을 측정하는 것과 흥분의 정도가 어떤가를 측정하는 것은 완전히 다른 문제이다. 이들 기계적 장비들의 또 다른 문제점은 관찰 대상자들이 항상 인위적 상황 아래 놓여져 있음으로 그들이 관찰 측정되고 있다는 사실을 스스로 안다는 점이다. 따라서 대부분 자극물에 좀 더 과민한 반응을 보이는 경향이 있다.

7. 소비자행동의 현장관찰

소비자의 내면 심리 탐구, 체험 마케팅, 시나리오 경영에 대한 기업들의 관심이 높아지면서 신상품 기획, 제품 사용성 평가 등에 소비자 행동 관찰법을 활용하는 사례가 점점 늘어나고 있다. LG전자는 북미 세탁기 사업을 진행하면서 대규모 관찰 조사를 시행했다. 이를 통해 북미 지역 고객들은 대용량 세탁기를 원하고, 알레르기 방지 등 건강 관련 기능에 관심이 높다는 사실을 알아냈다. 이를 바탕으로 개발된 LG전자의 북미 지역 세탁기는 디자인과 기술력 면에서 매우 우수한 평가를 받았다. 당연히 현지 시장점유율도 빠르게 증가했다. 소비자행동을 관찰하는 주요 기법에는 섀도 트래킹, 피어섀도잉, 타운 와칭, 비디오 에스노그래피, 가정방문, POP, 온라인 일기 등이 있다.

- 섀도 트래킹(shadow tracking)은 소비자의 생활상, 제품 사용 패턴, 응답자의 이동 경로에 따른 행동 특성을 파악하기 위해 동영상 촬영을 통해 소비자의 일상 생활을 관찰하는 방식이다. 새로운 제품이나 서비스 기회를 파악하기 위해, 혹은 실제 사용자의 요구를 깊이 있게 파악하고자 할 때 주로 사용한다. 실험 참가자가 퇴근하는 순간부터 지하철에서 휴대폰으로 게임을 하고, 서점에서 책을 고르고, 잡화점에서 생활용품을 사고, 백화점에서 옷을 고르고, 카페에서 시간을 보내고, 레스토랑에서 친구를 만나는 모습 등을 촬영하는 식이다.
- 피어 섀도잉(peer shadowing)은 조사자가 기록하는 일반 섀도 트래킹 기법과 달리 소비자 본인이나 그 친구, 가족 등 지인들이 특정 소비자의 행동을 관찰, 기록하는 방법이다. 조사자가 따라다닐 수 없는 부분까지 촬영할 수 있고, 소비자가 심리적으로 편안함을 느끼기 때문에 신뢰성이 높은 자료를 수집할 수 있다. 다만 조사 주체가 비전문가여서 이들을 체계적으로 훈련시키는 일이 중요하다. 때문에 사후 인터뷰나 FGI를 병행해야 행동에 대한 이유 및 동기를 더욱 잘 파악할 수 있다.
- 타운 와칭(town watching)은 소비자 집단의 라이프 스타일 및 트렌드를 파악하기 위해 그들을 만날 수 있는 장소에서 관찰과 인터뷰를 진행하는 방식이다. 거리의 행인이나 매장을 주로 관찰하는 식이다. 상품 기획 단계에서 활용되는 조사로 소비자들의 특성 및 성향을 이해하고 제품 포지셔닝이 적절한지 정확하게 파악하

고자 할 때 사용한다.

- 비디오 에스노그래피(video ethnography)는 한 지점에 카메라를 고정하여 특정 제품이나 환경에 대한 소비자의 사용 행태를 기록하고 관찰하는 방식이다. 가전제품 등 기존 제품 사용상의 문제점을 파악하거나 식품 매장 등 특정 환경에서 소비자가 느끼는 문제점을 파악하여 이를 개선하거나 새로운 아이디어를 도출할 때 활용한다. 가정에서 냉장고를 사용하는 방식을 관찰하기 위해 식탁, 냉장고, 조리대 등이 보이는 지점에 카메라를 설치하여 시간대별로 소비자들이 생활 속에서 냉장고를 어떤 식으로 사용하는지를 관찰하는 식이다. 대형 할인 매장의 주요 지점에 몇 대의 카메라를 설치하고 다수의 사람들이 매장을 어떻게 이용하는지를 관찰한 후 제품 디스플레이나 판매대의 위치 등을 개선하는 데 활용할 수도 있다.
- 가정 방문(home visiting)은 조사 대상 가구를 방문하여 집안 환경을 관찰하고 가족 구성원과의 인터뷰를 통해 가족 구성원들의 라이프스타일 및 제품 사용 행태를 파악하는 방식이다. 세탁기 사용과 관련해 세탁실은 주로 어디에 있는지, 세탁기 주변에 어떤 물건들이 놓이는지, 세탁물은 얼마인지를 관찰하고, 사용상의 불편한 점, 개선 요구 사항 등을 인터뷰할 수 있다. 면담실에서 진행하는 심층 면접과 달리 사용 상황을 직접 관찰할 수 있고, 소비자가 좀 더 편안하게 제품을 직접 사용하는 순간에 떠오르는 생각들을 포착할 수 있다는 장점이 있다.
- POP(point of purchase)는 매장 관찰 및 판매원 인터뷰를 통해 매장 환경을 분석하고 고객의 구매 행태를 관찰함으로써 문제점을 발견하는 방식이다. 매장 환경 개선 및 소비자 구매 행태를 통한 상품 판매 전략 수립에 사용된다.
- 온라인 일기는 개인의 중요한 생활 이야기를 개인적 관점에서 기록하는 방식이다. 일상생활에서 제품 및 서비스 이용 경험에 대해 소비자가 스스로 내용을 작성하고 이미지를 기록한다. 소비자의 일상적인 라이프스타일 전반에 대한 구체적인 제품 사용 및 서비스 이용에 대한 경험 정보를 얻을 수 있다. 생활 전반에 걸친 특성을 이해하고 요구를 파악하고자 할 때 사용한다.

이런 관찰법을 잘 응용한 기업이 인텔과 노키아다. 인텔은 제품 개발을 위해 PaPR 그룹이라는 팀을 두고 있나. 고객 경험과 라이프스타일에 기반한 제품 개발을 목적으로 하는 이 팀에는 심리학자, 인류학자, 마케팅 담당자, 개발 담당자, 재무 담당자들이 모여 연구를 진행한다. 이 중 일부는 10대, 신세대 가족, 알래스카 어부, 인디언, 브라질 빈민들과 섞여 지내며 미래의 하이테크 잠재 시장 개척을 위한 연구를 진행하기도 했다. 노키아 역시 신흥 시장 공략을 위해 관찰 조사를 적극 활용했다. 이를 통해 우간다 등 아프리카 지역에서는 마을별로 전화를 공유한다는 사실을 파악하고 내구성이 좋고, 개인별 메뉴 저장이 가능한 휴대전화를 개발하여 아프리카 시장 공략에 성공했다(김옥남, 2010).

마무리사례

고객이 왕이라면 왕의 뇌를 찍어봐라

매년 2월이 되면, 미국은 미식축구의 진정한 챔피언을 가르는 '슈퍼볼' 경기로 열기가 뜨겁다. 슈퍼볼이란 북미 미식축구 리그(NFL)에서 내셔널리그와 아메리칸리그 우승팀이 단판승부로 최고의 챔피언을 결정하는 경기다. 슈퍼볼 경기 날이 되면, 미국인들은 가족이나 친구들과 한데 모여 맥주를 마시며 경기를 즐긴다.

미국에서만 1억 명, 세계적으로 3억 명 가까이 이 행사를 시청하기 때문에 슈퍼볼은 기업들에 가장 큰 대목이다. 전세계인들의 시선을 단번에 사로잡기 위해 경기 중 보여줄 광고를 제작하는 데 일년 내내 준비한다. 광고 단가도 1분에 100억 원이 넘는다. 미국의 경제주간지 〈비즈니스위크〉에 실린 기사 '슈퍼볼 이코노미'에 따르면 기업 광고, 슈퍼볼 관련 행사 등 슈퍼볼이 만들어내는 경제적 부가가치가 무려 2조 원에 이른다.

부정확한 설문 말고 속마음 엿보기

이렇게 막대한 돈을 들여 만든 광고가 얼마나 효과가 있을까? 미국 로스앤젤레스 캘리포니아대(UCLA) 마르코 이아코보니 교수는 슈퍼볼 경기 중 나온 광고들이 시청자들에게 얼마나 구매욕을 자극하는지 알아보기 위해 기발한 실험을 설계했다. 피험자들을 자기공명영상장치(fMRI) 안에 눕게 한 후, 실제로 슈퍼볼 경기가 열리는 동안 광고들을 그 안에서 보게 하고 그들의 뇌반응을 관찰한 것이다. 뇌영상 패턴을 바탕으로, 긍정적인 반응을 일으킨 최고의 광고에서부터 부정적인 반응을 유발한 최악의 광고까지 리스트를 만들어 세상에 공개했다.

그의 연구 결과에 따르면, 코카콜라 광고는 소비자들에게 가장 긍정적인 반응을 불러일으켰다. 선호를 표상하는 뇌영역이 활발하게 자극받은 것이다. 하지만 과자회사 도리토스의 에메랄드 너츠 광고는 거의 아무 반응도 일으키지 못했다. 실제로 슈퍼볼 막간에 나온 광고 중 3분의 1 정도는 '안 하느니만 못한 광고들'이었다는 충격적인 결과를 얻었다.

놀라운 것은 기업들이 광고를 제작하는 데는 수십억 원 이상을 쏟아 부으면서, 광고가 얼마나 효과가 있는지에 대해서는 그다지 과학적으로 검증하지 않는다는 사실이다. 광고는 제품을 인지시키고 구매욕을 자극할 만큼 선호 반응을 이끌어내는 것이 그 목표다. 시청률이 높은 프로그램 사이에 상영해, 많이 보게 하는 데만 급급해선 안 된다.

이아코보니 교수는 시청자들에게 설문조사나 심층 인터뷰를 통해 광고효과를 측정하지 않고, 왜 뇌영상을 촬영해 검증하려 했을까? 시장조사에서 흔히 사용하는 설문조사나 심층 인터뷰는 기본적으로 '인간은 자신의 경험과 반응을 정확히 표현할 수 있다'는 가정하에 출발한다. 그래서 그들이 광고를 보는 동안 어떤 반응을 보였는지 표현해 달라고 물어보는 것이다.

안타깝게도 인간은 자신의 뇌에서 벌어지는 반응이 어땠는지 정확히 이해하지 못하며, 그것을 표현하는 데는 더욱 서툴다. 특히 광고의 경우 잠재의식적인 반응도 상당히 많은데, 그런 것들은 소비자가 스스로 인지하지 못하는 경우도 허다하다. 그렇다 보니 설문 결과는 부정확할 수밖에 없다. 이것이 시장조사의 한계다.

이때 등장한 기법이 바로 뇌영상 촬영을 통한 '뉴로마케팅' 기법이다. 뉴로마케팅은 소비자들의 경험과 그에 대한 반응, 그리고 표현을 함께 측정하는 기법이다. 그들이 광고나 제품을 경험하는 동안 뇌에서 벌어지는 반응을 측정하고, 설문조사도 함께 하면서 반응과 표현이 모두 좋은 결과를 얻고자 하는 시도다.

예를 들면, 기아자동차 K7의 이름을 짓는 프로젝트를 수행한 적이 있다. 자동차 디자인과 가장 잘 어울리는 알파벳과 숫자 조합의 브랜드 이름을 찾는 프로젝트였다. 잠재적 고객들에게 자동차 사진과 함께 알파벳과 숫자 조합을 제시한 후, 연상되는 형용사를 보기 중에서 골라달라고 부탁한다. 우리는 그들이 답을 찾는 동안 어떤 형용사들을 살펴보는지까지 시선 추적을 했다. 결과는 매우 놀라웠다.

자동차와 전혀 어울리지 않는 알파벳과 숫자 조합 이름을 제시하면, 사람들은 '엉뚱한' '우스꽝스러운' '어울리지 않는' 같은 단어를 오랫동안 주시한다. 그들 사이에서 어떤 단어를 선택할까 고민하는 것처럼 보였다. 그러나 그들이 정작 선택하는 단어는 '특이한' '희한한' 같은 단어들이었다. 다시 말해, 어울리지 않는 브랜드 이름을 제시하더라도, 피험자들은 극단적인 대답은 자제하고 평이한 대답으로 수렴해서 대답하는 경향이 있었다. 따라서 그들의 속마음을 이해하려면, 무의식적으로 자꾸 쳐다보면서 고민했던 단어들이 무엇이었는지 살펴보는 게 무엇보다 중요하다는 걸 알게 됐다. 그들의 대답만 믿어서는 안 된다.

남녀의 쇼핑 차이 분석

기업은 서비스와 제품으로 고객을 만족시키면서 성장한다. 고객의 만족이 가장 중요한 기업의 목표다. 이를 위해 고객의 마음을 읽는 건 필수다. 그러나 기업은 고객이 원하는 제품과 서비스를 세상에 내놓기보다는, 그들이 만들 수 있는 제품을 세상에 내놓는다. 품질이 좋고 값이 싸면 사람들이 구매할 거라고 믿으면서.

만약 그들의 전략이 맞다면, 신제품들은 대부분 시장에서 살아남아야 하며, 시장조사는 실패를 줄이는 데 크게 기여해야 한다. 그러나 세상에 나온 신제품들의 80%는 5년 이내에 세상에서 사라지며, 시장조사는 신제품의 실패를 예견하지 못한다. 기업이 성장하기 위해서는 자신들의 제품에 대해 잠재적 고객들이 어떻게 판단하는지 냉정하게 이해할 필요가 있다.

신경과학이 발달함에 따라, 뇌에서 벌어지는 반응으로 인간의 마음을 이해하는 정도가 생각 이상으로 깊어졌다. 고객들이 왜 이 제품을 싫어하는지, 왜 선호하는지 이해할 수 있게 된 것이다. 이 방법을 이용해 제품의 로고부터 향기, 포장, 브랜드 이름, 광고효과 등 다양한 의사결정 순간에 뉴로마케팅이 도움을 주고 있다. 최근 세계적인 시장조사 회사인 닐슨이 뉴로마케팅 전문 회사 뉴로포커스를 거액을 들여 산 것도 이런 맥락에서다.

예를 들면, 햄버거 가게에서 햄버거 세트메뉴 사진과 가격은 떨어져 있는 게 판매에 도움이 될까, 같이 붙어 있는 게 유리할까? 최신 뉴로마케터들은 두 상황을 실제로 만들어 놓고 사람들의 행동과 뇌반응을 관찰한다. 햄버거 세트메뉴 사진은 매우 긍정적인 자극(보상)이지만, 가격은 부정적인 자극(비용)이다. 따라서 두 자극은 멀리 떨어져서 제시될 때, 보상에 대한 반응이 극대화되어 소비자들은 비싼 세트메뉴를 충동적으로 구입하려는 경향이 있다.

그러나 그 경우에도 가격 정보는 필요하기 때문에 멀리 떨어져 있는 가격을 보기 위한 노력을 한다. 따라서 주문을 하는 데 상대적으로 시간이 오래 걸린다. 햄버거 세트메뉴 사진과 가격을 가까이 붙여놓으면, 주문을 하는 데 시간은 단축되지만 싼 세트메뉴를 선택할 확률이 높아진다. 따라서 붐비는 지역에 있는 햄버거 가게냐, 한가하기 때문에 비싼 메뉴들의 판매가 중요한 곳이냐에 따라 전략이 달라진다.

"토미 힐피거에서 나온 남성용 로션이 어디 있어요?" "샤넬에서 나온 애프터셰이브 로션은 어디 있어요?" "체크무늬 머니클립은 어디 있나요?"

독일의 한 마케팅 업체가 백화점에서 일하는 점원들을 인터뷰한 결과 흥미로운 사실을 하나 알게 됐다. 내용인즉슨, 남자 손님과 여자 손님이 점원들에게 물어보는 질문의 내용이 전혀 다르다는 점이다. 여자 손님들은 대개 제품의 특징이나 구매 후 관리, 색상과 디자인, 가격과 세일 기간 등 제품에 대한 상세 정보를 꼼꼼히 질문하는 반면, 남자 손님들은 내가 찾는 제품이 도대체 '어디 있는지'를 물어보는 경우가 대부분이라는 것이다. 즉, 여성은 물건을 판매하는 점원을 '조언을 구할 수 있는 전문가'로 생각하는 반면, 남성은 자신이 물건을 사는 행위를 도와주는 사람 정도로 생각하는 경향이 있는 것처럼 보인다.

독일의 님펜부르크대학 연구팀은 시선 추적(eyetracking) 장치를 이용해 쇼핑을 할 때 남성과 여성이 둘러보는 방식에 대해 조사한 적이 있다. 시선 추적 장치는 고객의 눈길이 어디로 향하는지, 얼마나 오랫동안 특정 지점에 머무는지 1㎜ 간격으로, 10분의 1초 단위로 정확하게 측정할 수 있는 장치다. 고글 모양으로 생긴 이 장치를 남녀에게 씌운 뒤 남녀가 백화점 상품들을 둘러보는 과정을 추적조사해 봤더니 제품을 둘러보는 방식이 매우 다르게 나타났다.

물건을 둘러보는 과정에서 남성은 상품의 진열대를 수박 겉핥기 식으로 대충 쓱 훑어보는 정도에 그친다. 그 결과 꼼꼼하게 상품 진열대를 살펴보아야만 찾을 수 있는 작은 물건을 쉽게 놓쳐버린다는 것이다. 반면 여성의 눈은 남성보다 훨씬 예리했다. 훨씬 꼼꼼히 관찰하고 자주 눈길을 멈췄으며 세부적인 것들에도 관심을 기울였다. 숲이 아니라 나무 하나하나에 관심을 보이는 타입이란 얘기다. 이를 바탕으로, 뉴로마케터들은 남성용 제품이냐, 여성용 제품이냐에 따라 제품을 전시하고 구체적인 특징을 소개하는 방식에 관해 전혀 다르게 접근하고 있다.

GAP 로고는 실패 사례로 기록

웨어러블 뇌파 측정기처럼 쇼핑을 하거나 서비스를 경험하는 동안 뇌활동을 측정할 수 있는 장치들이 등장하면서 뉴로마케팅은 더욱 활력을 얻었다. 뉴로마케팅은 이제 마케팅의 한 기법을 넘어 제품을 기획하고 혁신의 실마리를 제공하는 필수 과정으로 자리 잡고 있다.

스티브 잡스의 말처럼 '혁신은 시장조사로 이루어지지 않는다.' 고객은 자신이 원하는 제품이 뭔지 모른다. 말로 표현하지 못한다. 그것이 시장에 나왔을 때 그 순간 자신의 욕망을 발견하는 것이다. "맞아! 내가 이런 걸 원했었어! 내가 진짜 필요한 게 바로 이런 거야!"라고 말이다. 따라서 혁신은 고객도 모르는 그들의 속마음을 이해하는 데서 출발해야 한다.

미국의 자동차회사들은 쇼룸에 콘셉트카를 전시하면서 방문한 고객들이 콘셉트카를 보며 어떤 반응을 보이는지 모니터링한다. 그들이 시선을 추적하고 그때 뇌반응을 웨어러블 뇌파 측정기로 관찰한다. 콘셉트카의 어디를 볼 때 긍정적이었는지, 혹은 부정적이었는지 모니터링해서 최종 디자인을 결정한다.

뉴로마케팅이 늘 성공한 것만은 아니다. 대표적인 사례가 갭(GAP)이다. 세계적인 패션브랜드 갭은 저가 패션브랜드 전문 업체임에도 갭 로고의 서체가 빈티지하고 권위적인 인상을 주어, 갭을 모르는 사람들에게도 향후 오랫동안 사용될 브랜드 로고를 뉴로마케팅 기법을 활용해 다시 제작하였다. 훨씬 발랄하고 브랜드 이미지에 맞는 로고가 완성되었지만, 기존 갭 열성팬들의 반대로 결국 사용이 무산됐다. 사실 어울리지 않는 건 맞지만, 익숙한 로고가 바뀌니 충성도 높은 고객들은 분노할 수밖에.

2015년 우리는 왜 뉴로마케팅을 주목해야 하는 걸까? '우리 회사는 고객이 왕입니다' '고객 중심의 회사' 같은 말을 기업들은 입버릇처럼 내뱉지만, 실제로 그들의 마음을 읽으려고 어떤 노력을 해왔는가에 대해 반성해야 한다. 뉴로마케팅이 아니더라도, 기업은 고객의 속마음을 읽기 위한 체계적인 노력을 시도해야 한다. 시장조사뿐만 아니라 뉴로마케팅 연구팀도 만들고, 랩이나 모델하우스도 만들어서 실제로 고객의 삶을 모니터링하고, 시장에 나가 그들의 행동을 관찰해야 한다. 뉴로마케팅은 뇌 영상 촬영을 통해 그것을 도와주는 하나의 방법일 뿐이다.

시장조사 결과가 나쁘다고 신제품을 출시하지 않는 경우는 드물다. 시장조사 결과가 좋으면 기쁜 마음으로 출시하고, 결과가 그저 그러면 '원래 이런 건 잘 안 맞아' 하면서 불편한 마음으로 출시하는 거다. 그런 시장조사를 도대체 왜 하는가!

기업엔 신제품을 출시하기 전에 제품에 대한 고객 반응의 객관적인 증거를 바탕으로 의사결정을 하는 시스템이 필요하다. 뉴로마케팅은 바로 그 방법 중 하나다.

출처: 한겨레(2015. 12. 25).

요약정리

관찰은 마케팅조사에서 강력한 도구이다. 과학적 관찰은 인간의 구매 행위 패턴에 대한 혹은 관심 있는 대상물에 대한 체계적인 기록 과정이다. 관찰 대상자와 질문하기 혹은 의사소통이 없다. 사람의 행동이나 대상물에 관한 폭넓은 정보가 관찰되고 있다. 물리적 행동, 언어적 행동, 표현적 행동, 공간적 관계 및 위치, 반응 패턴, 물질적 대상물, 그리고 기록물 등 언어적, 비언어적 모든 것들이 관찰 가능하다. 그러나 관찰이 인지적 현상 파악을 위해 적용되기는 어렵다. 태도, 동기, 기대, 의도 등은 관찰될 수 없다. 단지 짧은 기간 동안의 눈에 띄는 행위만이 관찰될 뿐이다.

일반적으로 기록해야 할 상황이나 행위가 쉽게 예측 가능하지 못한 경우에 사람에 의한 관찰방법이 이용된다. 가장 바람직한 관찰 기법은 관찰 대상자의 눈에 띄지 않도록 하는 것이다. 눈에 띄지 않음이란 관찰 대상자가 자신이 관찰되고 있다는 것을 알지 못하도록 함을 의미한다. 응답자에게 질문하는 대신에 직접적인 관찰을 통해서 얻어지는 정보가 좀 더 정확할 수 있다. 인위적 관찰 상황을 만드는 이유는 일상 생활에서 그런 경우가 발생하기를 기다리기에는 너무 많은 시간이 걸리기 때문이다.

인위적 관찰, 은폐 관찰 등 관찰조사는 윤리적 문제를 낳을 수 있다. 이런 이유로 관찰 대상자에게 사전 허락을 얻는다거나 개인적 비밀을 보장해야 한다. 그러나 불특정 다수를 관찰하는데 있어 일일이 관찰 허락을 받기란 현실적으로 불가능하다. 그리고 관찰 대상자에게 사전 고지함으로써 응답자의 오류가 발생할 가능성도 높아진다.

인간의 행위를 직접 관찰하기 위해서 다양한 관찰 장비들이 이용되고 있다. 관찰하려는 상황이나 행위가 일상적이고 반복적인 것이라면 장비의 사용이 매우 유용하다. 시청률 조사라든가 교통량 조사가 이에 해당한다. 뇌 신경의 활성화를 이미지로 바꾸어 보여주는 새로운 기술도 시장조사에서 활용되고 있다. 연구 대상자가 광고물이나 포장이나 새로운 제품 콘셉트에 보이는 반응을 말로 표현하지 않고 뇌 신경계의 위치별 활성화 반응으로 해석하려는 시도이다.

목소리 높이, 눈동자 초점의 움직임 같은 생리적 반응이 기계적 장치들에 의해 관찰되고 있다. Eye-tracking 장비는 눈동자 초점의 움직임을 이미지로 나타내어 대상물의 어느 것 혹은 어느 곳을 얼마나 자주 얼마나 긴 시간 동안 보았는가를 기록한다. 따라서 광고물의 효과나 강조점을 쉽게 찾을 수 있다. 또한 동공 확대의 크기를 재는 방법도 있다. 이 장치의 사용은 동공의 지름이 커지면 그것이 긍정적 태도를 의미한다는 근거를 두고 있다.

07

CHAPTER

실험조사

MARKETING RESEARCH

1. 인과관계의 개념

2. 실험의 의미와 실험설계

3. 실험의 타당성

4. 혼란변수의 통제

5. 실험설계의 유형

6. 시험마케팅

MARKETING RESEARCH

07
CHAPTER

실험조사

| 학습목표 |

1. 인과관계의 개념과 필요조건을 제시하시오.
2. 실험의 의미와 실험설계의 핵심적 구성요소를 설명하시오.
3. 실험의 타당성과 혼란변수 통제방법에 대해서 논의하시오.
4. 실험설계의 유형과 각각의 차이를 설명하시오.
5. 시험마케팅의 개념과 방법에 대해서 설명하시오.

도입사례

유한킴벌리 기저귀 제품 테스트

기업의 마케팅 능력은 고객의 욕구에 부응하는 신제품 개발에 있으며 이는 콘셉트 개발 능력에 달려 있다. 신제품 콘셉트 개발은 시장의 욕구를 분석하고, 그 욕구를 구현할 아이디어를 만들고, 그것이 실질적으로 차별화된 콘셉트로 연결되기까지 수정하고 보완하는 작업을 거쳐야 한다. 콘셉트 개발 과정에는 관찰, 집단심층토론(Focus Group Discussion: FGD), 브레인스토밍, 경쟁 지각도 등의 다양한 정성적 마케팅조사방법이 사용된다.

그리고 일단 콘셉트가 정해지면 콘셉트 테스트를 통해 소비자의 수용성을 검증하는 콘셉트 테스트가 필요하다. 콘셉트 테스트는 특정 제품을 설명한 콘셉트 보드를 보여주고 시중에 이런 제품이 나오면 구입할 의향을 묻는 방식이다. 이를 통해 콘셉트 수용도를 측정할 수 있다. "만약 이 설명서에 있는 제품이 시중에 판매된다면 귀하께서는 구입 의향이 어느 정도 있습니까?"라고 물어서 5점 만점에 '확실히 구입할 것이다'고 답하면 5점, '아마 구입할 것이다'고 답하면 4점을 주는 방식으로 점수화한다.

콘셉트 보드는 제품의 속성을 기본으로 하면서 고객의 욕구를 특정 제품이 만족시켜준다는 약속과 이유를 담는다. 또 해당 제품에 대한 소비자의 구매에 영향을 줄 수 있는 요소를 글과 그림으로 묘사한다. 콘셉트 보드는 어려운 기술 용어나 업계에서만 통용되는 어휘는 사용하지 말고 소비자 언어로 표현해야 한다.

실제로 콘셉트 테스트에서 점수가 설정된 기준에 미치지 못하는 경우에는 콘셉트안이 기준을 넘길 때까지 콘셉트화 과정이 반복된다. 소비자 조사에서 얻은 절대 점수가 그 제품 범주에서 보통 얻는 평균 점수에 비해 얼마나 좋은 점수인가를 평가한다. 신제품 개발이 많은 기업이나 마케팅조사회사에서는 제품 범주별로 기준치를 갖고 있다. 포장 소비재인 경우에는 제품 범주별로 기준치를 달리해야 하지만 내구재인 경우에는 가격대별로 기준치를 다르게 해야 한다. 콘셉트가 콘셉트 테스트를 통과하면 이 콘셉트에 기초하여 시제품을 만들고, 다시 제품 테스트를 거친다.

1993년에 유한킴벌리는 모회사인 미국 킴벌리클라크(Kimberly-Clark)에서 개발해 성공을 거둔 '입는 기저귀'를 한국에서 출시하기로 결정하고, 한국 시장에 맞는 콘셉트를 개발하기로 했다. 아래 표는 당시 콘셉트·제품 테스트 결과다. 미국에서 성공한 대로 '배변 연습용' 콘셉트를 가져갈 것인지, 한국 소비자들에게 맞을 것으로 판단되는 '걷는 아기용'으로 할 것인지를 조사한 것이다. 400명의 1회용 기저귀 사용자를 무작위로 추출한 후에 반으로 나눠 한 그룹에게는 배변 연습용 콘셉트를 제시하고, 다른 그룹에게는 걷는 아기용으로 콘셉트를 제시한 후 구매 의향을 5점 척도로 물었다. 이어 시제품을 한 달간 사용한 후에 다시 5점 척도로 구매 의향을 물었다. 표의 비율은 5점과 4점에 표시한 사람의 비율이다.

이 조사에 의하면 유한킴벌리는 이 상품을 '걷는 아기용'이란 콘셉트로 출시했어야 하지만 미국에서 성공한 콘셉트란 이유와 킴벌리 마케터의 권유로 배변 연습용으로 출시했다. 그 결과 시장에서 실패하고 말았다. 이후 유한킴벌리는 두 차례의 실패 끝에 2005년 11월, 걷는 아기용 콘셉트로 출시해 1년 만에 전체 기저귀 시장의 14%에 달하는 시장점유율을 기록했다. 미국 킴벌리의 경우 20년 전에 출시해 현재 시장점유율이 20%인 점을 감안하면 한국에서 대단한 성공을 거둔 것이다. 표에서 두 그룹의 소비자가 사용한 제품은 물리적으로 동일한 제품이다. 단지 하나는 배변 연습용이라고 알려 주었고 다른 하나는 걷는 아기용이라고 알려줬는데 사용 후 제품 테스트 점수는 무려 20% 포인트 이상 차이가 났다. 이는 물리적 제품이 같아도 그 제품이 충족하는 욕구를 소비자에게 어떻게 설명하였는지에 따라 제품 콘셉트에 대한 지각이 다르게 나타났기 때문이다. '배변용'으로 알려준 소비자는 배변에 주목해 제품을 인식하지만 '걷는 아기용'으로 알려준 소비자는 아기의 걷는 모습에 주목하여 제품을 인식하게 된다. 동일한 제품도 어떤 콘셉트로 알려 주었는가에 따라 다른 소비자 반응을 얻을 수 있는 것이다.

콘셉트와 제품에 대한 소비자 수용도

	배변 연습용	걷는 아기용
콘셉트 테스트 점수	67.2%	78.2%
사용 후 제품테스트 점수	49.3%	70.3%

출처: 김근배(2010).

2장에서 마케팅조사는 기본목적의 차이에 따라 탐색조사, 기술조사, 인과조사의 세 가지로 구분되었다. 이 중에서 인과조사가 탐색조사 및 기술조사와 다른 특징은 그 목적이 변수 사이의 인과관계를 밝히기 위한 조사라는 점이며, 인과조사에는 보통 실험조사방법이 사용된다고 설명되었다. 본 장은 인과관계의 개념, 실험의 의미와 설계, 실험의 타당성, 실험의 유형 분류를 주요 내용으로 다루고자 한다.

1. 인과관계의 개념

인과조사는 변수 사이의 인과관계를 검증하기 위한 조사이다. 인과관계(causality)라는 것은 하나의 변수가 원인이 되어 다른 변수의 상태를 결과로 가져온다는 것을 의미하는 것으로 우리는 마케팅 현상에서도 많은 인과관계를 찾아볼 수 있다. 제품 디자인 변화에 따른 소비자 태도 및 구매행동의 변화, 가격의 변화에 따른 소비자 수요의 변동, 광고 방식의 변화에 따른 시장의 반응, 유통방식의 변경이 가져다주는 마케팅성과에 대한 효과와 관련된 문제들이 바로 그러한 인과관계의 마케팅 현상이라고 할 수 있다.

인과조사에서는 조사문제가 인과관계를 표현하는 질문 또는 가설의 형태로 설정된다. 예를 들면, "점포의 진열방식을 기존방식에서 새로운 방식 A로 변화시키면 점포에 대한 고객의 선호도를 증가시킨다"는 가설이 제시될 수 있다. 이 경우 조사의 목적은 원인변수인 점포 진열방식과 결과변수인 고객 선호도 사이의 인과관계를 검증하는 것이 될 것이다. 그런데 이러한 인과관계 검증 결과가 타당성을 갖기 위해서는 동반적 변화, 발생의 시간 순서, 혼란변수 영향의 배제라고 하는 세 가지의 필요조건이 충족되어야 한다.

1) 동반적 변화

인과관계 성립을 위한 첫 번째 필요조건은 동반적 변화이다. 동반적 변화(concomitant variation) 조건은 하나의 변수가 발생 또는 변화할 경우 다른 변수도 동반적으로 발생, 변화해야 한다는 것을 의미한다. 예를 들면, 제품 디자인의 변화와 더불어 고객의 선호도가 함께 증가(또는 감소)하는 것을 우리는 관찰할 수 있다. 가격의 할인과 함께 매출 증가가 동반적으로 발생하기도 한다. 광고비 지출의 증가와 시장점유율의 확대가 동반적으로 나타나기도 한다. 점포 디스플레이 변화에 따라 매출의 변화가 발생하는 것도 동반적 변화의 예이다. 만약에 이들 변수 사이에서 동반적 변화가 관찰되지 않는다면 인과관계의 성립을 이야기할 수 없게 된다.

2) 시간적 순서

두 번째 필요조건은 시간적 순서이다. 시간적 순서(order of time occurrence)의 조건이란 시간적으로 원인변수가 먼저 발생하고 결과변수가 그 다음에 발생해야 한다는 것을 뜻한다. 결과변수가 먼저 발생하고 원인변수가 나중에 발생한다는 것은 논리적으로 모순이 있기 때문이다. 예를 들면, 제품 디자인과 고객 선호도 사이의 인과관계가 성립하려면 제품 디자인의 변화가 먼저 발생하고 그 다음에 제품에 대한 고객 선호도의 변화가 발생해야 한다. 한편 매출이 증가하여 회사 자금 사정도 좋아지고 하여, 광고비를 증액시켰다고 가정해 보자. 이때 광고비 증가와 매출 증가의 동반적 변화가 발생하기는 하였지만, 광고비 증가가 원인이고 매출 증가가 결과라고 이야기할 수 없다. 인과관계를 입증하기 위해서는 원인변수와 결과변수의 시간적 순서가 명확히 성립하여야 한다. 만약에 실제 조사에서 두 변수 사이의 동반적 변화가 관찰되었다 하더라도 원인변수와 결과변수 발생의 시간적 순서를 명확하게 밝힐 수 없다면 인과관계에 관한 조사 결론은 타당성을 가질 수 없다.

3) 혼란변수 영향의 배제

인과관계 성립의 세 번째 필요조건은 혼란변수 영향의 배제이다. 동반적 변화와 시간적 순서의 두 가시 조건이 충족되었더라도 혼란변수 영향 배제 조건이 충족되지 못하면, 원인변수와 결과변수 사이에 진정한 인과관계가 성립한다고 타당성 있게 주장하기 힘들어진다. 혼란변수(confounding variables, extraneous variables)는 원인변수 이외에 원인변수와 결과변수 사이의 진정한 관계를 오염시키는 제3의 변수를 말한다. 예를 들어 제품에 대한 광고 확대가 원인이고 고객의 태도 변화가 결과가 되는 경우를 생각해 보자. 실제로 광고 확대와 태도 변화의 동반적 변화가 관찰되었고 또 광고를 늘린 후, 어느 정도의 시간이 경과한 다음 소비자의 태도 변화가 관측되었다고 가정하자. 이때 약간의 제품 디자인 변화, 가격의 변화, 또는 판촉행사가 있었다면, 과연 소비자의 태도 변화는 광고 확대 때문에 발생한 것이라고 말할 수 있을까? 대답은 확실히 "아니요"가 될 것이다. 이 경우 그밖에도 많은 혼란변수들이 광고와 매출 사이의 인과관계를 오염시킬 수 있다. 회사에 대한 호의적 또는 비판적 언론 보도, 경쟁업제의 광고 및 판촉행사, 경제사정의 악화 또는 호전 등 많은 혼란변수들이 작용할 가능성이 있다. 변수 사이의 인과관계가 성립되려면, 이러한 혼란변수들의 영향이 납득할 만큼 배제 또는 통제되어야 한다.

2. 실험의 의미와 실험설계

1) 실험의 의미와 설계

인과조사에서는 인과관계 성립요건의 충족이 가능한 실험조사방법이 주로 사용된다. 실험조사(experimental research)는 혼란변수의 영향이 통제된 상태하에서 원인으로 간주되는 독립변수의 값을 변화시켜, 그에 따라 결과변수로 간주되는 종속변수에 나타나는 효과를 측정함으로써 인과관계에 대한 결론을 도출하는 조사방법을 말한다. 예를 들어, 경쟁업체의 전략 등 다른 변수의 영향을 통제하면서 일정 수의 실험대상 점포들을 두 집단으로 구분, 일정 기간 동안 한 점포집단에는 기존의 제품 진열방식을 적용하고 다른 점포집단에는 새로운 진열방식을 적용하여 두 점포집단 쇼핑 고객들의 선호도 차이를 분석하면, 진열방식과 고객 선호도 사이의 인과관계의 검증이 가능해질 것이다. 실험조사의 결과가 타당성을 갖기 위해서는 적절한 실험설계가 필요한데 그 핵심적인 구성요소는 다음과 같다.

- 독립변수의 선정 및 조작
- 종속변수의 선정 및 측정
- 시험단위의 선정 및 배정
- 혼란변수의 통제

(1) 독립변수의 선정 및 조작

실험조사에서의 독립변수(independent variable)는 종속변수에 영향을 미칠 것으로 예상되는 원인변수로서 처치변수(treatment)라고도 불린다. 마케팅 실험의 경우, 제품의 디자인 등 속성, 광고 캠페인의 내용 및 형식, 가격, 점포 배치 및 상품진열방식 등 마케팅관리 수단들이 독립변수가 될 것이다. 실제 실험에서는 특정 원인변수의 효과에 초점을 두어 한 개의 독립변수만 선정될 수도 있으며, 경우에 따라서는 두 개 이상의 독립변수가 선정되어 실험에 사용될 수 있다. 물론 독립변수의 숫자가 늘어나면 그만큼 실험설계는 복잡해지게 된다. 예를 들어 점포 분위기가 쇼핑객 반응에 미치는 영향을 파악하기 위하여 [그림 7-1]의 모델처럼 점포의 색채뿐만 아니라 조명의 밝기도 독립변수로 추가할 수 있다(Babin, Hardesty, & Suter, 2003).

실험조사의 핵심적 특성 중의 하나는 선정한 독립변수를 조작한다는 점이다. 독립변수의 조작(manipulation)이란 실험자가 독립변수의 값을 통제하여 실험에 적용시킨다는 뜻이다. 예를 들면, Coca-cola사가 1980년대 초에 했던 미각시험(taste test)의 경우처럼 기존의 콜라 맛과 새로운 단 맛의 콜라를 소비자들에게 맛보게 하여 어느 맛의 콜라를 더 좋아하는지 조사한 것도 제품의 속성 값을 실험자가 설정, 통제한 하나의 실험이었다. 또 광고에 대한 소비자 반응을 파악하기 위하여 실험에서 이성적 소구의 광고와 정서적 소구의 광고를 실험대상에게 노출시킬 수 있다. [그림 7-1]의 점포분위기 실험에서는 점포의 색채가 파란색, 오렌지색, 그리고 조명밝기는 은은한 조명과 밝은 조명으로 독립변수의 값이 조작되었다. 이처럼 실험자가 조작하는 독립변수 값의 수를 실험의 처치변수 수준(treatment levels)이라고 한다. 처치변수 수준의 수 역시 두 개 이상 세 개, 네 개로 증가시킬 수 있으며, 이 또한 실험설계의 복잡성을 증가시키게 된다.

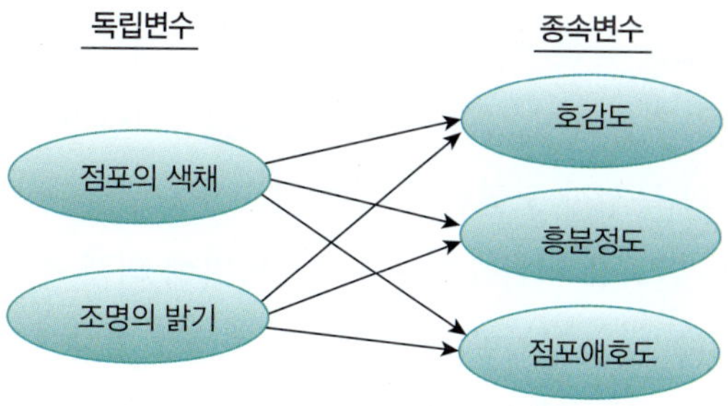

[그림 7-1] 점포분위기와 쇼핑객 반응

출처: Babbin, B. J., Hardesty, D, M., & Suter, T. A. (2003).

(2) 종속변수의 선정과 측정

실험에서의 종속변수(dependent variables)는 독립변수의 영향을 받을 것으로 예상되는 결과변수를 말하며, 마케팅 실험에서는 매출액, 이익, 시장점유율, 소비자의 브랜드 인지도, 태도, 점포 이미지 등이 대표적인 종속변수의 예이다. 특정의 실험에서 종속변수는 조사목적에 따라 그 숫자가 하나일 수도 있고 여러 개로 선정될 수도 있다. 예를 들어 신규 브랜드에 대한 소비자의 반응을 파악하기 위한 실험조사에서 브랜드 인지도, 시용구매, 반복구매 등 여러 개의 종속변수를 선정하여 측정할 수 있다. [그림 7-1]의 점포분위기가 쇼핑객 반응에 미치는 영향에 대한 실험 연구에서는 쇼핑객이 점포에 대해서 갖는 호감도, 흥분 정도, 점포애호도 등 복수의 종속변수가 선정되었다.

마케팅 실험에서의 종속변수 측정에는 관찰 또는 설문지 방식이 사용된다. 측정대상의 행위 또는 행위의 흔적, 생리적 반응을 측정하기 위해서는 관찰법이 사용되는 한편 인지, 선호, 태도, 만족 등 측정 대상의 생각, 느낌을 측정해야 할 경우에는 설문지를 사용한 질문 방식이 사용된다.

(3) 시험단위의 선정 및 배정

실험설계의 세 번째 요소는 시험단위의 선정 및 배정이다. 시험단위(test units)란 실험 대상(subjects)을 말하며, 마케팅 실험에서는 소비자, 점포, 조직구성원, 조직단위 등이 시험단위가 될 수 있다. 실험조사를 하기 위해서는 일정한 숫자의 시험단위를 선정해야 한다. 이상적으로는 확률적 표본추출방법을 사용하여 조사대상 모집단에 대한 대표성을 갖는 표본을 추출하여 시험단위로 선정하는 것이 바람직하다. 그러나 독립변수의 조작 등 실험의 특성상 모집단에 대한 대표성 표본을 확보하는 것이 현실적으로 쉽지 않기 때문에, 편의상 비확률적 표본추출방법에 의해 추출된 표본을 시험단위로 선정하는 경우가 많다. 그렇지만 가능하다면 가급적 조사대상 모집단과 동질적인 표본을 시험단위로 사용하는 것이 바람직하다.

그리고 선정된 시험단위의 배정 또한 중요한 문제이다. 왜냐하면 실험에서는 시험단위를 구분하여 조작된 독립변수의 수준에 적용시켜야 하는데, 그 배정방법이 실험결과의 타당성에 큰 영향을 줄 수 있기 때문이다. 시험단위 배정의 가장 간단한 예는 시험단위를 실험집단과 통제집단의 두 집단으로 구분하여 배정하는 것이다. 실험집단(experimental group)은 독립변수, 즉 처치변수의 특정 수준에 적용시키는 시험단위 집단을 말한다. 한편 통제집단(control group)은 처치변수에 적용시키지 않는 시험단위 집단으로서 실험집단과의 비교 기준으로 사용된다. 예를 들어 새로운 광고캠페인이 소비자 태도에 미치는 영향을 조사하기 위한 실험을 할 경우에 소비자 백 명을 선정하여 오십 명씩 두 집단으로 나누어 한 집단에게는 새로운 광고캠페인을 보게 하고 다른 집단에게는 광고캠페인을 보여 주지 않은 다음 이 두 집단의 태도를 측정, 비교하여 광고효과를 추정한다고 가정하자. 이때 광고를 본 집단은 실험집단이 되며, 광고를 보지 않은 집단은 통제집단이 된다. 물론 독립변수의 수준을 여러 개로 조작하는 경우에는 시험단위를 배정해야 할 실험집단의 수 또한 증가하게 된다.

실험집단과 통제집단, 또는 다수의 실험집단에 시험단위를 배정하는 데에는 여러 가지 방법이 있다. 우선 뚜렷한 기준 없이 시험단위를 편의적으로 실험집단과 통제집단으로 구분하는 방법을 생각해 볼 수 있다. 이 방법은 가장 편리한 배정방법이기는 하나 배분된 집단 사이에 존재할 수 있는 차이 때문에 실험결과의 타당성에 큰 한계가 있기 마련이다. 따라서 실험조사에서는 일반적으로 무작위화 방법에 의한 시험단위의 배정이 가장 바람직한 것으로 간주된다. 무작위화(randomization)란 무작위 절차에 의하여 시험단위를 여러 집단에 배정하는 것을 말한다. 무작위화에 의한 시험단위 배정이 제공하는 이점은 배분된 집단 사이에 통계적 동질성이 확보된다는 점이다.

(4) 혼란변수의 통제

앞에서 이미 논의된 바와 같이 혼란변수 영향의 배제는 인과관계 성립을 위한 세 가지 필요조건의 하나이다. 실험에서 독립변수 이외에 여러 혼란변수가 종속변수에 영향을 미칠 수 있으며, 이에 따라 실험결과의 타당성에 문제가 발생한다. 예를 들어 광고 캠페인이 소비자 반응에 미치는 영향을 조사하기 위한 실험에서 광고 이외에 제품 디자인, 가격, 판촉 등 다른 마케팅 변수의 변화가 발생한다면, 그것이 소비자 반응에 영향을 미칠 수 있다. 그밖에 브랜드에 대한 언론의 보도, 경쟁업체의 판촉행사 등도 실험결과에 혼란을 가져올 수 있다. 실험설계에서는 이러한 혼란변수들의 영향을 적절히 통제할 수 있는 방법이 고안되어야 한다. 실험에서 혼란변수의 영향을 통제할 수 있는 대표적인 수단은 바로 무작위화 절차에 의한 시험단위의 실험집단 배정이며, 그 밖에도 균등화(matching), 통계적 통제, 물리적 통제 등이 혼란변수 영향 통제방법으로 사용될 수 있다.

2) 실험설계의 부호

특정 실험의 구조적 특징을 쉽게 이해하기 위해서는 실험설계에서 사용되는 다음의 부호들과 표시방법을 이해할 필요가 있다.

주요부호

X = 독립변수에 노출(exposure)
O = 종속변수의 측정(observation)
R = 무작위화(randomization)
EG = 실험집단(experimental group)
CG = 통제집단(control group)

표시방법

- 왼쪽에서 오른쪽으로의 이동은 시간의 순서 표시
- 기호의 수평적 배열은 특정 실험집단에의 귀속 표시
- 기호의 수직적 배열은 동일 시점의 발생 표시

예를 들어 어떤 실험이 다음과 같이 부호로 표시되었다고 하자.

$$O_1 \ X \ O_2$$

이 실험에서는 먼저 종속변수의 값을 측정하게 되어 있다. 그 다음 독립변수의 특정 값 하나에 시험단위의 노출이 이루어진다. 그후 마지막으로 다시 종속변수의 값이 측정된다. 예를 들면, 광고가 소비자 태도에 미치는 영향을 조사할 목적으로 실험대상을 선정하여 이들을 대상으로 먼저 브랜드에 대한 태도가 측정된다. 다음 광고 캠페인에 이들 시험단위들을 노출시킨다. 그 다음 이들의 브랜드 태도가 다시 측정된다. 위 실험에서 독립변수인 X가 종속변수인 O에 미치는 영향은 $(O_2 - O_1)$으로 추정된다. 이번에는 다음과 같은 실험설계의 예를 들어보자.

$$\text{EG}: [R]\ O_1\ X\ O_2$$
$$\text{CG}: [R]\ O_3\ \quad O_4$$

이 실험설계의 구조는 다음과 같다. 실험대상은 실험집단과 통제집단의 두 그룹으로 구분되어 있다. 실험대상, 즉 시험단위의 그룹 배정에는 무작위화 절차가 사용되고 있다. 통제집단의 경우 먼저 종속변수의 값을 측정하고(O_1), 그 다음 독립변수에 시험단위를 노출시키며(X), 마지막으로 다시 종속변수의 값을 측정(O_2)하도록 되어 있다. 통제집단은 실험집단의 사전측정(O_1)과 동일한 시점에 종속변수의 값을 측정하고(O_3), 그 다음 실험집단의 사후측정(O_2)과 같은 시점에 종속변수의 값을 측정(O_4)하도록 되어 있다. 위 실험에서 X가 종속변수인 O에 미치는 영향은 다음과 같이 계산할 수 있다. 우선 실험집단(EG)에서 독립변수 X가 시험단위인 피험자에게 노출이 된 후에 형성된 종속변수의 값인 O_2에서 O_1의 값을 빼는 것은 첫 번째 실험과 같다. 그러나 위 실험이 첫 번째 실험과 다른 점은 시간적 경과에 대한 혼란변수를 통제하는 것이다. 위 실험설계는 시간의 경과에 따른 종속변수의 값에 대한 변화($O_4 - O_3$)를 제외한 순수하게 독립변수인 X가 종속변수인 O에 미치는 영향을 알아보는 것을 목표로 한다. 따라서 실험집단 내에서 독립변수인 X가 미치는 영향($O_2 - O_1$)에서 단순히 시간적 경과로 발생하는 종속변수 값의 변화($O_4 - O_3$)를 빼줌으로써 시간의 경과에서 발생한 차이를 통제한 상태에서 X의 영향력을 파악할 수 있게 된다. 또 다른 예를 들어보기로 하자.

$$\text{EG}_1: [R]\quad X_1\quad O_1$$
$$\text{EG}_2: [R]\quad X_2\quad O_2$$
$$\text{EG}_3: [R]\quad X_3\quad O_3$$

이 실험에서는 독립변수의 수준이 3개로 조작되었다. 예를 들면, 브랜드 로고의 색상이 소비자 태도에 미치는 영향을 조사하는 실험에서 독립변수가 빨간색, 조록색, 오렌지색의 세 가지 색상을 사용하여 독립변수의 값이 조작될 수 있다. 독립변수 수준의 차이에 따라 시험대상은 세 개의 실험집단으로 구분되었으며, 집단 배정에는 무작위화 절차가 사용되고 있다. 그리고 동일한 시점에 실험집단 1은 빨간색 로고, 실험집단 2는 초록색, 실험집단 3은 오렌지색 브랜드 로고에 노출시키도록 되어 있다. 그 다음 동일한 시점에 각 집단별로 종속변수의 값을 측정하도록 설계되어 있다.

3. 실험의 타당성

실험조사에 있어서는 실험의 타당성(validity) 확보가 매우 중요하다. 실험을 통하여 우리는 변수 사이의 인과관계에 대한 결론을 도출하게 된다. 이때 이 결론의 타당성에 대한 검토가 필요하다. 예를 들어 광고가 소비자 태도 변화에 미치는 영향을 조사하기 위하여 아주 단순한 단일집단 사전사후측정 실험($O_1\ X\ O_2$)이 사용되었다고 가정하자. 즉 실험대상의 브랜드 태도를 먼저 측정하고, 다음 광고 캠페인에 노출시키고, 그 다음 이들의 브랜드 태도가 다시 측정된 것이 실험의 내용이다. 실험 결과, 브랜드 태도 점수가 60점에서 80점으로 증가한 것으로 나타났을 경우, 과연 우리는 광고가 진정으로 브랜드 태도에 대한 20점의 플러스 효과를 갖는다고 자신 있게 말할 수 있을까? 이러한 의문이 바로 실험의 타당성과 관련된 문제이다.

실험의 타당성은 내적 타당성과 외적 타당성으로 구분할 수 있다. 내적 타당성(internal validity)이란 실험에서 독립변수의 조작이 종속변수의 관찰된 효과를 실제로 유발하였는지 여부의 문제이다. 즉 실험 자체만을 놓고 본 타당성의 문제이다. 다시 말하면, 실험 안에서 독립변수 이외에 종속변수에 영향을 준 혼란변수가 없었다면 내적 타당성이 확보되었다고 이야기할 수 있다. 한편 외적 타당성(external validity)이란 실험에서 발견된 인과관계를 일반화시킬 수 있는지 여부의 문제이다. 실험조사에서는 흔히 대학생 또는 기타의 편의표본을 실험대상으로 선정하는 경우가 많은데, 그러한 실험의 결과가 일반적 보편타당성을 갖는다고 주장하기에는 상당한 한계가 있기 마련이다. 실험의 타당성을 최대한 확보하기 위해서는 우선 그 저해요인들에 대한 이해가 필요하다. 실험 타당성을 저해하는 주된 혼란변수(confounding variables, extraneous variables)의 유형으로는 우발적 사건, 성숙효과, 시험효과, 측정방법변화, 선정편차, 소멸효과, 감지효과, 실험대상의 대표성 문제 등이 있다.

1) 우발적 사건

우발적 사건(history)이란 실험자의 의도와는 관계없이 실험기간 중에 발생하여 실험결과에 영향을 미칠 수 있는 사건을 말한다. 이러한 우발적 사건에는 실험기간 중에 발생한 기업 내부 마케팅 변수의 변화와 기업 외부에서 발생한 영향요인들이 모두 포함된다. 실험기간 중에 선정된 독립변수 이외에 다른 마케팅 변수에 변화가 발생하게 되면 그것이 종속변수에 영향을 줄 수 있다. 예를 들어 광고 효과의 측정을 위한 실험 중에 제품 디자인 변화, 가격의 변화, 또는 판촉행사 등 마케팅 변수의 변화가 있었다면, 실험결과가 오염되었을 가능성이 크다.

기업 외부에서 발생한 우발적 사건이 문제가 될 수도 있다. 예를 들어 실험기간 중에 신문이나 TV에 브랜드에 대한 호의적인 기사, 방송이 나간다면, 이것은 광고효과에 대한 혼란변수로 작용할 가능성이 크다. 또 실험기간 중에 경쟁업체가 새로운 광고 캠페인 또는 세일 등 판촉행사를 전개하였을 경우에도 실험의 타당성은 문제가 된다. 그 밖에도 실험기간 중 갑작스런 경제전망 악화 소식으로 소비자 인식에 변화가 발생하는 등 실험의 타당성을 저해시키는 여러 가지 우발적 사건들이 발생할 수 있다.

2) 성숙효과

성숙효과(maturation)란 실험기간 중 시간의 경과에 따라 실험대상 자체에 어떤 육체적, 생리적, 심리적, 사회적 변화가 생겨 이것이 실험결과의 타당성에 저해가 되는 문제를 말한다. 예를 들어 광고가 소비자 태도에 미치는 효과를 파악하기 위하여 몇 시간이 소요되는 실험을 할 경우에 실험참가자가 피곤해진다든지 지루하게 되었다든지 하는 경우에 실험결과의 타당성은 오염될 수 있다. 또 신규의 영업사원 보상제도가 영업성과에 미치는 효과를 파악하기 위하여 수개월 또는 일 년 이상의 실험이 지속될 경우를 생각해보자. 이 경우 영업사원들 중에는 필경 그 동안에 영업경험의 축적 또는 영업에 필요한 지식의 증가 등으로 영업생산성이 향상되는 사람들이 있을 수 있고, 그렇다면 실험의 타당성은 크게 저해될 수 있다(Zikmund & Babin, 2013). 일반적으로 성숙효과의 위험은 실험기간이 길어질수록 증가한다고 이야기할 수 있다.

3) 시험효과

시험효과(testing effect)는 실험대상이 갖게 되는 종속변수에 대한 사전측정의 경험에 따라 발생하는 실험타당성의 저해문제를 말한다. 광고효과를 파악하기 위한 단순한 형태의 단일집단 사전사후측정 실험($O_1\ X\ O_2$)의 경우를 생각해 보자. 설문지를 사용한 사전측정의 경험이 실험대상의 사후측정 결과에 영향을 미칠 가능성이 있다. 어떤 실험참가자들은 사전측정에서 대답한 내용과 일관성 있는 응답을 유지하는 경향이 있을 수 있다. 또 어떤 참가자들은 사전측정의 경험을 통한 주제에 대한 이해의 증가 때문에 사후측정에서는 사전측정의 내용과는 다른 응답을 제공할 가능성도 있다. 이처럼 시험단위의 사전측정 경험이 사후측정 결과에 미치는 직접적 영향을 주시험효과(main testing effect)라고 한다.

한편 경우에 따라서는 시험효과가 상호작용시험효과라는 간접적 방식으로 나타날 수도 있다. 상호작용시험효과(interactive testing effect)란 사전측정의 경험에 따라 독립변수 노출에 대해 시험단위가 갖는 민감도에 변화가 생겨 발생하는 타당성 저해의 문제를 가리킨다. 위의 단일집단 사전사후측정실험의 경우, 실험참가자들 중 적어도 일부는 설문지 등을 사용한 사전측정의 결과 광고 캠페인에 노출될 때 더 관심을 갖고 그 광고를 보는 등 일반적 상황에 비하여 민감도에 변화가 발생할 수 있다. 만약에 이런 현상이 발생한다면, 그만큼 실험의 타당성은 훼손되게 마련이다.

4) 측정방법변화

측정방법변화(instrumentation) 또한 실험결과의 타당성을 저해시킬 수 있다. 여기서 측정방법의 변화는 측정도구 자체의 변화, 그리고 측정조사자의 변화 모두를 포함한다. 다시 단일집단 사전사후측정 실험($O_1\ X\ O_2$)의 경우를 놓고 살펴보기로 하자. 광고 캠페인의 효과 조사를 위한 실험에서 소비자 태도에 대한 사전측정과 사후측정에서 내용은 동일하지만 표현 등 기술적인 차이가 있었다면, 독립변수의 노출과는 상관없이 다른 응답 결과가 나타날 수 있을 것이다. 또 사전측정과 사후측정 때 측정 작업을 관리한 조사자가 다른 사람이었다면, 그것이 시험대상의 응답에 영향을 미쳐 실험결과가 훼손될 가능성도 존재한다. 심지어는 동일한 조사자가 측정 작업에 관여하였더라도 사전측정과 사후측정 사이에 조사자의 모습이나 표정 또는 의상에 변화가 있었다면 그러한 측정방법의 변화 역시 실험결과의 타당성을 저해시킬 가능성도 배제할 수 없다.

5) 선정편차

선정편차(selection bias)는 시험단위의 배정 방식이 배분된 실험집단 사이의 차이를 유발하여 발생하게 되는 실험 타당성의 저해문제를 말한다. 예를 들어 패션점포의 상품진열방식 변화에 따른 매출액 변화를 측정하기 위하여 다음과 같은 부등통제집단설계(nonequivalent control group design) 방식이 사용되었다고 가정하자.

$$\text{EG: } O_1 \; X \; O_2$$
$$\text{CG: } O_3 \quad\;\; O_4$$

이 실험에서 동일 상호의 20개 패션점포를 선정하여, 실험집단과 통제집단의 두 집단으로 구분하였다고 생각하자. 실험집단 점포는 진열방식을 바꾸고 통제집단은 예전 방식이 그대로 유지하여 그 매출액 차이를 측정하여 진열방식 변화의 효과를 추정하는 것이 실험의 목적이다. 그런데 실험집단에는 모두 규모가 큰 점포를 사용하였고 통제집단에는 작은 점포들을 배정하였다면, 이 실험의 타당성에는 상당한 문제가 발생하게 된다(Malhotra, 2012).

6) 소멸효과

소멸효과(mortality effect)란 실험기간 중 실험대상이 일부 소멸됨에 따라 발생하는 타당성 저해문제를 말한다. 실험기간 중에 실험대상이 일부라도 소멸된다면, 남은 실험대상으로 얻은 실험결과는 당초 모든 실험대상이 그대로 유지되었을 경우의 실험결과와 차이가 있을 가능성이 있다. 특히 이러한 소멸효과는 실험집단 사이에 소멸 정도의 차이가 발생하는 경우 그 타당성 저해문제가 확대된다. 예를 들어 위의 점포진열방식 실험에서 실험기간 중 통제집단 점포는 그대로 유지되었는데, 신규 진열방식을 적용한 10개 점포 중 2개의 점포가 실험에서 빠지게 되면 이에 따른 타당성 저해문제가 발생한다. 또 영업사원에 대한 관리감독 방식의 차이에 따른 영업생산성 파악을 위한 실험에서도 이러한 문제가 발생할 수 있다(Zikmund & Babin, 2013). 실험대상 영업사원을 고강도 관리감독방법과 강도가 낮은 관리감독방법의 두 집단으로 나누어 영업생산성을 측정하는 경우, 고강도 관리감독방법이 적용되는 실험집단의 영업사원들 중 일부는 높은 강도의 감독방식을 견디지 못하고 실험에서 소멸될 가능성이 상대적으로 클 수 있다. 그렇다면 자연적으로 실험집단 영업사원의 영업생산성 측정값이 높아지게 되기 때문에 실험 타당성의 저해문제가 발생한다.

7) 감지효과

실험의 타당성 훼손은 감지효과 때문에 나타날 수도 있다. 감지효과(demand effect)란 실험참가자가 실험의 목적을 추측하여, 그에 따라 반응함에 따라 발생하는 타당성 저해의 문제를 말한다(Malhotra, 2012). 실험자가 실험을 통하여 무엇을 예상하거나 어떤 결과를 얻기를 원하는지에 대하여 실험참가자가 눈치를 채게 될 경우, 실험참가자는 실험에서 설정된 독립변수의 효과의 방향으로 반응을 보일 가능성이 있다. 이러한 감지효과는 실험의 분위기, 장소, 또는 실험자의 영향 등이 유발요인으로 작용할 수 있다. 실험자가 실험에 존재하고 있다는 사실 자체, 또는 실험자의 사소한 행동이나 몇 마디 말 때문에 이러한 감지효과 문제가 발생할 수 있다. 예를 들어 광고효과 측정을 위한 실험에서 실험목적이 특정 광고물의 태도 변화에 미치는 영향이라는 것을 이해하게 되면 실험참가자는 그 조사가설과 일치하는 방향으로 응답할 수 있으며, 그럴 경우 실험결과의 타당성에는 문제가 발생한다(Zikmund & Babin, 2013).

8) 실험대상의 대표성 문제

실험의 타당성 저해요인에는 실험대상의 대표성 문제도 있다. 실험조사에서는 흔히 대학생 또는 기타의 편의표본을 실험대상으로 선정하는 경우가 많다. 그렇다면 실험대상 표본은 모집단에 대한 대표성을 갖지 못하기 때문에 본질적으로 실험의 결과에 대한 일반화가 불가능해진다. 즉 외적 타당성의 저해문제가 발생하게 된다.

중간사례

빨간색 표시가 가격 인지에 미치는 영향

소매상들은 소비자들에게 자신들의 가치 제공을 표시하기 위해 흔히 빨간색을 사용한다. 문헌을 통해 보면, 빨간색은 가격과 관련된 소비자들의 구매의사결정에 영향을 미치는 것으로 알려져 있다. 그렇지만 가격표시에 사용되는 색채가 구매자 의사결정에 미치는 영향은 성별에 따라 차이가 있는 것으로 보인다.

조사가설

남성은 여성에 비하여 흑색으로 표시된 가격보다 빨간색으로 표시된 가격을 더 호의적으로 평가한다.

실험설계

실험대상: 미국 동부지역 대학교의 124명의 대학원생
종속변수: 소매점에 대한 호감도
독립변수: 가격표시 색채(빨간색, 흑색), 성별

흑색 가격표시	적색 가격표시

자료수집

실험대상자에게 3개의 토스터와 두 개의 마이크로웨이브로 구성된 광고가 들어 있는 소매점 선전 책자를 준 다음, 새로 아파트에 입주하는 상황을 상상하도록 요구하였다. 그리고 이 광고와 관련하여 소매상에 대한 호감 정도를 판정하도록 하였다.

분석결과

자료에 대한 분산분석(ANOVA) 처리 결과, 아래 그림에 나타난 것처럼 가격표시 색채가 구매자 판단에 미치는 효과는 성별에 따라 차이가 있는 것으로 나타났다. 남성의 경우 빨간색으로 가격이 표시된 경우 흑색 가격표시에 비하여 훨씬 높은 호감 정도를 갖는 것으로 나타났다((MRed = 4.26; MBlack = 2.56; F (1, 120) = 43.73, p 〈 .001). 이와는 대조적으로 여성의 경우 빨간색과 흑색의 가격표시가 소매점 평가에 미치는 영향은 별 차이가 없는 것으로 나타났다(MRed = 3.4; MBlack = 3.1; F 〈 1).

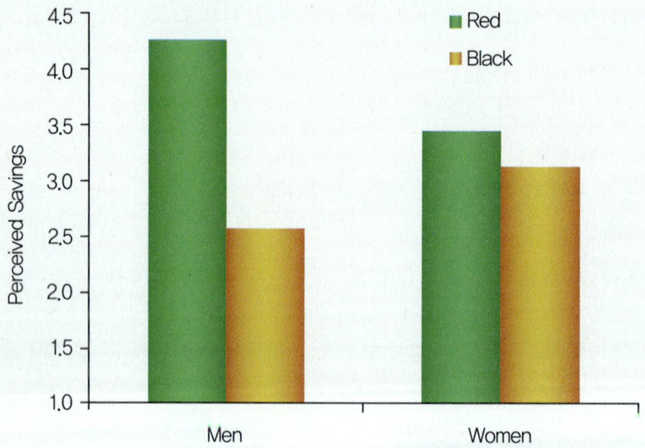

출처: Puccinelli, N. M., Chandrashekaran R., Grewal, D., & Suri, D.(2013).

4. 혼란변수의 통제

실험의 타당성을 저해시키는 혼란변수들은 적절히 통제되어야 한다. 그렇지 못하면 원인변수와 결과변수의 인과관계에 대한 실험조사의 결론은 그만큼 타당성이 훼손될 수밖에 없다. 혼란변수 영향의 통제방법에는 무작위화, 균등화, 통계적 통제, 물리적 통제, 실험대상의 대표성 확보의 다섯 가지가 있다.

1) 무작위화

실험 타당성 저해요인 통제를 위한 대표적인 수단은 무작위화 방법이다. 무작위화(randomization)란 무작위 절차에 의하여 시험단위를 실험집단에 배정하는 것을 말한다. 예를 들어 두 개 광고물의 광고효과 조사를 위하여 실험대상 100명을 선정하였다고 가정하자. 이때 아래의 실험설계와 같이 각각의 시험단위가 특정 실험집단에 배정될 확률을 50%로 동등하게 만드는 무작위적 절차에 따라 배정이 이루어진다.

$$EG_1\text{: } [R] \quad X_1 \quad O_1$$
$$EG_2\text{: } [R] \quad X_2 \quad O_2$$

이러한 무작위화 절차에 따라 시험단위를 배정하면, 확률적으로 두 집단의 동질성 확보가 이루어진다. 무작위 절차에 따라 두 집단의 특성이 동질화되고, 독립변수의 차이를 제외한 대부분의 혼란변수 영향 또한 동등하게 된다고 간주할 수 있다.

2) 균등화

혼란변수의 영향은 균등화 절차를 통해서도 통제가 가능하다. 균등화(matching)란 실험집단들의 배경변수 값이 균등하게 되도록 실험대상을 배정하는 방법을 말한다. 소비자와 같은 개인을 시험단위로 할 경우에는 집단의 성별, 연령, 직업, 소득 등 인구통계특성 분포가 균등하게 되도록 실험집단의 배정이 이루어진다. 한편 점포와 같이 조직단위를 시험단위로 할 경우에는 매출액, 매장의 면적, 위치 등 조직의 특성 면에서 실험집단 사이의 동질성이 확보되도록 실험집단을 배정하는 방법이 사용된다. 예를 들어 패션점포의 상품진열방식 변화가 매출에 미치는 효과를 조사하기 위해 아래의 기호와 같은 실험을 한다고 가정하다.

$$EG\text{: } O_1 \; X \; O_2$$
$$CG\text{: } O_3 \quad\;\; O_4$$

이 실험에서 20개 패션점포를 선정하여 실험집단과 통제집단의 두 집단에 배정할 때, 결과적으로 두 집단의 구성이 점포규모 면에서 동질적이 되도록 만드는 것이 일종의 균등화 방법이다. 여기에는 균등화 절차를 사용하여 실험집단 사이의 배경변수 값이 동질화되면 집단 사이에 혼란변수 영향 또한 어느 정도 동질화될 것이라는 가정이 깔려있다. 그러나 균등화 절차를 이용한 혼란변수의 통제에는 두 가지 한계가 있다(Malhotra, 2012). 첫째, 균등화는 보통 한정된 소수의 배경변수를 기준으로 이루어지게 되는데, 그에 따라 다른 변수들에 대한 동질성은 확보되지 못하는 한계가 있다. 둘째, 만약 균등화 기준으로 사용된 배경변수가 종속변수의 변화와 아무런 관련이 없는 것이라면 사실상 균등화에 의한 혼란변수 통제 시도는 무의미한 것이 되고 만다.

3) 통계적 통제

혼란변수의 통계적 통제(statistical control)는 통계적 방법에 의한 혼란변수의 효과 조정을 의미한다. 다시 말해서 통계적 통제는 실험의 처치변수로 설정된 독립변수 이외에 종속변수에 영향을 미칠 것으로 판단되는 혼란변수를 통계분석 모델에 통제변수 성격의 독립변수로 포함시켜, 종속변수 변화가 갖는 통계적 오차의 크기를 축소시키는 방법이다. 이 방법을 사용하기 위해서는 종속변수에 영향을 미칠 것으로 간주되는 통제변수에 대한 측정이 가능해야 한다. 따라서 일반적으로 쉽게 측정이 가능한 소비자의 인구통계 특성, 조직단위의 조직특성 변수들이 통제변수로 사용되는 경우가 많다.

4) 물리적 통제

혼란변수에 대한 물리적 통제(physical control)는 실험이 진행되는 동안 물리적 방법에 의하여 혼란변수의 영향을 원천적으로 봉쇄하는 방법을 말한다. 즉 우발적 사건, 성숙효과, 측정방법 변화, 감지효과 등의 타당성 저해요인이 애초부터 발생하지 않도록 실험을 설계, 관리하는 것이 물리적 통제이다.

우발적 사건의 효과를 배제하기 위한 물리적 통제의 예를 다음의 맥주 색과 소비자 선호에 관한 실험에서 찾아보자. 한 맥주회사는 맑은 색의 맥주 신제품이 소비자의 선호도를 증가할 것인지에 대해 관심을 갖고 미각 시험(taste test)을 실시하기로 하였다. 마케팅 이론에 따르면 맥주에 대한 소비자 선호에는 맥주 자체의 속성 이외에도 브랜드 이미지와 포장 디자인이 중요한 요인으로 작용한다고 알려져 있다. 따라서 이 회사는 이들 혼란변수의 영향을 배제하기 위하여 브랜드를 확인할 수 없는 평범한 갈색 병에 맥주를 넣어 실험을 진행하였다(Zikmund & Babin, 2013).

성숙효과의 발생을 통제하기 위해서는 우선 실험시간을 가능한 한 짧게 만드는 것이 한 가지 물리적 통제방법이라고 할 수 있을 것이다. 또한 실험이 진행되는 중에 실험대상의 생리적, 심리적 변화의 발생을 최소화하도록 실험실의 시설, 분위기를 쾌적한 상태로 유지시키는 것도 도움이 될 수 있을 것이다. 측정방법변화의 문제를 최소화시키기 위해서는 동일한 실험조사자가 동일한 측정도구를 사용하여 실험기간 중 동일한 모습으로 동일한 설명을 제공하는 데 노력할 필요가 있다.

실험의 타당성을 저해하는 감지효과를 통제하기 위해서는 ① 실험목적의 위장, ② 실험대상의 상호격리, ③ 실험 관리자에 대한 실험목적 은폐, ④ 실험조건의 개별적용이라는 네 가지 물리적 통제방법의 사용이 가능하다(Zikmund & Babin, 2013). 첫째, 실험대상자에게 실험목적을 원래의 목적과는 좀 다르게 설명하면 실험의 감지효과를 줄일 수 있다. 예를 들어 앞에서 거론되었던 점포의 색채와 조명이 쇼핑객 반응에 미치는 영향에 관한 실험에서 조사자는 실험참가자에게 신규소매점개념에 대한 쇼핑객 반응이 연구목적이라고 설명하였다. 점포의 색채, 조명 등 감지효과를 활성화시킬 수 있는 언급은 철저히 배제되었다.

둘째, 감지효과를 줄이기 위해서는 실험참가자들을 가급적 상호 격리시키는 것이 바람직하다. 실험참가자들이 서로 접촉하게 되면, 각자가 노출된 독립변수의 수준 등 실험의 내용에 관한 이야기들을 나누게 되어 실험목적을 추측함으로써 감지효과가 발생할 가능성이 있다.

셋째, 실험 관리자들로 하여금 실험목적을 모르게 하는 것도 감지효과의 발생을 감소시켜줄 수 있다. 실험 관리자들이 실험목적을 알게 되면, 자신들도 모르는 사이에 실험참가자들에게 실험목적에 대한 단서를 제공할 가능성이 있다. 따라서 실험의 진행에 필요한 기술적 사항 이외에 실험목적에 대해서는 실험 관리자가 모르도록 만드는 것이 바람직하다.

넷째, 실험대상에 대한 실험조건의 개별적용도 감지효과를 줄여줄 수 있다. 개별 실험참가자가 독립변수의 여러 수준 값에 노출될 경우, 실험목적에 대한 추측 가능성은 그만큼 증가하게 될 것이다. 위의 점포분위기와 쇼핑객 반응에 관한 실험에서도 실험참가자들은 파란색 점포와 오렌지색 점포 중 한 가지 점포 색채에만 노출되었으며, 조명도 은은한 조명과 밝은 점포 중 한 가지 조명에만 노출되었다. 따라서 실험참가자들은 점포 색채와 조명이 독립변수임을 짐작하지 못하였다.

5) 실험대상의 대표성 확보

실험의 외적 타당성을 확보하기 위해서는 조사대상 모집단에 대한 대표성을 갖는 실험대상 표본을 선정해야 한다. 그러나 실험조사에서는 대학생 또는 기타의 편의표본을 실험대상으로 선정하는 경우가 많다. 따라서 실험의 결과에 대한 일반화가 어려워진다. 이 문제를 원천적으로 극복하기 위해서는 대표성을 갖는 실험대상을 확보해야 하지만, 그것이 힘들 경우에는 할당표본추출방법(quota sampling) 또는 적어도 판단표본추출방법(judgement sampling)을 사용해서라도 실험대상을 선정하여 표본의 한계에 따른 외적 타당성의 문제를 완화시키는 노력이 필요하다.

5. 실험설계의 유형

1) 기본유형

실험설계의 기본유형은 원시실험설계, 순수실험설계, 유사실험설계의 세 가지로 구분된다([그림 7-2] 참조). 이 중에서 실험의 타당성이 가장 확실하게 보장되는 것은 순수실험설계이다. 순수실험설계(true experimental designs)는 무작위화 절차에 의한 실험대상의 배정방법을 사용하고 있다는 점이 여타 실험설계 유형과 구별되는 구조적 특징이다. 이 유형의 실험에서는 무작위화 절차에 의해 실험집단 사이의 통계적 동질성이 확보됨으로써 확률적인 견지에서 혼란변수의 영향이 통제된다. 순수실험설계에 속하는 실험설계형태로는 사전사후 통제집단설계(pretest-posttest control group design), 사후통제집단설계(posttest-only control group design), 솔로몬 4집단설계(Solomon four-group design)가 있다.

한편 원시실험설계(pre-experimental designs)에서는 실험대상 배정에 무작위화 절차가 사용되지 않음으로써 대부분의 혼란변수 영향이 통제되지 않는다. 이 유형에 속하는 실험설계형태로는 일회성 사례연구(one-shot case study), 단일집단 사전사후측정설계(one-group pretest-posttest design), 정태적 집단설계(static group design)가 있다. 이들 원시실험설계를 사용하는 경우에는 실험결과의 타당성에 큰 한계가 있게 마련이다. 그러나 이러한 유형의 실험은 상대적으로 신속하고 비용이 저렴하다는 이점을 갖고 있기 때문에, 타당성 저해요인의 위협이 심각하지 않다고 판단될 때에는 실무적으로 많이 활용되고 있다.

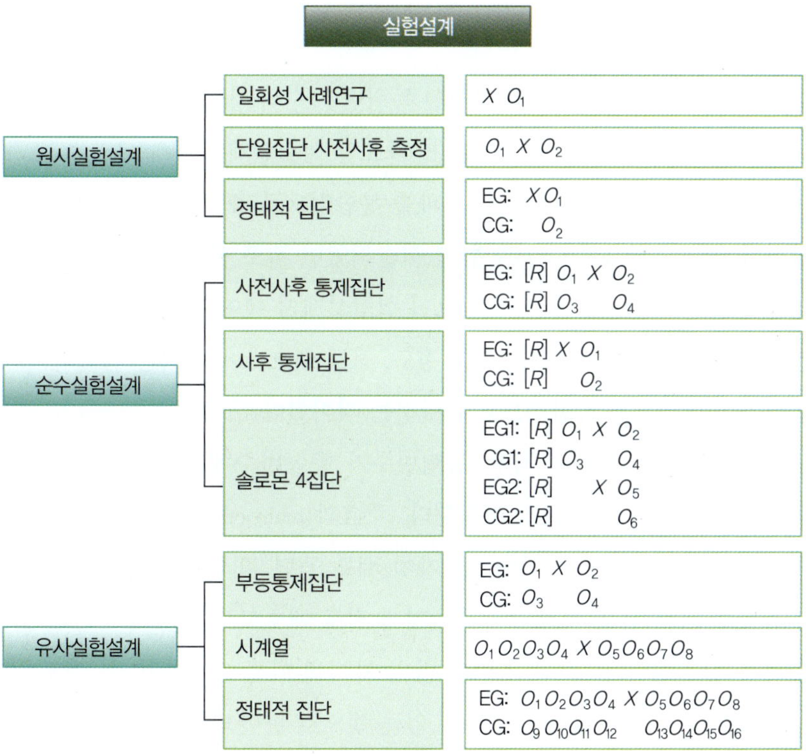

[그림 7-2] 실험설계의 기본유형

유사실험설계(quasi-experimental designs)는 무작위화 절차에 의한 실험대상 배정의 사용이 없어 혼란변수의 원천적인 통계적 통제가 이루어지지 않지만, 균등화 또는 종속변수의 반복적 측정 등의 방법으로 어느 정도 혼란변수의 영향이 통제되는 실험설계 유형을 말한다. 이 유형에 속하는 실험설계 형태로는 부등통제집단설계(nonequivalent control group design), 시계열 설계(time series design), 복수시계열 설계(multiple time series design)가 있다. 이 중 부등통제집단의 경우 무작위화 절차에 의한 배정이 없어 집단 사이의 통계적 동질성은 확보되지 않지만, 균등화 등의 방법으로 어느 정도 혼란변수의 통제가 가능한 부분이 있다. 또 시계열 설계를 사용하게 되면, 종속변수의 반복적인 사전측정과 사후측정의 사용에 따라 우발적 사건의 영향을 제외한 대부분의 내적 타당성 저해요인의 영향을 상당한 정도로 통제할 수 있다.

2) 다요인 실험설계

실험설계의 유형은 원인변수로 설정된 독립변수 수의 차이에 따라 단일요인 실험설계와 다요인 실험설계로 구분할 수 있다. 다요인 실험설계(factorial design)는 두 개 이상의 독립변수가 종속변수에 미치는 효과를 복합적으로 측정하기 위한 통계적 실험설계를 말한다. 앞에서 [그림 7-1]과 함께 서술되었던 점포 분위기가 쇼핑객 반응에 미치는 영향에 관한 실험연구가 바로 다요인 실험설계의 예이다. 이 실험의 목적은 쇼핑객이 점포에 대하여 갖는 호감도, 흥분 정도, 점포 애호도에 미치는 점포의 색채, 조명 등 독립변수들의 영향을 복합적으로 파악하는 것이었다.

다요인 실험설계를 사용할 경우, 독립변수가 종속변수에 미치는 효과는 주효과와 상호작용효과의 두 가지 종류로 측정된다. 주효과(main effect)는 특정 독립변수가 종속변수에 미치는 영향을 가리킨다. 한 가지 예를 들면, 위의 점포 분위기 실험에서는 파란색 점포에 대한 점포 애호도가 오렌지색 점포 애호도보다 높게 나타나 점포 색채의 주효과가 발견되었다. 반면 조명의 밝기 차이에 따른 집단 사이의 점포 애호도는 뚜렷한 차이가 나타나지 않아 주효과가 없는 것으로 판단되었다. 주효과와는 달리 상호작용효과(interaction effect)는 독립변수들의 복합적인 효과를 가리키는 것이다. 다시 말해서 각 독립변수가 종속변수에 미치는 영향이 다른 독립변수의 수준 차이에 따라 기울기의 차이를 보일 경우 상호작용효과가 발생한다고 이야기한다. 그 예는 [그림 7-2]의 내용과 같다. 즉, 조명의 주효과는 나타나지 않았지만, 파란색 점포의 경우에는 밝은 조명이 점포 애호도를 증가시키는 것으로 나타났고 오렌지색 점포의 경우에는 은은한 조명이 점포 애호도를 증가시키는 것으로 결과가 나타났다. 또 이 내용을 다른 방식으로 표현하면, 조명이 은은할 경우에는 파란색 점포와 오렌지색 점포에 대한 쇼핑객의 점포 애호도에 별 차이가 없었지만, 조명이 밝을 경우에는 파란색 점포에 대한 점포 애호도가 오렌지색 점포보다 뚜렷하게 높은 것으로 나타났다고 서술할 수도 있다.

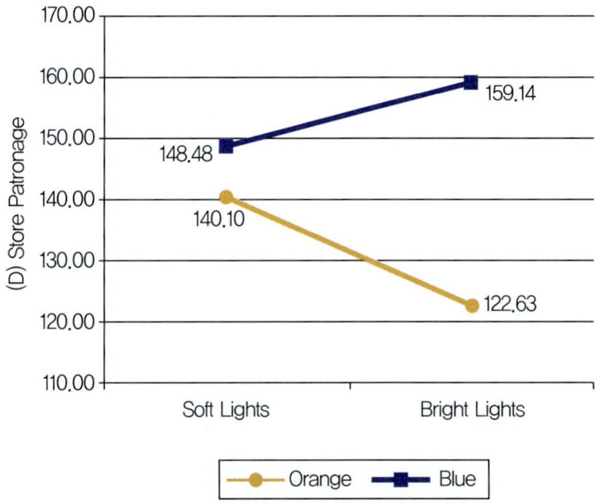

[그림 7-2] 점포 애호도에 대한 점포 색채와 점포 조명의 상호작용 효과

출처: Babbin, B. J., Hardesty, D. M., & Suter, T. A.(2003).

3) 실험실실험과 현장실험

실험설계의 유형은 실험실실험과 현장실험으로 구분할 수도 있다. 실험실실험(laboratory experiment)은 특정 장소를 마련하여 진행되는 광고효과측정 또는 신제품 테스트와 같이 인위적인 상황에서 행해지는 실험을 말한다. 한편 현장실험(field experiment)은 실제의 현실 상황에서 행해지는 실험으로서 제품, 가격, 광고 등의 마케팅 독립변수의 조작에 따라 시장현장에서 발생하는 실험대상의 반응의 측정을 통해 실험결과를 도출하게 된다. 실험실실험과 현장실험의 차이점들을 비교하면 〈표 7-1〉과 같다.

〈표 7-1〉 실험실실험과 현장실험의 비교

	실험실실험	현장실험
실험환경	인위적	실제적
실험에 대한 통제	고	저
감지효과	고	저
내적 타당성	고	저
외적 타당성	저	고
소요시간	단시간	장시간
시험단위의 수	소수	다수
실행의 용이성	고	저
비용	저	고

출처: Malhotra, N. K. (2010).

실험실실험은 실험자로 하여금 독립변수의 조작, 실험대상의 선정 및 배정, 종속변수의 측정, 실험의 진행 등의 면에서 실험에 대한 높은 통제를 가능하게 한다. 따라서 실험의 내적 타당성을 상대적으로 높게 가져갈 수 있다. 반면 외적 타당성은 떨어질 가능성이 크다. 그리고 실험참가자의 실험목적 감지에 따른 타당성 저해의 발생 가능성도 상대적으로 높다. 이에 비하여 실제적 상황에서 진행되는 현장실험의 경우에는 실험과정에 대한 통제가 상대적으로 어렵고, 그만큼 내적 타당성 저해요인에 대한 통제가 어려워진다. 반면 실험대상의 감지효과 문제는 줄어들게 되고 또한 표본의 대표성과 관련된 외적 타당성은 상대적으로 높다.

6. 시험마케팅

실험조사는 여러 마케팅 실무 분야에서 활용될 수 있는데, 시험마케팅이 그중 대표적인 예라고 할 수 있다. 시험마케팅(test marketing)은 시장의 일부 지역 또는 집단을 대상으로 실험방법을 사용하여 신제품에 대한 반응을 조사하는 작업을 말한다. 이 경우 보통 광고, 가격, 유통 등 마케팅믹스 변수가 독립변수로 선정되어 조작되며, 시험시장 고객의 시용구매, 반복구매 등의 종속변수를 측정하여 시장점유율, 매출액 등의 마케팅성과에 대한 추정이 이루어지게 된다. 시험마케팅 방법에는 표준시험시장법, 통제시험시장법, 모의시험시장법의 세 가지 유형이 있다.

표준시험시장(standard test market) 시험마케팅은 표적시장을 대표할 수 있는 몇 개의 지역을 시험시장으로 선정하여 정상적인 유통경로를 통하여 제품을 판매하여 시장반응을 측정해 보는 방법이다. 표준시험시장에서는 보통 회사의 영업조직이 유통경로에 대한 판매를 전적으로 책임지게 된다. 영업사원들이 일정한 시간적 간격을 두고 유통매장에 제품을 공급하고 재고를 회수하게 된다. 그리고 제품, 가격, 유통, 촉진의 조작된 독립변수 수준을 시장에 적용시켜 시장의 반응 및 판매성과가 측정된다. 표준시험시장 시험마케팅의 특징은 제품 생산기업이 유통경로에 직접 제품을 판매해야 한다는 점이다.

한편 통제시험시장(controlled test market) 시험마케팅은 제품 생산기업이 아닌 마케팅조사회사가 실행하는 실험방법이다. 조사회사는 시험시장으로 선정한 일부 지역에서 실험조사에 협조할 소매점 패널을 구성하여, 이들 통제된 패널 소매점들을 이용하여 의뢰기업 제품에 대한 시장반응을 측정하게 된다.

그리고 모의시험시장(simulated test market) 시험마케팅은 실험대상을 모집하여 이들을 대상으로 모의점포 환경에서 제품에 대한 구매반응을 조사하는 방법이다. 실험참가자는 신제품을 포함한 여러 제품들의 광고에 노출된 다음, 실험에 참가한 대가로 소정의 돈을 제공받게 되며, 이 돈으로 실험목적으로 준비된 가상의 또는 실제의 모의점포에서 제품을 구매하게 된다. 그 다음 해당 신제품을 구매한 참가자에 대한 설문조사를 통해 구매제품에 대한 평가 및 재구매의도 정도가 측정된다. 이를 통해 추정된 시용구매 및 반복구매 자료와 함께 촉진 및 유통 등의 독립변수 조작 내용이 결합되어 시장점유율, 매출액 등 시장성과에 관한 전망치가 계산된다.

이들 세 가지 시험마케팅방법의 장단점을 비교하면 〈표 7-2〉와 같다(Churchill, Jr. & Brown, 2007). 우선 표준시험시장 시험마케팅방법은 현장의 자연스러운 환경에서 진행되기 때문에 외적타당성이 높고 또 예측의 정확성도 높은 것이 주된 장점이다. 반면 실험 진행의 통제가 힘들기 때문에 내적 타당성이 상대적으로 제한된다. 또한 실험에 상당한 시간과 비용이 소요되고, 또 경쟁업체에 대한 비밀 노출 등의 보안 문제가 발생하게 된다.

〈표 7–2〉 시험마케팅방법의 장단점 비교

	모의시험시장법	통제시험시장법	표준시험시장법
속도	1	2	3
비용	1	2	3
보안	1	2	3
내적타당성	1	2	3
외적타당성	3	2	1
예측의 정확성	3	2	1

1 = 가장 유리함 3 = 가장 불리함

출처: Churchill, Jr. & Brown, T. J. (2007).

한편 실험실실험 형태의 모의시험시장 시험마케팅방법은 실험 진행과정에 대한 상당한 통제가 가능하여 상대적으로 높은 내적타당성을 유지할 수 있다. 또한 이 방법은 시험마케팅의 내용이 경쟁업체에게 노출되지 않는다는 점에서 보안 문제의 가장 유리한 장점을 갖고 있다. 그리고 시간과 비용이 적게 든다는 것도 장점으로 추가할 수 있다. 반면 이 방법은 인위적 상황에서 진행되는 실험이기 때문에 외적타당성은 가장 낮다고 할 수 있으며, 또 예측의 정확성도 그만큼 떨어지게 된다.

그리고 통제시험시장 시험마케팅은 이들 여러 가지 기준에서 표준시험시장법과 모의시험시장법 중간에 위치한다고 볼 수 있다. 실험의 내적타당성은 표준시험시장법보다 높지만 모의시험시장법에 비해서는 낮다. 반면 외적타당성은 표준시험시장법보다는 낮지만 모의시험시장법보다는 높다고 할 수 있다.

마무리사례

향기가 사회적 상호작용에 미치는 영향

매장의 물리적 환경에 대한 효과적 관리는 특히 호텔, 레스토랑, 은행과 같은 서비스 산업의 경우 경쟁우위 확보의 중요한 수단이라고 할 수 있다. 문헌을 찾아보면, 매장의 물리적 환경을 구성하는 많은 요소 중 향기(scent)에 대한 연구는 그리 많지 않다. 그렇지만 기분 좋은 향기는 고객의 행동에 영향을 미칠 것으로 예상된다.

조사가설

향기가 좋은 환경일 경우 그런 향기가 없는 환경보다 사람들의 사회적 상호작용 빈도는 더 높다.

실험설계

실험대상: 미국 라스베가스시 거주자로서 포커스그룹 세션 참가자 77명

종속변수: 사회적 상호작용 빈도

독립변수: 제라늄 향의 유무

자료수집

포커스그룹 세션 참가자들을 두 그룹으로 구분하여, 제라늄 방향유로 향기를 채운 대기실과 아무런 향기가 없는 대기실에서 15분 동안 대기하도록 하였다. 그동안 몰래 카메라를 사용하여 참가자들의 행동을 녹화하였다.

분석결과

자료에 대한 분산분석(ANOVA) 처리 결과, 향기는 사람들의 사회적 상호작용에 영향을 미치는 것으로 나타났다. 기분 좋은 제라늄 향기가 나는 대기실에 있던 참가자들의 사회적 상호작용 정도가 아무 향기가 없는 대기실에 있던 참가자들보다 훨씬 높은 것으로 나타났다(평균 A = 11.578; 평균 B = 7.743; F = 5.566, p = .021).

출처: Zemke, D. M. V. & Shoemaker, S.(2007).

요약정리

인과조사는 변수 사이의 인과관계를 검증하기 위한 조사이다. 인과관계라는 것은 하나의 변수가 원인이 되어 다른 변수의 상태를 결과로 가져온다는 것을 의미한다. 인과조사가 타당성을 갖기 위해서는 동반적 변화, 발생의 시간 순서, 혼란변수 영향의 배제라고 하는 세 가지의 필요조건이 충족되어야 한다.

인과조사에서는 인과관계 성립요건의 충족이 가능한 실험조사방법이 주로 사용된다. 실험조사는 혼란변수의 영향이 통제된 상태하에서 원인으로 간주되는 독립변수의 값을 변화시켜, 그에 따라 결과변수로 간주되는 종속변수에 나타나는 효과를 측정함으로써 인과관계에 대한 결론을 도출하는 조사방법을 말한다. 실험조사의 결과가 타

당성을 갖기 위해서는 적절한 실험설계가 필요하며, 그 핵심적인 구성요소는 독립변수의 선정 및 조작, 종속변수의 선정 및 측정, 시험단위의 선정 및 배정, 혼란변수의 통제이다.

실험조사에 있어서는 실험의 타당성 확보가 매우 중요하다. 실험의 타당성은 내적 타당성과 외적 타당성으로 구분할 수 있다. 내적 타당성이란 실험에서 독립변수의 조작이 종속변수의 관찰된 효과를 실제로 유발하였는지 여부의 문제이다. 한편 외적 타당성이란 실험에서 발견된 인과관계를 일반화시킬 수 있는지 여부의 문제이다. 실험 타당성을 저해하는 주된 혼란변수의 유형으로는 우발적 사건, 성숙효과, 시험효과, 측정방법 변화, 선정편차, 소멸효과, 감지효과, 실험대상의 대표성 문제 등이 있다. 실험의 타당성을 저해시키는 혼란변수들은 적절히 통제되어야 한다. 혼란변수 영향의 통제방법에는 무작위화, 균등화, 통계적 통제, 물리적 통제, 실험대상의 대표성 확보의 다섯 가지가 있다.

실험설계의 기본유형은 원시실험설계, 순수실험설계, 유사실험설계의 세 가지로 구분된다. 순수실험설계의 실험에서는 무작위화 절차에 의해 실험집단 사이의 통계적 동질성이 확보됨으로써 확률적인 견지에서 혼란변수의 영향이 통제된다. 한편 원시실험설계에서는 실험대상 배정에 무작위화 절차가 사용되지 않음으로써 대부분의 혼란변수 영향이 통제되지 않는다. 유사실험설계는 무작위화 절차에 의한 실험대상 배정의 사용이 없어 혼란변수의 원천적인 통계적 통제가 이루어지지 않지만, 균등화 또는 종속변수의 복수측정 등의 방법으로 어느 정도 혼란변수의 영향이 통제되는 실험설계 유형을 말한다.

실험조사는 여러 마케팅 실무분야에서 활용될 수 있는데, 시험마케팅이 그중 대표적인 예라고 할 수 있다. 시험마케팅은 시장의 일부 지역 또는 집단을 대상으로 실험방법을 사용하여 신제품에 대한 반응을 조사하는 작업을 말한다. 시험마케팅방법에는 표준시험시장법, 통제시험시장법, 모의시험시장법의 세 가지 유형이 있다.

08

CHAPTER

측정과 척도

MARKETING RESEARCH

1. 무엇을 측정할 것인가?

2. 측정척도의 수준

3. 신뢰성과 타당성

4. 측정척도의 형태

M A R K E T I N G R E S E A R C H

08 CHAPTER

측정과 척도

| 학습목표 |

1. 조사 이유 혹은 가설에 입각해서 무엇을 측정할 것인 가를 결정하시오.
2. 측정하는 척도의 수준을 분류하고 설명하시오.
3. 척도의 신뢰도와 타당도를 어떻게 평가할 것인가를 설명하시오.
4. 태도를 정의하고, 이것이 마케팅 조사에서 왜 중요한 가를 설명하시오.
5. 태도 개념 중 하나를 선정하여 이를 측정하는 척도를 만드시오.

도 입 사 례

국가고객만족도(NCSI) 조사

한국생산성본부와 조선일보가 공동으로 실시한 2016년 2분기 국가고객만족도(National Customer Satisfaction Index: NCSI) 조사에 따르면, 2분기 고객만족도 전체 평균 점수는 74.6점으로 1분기 대비 0.2점, 전년 2분기보다는 0.9점 상승한 것으로 나타났다. 이 조사는 지난 2~5월 19개 업종 69개 기업에 대해 전국 5대 광역시에서 고객 1만8931명을 대상으로 면접조사를 통해 이뤄졌다. 태블릿PC와 전기밥솥이 각각 3점 올랐고, PC와 소형 승용차가 2점 오르는 등 10개 업종이 평균 점수가 상승했으며, 8개는 보합, 1개(에어컨)는 하락했다. 기업별 평균 표본 수는 아파트(170~345명)를 제외하고 278명이었으며, 해당 업체 제품이나 서비스를 직접 이용한 경험이 있는 고객을 대상으로 했다.

조사 구조는 다음과 같다. 예를 들어 PC를 조사한다고 했을 때 해당 제품 사용 경험을 바탕으로 구입 전 기대, 구입 · 이용 후 제품 품질, 서비스 품질, 지불한 가격 대비 품질(가치) 등을 종합적으로 고려한 '전반적 만족도'와 '이용 전 기대 대비 만족도', 개인적으로 생각하기에 이용하는 PC가 반드시 도달해야 할 이상점을 상정하게 한 다음, 그 이상치에 비해 현재 만족도가 어느 정도 근접해 있는지를 보는 '이상 대비 만족도' 3가지 항목을 가중 평균하여 100점 만점으로 고객만족도 점수를 낸다. 가중치는 고객들이 답한 점수와 점수 분포가 투입 자료로 들어가 NCSI 계량 모델에 의해 자동 산출되며, 기업별로, 조사 시점별로 다르게 나타난다.

TV 부문에서는 삼성전자가 77점을 기록해 올 2분기 NCSI(국가고객만족도) 조사에서 1위를 차지했다. 삼성전자는 이로써 14년 연속 1위를 지켰다. LG전자는 삼성전자에 1점 뒤진 76점을 받아 2위를 차지했다.

삼성전자는 2006년 보르도 TV를 출시한 이래 10년 연속 세계 TV 시장 1위를 굳건히 지키고 있는 기업이다. 올해 역시 퀀텀닷(양자점) 기술을 적용한 초고화질 SUHD TV를 시장에 대거 출시해 기술력을 과시했고, UHD(초고화질) TV의 가격대도 계속 낮추면서 고객 만족도를 높여나가는 모습이다.

삼성전자는 고객들이 삼성 TV에 대해 가지고 있는 가치 수준을 평가하는 '고객인지가치' 부문에서 작년보다 1점 더 높은 점수를 받았다. 전체적으로 제품의 변화는 크지 않았지만, 곡면(曲面) TV를 계속 확대하고, 60인치 이상 대형 TV 보급에 앞장서면서 중국의 저가(低價) TV 업체들의 가격 공세를 잘 방어했다는 평이다. 또 본래 스마트폰용 운영체제(OS)였던 타이젠 OS를 TV에도 전부 장착하면서 사물인터넷(Internet of Things: IoT) 기술을 TV에 대거 적용했다. 이를 통해 스마트폰으로 TV를 조작하는 것도 가능하고, TV에서 다양한 앱(응용 프로그램)을 내려받아 쓸 수 있도록 했다. 이를 통해 사용성을 크게 높여 고객 만족도를 키운 것이다. 또 고(高)품질 제품을 판매하다 보니 고객들의 제품 충성도는 작년보다 6점이나 상승했고, 고객 유지율도 2%포인트 늘어난 것으로 나타났다.

또 NCSI 조사에 직접 반영되진 않았지만, 화질 · 음질 · 사용성 · 판매 및 설치 서비스 부문에서는 삼성전자가 모두 1위를 차지한 것으로 조사됐다. TV 본연의 기능부터 서비스까지 삼성전자에 대한 만족도가 높았다는 의미다.

2위를 차지한 LG전자 역시 세계 TV 시장 2위 업체답게 고품질 TV를 판매해 상당한 고객만족도를 얻은 것으로 조사됐다. LCD(액정표시장치) TV에 집중하고 있는 삼성전자와 달리 OLED(유기발광다이오드) TV 개발을 진두지휘하고 있으며, 2014년 이후 고가로 분류됐던 OLED TV의 가격을 계속 낮춰가며 고객 접점을 넓히고 있다. 또 HP(휼렛패커드)의 OS 부문을 인수해 개발한 웹OS 역시 TV에 탑재되면서 사용성을 높이는 데 상당한 기여를 한 것으로 조사됐다.

하지만 이번 조사에서는 TV 제조사들의 지나친 UHD TV 마케팅에 대한 불만도 있었다. 현재 지상파 방송 등에서는 UHD급 콘텐츠를 생산하지 못한다. 일부 VOD(주문형 비디오) 서비스에서만 UHD급 콘텐츠를 볼 수 있다. 즉, TV를 사도 제대로 활용할 수 없다는 의미다. 또 베젤(테두리)이 없는 TV가 주류를 이루면서 디자인에 대한 차별성도 별로 없다는 지적이 있었다. 이렇다 보니 고객들이 인지하는 품질 수준이 작년보다 크게 개선되지 않았다는 것이다.

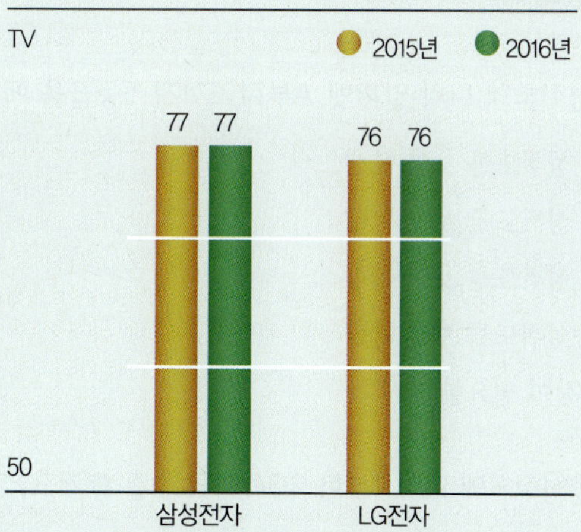

출처: 조선일보(2016. 7. 4).

도토리묵을 만들려면 도토리묵을 가로 5센티미터, 세로 3센티미터, 두께 1센티미터 되게 썰어서 접시에 담고, 참기름을 바르고 소금을 뿌려 둔다. 양념장은 간장 3Tbs, 파 3Tbs, 마늘 다진 것, 식초, 설탕 각 1/2ts, 고춧가루 2ts, 깨소금 2ts를 넣어 만든다. 맛있는 도토리묵을 만들어 먹으려면 각 재료의 중량을 정확히 측정해야 한다. 만약 이 중 하나라도 잘못 측정하면 음식 맛을 망쳐 버릴 것이다. 이와 마찬가지로 마케팅 개념도 여러 방법으로 측정되고 있는데, 만약 개념 측정이 잘못되면 마케팅조사 결과에 큰 오류가 발생하게 되며, 결국 심각한 의사결정의 실패로 이어질 가능성이 크다.

1. 무엇을 측정할 것인가?

측정이란 특정 현상의 한 속성에 신뢰할 수 있고 타당한 방법으로 수치를 매기는 일련의 과정을 의미한다. 이 수치는 측정된 속성에 관한 정보를 제공한다. 이때 조사자는 일정한 규칙으로 관찰 대상에 수치를 매길 필요가 있다.

교사가 학생 등급을 매기는 경우를 생각해 보자. 이 등급은 한 학급의 학생 학업 성취도를 대변한다. 높은 성취도를 나타내는 학생은 낮은 성취도의 학생에 비해 다른 등급을 받아야 한다. 이처럼 단순해 보이는 학생의 학업 성취도라는 개념도 여러 가지 방식으로 측정될 수 있다.

방식 1 학생 학업 성취도에 따라 알파벳 A부터 E까지 5등급을 매길 수 있다.

A 최고 성취도를 보인 학생
B 좋은 성취도를 보인 학생
C 보통 성취도를 보인 학생
D 나쁜 성취도를 보인 학생
E 재수강이 필요한 학생

방식 2 학생의 학업 성취도에 따라 1부터 20까지의 수를 매기고, 3등급으로 나눈다.

20 뛰어난 성취도를 보인 학생
11~19 성취도에 따라 11부터 19점 사이의 점수를 매김
1~10 재수강이 필요한 학생

방식 3 학생의 학업 성취도에 따라 100분위 수를 매기고, 3등급으로 나눈다.

100 퍼센트 완벽한 점수를 보인 학생

60~99 퍼센트 강좌를 통과한 학생

0~59 퍼센트 재수강이 필요한 학생

방식 4 학생의 학업 성취도에 따라 두 가지 부류로 분리한다.

P 강좌를 통과한 학생

F 재수강이 필요한 학생

위와 같이 측정에 사용하는 척도는 다양할 수 있다. 그러나 각 척도가 갖는 타당성의 문제점을 〈표 8-1〉을 통해 검토해 보자. 교사가 학생의 학업 성취도를 처음에는 100점 척도로 측정한 후 이것을 다시 5 등급으로 분류하려 한다. 이 경우 측정 상의 문제가 없는가? 학생 1과 학생 2를 생각해 보자. 각각 79점과 70점을 받았다. 그러나 등급 분류에서는 동일하게 C등급이다. 한편 학생 3은 69점으로 D등급, 학생 4는 80점을 받아 B등급으로 분류되었다. 처음 두 명의 학생은 9점 차이가 있음에도 불구하고 동일하게 C등급을 받았다. 학생 3은 단지 1점 차이로 바로 위 학생과 달리 한 등급 아래인 D등급을 받았다. 학생 4는 학생 1에 비해 1점 높은 점수를 받아 B등급을 받았다. 이 결과에 대해서 학생 4를 빼고는 모두 불만을 가질 수 있다.

측정에는 늘 오류가 있기 마련이지만 조사자는 측정오차를 줄이기 위하여 노력할 필요가 있다. 그러기 위해서는 측정하고자 하는 개념에 대한 적절한 개념적 정의와 그것에 근거한 조작적 정의를 설정하여 신뢰성 있고 타당성 있는 측정척도를 개발해야 한다.

〈표 8-1〉 측정에서의 타당성 문제

학생	점수	바로 위 점수와의 차이	5개 등급 최종 판정
학생 1	79점	1점	C
학생 2	70점	9점	C
학생 3	69점	1점	D
학생 4	80점	na(not applicable)	B

1) 개념적 정의

조사자는 우선 측정하고자 하는 것에 대한 개념적 정의(conceptual definition)를 설정해야 한다. 개념이란 특정한 의미를 갖는 일반화된 생각이다. 성, 연령, 교육 수준, 소득 수준 같은 개념은 분명한 의미를 갖는 것으로 구체적이다. 그러나 많은 개념들은 좀 더 추상적이다. 충성도, 채널 파워, 신뢰도, 기업 문화, 고객 만족, 가치와 같은 개념들은 정의하고 측정하기가 까다롭다. 예를 들어 브랜드 충성도를 여러 상표 중에서 특정한 상표를 구입하는 성향이라고 정의할 수도 있고 무슨 일이 있어도 특정 상표만을 구입하고자 하는 애착정도라고 정의할 수도 있다. 측정하고자 하는 것에 대한 개념적 정의에 따라 측정방법에 차이가 발생할 수 있다.

2) 조작적 정의

개념적 정의가 설정되면, 그것에 근거하여 조작적 정의(operational definition)의 개발이 필요하다. 조작적 정의란 측정작업의 진행방식 결정을 의미한다. 몸무게라는 개념을 측정하기 위해 우리는 저울이란 척도를 사용하여 저울에 나타나는 중량표시를 계측하는 측정작업을 수행한다. 한편 고객이 판매원을 믿는 정도에 따라 1점부터 7점까지의 수치를 부여한다고 하자. 만약 고객이 판매원을 전적으로 믿으면 7점을 준다. 반대로 판매원을 전혀 믿지 못하면 1점을 준다. 그 사이 값은 믿음의 정도에 따라 변한다. 이런 방식으로 판매원에 대한 신뢰도 개념의 조작적 정의가 설정될 수 있다.

(1) 변수

조사자는 조사하려하는 개념의 값이 갖는 변화에 관심을 갖게 마련인데, 여기서 값의 변화가 있는 개념을 우리는 변수(variable)라고 부른다. 다음과 같은 가설을 통해 변수의 의미를 구체적으로 생각해 보자.

가설. '근무 경험'은 '작업 성과'와 긍정적인 관계를 맺고 있다.

위 가설은 근무 경험과 작업 성과라는 두 변수 사이의 관계를 제안하고 있다. 경험과 성과라는 두 변수는 각기 다양한 값을 가질 수 있다. 자동차 판매사원 1은 15년 근무자로 작년 한 해 동안 최고의 성과를 달성했고, 판매사원 2는 10년 근무에 좋은 성과를 달성했다고 하자. 이 경우 근속 경험을 측정하기 위해 사용한 척도는 해당 사원이 이 회사에서 근무한 연수이다. 한편 작업 성과는 지점의 장이 판매사원을 일정한 성과 범주를 정해 놓고 판정한 결과로 측정된다.

(2) 구성변수

경우에 따라서는 특정 개념이 갖는 의미를 하나의 변수 또는 측정항목만으로는 충분히 표현하지 못할 수 있다. 이런 경우에는 여러 변수를 사용함으로써 해당 개념을 좀 더 완벽하게 측정할 수 있는데, 여러 변수로 측정되는 개념을 우리는 구성변수(construct)라고 부른다. 예를 들어 시장조사 연구원이 판매원의 고객을 향한 적극성을 측정하고 싶다 하자. 이때 판매원에게 아래 3가지 질문에 대한 본인의 동의 정도를 1점(전혀 그렇지 않다)부터 5점(정말 그렇다)까지 점수를 매기도록 한다.

질문 1 나는 고객의 고민을 확실히 해결해 주는 제품을 권하려 노력한다.

질문 2 훌륭한 판매원이란 고객을 가장 먼저 생각하는 사원이다.

질문 3 나는 어떤 제품이 고객에게 가장 잘 어울리는가를 찾으려고 노력한다.

고객을 향한 적극성이란 개념을 위와 같이 세 가지 태도로 측정한다. 다시 말해서 적극성이란 구성변수를 측정 가능한 세가지 척도를 갖고 조작적으로 정의를 내린다. 만약 구성변수를 측정하기 위해서 사용되는 변수가 다르게 되면 전혀 다른 결과가 얻어지게 된다.

2. 측정척도의 수준

측정척도의 수준은 명목척도, 서열척도, 등간척도, 비율척도의 네 가지로 구분된다. 이들 척도는 그 측정값에 대해 이용 가능한 사칙연산 수준이 다르기 때문에 그 측정자료에 대한 통계분석방법의 적용에 차이가 발생한다. 〈표 8-2〉는 4가지 척도의 적용 예와 이때 사용하는 사칙 연산, 적용 가능 통계량을 요약 비교해 주고 있다.

〈표 8-2〉 척도 간의 특징 비교

척도 유형	적용 예	사칙 연산	적용 통계량
명목척도	예 - 아니오 여성 - 남성 구매 - 비구매 우편 번호	몇 명, 몇 개 수를 헤아리다	• 빈도 • 최빈치(mode)
서열척도	순위	수를 헤아리고, 순서를 매기다	• 빈도 • 최빈치(mode) • 중앙치(median) • 범위(range)
등간척도	**100점 만점의 업무 성과 평가서:** 0점 = 최악 성과 100점 = 최상 성과 **태도 척도:** 5 매우 좋다 4 좋은 편이다 3 반반이다 2 좋지 않은 편이다 1 아주 좋지 않다	수를 헤아리고, 순서를 매기고, 차이를 비교하다	• 빈도 • 최빈치(mode) • 중앙치(median) • 평균치(mean) • 변량 • 표준편차
비율척도	1회 구입량 1일 신문 보는 시간 1회 보는 웹 페이지 수	수를 헤아리고, 순서를 매기고, 차이를 비교하고, 배수를 정하다	• 빈도 • 최빈치(mode) • 중앙치(median) • 평균치(mean) • 변량 • 표준편차

1) 명목척도(Nominal Scale)

명목척도는 측정의 가장 기본적인 수준이다. 명목척도는 우리가 식별 혹은 분류의 목적으로 대상물에 일정한 값을 매기는 것이다. 일반적으로 사용되는 값이 수치일 경우가 많지만 굳이 수치일 필요는 없다. 왜냐하면 명목척도는 어떤 양적인 내용을 대변하고 있지 않기 때문이다. 이런 의미에서 명목척도는 질적 척도(qualitative scale)라고 할 수 있다.

명목척도의 사용 예는 다음과 같다. 원두 배합 비를 달리하여 쓴 맛의 정도가 서로 다른 3가지 인스턴트 커피의 선호를 측정한다고 하자. 이때 참여자가 갖는 특정한 상표에 대한 기존 생각으로 선호 측정에서 오류가 발생할 수 있으므로 상표를 가린 상태에서 커피 맛을 음미하도록 한다. 그리고 실험 참여자로 하여금 가장 좋아하는 커피를 선택하게 한다. 그렇게 되면 커피 선호의 측정결과는 A, B, C라는 세 가지 브랜드 중 한 가지 식별 값으로 표시된다. 이때 숫자 1, 2, 3이 사용될 수 있지만 그 숫자는 단지 식별의 의미만을 가질 뿐이다.

우리는 주변에서 명목척도의 사례와 자주 마주친다. 야구 선수의 등 번호가 바로 명목척도이다. 인천 공항의 터미널 A, 터미널 B, 터미널 C도 단순히 식별을 위해 붙여진 문자에 불과하다. 경마에 출전한 말에 7이란 번호를 부여함은 경마를 즐기는 사람에게 해당 말을 식별시키기 위한 표식에 불과하다. 그 말이 경주에 참여한 10마리 중 7번째로 빠르다거나, 7번째로 크다는 등의 의미를 담고 있는 것은 아니다.

2) 서열척도(Ordinal Scale)

서열척도는 명목척도처럼 대상 식별의 특징도 갖고 있으며, 또한 한 개념의 특정한 속성의 양에 따라서 배열도 가능하다. 한 교수가 학기말에 성적을 매기면서 학생에게 A, B, C, D 그리고 F를 부여하는 것이 서열척도의 예라고 할 수 있다.

마케팅조사에서 흔히 선호를 근간으로 순위를 매겨 달라는 질문을 한다. 여기서 선호가 바로 개념이고, 가장 좋아하는 것부터 가장 좋아하지 않는 것까지의 순서를 정하는 것이 서열화이다. 경마에서 10마리 중 7번 말이 1위, 6번 말이 2위, 5번 말이 3위로 들어왔고 이 말들을 가장 빨리 들어 온 순서대로 나열하는 것이 서열척도이다. 이때 1

위 말이 2위 말을 코 끝 만큼의 차이로 이겼고, 2위 말은 3위 말에 비해 20초나 앞섰다 하더라도 서열척도에서는 그 양을 언급하지 않는다. 단순히 승리한 말이 몇 번 말인지 그리고 연승식을 위해 1위와 2위가 어떤 말인가를 따질 뿐이다.

3) 등간척도(Interval Scale)

등간척도는 명목과 서열척도의 특징을 갖고 있을 뿐만 아니라 한 개념의 양의 차이에 대한 정보도 포함하고 있다. 등간척도의 가장 오래된 예는 온도이다. 아래 예시는 특정한 날의 온도를 화씨로 측정한 결과이다.

6월 6일 화씨 80도
12월 7일 화씨 40도

위 날씨는 화씨로 표기된 온도계란 등간척도를 이용하여 측정한 결과이다. 이 등간척도로 측정한 날씨는 12월 7일이 6월 6일에 비해 더 추웠음을 알려 준다. 그러나 12월 7일이 6월 6일에 비해 2배 더 추웠다고 결론 내릴 수 없다. 수치상으로는 80이 40에 2배이지만, 이것은 단지 기온을 화씨로 측정한 척도 체계상에서만 그렇다는 얘기이다. 화씨로 측정한 온도를 섭씨로 바꾸면 아래와 같다.

6월 6일 섭씨 26.7도
12월 7일 섭씨 4.4도

섭씨로 온도를 잰 결과를 보면 12월 7일이 6월 6일보다 더 추웠지만, 2배 더 춥다고 말 할 수 없다. 등간척도는 동일한 척도 체계 내에서 관찰 현상 사이의 차이의 정도를 비교하기 위해 유용하다. 또한 등간척도에서 '0'이란 측정값은 전혀 없다(nothing)는 의미가 아니라 상대적으로 낮음(something)을 의미한다. 예를 들어 오늘 온도가 섭씨 온도계로 측정한 결과 0도라는 값을 얻었다면, 온도가 전혀 없다는 것을 의미하는 것이 아니라 단지 섭씨 온도계 척도 체계 내에서 0이란 것이다.

4) 비율척도(Ratio Scale)

비율척도는 위에 열거한 3가지 척도의 모든 특징을 갖고 있을 뿐만 아니라 절대 양을 나타내 주는 속성도 갖고 있다. 등간척도가 상대적 의미를 갖는 데 반해 비율척도는 절대적 의미를 갖고 있다. 그러므로 비율척도에서 '0'이란 특정 개념이 없음을 의미한다. 경제적 가치를 측정하는 하나의 수단인 돈은 바로 비율척도의 성격을 갖는다. 아래 예는 한 온라인 경매 사이트에 올라온 골프채 중 드라이버의 판매 현황이다.

- 드라이버 1 (시마 BK 플래티넘 10도 R 110,000원에 팔림)
- 드라이버 2 (젝시오 프라임 SP600 10.5도 S 170,000원에 팔림)
- 드라이버 3 (마제스티 로얄 VQ 10.5도 R 340,000원에 팔림)
- 드라이버 4 (랭스필드 파워랭스 10.5도 S 팔리지 않음 0원)

온라인 경매에서 낙찰된 드라이버를 보면 드라이버 2가 드라이버 1보다 더 가치 있고, 드라이버 3이 드라이버 2보다 더 가치가 있으며, 이들 모두는 드라이버 4보다 더 가치가 있다는 서열척도상의 결론을 내릴 수 있다. 또한 드라이버 2가 드라이버 1에 비해 6만 원 더 가치가 있다는 등간척도상의 결론을 내릴 수 있다. 그리고 드라이버 3은 드라이버 2에 비해 2배의 가치가 있고, 드라이버 4는 한 푼의 가치도 없다고 결론지을 수 있다. 마지막 두 가지 결론은 비율척도이기 때문에 가능하다.

3. 신뢰성과 타당성

1) 신뢰성

(1) 신뢰성의 개념

신뢰성(reliability)이란 측정이 반복될 때 척도가 일관성 있는 결과를 산출하는 성노이다. 신뢰성은 측정의 무작위 오차와 관련이 있다. 측정도구에 신뢰성이 있을수록 측정의 무작위 오차는 감소된다. 신뢰성 평가는 크게 안정성과 내적 일관성의 두 가지 관점에서 이루어진다.

(2) 신뢰성 평가

① 안정성(stability)

측정척도의 신뢰성을 평가하기 위한 방법 중 하나는 두 번의 다른 시점에서 같은 응답자를 측정할 때 그 값이 얼마나 안정성을 갖는 지 살펴보는 것이다. 여기에는 검사-재검사와 대체형식의 신뢰성 평가방법이 있다.

검사-재검사 신뢰성

검사-재검사 방법(test-retest reliability)은 시간을 달리해서 동일한 응답자에게 동일한 측정척도를 반복해서 사용하여 척도의 안정성을 평가하는 방법이다. 이때 두 번 측정한 결과가 동일하게 나타날수록 측정척도의 안정성이 높다고 평가하게 된다.

대체형식 신뢰성

대체형식 신뢰성(parallel-forms reliability)에는 내용은 동일하지만 형태에는 다소 차이가 있는 두 가지 척도가 사용된다. 이 두 가지 형식의 척도를 가지고 동일한 응답자들에 대해 시간적 간격을 두고 두 번에 걸쳐 측정작업이 진행된다. 그 결과 측정값이 동일하게 나타날수록 척도의 안정성이 높은 것으로 간주한다.

이 방법에는 다음과 같은 문제점이 있다. 첫째, 동일한 내용을 가지는 두 가지 형식의 척도를 만든다는 것은 시간과 비용이 많이 든다. 둘째, 두 가지 형식이 내용면에서 동일해야 하기 때문에 두 가지 형식의 척도를 만든다는 것 자체가 쉽지 않다. 또한 측정결과의 차이가 부분적으로는 척도형태의 차이에 기인될 수 있다는 문제도 있다.

② 내적 일관성(internal consistency)

측정척도의 내적 일관성이란 특정 개념의 측정에 여러 개의 문항이 사용될 경우, 이들 항목들의 값이 얼마나 일관되게 비슷한 방향으로 나타나는지를 의미한다. 기업의 신뢰도를 측정하기 위해서 "이 기업을 신뢰하십니까?"라는 단일 항목보다는 여러 항목들을 질문하는 경우가 대부분이다. 이때 기업 신뢰도라는 개념을 측정하기 위해 질문한 여러 항목들의 내적 일관성은 항목들 간의 상관관계 점수로 측정 가능하다. 이러한 내적 일관성은 반분법과 알파계수(또는 크론바하 알파)의 방법으로 평가된다.

반분법

반분법(split-half method)은 측정척도의 구성 항목들을 반으로 나누어서 그 측정결과의 일관성을 평가하는 방법이다. 이때 두 묶음의 측정 결과 값 사이의 상관관계가 높게 나타나면 척도의 내적 일관성이 높다고 간주한다.

알파계수 또는 크론바하 알파

복합변수 척도의 신뢰도를 평가하기 위해 가장 널리 사용되는 추정치가 알파계수(coefficient alpha)이다. 구성 항목들을 반반으로 나누어 묶는 모든 경우의 수가 있을 것이고, 각 경우마다의 상관관계를 계산할 수 있다. 알파 계수는 가능한 모든 반반 묶음 간의 상관관계들의 평균을 계산한 값이다. 알파 계수의 값은 0부터 1까지의 값을 갖는다. 알파 계수가 0이면 구성 항목들이 모두 연관성이 없음을 의미한다. 알파 계수가 1이면 구성 항목들이 완벽하게 일관성을 갖고 있음을 의미한다. 보통 크론바하 알파(cronbach's alpha)가 0.6~0.7 이상이면 신뢰성이 있다고 간주한다.

$$\alpha = \frac{N}{N-1}\left(1 - \sum \frac{\sigma_i^2}{\sigma_j^2}\right)$$

N =문항수 σ_i^2 =각 문항의 분산 σ_j^2 =총분산

[그림 8-1] 내적 일관성 계수 구하는 공식

(3) 신뢰성 제고방안

마케팅조사에서 대부분 사용되는 측정도구는 설문지이다. 측정도구의 신뢰성은 결국 설문문항의 신뢰성을 의미하는 것이다. 실제로 문항의 신뢰성을 확보하기 위해서는 다음과 같은 노력이 요구된다.

첫째, 설문문항을 분명하게 작성하며, 모호하게 작성된 문항은 제거한다. 설문문항의 내용이 모호하면 응답자마다 다르게 해석할 수 있기 때문에 측정오차가 커져 결국

신뢰성을 떨어뜨린다.

둘째, 설문문항 수를 늘린다. 설문문항이 많아지면 측정척도의 무작위오차가 줄어들게 된다. 이는 표본수를 늘리면 표본 추출오차가 감소하는 것과 같은 원리이다.

셋째, 조사과정에서 측정의 일관성을 보장해야 한다. 면접자가 조사과정의 일관성을 유지하지 못하면 동일한 문항에 대한 응답자의 반응이 달라져 측정오차가 발생한다.

넷째, 응답자가 잘 모르거나 전혀 관심이 없는 내용은 측정하지 않는 것이 좋다. 모르거나 관심이 없는 경우에는 무성의하게 답변하거나 전혀 다른 결과를 나타낼 가능성이 있기 때문이다.

다섯째, 연구자는 측정문항을 구성하기 이전에 선행연구를 통해서 신뢰성이 검증된 측정문항이 무엇인지 탐색해 보아야 한다. 만약 선행연구 탐색에서 신뢰성이 검증된 측정도구를 찾을 수 있다면 이 도구를 사용하는 것이 바람직하다.

여섯째, 예비조사(pilot study) 및 사전조사(pretest)를 실시한다. 설문문항이 작성되면 실제 조사에 들어가기 전에 우선 예비조사를 통하여 설문문항에 대한 사전조사를 해 보아야 한다. 사전조사를 통해 측정척도의 신뢰성을 집중적으로 살펴볼 수 있다. 그 결과를 바탕으로 신뢰성 향상을 위해 측정척도를 개선할 수 있다.

2) 타당성

(1) 타당성의 개념

측정척도의 타당성(validity)은 측정값이 측정하고자 하는 개념을 대변하는 정도를 뜻한다. 업무성과의 측정을 위해 사원에게 자신의 성과를 스스로 평가하도록 질문한다고 하자. 그 측정 결과 매번 조사할 때마다 유사한 측정값을 얻는다. 신뢰도가 높다. 그러나 사원이 스스로 평가한 결과가 그 사원의 업무 성과를 제대로 표현할 수 있는가는 의문이다. 자기 자신을 좀 더 높게 평가하려는 오류가 있을 것이다. 이런 질문의 측정값은 타당성이 낮다고 판단된다.

측정척도의 무작위오차가 없는 만큼 신뢰성이 높다고 할 수 있는데, 타당성은 무작위 오차가 작은 것에 더하여 체계적 오차의 크기도 반영한다. 즉 측정값과 참값의 차이가 작을수록 척도의 타당성이 높아진다.

신뢰성과 타당성의 개념은 다음과 같이 설명할 수 있다. [그림 8-2]는 3명이 활을 표적에 쏜 결과이다. A는 가운데를 맞추려고 노력은 하였으나 표적 여러 곳으로 화살이 흩어진 결과이다. 가운데 맞추려 한다는 점에서 A는 어느 정도 타당성은 있으나 일관성이 결여되어 신뢰성은 낮다. 한편 C는 9발의 활을 모두 한 곳에 모이도록 쏘았으나 이 모두가 표적의 중심에서 벗어나 있다. 한곳에 9발이 모두 모여 있다는 점에서 C는 신뢰성은 있으나 가운데가 아닌 곳을 향해 화살이 관통하였기에 타당성이 없다고 할 수 있다. B는 모든 화살이 표적의 중앙에 몰려있기 때문에 신뢰성과 타당성이 높다고 할 수 있다.

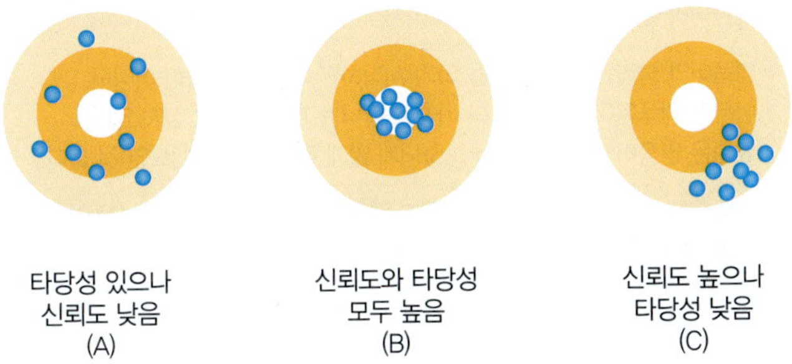

[그림 8-2] 신뢰도와 타당성

(2) 타당성 평가

측정척도의 타당성은 내용타당성, 기준타당성, 그리고 개념타당성의 세 가지 부분에서 평가가 가능하다.

① 내용타당성

내용타당성(content validity)은 측정척도가 내용적으로 측정하려는 개념을 어느 정도 잘 반영하는가의 문제이다. 평가 항목이 연구 개념에 대한 조작적 정의로서 의미가 있다면 내용 타당성이 있다고 이야기할 수 있다. 보통 내용타당성은 전문가들의 주관적 합의를 통해 평가된다.

중간사례

명품의 소비자 구매행동변수 측정

시장조사전문기업 마크로밀 엠브레인 트렌드모니터는 전국 만 19세~59세 성인남녀 1,000명을 대상으로 명품 소비 패턴을 조사하였는데, 이 조사는 소비자들의 명품 기준, 명품의 희소성 선호도, 명품 소비를 통한 과시욕구 수준 등 소비자행동을 평가하기 위하여 표와 같은 측정항목들을 사용하였다.

명품 관련 소비자 행동의 측정

	측정항목
명품의 기준	명품도 브랜드가 중요하다. 명품은 오래될수록 그 가치가 더 높아진다. 명품이라 불리는 것이 유행을 타기 시작하면 더 이상 명품이 아니다.
희소성 선호도	명품이라 불리는 것이 유행을 타기 시작하면 더 이상 명품이 아니다. 아무리 명품이어도 남들이 다 가지고 다니는 제품은 갖고 싶지 않다. 요즘은 명품이라도 브랜드가 노출되지 않게 하는 것이 트렌드인 것 같다.
과시욕구 수준	사람들은 진품 여부보다 어떤 브랜드를 가지고 있는지에 더 관심이 많은 것 같다. 내가 앞으로 명품을 구매한다면, 알 만한 사람만 알아봐주는 브랜드였으면 좋겠다. 내가 앞으로 명품을 구매한다면, 많은 사람들이 아는 브랜드였으면 좋겠다. 명품을 들고 다니면 왠지 자신감이 생길 것 같다. 나는 명품 로고가 작은 것보다 크게 있는 것이 좋다. 디자인이 마음에 들지 않아도, 명품이면 괜찮아 보인다.

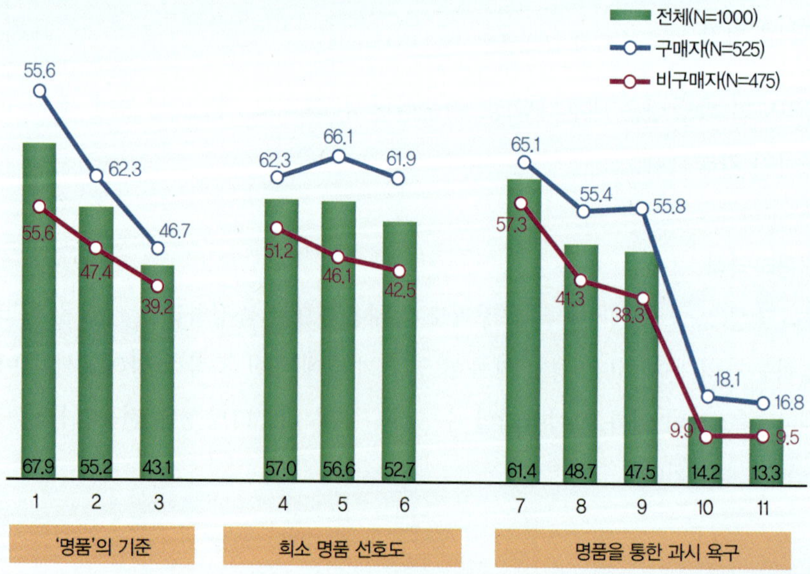

소비자의 명품구매행동 패턴

자료 분석 결과 나타난 소비자의 명품 구매행동 패턴은 그림과 같다. 명품의 기준과 관련하여 기본적으로 다수의 소비자들은 명품도 브랜드가 중요하다고 생각하고 있었다(67.9%). 특히 명품을 구매해본 사람들의 경우 명품의 브랜드가 중요하다고 생각하는 비율이 79.0%로 비경험자의 55.6%에 비해 훨씬 높게 나타났다.

또한 명품 구매경험이 있는 사람들은 상대적으로 명품의 희소성을 크게 선호하는 것으로 나타났다. 이들이 '명품이라 불리는 것이 유행을 타기 시작하면 더 이상 명품이 아니다'라고 대답한 비율은 62.3%, '아무리 명품이어도 남들이 다 가지고 다니는 제품은 갖고 싶지 않다'라고 응답한 사람은 66.1%로 나타났다.

그리고 명품의 구매경험 여부에 따라 과시욕구의 수준도 크게 차이가 있는 것으로 나타났다. 명품 구매경험이 있는 응답자는 '명품을 들고 다니면 왠지 자신감이 생길 것 같다'는 항목에 55.8%가 '그렇다'고 대답한 반면, 비경험자의 비율은 38.3%에 불과하였다.

출처: 윤덕환 · 김현진(2016). pp. 74-81.

② 기준타당성

기준타당성(criterion validity)은 측정척도의 측정값이 유사 개념의 측정값 또는 실제 값과의 상관관계로 표시된다. 기준타당성은 동시타당성과 예측타당성으로 분류할 수 있다. 동시타당성(concurrent validity)이란 척도의 측정값이 같은 시간대의 유사 개념의 측정값들과 상관관계가 높음을 의미한다. 예측타당성(predictive validity)은 현재의 측정값이 미래의 현상을 잘 예측하는 정도를 가리킨다.

예측타당성의 실제 사례는 광고회사의 사전 광고물에 대한 상기 점수(recall score) 측정에서 찾아볼 수 있다. TV 광고물을 완성한 후에 수정하기란 현실적으로 어렵다. 따라서 광고물을 완성하기 전에 광고 장면을 그림으로 그리고, 각 장면마다 말과 음악을 결합한 사전 광고물을 제작한 후 소비자 평가를 받는다. 사전 광고물에 대한 상기 점수가 완성된 광고물의 상기 실적과 잘 일치할 경우 사전 광고물의 상기 점수는 예측타당성을 갖는다고 이야기할 수 있다.

③ 개념타당성

개념타당성(construct validity)은 척도가 측정하고자 하는 개념을 진정으로 얼마나 잘 나타내 주는가 하는 정도를 의미한다. 개념타당성의 평가는 수렴타당성, 판별타당성, 법칙타당성의 세 가지 부분으로 구성된다.

수렴타당성(convergent validity)은 사용한 척도가 같은 구성개념의 다른 측정방식을 가진 척도와 갖는 상관관계 정도를 말한다. 판별타당성(discriminout validity)은 사용된 측정척도가 의미가 다른 구성개념과 상관관계가 없는 정도를 말한다. 법칙타당성(nomalogical validity)은 척도의 측정값이 그 개념과 이론적으로 상관관계가 있을 것으로 예측되는 다른 개념의 측정값과 갖게 되는 상관관계로 판정된다.

4. 측정척도의 형태

마케팅조사에서 사용되는 측정척도의 형태는 아주 다양하다. 보통 여러 개의 응답범주를 갖는 범주척도가 많이 사용된다. 그리고 여러 문항이 사용되는 경우, 리커트척도나 어의판별척도도 흔히 이용된다. 또한 여러 대상을 비교하고 싶을 경우에는 순위서열척도, 쌍대비교, 단일비교, 총합척도 등의 척도가 사용되기도 한다.

1) 범주척도(Category Scales)

범주척도는 여러 개의 응답 범주를 갖고 있는 척도형태를 말한다. 가장 단순한 형태는 단지 두 개의 응답 범주를 포함하는 경우이다. 예를 들어 다음과 같은 질문이 사용될 수 있다.

> 귀하는 베이커리 전문점을 이용하신 경험이 있으십니까?
>
> (   ) 예
>
> (   ) 아니오

비슷한 내용에 대해서 다음과 같이 응답 범주를 넓혀서 응답자로 하여금 선택의 유연성을 줄 수 있다.

귀하는 베이커리 전문점을 한달에 몇 번 정도 이용하십니까?

① 1~2회
② 3~5회
③ 6회 이상
④ 기타 – (　　)개월에 (　　)번씩

이런 범주척도는 "그렇다, 아니다" 식의 분류에 비해 좀 더 세밀하게 태도를 측정할 수 있다. 선택 범주의 증가는 측정의 정밀성을 증가시킬 수 있다. 그러나 응답범주가 증가하면 응답자가 생각을 그만큼 자세히 구분하여 응답하기가 어려워지게 되는 문제점이 있다.

응답 범주의 수는 또 연구 결론에 영향을 끼친다. 사원에게 자기 일에 대한 만족도를 묻기 위해 "예 혹은 아니오" 처럼 두 가지 선택지만을 제공했다고 생각해 보자. 이 두 개의 선택지가 사원이 느끼는 응답의 범위를 모두 다 포착할 수 있는가? 자신의 일

〈표 8-4〉 범주척도의 라벨 예시

구분					
품질	( ) 매우 좋다	( ) 좋은 편이다	( ) 반반이다	( ) 좋지 않은 편이다	( ) 전혀 좋지 않다
	( ) 최고다	( ) 좋다	( ) 중간이다	( ) 나쁘다	
	( ) 평균 이상	( ) 평균	( ) 평균 이하		
중요도	( ) 매우 중요하다	( ) 중요하다	( ) 반반이다	( ) 중요하지 않다	( ) 전혀 중요하지 않다
	( ) 중요하다	( ) 보통이다	( ) 중요하지 않다		
만족도	( ) 매우 만족	( ) 만족	( ) 반반	( ) 불만	( ) 매우 불만
	( ) 매우 만족	( ) 만족	( ) 약간 만족	( ) 만족하지 않음	
독특성	( ) 매우 독특하다	( ) 독특하다	( ) 비슷하다	( ) 독특하지 않다	( ) 전혀 독특하지 않다
	( ) 매우 다르다	( ) 약간 다르다	( ) 전혀 다르지 않다		

에 대해 만족한다는 의미에서 예라고 응답한 사원들 모두가 같은 양의 만족 정도를 갖는다고 생각할 수 있을까? 일반적으로 예 혹은 아니오 범주를 갖는 사원 만족도 조사는 약 80%가 예라고 응답하는 경향이 있다. 다시 말해서 이 자료는 소수의 범주로 편향된 결과가 나타남을 보여 준다. 만약 이 질문에 응답을 5개의 선택지를 갖는 리커드 척도로 확대한다면, “예”라는 응답은 다양한 범주로 확산될 것이다. 그러므로 응답 범주는 응답자의 의견 혹은 감정을 실제로 포착할 수 있도록 정해야 한다.

그리고 각 응답범주에 어떤 라벨을 붙이는가 하는 점도 중요하다. 〈표 8-4〉는 범주척도에서 사용되고 있는 라벨들을 예시하고 있다.

2) 리커트척도(Likert Scale)

리커트척도는 사회심리학자인 Rensis Likert(1903~1981)가 개발하고 자신의 이름을 붙인 것으로 마케팅조사에서 가장 널리 사용되는 다문항 척도 형태이다. 리커트척도는 리커트척도는 응답자에게 특정 의견에 얼마나 동의하는지 혹은 동의하지 않는지를 보기 중에서 선택하게 함으로써 자신의 태도를 들어내도록 하는 척도이다. 측정 결과값은 강한 동의부터 강한 부정까지의 응답자의 태도를 나타낸다. 일반적으로 강한 긍정, 긍정, 중립, 부정, 강한 부정의 5점 척도가 가장 많이 이용된다. 아래 보기는 베이커리 제품 구입에 대한 리커트척도 항목의 예시이다.

귀하께서는 T베이커리의 제품을 타인에게 추천할 의사가 있으십니까?

(　　) 전혀 그렇지 않다
(　　) 그렇지 않다
(　　) 반반이다
(　　) 그렇다
(　　) 정말 그렇다

3) 어의판별척도(Semantic Differential Scale)

어의판별평가척도는 응답자에게 대치하는 두 가지 형용사를 주고 본인의 태도를 기술하도록 하는 척도이다. 〈표 8-5〉는 베이커리 전문점에 대한 소비자의 평가를 위한 어의판별척도의 예시이다.

〈표 8-5〉 어의판별척도

유기농 빵을 사기 위해 T베이커리를 이용하는 것과 비교해서 P베이커리를 이용하는 것은 ______________ .						
따분하다	( )	( )	( )	( )	( )	흥분된다
재미있다	( )	( )	( )	( )	( )	고통이다
간단하다	( )	( )	( )	( )	( )	복잡하다
사치다	( )	( )	( )	( )	( )	검소하다
가족에게 좋은 일이다	( )	( )	( )	( )	( )	가족에게 나쁜 일이다
불편하다	( )	( )	( )	( )	( )	편리하다
똑똑하다	( )	( )	( )	( )	( )	어리석다

4) 총합척도(Constant-Sum Scale)

총합척도는 응답자에게 여러 속성들에 그들의 상대적 중요도에 따라 점수를 분할해 달라고 요청하는 척도형태이다. 한 베이커리 전문점이 소비자의 베이커리 전문점 브랜드 선택의 중요도를 파악하고 싶어 한다고 가정해 보자. 응답자에게 이 내용들에 상대적 중요도에 따라 100점을 나누어 주고 그 합이 100점이 되도록 요청할 수 있다.

귀하는 베이커리 전문점 선택 시 아래 내용을 얼마나 중요하게 생각하십니까? 중요도에 따라 100점을 각 내용에 나누어 주십시오. 나눈 점수의 합은 100이 되어야 합니다.

맛	( )점
가격	( )점
매장분위기	( )점
브랜드 이미지	( )점
합 점수	(100)점

5) 순위서열척도(Ranking)

순위서열척도는 응답자에게 어떤 특성을 기준으로 제시된 대안들에 순위를 정해 달라고 요구하는 척도형태이다. 순위서열척도의 측정결과는 서열척도 수준에 해당된다.

귀하가 베이커리(제과점)를 선택할 때 중요하게 생각하는 세 가지 요인을 순서에 따라 순위를 표시하십시오.

① 맛 ② 가격 ③ 매장 분위기
④ 서비스 ⑤ 위치 ⑥ 브랜드 이미지 ⑦ 재료

1순위( )
2순위( )
3순위( )

6) 쌍대비교척도(Paired Comparisons)

쌍대비교척도는 응답자에게 한 번에 두 개의 측정대상을 비교해 가도록 요구하는 척도형태이다.

지금 두 가지 베이커리 전문점에 대한 귀하의 의견을 듣고 싶습니다.
(두 가지 베이커리 전문점을 방문 한 후) 두 가지 중에서 전반적으로 어느 쪽이 더 좋습니까?

(　　) T 베이커리 전문점
(　　) P 베이커리 전문점
(　　) 비슷하다

쌍대비교는 제품이나 광고처럼 소수의 대상물을 비교할 때는 어렵지 않다. 그러나 대상물이 증가할수록 비교해야 할 수는 기하급수적으로 증가하여 측정작업이 복잡해지는 문제점이 있다.

7) 단일 혹은 비교척도(Monadic or Comparative Scale)

귀하가 선호하는 베이커리 전문점에서 제공되는 서비스에 대해 어떻게 생각하십니까?

(　　) 매우 불만
(　　) 불만
(　　) 보통
(　　) 만족
(　　) 매우 만족

위의 척도는 단일평가척도이다. 왜냐하면 본인이 방문하고 있는 베이커리 전문점에 대한 평가이기 때문이다. 응답자에게 구체적인 준거 틀이 제공되지 않는다. 이에 비해 비교평가척도는 다음과 같이 응답자에게 비교의 준거점을 제시해 주는 척도형태이다.

귀하는 T 베이커리 전문점과 P 베이커리 전문점의 맛을 비교한다면 어떻게 생각하십니까?

( ) T가 훨씬 좋다
( ) T가 낫다
( ) 비슷하다
( ) P가 낫다
( ) P가 훨씬 좋다

8) 균형 혹은 비균형 척도(Balanced or Unbalanced Scale)

고정된 선택지 형태는 균형적일 수도 아닐 수도 있다. 다음은 부모와 아이들 간에 베이커리 전문점 선택 결정에 관한 균형척도의 예시이다.

당신의 아이들이 방문하는 베이커리 전문점은 누가 결정합니까?

( ) 아이들이 항상 결정한다
( ) 아이들이 거의 결정한다
( ) 아이들과 부모가 함께 결정한다
( ) 부모가 거의 결정한다
( ) 부모가 항상 결정한다

이런 척도는 중립이 척도의 중간에 놓인다는 점에서 균형 잡힌 것이다. 한편 비균형 평가척도는 응답이 한편으로 쏠릴 것이 예상될 때 이용된다. 종종 조사에서 긍정적인 응답이 대부분인 결과를 얻는 경우가 있다. 예를 들어 고객 혹은 사원 만족 척도는 일반적으로 이런 경향이 있다. 만약 사원이 수년 동안 한 직장에서 일하고 있거나 혹은 고객이 거래하기 위해 한 곳만을 선택하여 왔다면 그들이 긍정적인 답변을 할 것이라 기대할 수 있다. 이런 경우에는 비균형 척도를 사용하면 데이터 분포의 편향성을 극복할 수 있다.

• 불균형 척도

매우 불만 | 불만 | 약간 만족 | 만족 | 매우 만족

• 균형 척도

매우 불만 | 불만 | 보통 | 만족 | 매우 만족

불균형 척도의 경우, 만족은 3가지 범주를 불만은 2가지 범주를 갖고 있다. 균현 범주를 선택할 것인지 아니면 불균형 범주를 갖는 척도를 선택할 것인지를 측정하려는 자극에 대한 태도에 관한 연구원의 지식 혹은 개념의 성격에 달려 있다. 응답자가 개념의 한쪽으로 치우친 응답을 할 것으로 예상될 때 불균형 척도가 적당할 것이다. 이러한 경우가 아니면 균형 잡힌 척도를 사용함이 더 좋다.

마무리사례

온라인 점포 속성의 측정

온라인 쇼핑은 계속 증가하고 있다. 한국에서도 2015년의 온라인 소매 판매액은 53조9천억원에 달해 전년대비 19.1% 성장을 나타냈으며, 이에 따라 총 소매 판매액 중 온라인 판매의 비중은 12.6%에서 14.7%로 증가하였다. 이러한 온라인 쇼핑의 증가는 온라인 점포가 고객에게 제공하는 다양한 혜택 때문일 것이며, 온라인 쇼핑의 이점은 상당 부분 온라인 점포의 고유한 특성과 관련이 있다고 할 수 있다.

온라인 점포는 오프라인 점포와는 여러 가지 다른 속성을 갖고 있으며, 그 중 가격, 고객서비스, 상품, 디자인매력도를 대표적으로 중요한 속성으로 열거할 수 있다. 우선 가격은 온라인 구매자들이 구매를 할 때 제일 중요하게 생각하는 요소임이 확실하다. 그리고 고객의 문의에 대한 신속하고 정확한 대응, 환불, 교환, 반품 등 사후서비스의 적절한 제공 등 고객서비스도 온라인 점포가 갖는 중요한 속성의 하나이다. 또한 많은 종류의 상품, 다양한 색상과 소재, 디자인, 사이즈, 신상품의 구성 등 상품 측면도 온라인 점포의 중요 속성에서 빼놓을 수 없다. 아울러 고객들은 디자인이 잘 된 웹 사이트를 방문하는 것을 좋아하는 경향이 있기 때문에, 쇼핑몰 스크린(색상, 메뉴 등)의 매력, 온라인 커뮤니티의 디자인 수준, 그래픽 디자인의 감각적 수준 등 디자인 측면도 온라인 점포의 중요한 속성으로 간주해야 할 것이다.

김종훈, 박은하와 오이영(2014)은 이들 점포 속성 차원별로 여러 문항을 개발, 5점 리커트척도를 사용하여 온라인 점포 속성에 대한 고객의 인지적 평가를 측정하였다. 그 세부적인 측정항목의 내용과 각 척도의 신뢰도 평가 내용은 표와 같다. 가격 요인 척도의 크론바하 알파 값은 .902, 고객서비스는 .852, 상품 .868, 디자인 매력도 .913으로 척도의 신뢰성이 모두 높게 나타났다.

온라인 점포 속성의 측정항목과 척도의 신뢰도 평가

속성	측정항목	Cronbach's alpha
가격	타 경쟁사의 가격보다 저렴함 상품 가격이 경제적 할인상품이 다른 쇼핑몰에 비해 더 저렴함 품질대비 적당한 가격 오프라인 쇼핑몰보다 저렴함 가격이 합리적	.902
고객서비스	제기한 문제를 신속히 처리함 나의 요구에 빠른 답변을 함 온라인 문의에 정확, 신속히 대응 빠른 서비스를 제공	.852
상품	다양한 구색, 가격의 상품 구비 다양한 제품, 서비스 제공 다양한 브랜드	.868
디자인매력도	그래픽 디자인이 매력적 전반적인 느낌이 시각적으로 돋보임 상품 디스플레이가 매력적 가상 커뮤니티는 보기 좋게 디자인 스크린(색상, 메뉴 등)이 매력적	.913

출처: 김종훈 · 박은하 · 오이영(2014).

요약정리

마케팅조사에서 측정은 중요한 이슈이다. 측정척도에는 네 가지 종류가 있다. 명목척도는 분류나 식별을 목적으로 측정 대상물에 수치나 혹은 문자를 부여한다. 서열척도는 특정 개념의 상대적 양에 근거하여 대상물을 서열화한다. 그러므로 서열척도는 순위를 대변한다. 등간척도는 특정 개념의 양에 근거하여 순서를 나타낼 뿐만 아니라 측정값들 사이의 차이를 포착할 수 있다. 그러므로 등간척도는 대상물의 척도 점수 사이의 차이를 근거하여 서로 간에 비교가 가능하다. 비율척도는 절대 점수 0점을 갖는 척도로서 0점이면 그런 특징이 전혀 없음을 의미한다.

측정척도는 신뢰성과 타당성이 중요하다. 신뢰성은 측정 결과의 안정성과 내적 일관성으로 평가된다. 타당성은 측정하려는 개념을 실제로 측정하고 있는 정도를 말하는 것으로 내용타당성, 기준타당성, 개념타당성 부분으로 평가된다.

척도형태는 아주 다양하다. 범주척도 형태가 일반적으로 많이 사용된다. 다문항 척도로는 리커트척도, 어의판별척도가 흔히 사용된다. 그밖에 비교척도, 쌍대비교, 총합척도 등의 형태가 있다.

09

CHAPTER

설문지 기획

MARKETING RESEARCH

1. 설문지 기획 시 기본 고려 사항

2. 개방형 질문과 폐쇄형 질문

3. 질문의 순서와 구성

4. 질문의 표현

5. 인터넷조사 설문지

6. 설문지 사전조사

MARKETING RESEARCH

09 CHAPTER

설문지 기획

| 학습목표 |

1. 설문지 기획에서 핵심적인 요소를 기술하시오.
2. 개방형 질문과 폐쇄형 질문을 비교하여 설명하시오.
3. 설문지 기획에서 실수를 줄일 수 있는 행동 지침을 기술하시오.
4. 질문의 순서가 설문지 기획에서 왜 중요한가를 설명하시오.
5. 설문지를 사전조사할 때 사용하는 기준을 기술하시오.

도 입 사 례

이러닝산업 실태조사 설문지

산업통상자원부와 정보통신산업진흥원은 이러닝 사업 육성을 위한 정책의 수립, 시행을 위한 산업 현황 및 동향 파악을 위하여 매년 이러닝산업 실태조사를 실시하고 있다. 이 조사는 이러닝 수요자(교육기관, 정부·공공기관, 기업, 개인) 및 공급자(콘텐츠, 솔루션, 서비스)에 관한 신뢰성 있는 통계자료 구축 및 정보 제공을 목적으로 하고 있다. 이중 개인 실태조사 부문의 조사 항목은 표와 같다.

이러닝산업 실태조사(개인) 조사항목

대분류	중분류	세부항목	
공통	일반현황	성명 성별 나이 거주 지역	학력 직업 월 평균 소득
	이용여부	최근 2년 이내 이러닝 경험 여부 이러닝 이용 여부 및 이용 매체	
이용자		이러닝 관련 정보 획득 경로 및 이용 계기 이러닝 경험 분야 지난 1년간 수강과목 및 총 수강금액(개인 부담금) 2013~2015년 이러닝 수강기간 이러닝 서비스 및 콘텐츠 만족도 모바일(스마트)러닝 학습 경험 여부 모바일(스마트)러닝 선호분야 및 확산되기 위한 요인	
	애로 및 전망	이러닝 불편사항	
	이러닝 관련 지출	연간 사교육비 및 이러닝 지출액 비중	

비이용자	비이용 실태	이러닝 비경험 이유 이러닝 필요성 향후 이러닝을 통한 학습 의향 및 수강 분야 향후 이러닝 관련 월 평균 지출 비용 예상

개인 실태조사는 공통, 이러닝 이용자, 이러닝 비이용자를 대분류로 하여, 일반 현황과 이러닝 이용 여부, 이용 실태 등을 조사하고 있다. 그중에서 이러닝 경험자의 이러닝 서비스에 대한 만족도 측정을 위해서는 다음의 질문들이 사용되었다.

귀하가 경험하신 이러닝 서비스 및 콘텐츠에 대한 만족도를 응답하여 주십시오.

항목	만족도				
	매우 낮다	낮은 편	보통	높은 편	매우 높다
이러닝 시스템 안정성	1	2	3	4	5
이러닝 콘텐츠의 다양성	1	2	3	4	5
이러닝 콘텐츠의 질적 수준	1	2	3	4	5
이러닝 학습시간의 적정성	1	2	3	4	5
오프라인 학습비용 대비 이러닝 비용의 절약	1	2	3	4	5
오프라인 학습대비 이러닝 학습의 학업 성취도	1	2	3	4	5

■ 이용경험에 비추어 볼 때 이러닝 서비스에 대해 전반적으로 얼마나 만족하고 계십니까?

☐ 1) 매우 불만족하다 ☐ 2) 불만족하는 편이다 ☐ 3) 보통이다
☐ 4) 만족하는 편이다 ☐ 5) 매우 만족한다

■ 귀하의 이러닝 학습이 현재보다 앞으로 얼마나 확대될 것으로 예상하십니까?

☐ 1) 매우 축소 ☐ 2) 다소 축소 ☐ 3) 비슷
☐ 4) 다소 확대 ☐ 5) 매우 확대

출처: 산업통상자원부 · 정보통신산업진흥원(2015). 2014년 이러닝산업 실태조사.

조사 연구원들은 요리사가 식칼을 사용하는 것처럼 설문지를 이용한다. 설문지는 질문에 답변을 얻기 위한 도구이다. 대부분의 사람들은 질문하기가 매우 단순하다고 생각한다. 심지어 경험이 적은 조사 연구원들도 짧은 설문지라면 단 몇 분만에 작성할 수 있다 생각한다. 그러나 불행하게도 설문지를 작성하는 데 필요한 것은 좋은 프린터

라고 생각하는 순진한 연구원들이라면 종국에 가서 아무데도 쓸모 없는 조사 결과를 놓고 당혹스러워 하게 될 것이다.

1. 설문지 기획 시 기본 고려 사항

설문지 기획은 문법을 정확하게 맞추는 것보다 훨씬 더 복잡하다. 문법이 올바른 것만으로 질문을 제대로 만들 수 없다. 응답자들은 도대체 무엇을 질문하는지 모르는 경우가 많다. 또한 같은 질문이라도 모든 응답자에게 동일한 의미를 전달하지 못할 수도 있다. 조사 연구원의 목적을 충족시키는 설문지의 질문들은 연관성과 정확성이란 기준을 충족해야 한다. 이 기준을 맞추기 위해서 조사 연구원은 다음과 같은 일련의 물음에 분명하게 답할 수 있어야 한다.

- 무엇을 알기 위해 질문하는가?
- 그 질문을 어떻게 물을 것인가?
- 질문들을 어떻게 배열할 것인가?
- 어떤 배열이 조사목적 달성을 위해 최선인가?
- 설문지의 사전조사를 어떻게 할 것인가?

1) 설문지 목적

조사 초기 단계에서 문제를 구체적으로 정의하고 질문을 분명히 하는 것이 중요하다. 이렇게 하면 조사 가설을 만들 수 있고, 무엇을 측정할지 결정할 수 있다. 또한 측정 대상에 따라 적합한 질문을 만들며, 이 질문을 전화조사, 개별면접, 우편조사, 혹은 인터넷조사 등 어떤 방법으로 수집하는 것이 유익한가도 따져 보아야 한다. 이런 결정들이 설문지의 내용과 구조에 영향을 미친다. 이외에도 설문지를 기획할 때에 조사 연구원은 질문에 대한 답변을 통계적으로 어떻게 분석할 것인가를 고려해야 한다.

2) 연구 주제와 설문지 사이의 연관성

설문지 연관성이란 수집된 모든 정보가 조사하려는 문제를 풀 수 있는 정도를 의미한다. 잘못된 질문 혹은 관련 없는 질문은 조사문제와 연관성이 없다. 예를 들어 특정한 대형 할인점의 이미지에 관해 궁금한 점이 있는데 응답자의 정치적 성향을 묻는 질문은 연관성이 없다. 조사 연구원은 문제 해결을 위해 결정적인 정보가 무엇인지를 결정하고, 그런 정보를 얻기 위해 필요한 질문 항목을 구체적으로 만들어야 한다.

또한 조사가 끝난 후 중요한 질문 몇 개를 빠뜨렸음을 발견하는 경우도 발생한다. 이 때 재조사를 실시할 수는 있다. 그러나 그럴 시간적, 비용적 여유가 없는 경우가 대부분이다. 그러므로 설문지 기획 단계에서 중요 질문의 탈락 오류가 없는지 꼼꼼히 점검해야 한다. 다음의 질문들을 되새겨 보면 도움이 될 것이다. 조사와 관련된 인구사회적 특성이나 심리적 특징들에 관한 정보를 수집하고 있는가? 핵심적인 질문을 더욱 분명하게 해줄 수 있는 다른 질문들은 없는가? 이 질문들로 얻어질 자료가 조사 의뢰자의 문제에 분명한 해답을 제공해 주는가?

3) 설문지 정확성

무엇을 질문할 것인가를 결정했다면 그 다음은 정확하게 묻는 것이 중요하다. 정확성이란 바로 질문이 타당한가를 의미한다. 경험이 많은 연구원은 일반적으로 설문지는 단순하고, 용어가 쉽고, 순서상 오류가 없고, 응답자의 사적인 내용을 가능한 건드리지 않아야 한다고 알고 있다. 그러나 질문 작성에서 정확성을 확보하기 위한 일반화된 법칙은 존재하지 않는다.

응답자로 하여금 기억하기 편리한 질문을 만들고, 끝까지 질문에 협조하도록 만드는 것이 바람직하다. 응답자는 질문이 본인에게 흥미로운 것에는 잘 협조하는 경향이 있다. 또한 질문이 길지 않고, 답하기 곤란하지 않으며, 자존심에 상처를 주지 않는 질문에는 오류 없이 답변을 할 확률이 높다.

2. 개방형 질문과 폐쇄형 질문

설문지의 주된 질문 형태에는 개방형과 폐쇄형이 있다. 개방형은 자유로운 응답을 기대하는 질문이다. 이와 반대로 폐쇄형은 응답자에게 한정된 선택 보기를 제시하고, 그 중에서 자신의 의견과 가장 일치하는 것을 선택하도록 하는 질문이다. 이번 절에서는 질문유형의 사용과 작성 방법에 대해 알아보고자 한다.

1) 개방형 질문

개방형 질문은 특정한 주제에 대한 응답자의 의견을 응답자의 언어로 표현토록 질문하는 것이다. 그 예는 다음과 같다.

- '은행' 하면 무슨 이름이 생각나십니까?
- 이 광고는 귀하에게 무엇을 얘기하는 것 같습니까?
- 이 제품이 어떻게 바뀌기를 바라시는지요? 아무리 작은 부분이라도 귀하가 바꾸었으면 하는 점을 말씀해 주십시오.
- 맥심 커피믹스에 대해 좋게 생각하시는 것이 무엇인지요?
- 우리 가게가 무엇을 해 드리면 더 좋으시겠습니까?

개방형 질문은 탐색적 조사를 실시할 때처럼 응답의 범위를 잘 모를 때 사용하면 좋다. 응답자의 자유로운 내용과 일상생활 용어를 얻을 수 있다. 응답자는 떠오르는 생각대로 자유롭게 응답하면 된다. 이처럼 자유롭고 제한되지 않은 응답을 통해 상품에 대한 예견하지 못한 반응을 획득할 수 있다. 또한 광고 문구를 만드는 데 이용 가능한 아이디어도 얻을 수 있다. 개방형 질문은 조사 시작 시점에 사용하면 유익하다.

개방형 질문은 폐쇄형 질문에 비하여 응답 결과를 처리하는 비용이 비싸다. 왜냐하면 자유롭게 응답한 자료를 비슷한 것끼리 묶고, 다른 것들을 분리하고, 각각에 숫자를 매기고, 이것을 통계적으로 처리하는 등의 방대한 작업이 필요하기 때문이다. 응답자의 답변은 독특하며 그 내용을 묶거나 요약하기란 그리 쉽지 않은 문제이다. 이 과정은 경험 많은 연구원이나 오픈 내용 전문 편집자가 해당 상품에 적합한 일정한 체계를 사전에 준비한 후 수행해야 한다.

개방형 질문의 또 다른 폐단은 조사원이 답변 자료에 영향을 미치는 데 있다. 면접 지침서에 따르면 응답자가 한 말을 있는 그대로 적어 오도록 되어 있다. 그러나 실제로 조사원은 이 지침에 잘 따르지 않는 경우가 발생한다. 전체 응답 내용을 적기가 귀찮다는 이유로 혹은 응답자를 낮추어 보는 이유로 응답자의 말을 축약하거나 요약하는 경향이 있다. 따라서 응답자의 말과 조사원의 생각이 혼재하여 오류가 발생하게 된다.

2) 폐쇄형 질문

이와 대조적으로 폐쇄형 질문은 조사원의 면접기술이 별로 필요하지 않으며, 시간도 덜 걸리고, 응답자가 답변하기도 편하다. 왜냐하면 폐쇄형 질문은 자료수집 전에 응답할 범주를 만들어 놓기 때문이다. 하나의 질문에 대해 표준화를 거친 보기를 제시함으로써 답변하기도 편하고, 분류하기, 표 작업 및 궁극적으로 자료의 해석 모두가 간편해진다.

그러나 질문에 대한 가능한 답변을 모르는 경우 폐쇄형 질문은 사용될 수 없다. 제시된 보기가 잘못되었거나 다양한 내용을 포함하고 있지 못한 경우 조시자의 가정이 올바른 것인지 알 도리가 없다. 때때로 이런 깨우침이 본 조사가 실행되는 과정에서 발생한다. 특히 문화권이 다른 나라의 조사를 하는 경우 이런 문제가 자주 발생한다. 가전 제품을 구입하는 채널이 완전히 다른 경우 혹은 휴대폰 고장을 처리하는 애프터 서비스 과정이 아주 다른 경우가 이에 해당한다.

폐쇄형 질문의 보기가 자신의 감정을 제대로 표현하지 못한다고 응답자가 생각할 경우 예견하지 못한 응답 대안이 등장할 수 있다. 응답자가 면접자에게 의견을 말하거나 설문지에 추가적인 대답을 기재하는 일이 발생할 수 있는데, 그것은 조사가 완벽한 응답 범위를 포괄하지 못한다는 것을 의미하는 것이다. 그러므로 탐색조사를 개방형 질문들로 수행한 후 이 응답을 토대로 폐쇄형 질문의 보기를 만드는 것이 효과적일 수 있다. 질문의 보기는 가능한 응답을 모두 포함할 수 있어야 한다.

또한 폐쇄형 질문은 응답자로 하여금 진실한 대답보다는 자신을 좀 더 낫게 보이거나 사회적 용인성을 갖는 대답을 선택하도록 만들 가능성이 있다. 또한 응답자들이 좀 더 생각하고 가장 올바른 답을 선택하기보다는 그냥 주어진 보기 중에서 하나를 고르는 경향이 있다.

폐쇄형 질문에는 단순이분형, 선다형, 복수응답형 등 다양한 형태가 있다. 단순이분형(simple-dichotomy)은 응답자에게 '예' 혹은 '아니요', '이것' 혹은 '저것' 중 하나를 선택하도록 하는 질문이다.

> 귀하는 개인적인 이유로 지난 일주일 동안 해외 전화를 거신 적이 있습니까?
>
> (　) 예　　　(　) 아니오

한편 선다형질문(multiple-choice question)은 여러 선택지 중에서 하나를 선택하도록 요구하는 질문형태이다.

> 귀하가 가장 최근에 탄 비행기의 좌석은 어느 등급이었습니까?
>
> (　) 일등석　　　(　) 비즈니스석　　　(　) 이코노미석
>
> 귀하는 지난 일주일 동안 TV를 얼마나 자주 시청하셨습니까?
>
> (　) 거의 매일　　　(　) 5~6일　　　(　) 3~4일
>
> (　) 1~2일　　　(　) 시청하지 않았음

그리고 응답자에게 하나의 질문에 여러 가지 복수 응답이 가능하도록 하는 질문이 있다. 이런 질문을 '복수응답형(multiple answer)' 질문이라고 한다.

> 지난 일년 동안 구입하신 전자 제품의 구입 장소는 다음 중 어디입니까? 해당되는 곳에 모두 ✓표시해 주십시오.
>
> (　) 제조회사에서 자사의 제품만을 판매하기 위해 운영하는 브랜드샵
>
> (　) 여러 브랜드를 한꺼번에 판매하는 양판점
>
> (　) 대형 할인 매장 내 전자 제품 판매점
>
> (　) 백화점 내 전자 제품 판매점
>
> (　) 인터넷 쇼핑
>
> (　) 홈 쇼핑

선택 보기를 만들 때 주의해야 할 사항 한 가지는 선택대안들이 상호배타적이게 만들어져야 한다는 점이다. '귀하는 다음 중 어디에 해당합니까?'라는 질문에 남자, 여자, 학생이 보기로 제시되고, 보기 중 하나만을 선택하도록 한다면 문제가 발생한다. 남학생, 여학생은 무엇을 선택해야 하는가? 이처럼 선택 보기들 간에 중첩이 있으면 안 된다. 아래 가구 소득을 묻는 질문의 선택 보기는 이런 점에서 잘못된 예이다.

(　　) 가구소득 월 200만 원 이하
(　　) 200만 원 ~ 400만 원
(　　) 400만 원 ~ 600만 원
(　　) 600만 원 ~ 800만 원
(　　) 가구소득 월 800만 원 이상

가구 월 소득이 400만 원인 사람은 두 번째 혹은 세 번째 그룹 중 어디에 응답해야 하는가? 이런 선택지라면 연구원 자신도 이 응답자를 어느 쪽에다 분류해야 할지 모른다. 이처럼 집계에 대한 사전 계획을 하지 않고 선택 보기를 만들면 정확도를 보장하기 어렵다.

3) 자료수집 방법과 질문의 형태

자료수집방법이 전화조사인지 개별면접인지 아니면 자기기입식인지에 따라 질문의 구성이나 문구가 달라지게 된다.

- 우편조사나 인터넷조사와 같이 자기기입식 질문의 형태

현재 다니시는 직장에 대해 만족하시는지요 아니면 불만이신지요? <u>다음 보기 중에서 한 가지를 선택하여 주십시오.</u>

(　　) 매우 만족　　(　　) 만족　　(　　) 약간 만족
(　　) 보통
(　　) 약간 불만　　(　　) 불만　　(　　) 매우 불만

• 전화조사 질문의 형태

> 현재 다니시는 직장에 대해 어떻게 생각하시는지요? 매우 만족, 만족, 보통, 불만, 매우 불만 중 귀하의 생각은 어디에 해당합니까?
>
> (　　) 매우 만족　　　　(　　) 만족
>
> (　　) 보통
>
> (　　) 불만　　　　(　　) 매우 불만

한편 전화조사에서 응답자가 주어진 상황에 대해 쉽게 응답을 결정하지 못하는 경우가 있다. 이런 경우를 대비하여 아래와 같은 선택지를 만들어 놓으면 좋다.

> 공공장소에서 담배를 피우면 비흡연자가 피해를 입는다는 점에 대해 여러 논의가 있습니다. 간접흡연의 피해에 대해 어떤 생각을 갖고 계신지요? 매우 심각하다, 심각한 편이다, 반반이다, 심각하지 않은 편이다, 전혀 심각하지 않다 중 귀하의 의견은 어디에 해당합니까?
>
> (　　) 매우 심각하다
>
> (　　) 심각한 편이다
>
> (　　) 반반이다
>
> (　　) 심각하지 않은 편이다
>
> (　　) 전혀 심각하지 않다
>
> (　　) 잘 모르겠다 (→ 조사원: 이 보기는 읽어 주지 마십시오.)

위의 마지막 선택 보기는 가능한 응답 내용이지만, 읽어 주지 않는다. 만약 이런 보기도 읽어 준다면 응답자는 본인 생각 없이 '잘 모르겠다'고 응답할 것이다. 그러므로 응답자가 실제로 답변을 할 수 없는 상황을 대비하여 이런 선택지를 이용하지만 읽어 주지는 않는다.

3. 질문의 순서와 구성

1) 질문의 순서

질문의 순서를 잘 짜면 여러 가지 장점이 있다. 첫 질문이 흥미롭거나 이해하기가 쉬우면 응답자의 참여나 몰입이 설문지 전반에 걸쳐 유지될 가능성이 크다. 또한 응답하기 쉬운 질문은 응답자에게 답변하는 방식을 가르칠 뿐만 아니라 설문지에 대한 믿음도 쌓게 한다. 예를 들어 백화점 구매 고객에 대한 우편조사는 일반적으로 회수율이 매우 낮다. 그러나 구매자들 모두가 중요하게 생각하는 세일 기간에 대한 의견을 묻는 질문을 앞에 배치하면 응답 비율이 높아질 뿐만 아니라 대부분의 응답자가 설문지 응답을 끝까지 마무리하게 될 것이다.

응답하는 사람이 누구인가를 알기 위해 설문지 앞 부분에 인구사회적 특징을 묻는 섣부른 연구원이 있다. 가구 소득이나 교육 수준과 같은 질문을 앞에서 묻게되면 응답자들은 당혹스러울 것이며, 설문에 끝까지 응하지 않을 가능성이 높다. 이처럼 당혹스러운 질문은 대부분 설문의 마지막 부분에 배치하는 것이 더 좋다.

질문의 순서가 바뀜에 따라 응답결과가 달라지는 것을 질문의 순서오류(order bias)라고 한다. 상표에 대한 인지 비율과 구입 경험 비율을 파악하려는 시장조사에서 구입 경험이 있는 상표를 보기 중에서 선택하는 질문을 하고 나서 알고 있는 상표를 묻는다면 평소 잘 알려지지 않은 상표의 인지 비율이 높게 나타날 것이다. 어떤 경우라도 앞의 질문을 통해 학습 효과가 발생하지 않도록 주의해야 한다.

일반적인 질문보다 구체적인 질문을 먼저 하는 경우도 순서 상의 오류가 발생한다. 예를 들어 의류를 구입하는 장소를 선택하는 기준을 질문하기 전에 구체적인 의류 판매 가게에 대한 질문을 하는 경우, 순서 오류가 발생한다. 어떤 소비자가 특정한 옷 가게를 선택한 이유가 그 가게의 주차시설이 좋아서라고 가정해 보자. 이런 구체적인 질문 후에 곧바로 옷 가게를 선택할 때 무엇이 중요하냐고 질문한다면 주차시설이 중요하다는 응답을 듣게 될 것이다. 응답자의 일반적인 준거 틀에 관한 질문을 먼저 하고 나서 구체적인 정보나 응답자의 의견을 나중에 묻는 것이 바람직하다.

질문의 순서오차(order bias)는 폐쇄형 질문에서 보기의 순서에 따라서도 발생한다. 이런 오류를 줄이기 위해 보기의 순서를 응답자마다 달리 제시할 수 있다. 그러나 종이로 만든 설문지를 이용하는 경우 질문의 순서나 보기의 순서를 달리하는 설문지를 만들기가 번거롭다는 이유로 대부분 하나의 설문지를 갖고 조사하는 경우가 대부분이다. 다만 설문지에 특정한 표기를 하여 질문하는 혹은 불러주는 순서를 응답자마다 다르게 정해 설문조사를 진행할 수 있다. 인터넷조사의 장점 중 하나는 컴퓨터 프로그램으로 제시되는 보기의 순서 혹은 상표의 순서를 응답자마다 무작위로 다르게 제시할 수 있다는 점이다.

여러 항목을 평가하는 질문에서 맨 앞의 것에 대한 평가가 나머지 항목에 대한 평가에 영향을 미치는 경우가 있다. 환경오염에 관한 아래 설문지에서 이전 질문이 다음 질문에 어떤 영향을 미치는가를 생각해 보자.

다음 내용은 여러 가지 환경오염의 원인에 대한 것입니다. 각각에 대해 귀하의 생각은 어떠신지요? 해당되는 번호에 ✓표해 주십시오.

환경오염 원인	전혀 심각하지 않다		보통이다		매우 심각하다
자동차 배기 가스로 인한 대기오염	1	2	3	4	5
가정 난방으로 발생하는 대기오염	1	2	3	4	5
공장의 배출 가스로 인한 대기오염	1	2	3	4	5
비행기 소음 공해	1	2	3	4	5
자동차 소음 공해	1	2	3	4	5
공장 생산 소음 공해	1	2	3	4	5

위 질문에서 첫 번째 항목에 대한 응답과 나머지 항목에 대한 응답들 간에는 매우 높은 상관관계가 예상된다. 다시 말해서 첫 항목에 매우 심각하다 응답한 사람은 나머지 항목에도 이와 유사한 답변을 하는 경향이 있다. 심리학에서 이런 현상을 닻 내림 효과(anchoring effect)라 부르고 있다. 이런 영향을 최소화하기 위해서 응답자마다 첫 번째 질문의 항목을 다르게 제시한다.

귀하는 다음 번에 (______) 껌을 구입할 생각이 있는지요. 아니면 구입할 생각이 없는지요? 보기 중에 한 가지로 말씀하여 주십시오.
(조사원 지시 사항: 아래 상표 중 (X) 표시된 것부터 질문하시고 오른 쪽으로 돌면서 나머지 모두를 질문하십시오.)

브랜드 / 구입 의향	( ) 마운트즈	(X) 자이리톨	( )스니커	( )모아
분명히 구입할 것이다	5	5	5	5
아마 구입할 것이다	4	4	4	4
구입할지 안 할지 잘 모르겠다	3	3	3	3
아마 구입하지 않을 것이다	2	2	2	2
절대로 구입하지 않을 것이다	1	1	1	1

자격이 없는 응답자에게 질문을 하는 경우에도 응답 오류가 발생한다. 그러므로 선정 질문을 먼저 사용하여 응답의 자격이 있는 응답자만을 골라내야 한다. 또한 구체적인 문제점을 언급하기에 앞서 그런 문제를 경험한 적이 있는지 없는지를 먼저 물어야 한다. 예를 들어 귀하는 "○○은행의 자동인출기 사용 시 어떤 문제점을 경험하신 적이 있습니까?"라고 질문한 후 "있다"고 응답한 사람에게만 구체적으로 어떤 문제를 겪었는지 질문해야 한다. 그렇지 않고 모두에게 문제점 내용을 열거하고 응답하도록 질문하면 전혀 문제를 경험하지 않은 사람도 몇몇 문제를 겪은 것처럼 응답하는 경향이 있다.

2) 설문지의 질문 구성

질문을 어떻게 배열하는가는 자료수집방법이 인터넷조사처럼 자기기입식이든 개별면접이나 전화조사처럼 대화식이든 모든 경우에서 중요하다. 질문의 배열이 단순하고, 매력적이며, 조사원이 지시에 따르기 쉬울수록 잘된 설문지라고 할 수 있다. 우편조사는 한 면에 너무 많은 질문을 포함시키지 말아야 한다. 한 면의 여백도 넓어야 하고, 응답 보기들 간의 간격도 넉넉해야 한다. 하나의 실문이 면을 넘나들지 말도록 한다. 한 면을 넘기면 다음 면까지 읽지 않을 것이며, 응답자에게 혼란을 일으킨다.

설문지는 가능한 한 짧아야 한다. 여러 질문의 응답 보기가 같은 경우 하나의 틀 속에 넣어서 설문지를 구성할 수 있다.

> 여름철 휴가 기간 동안에는 일정한 시간을 기다리면 직항 비행기 대신에 20% 더 싼 연계 비행기를 선택하실 수 있습니다. (______)시간을 기다리면 직항에 비해 20% 싼 연계 비행기를 선택하시겠습니까, 아니면 선택하지 않으시겠습니까?
>
> 기다리는 시간
>
> (1) 한 시간 기다림 (　　)선택함 (　　)선택하지 않음 (　　)확신 없음
> (2) 두 시간 기다림 (　　)선택함 (　　)선택하지 않음 (　　)확신 없음
> (3) 세 시간 기다림 (　　)선택함 (　　)선택하지 않음 (　　)확신 없음

설문지에 여러 가지 형태의 지시 문구를 사용해서 조사원의 활동을 편하게 할 수 있다. [보기 9-1]과 [보기 9-2]는 전화조사 설문지와 개별면접 설문지의 예이다. [보기 9-1]의 문 1, 문 3에서 사용하고 있는 지시 문구는 조사행동을 손쉽게 해준다.

조사원을 위한 지시 문구는 굵은 글자로 만들어서 좀 더 주의를 기울이도록 하는 것이 좋다. 예를 들어 만약 특정한 답변을 한 응답자는 지정된 다른 질문으로 건너뛰도록 하는 경우에도 지시 문구를 굵은 글씨로 만드는 게 바람직하다. 또한 응답한 내용에 기호를 부여하는 작업을 편리하게 하도록 미리 번호를 매기기도 한다.

[보기 9-2]는 개별면접에서 사용 가능한 다양한 기법들을 보여 준다. 문 2, 문 3, 문 4, 문 6 경우는 조사원이 응답자에게 선택 내용이 적힌 보기 카드를 제공한다. 보기 카드를 통해 응답자에게 질문의 의도를 쉽게 이해시킬 수 있다. 문 3은 조사원에게 체크된 것부터 질문을 하도록 지시하고 있다. 이처럼 표시된 곳이 좋이 설문지마다 다르면 순서상의 오류가 방지될 수 있다.

[보기 9-1] 전화조사 설문지

문 1. 지난 6개월 동안 본인 소유의 자동차를 수리하거나 점검하기 위해서 그 자동차 제조회사의 수리 센터를 이용하신 적이 있는지요?

(1) 있다 → **[문 3으로 직접 가시오.]**

(2) 없다

문 2. 제조회사의 수리 센터를 왜 이용하지 않으셨는지요?

....

....

[면접 종료]

문 3. 제조회사 수리 센터의 서비스에 대해 어떻게 생각하십니까?

(4) 매우 만족

(3) 약간 만족

(2) 약간 불만 → **[문 5로 직접 가시오.]**

(1) 매우 불만 → **[문 5로 직접 가시오.]**

문 4. 서비스의 어떤 점에 만족하셨는지요?

....

....

[면접 종료]

문 5. 서비스의 어떤 점이 불만이셨는지요?

....

....

[면접 종료]

[보기 9-2] 개별면접 설문지

안녕하십니까

저는 소비자 조사 전문기관인 OO리서치에서 나온 조사원 ____________ 입니다.

저희는 지금 금융 기관에 대한 이용자들의 의견을 듣고 있습니다. 본 설문에 응답해 주신 모든 내용은 통계적 처리를 위해 이용될 뿐이며 개인에 관련된 정보는 모두 비밀이 보장됩니다.

잠시 시간을 내주셔서 설문에 응답해 주시면 고맙겠습니다.

문 1. 은행 하면 생각나는 이름은 무엇입니까?

[조사원: 응답자가 말한 내용을 순서대로 기록하여 주십시오.]

1) ______________________________
2) ______________________________
3) ______________________________
4) ______________________________
5) ______________________________
6) ______________________________
7) ______________________________

문 2-1. ['은행 이름' 보기 카드 제시] 지금 보시는 은행 중에서 평소 알고 계셨던 은행은 어디입니까? 해당되는 은행을 모두 말씀하여 주십시오.

문 2-2. ['은행 이름' 보기 카드 제시] 지난 일년 동안 이용해 보신 은행은 어디입니까? 해당되는 은행을 모두 말씀하여 주십시오.

문 2-3. ['은행 이름' 보기 카드 제시] 가장 최근에 이용한 은행은 어디입니까?

은행 이름	문 2-1. 알고 있음	문 2-2. 거래 경험	문 2-3. 최근 거래
국민 은행	1	1	1
기업 은행	2	2	2
농협 은행	3	3	3
신한 은행	4	4	4
씨티 은행	5	5	5
우리 은행	6	6	6
하나 은행	7	7	7

문 3. ['은행 이름' 보기 카드 제시] 7개 은행 중에서 "____(의견)____"라고 생각되는 곳을 모두 골라 주십시오. [조사원: (×)표시된 것부터 질문하십시오.]

의견	국민 은행	기업 은행	농협 은행	신한 은행	씨티 은행	우리 은행	하나 은행
( ) 서비스가 빠르다	1	2	3	4	5	6	7
( ) 규모가 크다	1	2	3	4	5	6	7
( ) 성장하는 은행이다	1	2	3	4	5	6	7
( ) 믿음이 간다	1	2	3	4	5	6	7
(X) 서비스가 친절하다	1	2	3	4	5	6	7
( ) 대출이 쉽다	1	2	3	4	5	6	7
( ) 점포 찾기가 쉽다	1	2	3	4	5	6	7
( ) 거래할 상품이 많다	1	2	3	4	5	6	7
( ) 친근한 느낌이 든다	1	2	3	4	5	6	7
( ) 현대적인 느낌이 든다	1	2	3	4	5	6	7

문 4. ['은행 이름' 보기 카드 제시] ○○님과 가장 친한 친구가 은행에 입사하려 한다면, 이 중에서 어느 은행을 추천해 주고 싶습니까?

국민 은행	1
기업 은행	2
농협 은행	3
신한 은행	4
씨티 은행	5
우리 은행	6
하나 은행	7

문 5. (문 4에 응답한 은행)을 추천하시는 이유가 무엇입니까?

이유: ______________________________

문 6. ['은행 이름' 보기 카드 제시] 앞으로 어느 은행을 이용하고 싶습니까? 이용하고 싶은 은행을 모두 말씀하여 주십시오.

문 7. (문 6에 응답한 은행들) 그중에서 한 군데만을 골라 이용한다면 어디입니까?

은행 이름	문 6. 향후 이용	문 7. 가장 선호
국민 은행	1	1
기업 은행	2	2
농협 은행	3	3
신한 은행	4	4
씨티 은행	5	5
우리 은행	6	6
하나 은행	7	7

[보기 9-3]은 건너뛰기(직접 가기) 질문 사용의 예시이다. 이 지시 문구를 통해 응답자는 그 지시하는 질문으로 곧바로 간다.

설문지가 너무 길거나 응답자가 채워야 할 내용이 너무 많은 경우 질문의 배열이 매우 중요하다. 많은 경우 질문에 들어가기 앞서 아래 질문들이 무엇에 관한 것인지를 묶어 주는 표제어가 있으면 응답자가 자연스럽게 무엇을 응답해야 하는가를 손쉽게 알 수 있도록 도와준다.

[보기 9-3] 건너뛰기 질문

문 1. 내일 컴퓨터를 산다면, 다음 중 어떤 유형의 컴퓨터를 사시겠습니까?

(1) 데스크 탑→ **[문 3으로 직접 가시오.]**

(2) 노트북→ **[문 3으로 직접 가시오.]**

(3) 스마트 북

문 2. 어떤 상표의 스마트북을 사실 생각입니까?

상표 이름: ______________________

문 3. 귀하의 나이는?

나이 만: ____________ 세

중간사례

프레이밍 효과와 질문 제시 방법

인간의 의사결정은 질문이나 문제의 제시 방법에 따라 크게 달라진다. 문제의 제시나 표현 방법이 프레임이 되어, 이 프레임의 변화에 따라 인간의 판단이나 선택이 변하는 현상을 프레임 효과라 한다. 물이 반쯤 있는 컵을 보면서 '물이 반만 남았다'라고 생각하는 사람이 있고, '아직도 물이 반이나 남았네'라고 느끼는 사람이 있다는 게 대표적인 예이다. 외부의 프레임이 의사결정자의 선택을 좌우하는 현상을 수동적 또는 외적 프레이밍 효과라고 부른다. 인간의 의사결정은 가격처럼 주로 외부에서 주어진 정보에 영향을 받을 때가 많다.

그러나 현실에서는 외주 정보뿐 아니라, 소비자 기억 속의 내적 정보, 내부 선호 체계, 의사결정 틀에 의해 의사결정이 이뤄질 때가 많다. 의사결정자가 주어진 현상을 능동적, 자발적으로 어떤 프레임에 밀어 놓고 그에 따른 선택을 할 때 우리는 이를 능동적 또는 내적 프레이밍 효과라 부른다. 내적 프레이밍 효과의 대표적 이론이 심적 회계이다.

1979년 Econometrica에 전망이론(Propect Theory: An Analysis of Decision under Risk)을 발표해 오늘날 행동경제학의 기초를 닦은 미국 프린스턴대 대니얼 카너먼 교수와 아모드 트버스키 교수가 했던 실험연구를 통해 그 내용을 살펴보면 다음과 같다. 이 연구에서 다음과 같은 두 개의 질문이 사용되었다.

- 〈질문 1〉 가격이 50달러인 콘서트를 보기 위해 현장에서 표를 사려고 하는데 50달러 지폐를 잃어버린 사실을 알았다. 50달러를 지물하고서라도 표를 살 것인가?
- 〈질문 2〉 콘서트 전날 50달러를 지불하고 콘서트 표를 샀다. 오늘 콘서트 장에 간 후에 그 표를 잃어버린 사실을 알았다. 당일 표 역시 50달러인데 그 표를 구입할 것인가?

두 교수의 실험에서 질문 1과 질문 2에 '네'라고 대답한 사람은 각각 88%, 46%였다. 양쪽 모두 50달러의 가치를 잃어버린 점은 동일하다. 하지만 사람들의 반응은 엄청나게 달랐다. 그 해답이 바로 심적 회계에 있다. 표를 사는 행위는 '오락비'라는 계정 항목에 포함되어 있다. 질문 1처럼 현금 50달러를 분실한 일은 이 '오락비' 계정 수지에 영향을 주지 않는다. 그러나 질문 2에서는 동일한 콘서트를 보는데 합계 100달러를 지불하는 격이 된다. 때문에 많은 사람들이 '오락비로 100달러는 너무 과하다'는 생각에 지출을 주저한다.

심적 회계 분야의 권위자인 미국 시카고대 리처드 세일러 교수는 "사람들은 금전적 의사결정을 할 때 다양한 요인이나 선택 대안을 종합적으로 평가한 후 합리적인 결정을 내리지 않는다. 비교적 좁은 프레임을 만든 다음 그 프레임에 몇 가지 대안을 끼워 놓고 결정할 뿐"이라고 평가했다. 세일러 교수는 이를 기업의 회계 장부나 가정의 가계부네 비유하여 심적 회계라는 이름을 붙였다. 심적 회계는 사람들이 금전에 대한 행위를 평가하고 관리하고 기록하기 위해 사용하는 일종의 심리적 조작이다.

출처: 박찬원(2010).

4. 질문의 표현

질문의 표현도 중요하다. 질문의 표현 차이에 따라 응답결과와 자료의 품질이 달라지기 때문이다. 여기에 확고한 법칙이 있는 것은 아니다. 다만 일반적으로 바람직한 몇 가지 지침을 제시하면 다음과 같다.

1) 어려운 단어 사용을 피하라

설문지에 사용하는 용어는 모든 응답자가 쉽게 이해할 수 있어야 한다. 교육 수준이 높은 연구원은 설문지를 작성할 때 학력 수준이 낮은 일상 생활 속의 용어를 사용하는 데 어려움을 겪고 있다. 모든 응답자가 대학 수준의 어휘를 알고 있지 못하다는 점을 명심해야 한다. 심지어 지방의 연세가 많은 소비자들은 고등학교를 다니지 않은 분들이 상당 수 있다. 통계청 자료에 의하면 2010년 기준 20세 이상 약 3억7천만 명 중 약 24%인 9백만 명이 중졸 이하의 학력을 갖고 있다.

예를 들어 응답자에게 현재 미혼인지 기혼인지를 질문하면 쉽게 대답할 수 있으나 '혼인 상태'가 어떤지를 묻는다면 몇몇 응답자는 제대로 이해할 수 없을 것이다. 특히 기업에서 사용하는 전문용어는 가능한 한 피하는 것이 좋다. 마케팅 업계에서 자주 사용하는 '콘셉트', '브랜드 이미지', '포지셔닝' 등의 용어는 여러 사람에게 같은 의미로 전달되지 않거니와 심지어 그 의미를 모르는 소비자가 대다수이다. 다음과 같은 사회적 문제에 대한 태도 조사를 실시하는 경우도 응답자가 혼동을 일으킬 가능성이 매우 높다.

> 지구 온난화를 방지하기 위해서 모든 국가가 탄소배출권 협약에 가입해야 하다고 합니다. 귀하가 생각하기에 우리나라도 탄소배출권 협약에 가입해야 한다고 생각하십니까, 아니면 가입하지 말아야 한다고 생각하십니까?

도대체 '탄소배출권'이 무슨 권리인지 제대로 알아야 답변을 할 수 있으므로 더 자세한 설명을 제공해 줄 필요가 있다.

2) 유도하거나 강요하는 질문을 피하라

유도질문(leading question)이 응답오류를 발생시키는 주요 이유 중 하나이다. 유도질문이란 특정한 답변을 암시하거나 끌어내고 있는 질문을 뜻한다.

> 많은 사람들이 환경을 걱정해서 세탁을 자주 하지 않는다고 합니다. 환경에 대한 귀하의 관심은 옷을 세탁하는 데 어느 정도 영향을 미치는지요? 보기 중 귀하에 해당하는 것을 선택하여 주십시오.
>
> ( ) 세탁을 덜하게 된다
> ( ) 변화 없다
> ( ) 더 자주 세탁하게 된다

이런 질문은 응답자로 하여금 '세탁을 덜하게 된다'라고 응답하도록 압박하는 듯하다. 또한 다음과 같이 사회적으로 바람직한 보기를 선택하도록 암시 혹은 강요하는 경우도 있다.

> 주부님께서는 조리기구를 구입하는 데 다음 중 어떤 것에 가장 많은 영향을 받으십니까? 보기 중 한 가지를 선택하여 주십시오.
>
> ( ) 내 의지대로 구입한다
> ( ) 가게 판매 사원
> ( ) 음식 관련 잡지
> ( ) TV 음식 쇼
> ( ) 인터넷 음식 사이트
> ( ) 신문의 음식란

응답자 대부분이 첫 번째 보기를 선택할 것이다. 일반인이라면 누구나 자신이 매체에 영향을 받고 있다는 사실을 말하기를 꺼려하기 때문이다. 만약 특정 TV 방송국이 시청자의 반응을 묻기 전에 다음과 같은 영상을 내보냈다고 하자. "채널 T의 프로그램을 시청해 주셔서 우리는 대단히 기쁩니다. 만약 채널 T의 프로그램을 시청하시지 않는다면 슬퍼질 것입니다. 우리가 제공하는 프로그램에 대한 귀하의 생각을 솔직하게 말씀하여 주십시오." 다른 사람을 슬프게 할 사람이 누가 있겠는가? 이런 질문은 당연히 긍정적인 답변을 끌어내기 마련이다.

또한 질문에 대한 특정한 답변이 다른 것보다 사회적으로 더 바람직한 경우가 있다. 예를 들어 다음 질문에 사실대로 응답하기란 누구에게나 괴로울 것이다.

> 고등학교 때 귀하의 성적은 다음 중 어디에 해당합니까?
>
> (　) 반에서 1등~5등
>
> (　) 반에서 6등~10등
>
> (　) 반에서 11등~19등
>
> (　) 반에서 20등~29등
>
> (　) 반에서 30등 밖

응답자에게 특정 제품을 얼마나 자주 구입하는지 혹은 특정 가게를 얼마나 자주 방문하는지를 묻는다면 많은 사람에게 일반화된 답변을 내놓을 가능성이 높다. 일반화의 과정 중에서 응답자는 자신의 실제 행동이 아니라 이상적인 빈도를 답변하는 경향이 있다. 예를 들어 식사 후에 이를 닦는 것이 이상적이라 교육받았으나, 바쁘고 귀찮은 사람들은 이 닦기를 자주 건너뛸 수 있다. 그렇지만 그들의 응답은 자주 이를 닦는다는 것으로 나타날 수 있다. 그러므로 평균 하루에 이를 몇 번이나 닦는가를 묻지 말고 특정 시점의 구체적인 행동을 묻는 것이 더 바람직하다.

> 사람에 따라 하루에 두세 번 이를 닦을 수도 있고 여러 가지 이유로 그렇지 못할 수도 있습니다. 어제 이를 몇 번 닦으셨습니까?

만약 질문이 응답자를 당혹시킨다면 응답을 하지 않거나 거짓된 응답을 끌어낼 것이다. 이것은 특히 소득이나 교육 수준을 묻는 질문에서 그렇다. 이런 문제는 다음과 같은 말을 사용하면 어느 정도 해결할 수 있다. "귀하의 답변은 단지 통계적 처리를 위해서 사용되며 어떤 경우에도 개인적인 내용은 모두 비밀로 처리할 것입니다."

중에 "모름/기억나지 않음"이란 선택지를 넣는 것이 바람직하다.

5. 인터넷조사 설문지

인터넷조사의 설문에서 질문의 배열은 주요한 쟁점이다. 웹 설문지는 응답자가 처음부터 끝까지 설문에 응답하도록 사용이 편리하고, 논리적 흐름이 맞고, 외형이나 모양새가 좋아야 한다. 종이 설문지 작성 지침의 많은 부분이 인터넷조사 설문지에도 그대로 적용된다.

인터넷조사의 설문지는 응답자로 하여금 응답을 편하게 하기 위해서 배경, 색상, 글자 폰트, 시각적 특징 등을 다양하게 이용한다. 한 가지 주의할 점은 응답자의 컴퓨터 성능에 따라 인터넷 설문지의 보여 주기가 영향을 받는다는 점이다. 연구원의 컴퓨터 화면 사양이 응답자의 것보다 앞선 것이라면 시각적 오차의 문제가 발생할 수 있다. 그러므로 연구원은 인터넷 설문지를 완성한 후 사양이 떨어지는 컴퓨터에서 본 설문지를 테스트해야 한다.

인터넷 설문지에서는 전체 설문지가 마우스 내리기를 통해 다 보이도록 할 것인지 아니면 각각의 페이지가 화면에 뜨도록 할 것인지를 결정해야 한다. 한 화면에 하나의 질문이 뜨도록 하면 응답자의 특정한 응답을 기초로 질문 건너뛰기가 편리해진다. 한 화면에 설문지를 모두 띄워서 내려가기를 통해 전체를 보는 것은 종이 설문지처럼 한 번에 전체 파악하기가 가능하지만 뒤의 것을 읽고 앞의 설문에 응답하는 오류가 발생할 수 있다. 예를 들어 10개 속성 각각에 대한 5점 동의 정도를 묻는 질문이 있다고 하자. 이 경우 응답자는 앞 몇 개의 속성에 대해서는 신중히 응답을 하다가 나머지 것들을 미리 쭉 훑어 보고는 별 생각 없이 유사한 패턴의 응답을 하게 될 것이다.

설문지가 너무 긴 경우 한 면의 상단 혹은 하단에 전체 설문 중 어느 정도가 진행되었음을 알리는 표식을 두는 게 좋다. 이렇게 하면 응답자가 언제까지 이 설문지에 응답해야 하는가라는 불안감을 제거해 줄 수 있다.

인터넷조사 설문지에서는 색깔, 그림, 만화, 소리, 특별한 형상 등의 요소를 모두 이용할 수 있다. 잘 꾸며진 배경 화면, 매력적인 색상, 꼼꼼한 그림 등이 설문지를 좀 더 흥미롭고 수려하게 만들어 줄 것이다. 그렇지만 이것들이 응답자의 컴퓨터 사양과 맞지 않는 문제점과 다운로드 속도의 제약을 일으킬 수 있다는 점에 주의할 필요가 있다.

[그림 9-1] 인터넷조사 설문지: 광고 효과 조사

6. 설문지 사전조사

소설가는 하나의 장이나 문단 심지어 문장을 쓰고 고치고 다시 쓰고 고치기를 반복한다. 설문지 작성 작업도 이와 마찬가지이다. 설문지를 한 번에 완성하는 경우는 거의 없다. 초안 설문지가 만들어지면 조사할 대상과 유사한 성격을 갖는 응답자에게 사전조사를 실시하는게 일반적이다. 사전조사를 통해서 응답자가 질문을 쉽게 이해하는지, 애매모호하거나 혹은 오류의 질문은 없는지를 판가름할 수 있다. 이런 과정은 매우 유익하다. 간단한 사전조사를 통해 본 조사의 심각한 재앙을 피할 수 있다.

특히 사전조사는 해외 조사를 하는 경우 매우 중요하다. 중국 소비자를 대상으로 조사를 하는 경우 중국 현지 연구원과 대한민국의 연구원 간에는 주로 영어로 의사소통을 한다. 그러므로 실제 중국어로 설문지가 만들어지는 경우 어떤 결과가 나타날지 예상하기가 어렵다. 따라서 이 경우는 항상 사전조사를 통해 질문의 의도가 응답 결과에 제대로 반영되었는가를 분명히 해야 한다.

사전조사가 어떤 형태로 이루어지든 간에 연구원은 사전조사를 통해 본 조사에서 발생할지도 모르는 심각한 오류를 발견하는 것이 목적이다. 사전조사는 일반적으로 다음과 같은 내용들을 확인하기 위하여 실시한다.

- 면접원이 설문지를 쉽게 따라갈 수 있는가?
- 설문지가 자연스럽게 대화형으로 만들어졌는가?
- 빠진 질문은 없는가?
- 질문이 이해하기 쉬운가?
- 응답자가 질문에 대답하기를 꺼려하지는 않는가?
- 질문이 응답자가 기억하여 대답할 수 있는가?
- 질문의 논리적 순서가 정확한가?
- 응답자가 따분해 하지는 않는가?

마무리사례

쌀시장 관세화 관련 설문조사 '혼란'

쌀시장 관세화(전면 개방)와 관련해 국책연구기관과 진보성향의 민간연구소가 상반된 설문조사 결과를 내놔 쌀농가와 양곡업계에 혼란을 주고 있다. 국책연구기관인 한국농촌경제연구원은 쌀 표본농가 1,282명을 대상으로 벌인 여론조사에서 관세화에 찬성하는 농가가 77.7%에 달했다는 결과를 최근 발표했다. 박동규 농경연 농업관측센터장은 "쌀시장을 관세화로 개방하는 게 국내 쌀산업에 도움이 된다는 분위기가 농업인 사이에 어느 정도 형성된 것으로 판단된다"고 말했다.

반면 전국농민회총연맹 계열의 농업농민정책연구소 녀름은 전국 농업인 1,000명을 대상으로 쌀 관세화에 대한 입장을 물은 결과 '관세화를 실시해야 한다'는 의견이 19.1%에 불과했다고 23일 밝혔다. 장경호 녀름 부소장은 "정부가 추진하는 관세화를 지지하는 농업인이 많지 않다는 의미"라고 설명했다.

두 조사 결과가 차이 나는 이유는 질문 내용이 다르기 때문이다. 우선 농경연은 관세화와 관련해 '① 찬성, ② 반대, ③ 모르겠다' 3가지 항목을 제시했다. 또 '모르겠다'로 답한 농가(34.9%)에겐 관세화의 장단점을 설명한 뒤 다시 찬반 의견을 물었다. 이 결과 찬성 의견이 77.7%(997명)로 월등히 높았고, 반대는 18.5%(237명)에 불과했다. 나머지 3.8%(48명)는 답변하지 않았다.

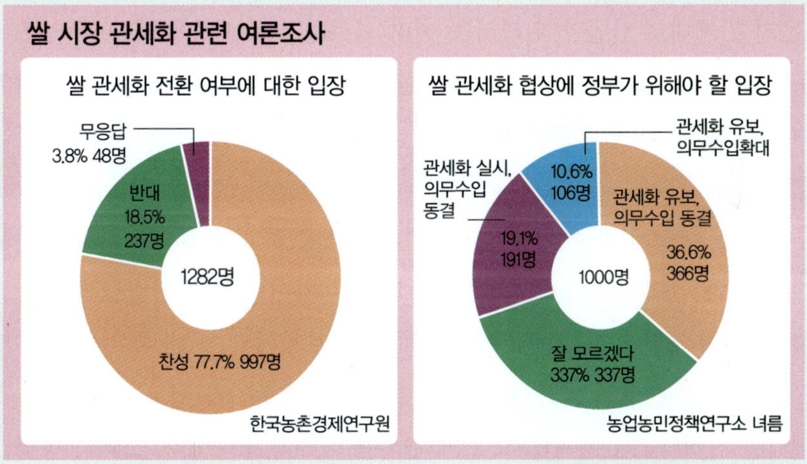

이를 두고 전농과 녀름은 "정부와 농경연의 짜맞추기식 여론조사에 불과하다"고 비판했다. 장 부소장은 "농경연이 관세화의 장점만 부각시킨 뒤 억지로 원하는 답을 유도했다"고 주장했다. 이에 대해 설문조사를 담당했던 박 센터장은 "농가에게 관세화를 찬성하는 측과 반대하는 측의 논리를 핵심사항 중심으로 제공했다"며 "중립적인 조사를 진행했고, 결과 역시 객관적으로 나왔다"고 응수했다.

녀름의 여론조사를 놓고도 의견이 분분하다. 녀름은 농가들에게 '① 관세화 유보, 의무수입 동결, ② 관세화 유보, 의무수입 확대, ③ 관세화 실시, 의무수입 동결, ④ 잘 모르겠다' 4가지를 제시했다. 농경연 항목과 견줘 '관세화 유보, 의무수입 동결'이 추가됐다. 조사 결과 '관세화 유보, 의무수입 동결'이 36.6%(336명)로 가장 많았다. 관세화에 찬성한다는 의미의 '관세화 실시, 의무수입 동결'은 19.1%(191명)에 그쳤다. 전농과 녀름은 도하개발아젠다(DDA) 협상이 타결되기 전까지 의무수입량을 고정하고 관세화도 유예하는 '현상 유지'를 주장하고 있다.

한편 두 조사에서 '관세화를 (잘) 모르겠다'는 응답이 34.9%(농경연)와 33.7%(녀름)로 비슷했다. 이는 농가들의 관세화 관련 인식이 여전히 낮다는 것을 의미한다. 제대로 된 설문조사 결과를 기대하기 힘든 상황인 것이다. 박수진 농림축산식품부 식량정책과장은 "쌀 관세화에 대한 농가 인식을 높이기 위해 지역 순회 설명회를 개최하고 농업인들의 의견도 수렴하겠다"고 말했다.

출처: 농민신문(2016. 7. 20).

요약정리

설문지를 통해 수집된 자료는 알려고 하는 정보와 연관이 있고 정확해야 가치가 있다. 설문지를 제대로 만들기 위해서는 여러 의사결정을 내려야 한다. 무엇을 물어야 하는가? 질문에서 사용할 용어는 어떻게 할 것인가? 질문의 순서는 어떻게 배열할 것인가? 어떤 설문지 배열이 조사목적에 가장 잘 부합하는가? 설문지 사전조사는 어떻게 할 것인가?

궁금한 것을 어떻게 질문할 것인가에 대한 결정을 하기 위해서는 다양한 질문 유형을 알아야 한다. 개방형 질문은 응답자로 하여금 자신의 말로 답변토록 하는 질문이다. 한편 폐쇄형 질문은 응답자로 하여금 주어진 보기에서 한 개 혹은 다수의 것을 선택하도록 하는 질문이다. 따라서 폐쇄형 질문은 응답하기가 쉽고 시간이 덜 걸린다. 또한 결과를 집계하고 표를 만들고 집계 결과를 이해하기가 쉽다. 그러나 응답 보기를 만들 때 내용이 겹치지 않게 그리고 응답 가능한 내용을 모두 포함해야 한다는 점을 주의해야 한다. 폐쇄형 질문에서 자기와 가까운 내용이 보기가 없는 경우 응답자들은 자신의 얘기를 하기보다 강제적으로 어느 하나를 선택하는 경향이 있다. 개방형 질문은 탐색조사에서 사용하기가 특히 유용하다. 개방형 질문은 응답자마다 독특한 내용을 표현하기 때문에 모든 결과를 분류하고 집계하는 과정이 어렵고 시간이 많이 걸리므로 분석 비용이 비싸다.

설문지 질문의 표현과 관련하여 몇 가지 지침이 있다. 우선 사용하는 단어가 초등학생이라도 이해할 수 있는 언어이어야 한다. 응답자에게 특정한 답변을 하도록 유도하거나 사회적으로 바람직하다고 생각되는 쪽으로 몰아가는 질문을 하지 말아야 한다. 응답자는 사적인 질문에 답변을 하지 않으려 하는데 이 경우 응답자에게 조사에 응답하는 내용이 모두 비밀로 취급될 것임을 확신시켜 줄 필요가 있다. 또한 하나의 질문에 두 가지 질문 내용을 담아서는 안 된다.

질문의 순서도 설문지 기획에서 매우 중요하다. 처음 질문을 통해 응답자의 관심을 이끌어 내는 질문을 하면 끝까지 질문을 끌어갈 수 있다. 사적인 질문은 설문지의 마지막 쪽에 배치하는 것이 좋다. 일반적인 질문이 구체적인 질문들 앞에 오는게 바람직하다. 여러 가지 속성에 대한 태도를 묻는 경우 앞의 속성에 대한 답변이 뒤 속성에 대한 답변에 영향을 미치는 경우가 있다. 이를 방지하기 위해서 응답자마다 시작하는 속성을 달리 작성하는 것이 바람직하다. 또한 폐쇄형 질문에서 제시되는 보기의 순서도 응답에 영향을 미친다.

처음 작성된 설문지는 본 조사 전에 사전조사를 거친다. 이를 통해 설문지의 오류의 상당 부분이 미리 고쳐질 수 있다. 사전조사를 가장 효과적으로 수행하는 방법은 설문지 작성 연구원만이 아니라 조사 결과를 이용할 조사 의뢰 담당자도 함께 수행하는 것이다. 사전조사는 질문의 의미를 분명하게 만들어 주고, 조사 결과도 예상할 수 있게 해주며, 현실적으로 가능한 설문지의 길이도 알려 주는 등의 장점이 있다.

10
CHAPTER

표본설계와 표본추출

MARKETING RESEARCH

1. 표본조사의 기본개념
2. 모집단 설정과 표본추출프레임
3. 표본추출방법
4. 표본의 크기 결정

MARKETING RESEARCH

10
CHAPTER

표본설계

| 학습목표 |

1. 표본설계의 개념을 설명하시오.
2. 표본관련된 다양한 기법들을 설명하시오.
3. 마케팅조사가 소비자 욕구를 파악할 수 있는 표본설계의 절차를 파악하시오.

도입사례

쿠첸 설문조사, 가장 기억에 남는 광고 모델은 '송중기'

쿠첸 역대 모델 중 가장 기억에 남는 모델은 최근 쿠첸 전속 모델로 기용 된 송중기인 것으로 나타났다. 프리미엄 생활가전 브랜드 쿠첸이 고객 2,158명을 대상으로 진행한 설문조사 결과에 따르면 가장 기억에 남는 쿠첸 모델을 묻는 설문에 송중기가 31%로 1위를 차지했다. 그 뒤를 이어 장동건(28%), 이효리(25%), 다니엘 헤니(16%), 김지호(14%), 채시라(11%) 순으로 나타났다.

대세 한류스타로 등극한 송중기는 지난 5월 쿠첸 전속 모델로 기용되어 활동하고 있다. 최근 공개한 명품철정 엣지 광고에서 송중기는 "나는 밥 잘 먹는 여자가 좋더라"는 능청스런 고백을 하며 여성 소비자들의 마음을 설레게 했다.

2위에 오른 장동건은 2012년부터 최근까지 쿠첸 모델로 활동했다. 장동건 특유의 고급스러운 이미지는 쿠첸이 프리미엄 주방가전의 이미지를 구축하고 쿠첸의 기술력을 세련되게 소개하는데 적격이었다는 평가다.

"밥 한번 먹지!"는 유명한 멘트 남긴 이효리는 3위에 올랐다. 쿠첸은 2010년 밥솥 명품철정을 출시하며 당시 각종 CF에서 효리 효과를 입증하며 활발히 활동하고 있던 이효리를 모델로 발탁했다. 명품철정은 출시 5개월 만에 5만대의 판매를 달성해, 주방에서도 효리 효과를 증명했다.

이 밖에 2007년 블랙&실버 라인을 광고했던 다니엘 헤니, 똑똑하고 이지적인 이미지로 똑똑한 밥솥 리홈을 광고한 채시라, "대한민국은 밥심"을 외치며 냉장고를 번쩍 들었던 김지호 등 많은 스타들이 쿠첸 모델로 활동했다.

쿠첸 커뮤니케이션팀 윤희준 부문장은 "쿠첸 역대 모델들은 시기별로 색다른 매력을 통해 쿠첸을 효과적으로 알려왔다"며 "이 분들 모두에게 감사의 인사를 전하며, 앞으로 새 모델 송중기 씨와 함께 국내뿐 아니라 중국 시장, 나아가 아시아 시장에서 쿠첸 인지도를 높이기 위한 활발한 활동을 할 것"이라 전했다.

잡곡밥 및 현미밥을 선호하는 소비자는 66%로 과반수 이상이 건강한 밥을 선호하였으며, 개별로는 백미(40%) 선호가 가장 높았다. 전기밥솥을 구매할 때 가장 고려하는 부분은 내솥 기능

(29%)이라는 응답이 1위, 안전 기능(23%)이 2위를 차지했으며, 올해가 가기 전에 손수 밥 한끼를 해주고 싶은 사람으로는 부모님이라 답한 사람이 58%로 가장 많았다. 또한 가장 기억에 남는 밥솥 기술로 가마내솥 명품철정(26%), 원터치 커버분리와 자동세척으로 편의성을 높인 원터치 더블클린 기능(24%)이 각각 1, 2위를 차지했다.

출처: 베타뉴스(2016. 7. 12).

1. 표본조사의 기본개념

표본조사(sample study)는 조사대상 전체인 모집단의 일부를 표본으로 추출하여 자료를 수집, 조사하는 것을 말한다. 마케팅조사는 모집단 전체를 조사하는 전수조사(census)보다는 대부분 표본조사를 사용한다. 전수조사는 비용과 시간 측면에서 매우 비현실적이기 때문이다. 뿐만 아니라 자료의 정확성에 있어서도 표본조사가 바람직할 경우가 많다.

표본조사는 표본자료를 통해 모집단의 모습을 그려보는 게 목적이다. 통계학 용어를 사용해 이야기한다면, 표본조사의 기본목적은 표본의 통계량(statistic)을 계산하여 모집단의 모수(parameter)를 추정하는 데에 있다([그림 10-1] 참조). 그런데 자료가 제공하는 통계량 값은 모수의 참값과 어느 정도 오차가 있게 마련이다. 이 통계량 오차는 무작위표본추출오차와 비표본추출오차로 구분된다. 예를 들어, 표본평균, $\overline{x}$의 오차를 식으로 서술하면 다음과 같다.

$$\overline{x} = \mu + \varepsilon_{rs} + \varepsilon_{ns}$$

$\overline{x}$ = 표본집단

μ 모집단 평균

ε_{rs} 무작위표본추출오차

ε_{ns} 비표본추출오차

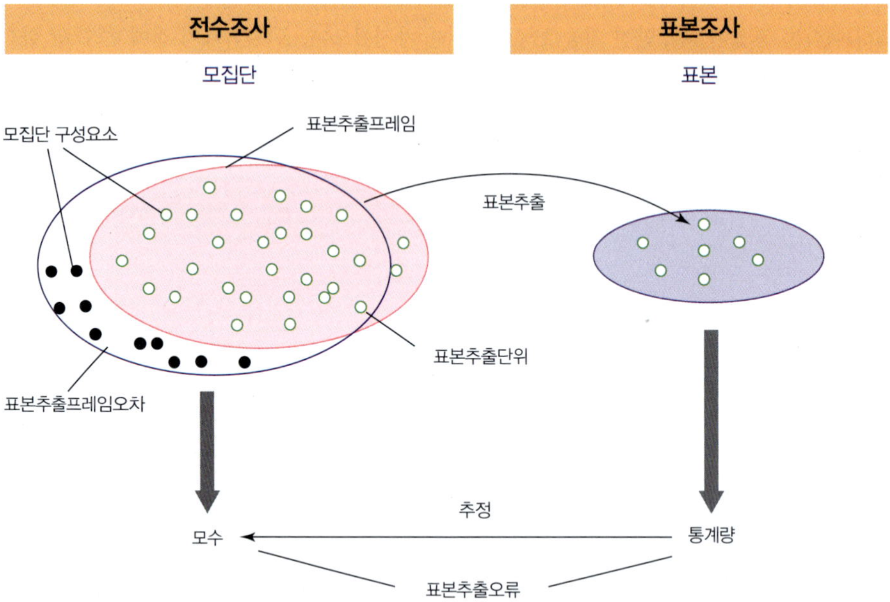

[그림 10-1] 전수조사와 표본조사

무작위표본추출오차(sampling error)는 무작위절차에 의해 추출된 표본이 모집단과 차이를 보이는 통계적 오차를 말한다. 그 밖의 오차는 모두 비표본추출오차(nonsampling error)라고 한다. 무작위표본추출오차는 표본의 크기가 커질수록 줄어들게 된다. 한편 비표본추출오차는 표본의 크기가 커질수록 오히려 증가할 가능성이 크다([그림 10-2] 참조). 표본의 크기가 커지게 되면, 측정 작업의 정확성 확보, 효과적인 현장자료의 수집 등 조사작업의 체계적 관리와 실행이 더 어려워지기 때문이다.

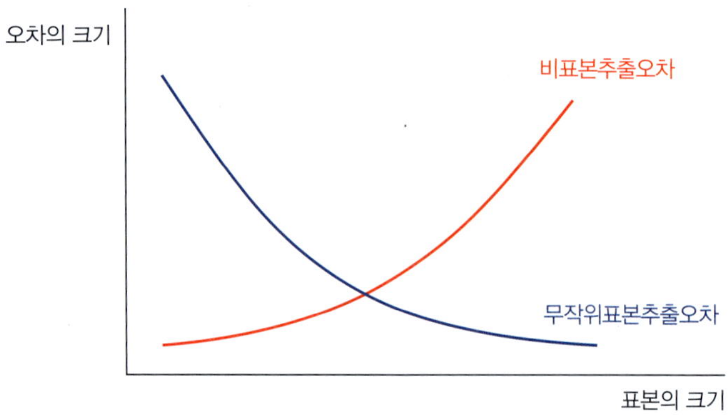

[그림 10-2] 무작위표본추출오차와 비표본추출오차

2. 모집단 설정과 표본추출프레임

표본조사의 진행절차는 [그림 10-3]과 같다. 우선 모집단의 설정이 필요하다. 모집단(population)은 소비자, 점포 등 특정의 조사대상 전체를 말하며, 모집단을 구성하는 각각의 개별 조사대상은 모집단 요소(population element)라고 한다. 모집단의 설정에 있어서는 이 모집단 요소의 명확한 정의가 필요하며, 조사대상의 시간적, 공간적 맥락이 구체적으로 명시되어야 한다. 예를 들어 경인지역의 소비자를 대상으로 백화점 쇼핑행동을 조사한다고 하자. 이 경우, 모집단은 '2017년 6월 말 기준, 경인지역에 거주하고 있는 주민 중, 백화점 쇼핑의 대부분을 수행하는 남성 또는 여성 가장'이라고 설정할 수 있다.

다음 단계는 표본추출프레임의 선택이다. 표본추출프레임(sampling frame)이란 표본이 추출되는 모집단 요소의 목록을 말한다. 조사대상의 주소록, 전화번호 목록, 이메일 주소록 등이 그 예라고 할 수 있다. 종종 표본추출프레임과 진정한 모집단 요소 목록이 일치하지 않는 경우가 발생하게 되는데, 이러한 종류의 오차는 표본추출프레임 오차(sampling frame error)라고 부른다([그림 10-1] 참조).

표본추출 과정에서는 또한 표본추출단위의 선정이 중요하다. 표본추출단위(sampling unit)란 표본추출이 적용되는 하나하나의 모집단 요소 또는 요소 집단을 가리킨다. 그런데 표본추출단위는 경우에 따라 모집단 요소의 단위와 동일하지 않을 수도 있다. 예를 들어 백화점 쇼핑 조사에서 모집단 요소가 백화점 쇼핑을 담당하는 가장으로 정의되었더라도 표본추출단위는 가구로 설정하는 게 현실적인 방법일 것이다.

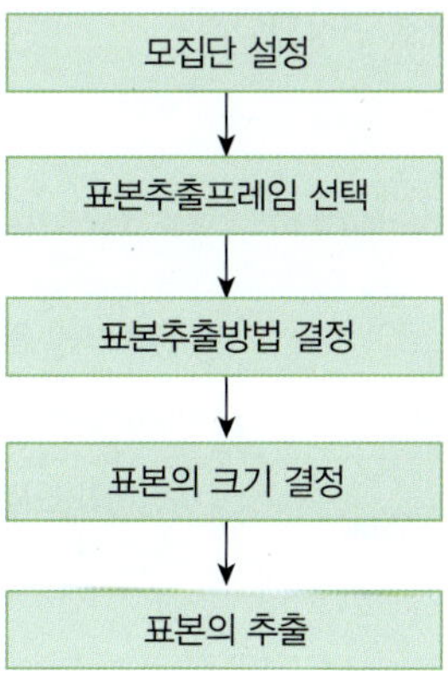

[그림 10-3] 표본조사의 절차

중간사례

한국미디어패널조사 표본설계

하루가 다르게 급속히 발전하는 디지털 기술로 인한 다매체·다채널 시대에 미디어 환경 전반에 자리 잡은 스마트 생태계는 일상생활에 미디어가 미치는 영향을 점차 심화시키고 있다. 변화하는 미디어 환경과 미디어 산업, 수용자의 이용행태를 중장기적으로 파악하기 위하여 정보통신정책연구원은 2010년부터 매년 한국미디어패널조사를 실시하고 있다. 첫 해인 2010년에는 서울, 수도권, 6대 광역시를 중심으로 조사를 시작하였고, 이듬해인 2011년에 전국 16개 시도의 5,000여 가구 및 해당 가구의 만 6세 이상 가구원 약 1만 2천명을 대상으로 조사 규모를 확대하였고, 2015년에 6차 조사를 실시하였다.

본 조사는 미디어 기기 보유, 방송통신서비스 가입과 지출, 미디어 다이어리 조사에 기반을 둔 미디어 이용 행태를 파악하고 있다. 또한 2012년부터는 미디어 이용 저변에 영향을 미치는 요인들을 파악하기 위해 특별 세션을 구성하여 가치관 및 라이프 스타일, 삶의 만족도, 건강행태 등에 대한 문항을 추가하였고, 2015년도에는 자아존중감 및 인지욕구에 관한 설문을 포함하여 조사를 실시하였다.

이 조사의 모집단은 조사시점 현재 대한민국에 거주하는 모든 가구 내 만 6세 이상 가구원 전체로 되어있으며, 2015년 조사는 전국의 5,000가구를 목표로 각 표본 조사구에서 10가구 내외의 표본 가구를 조사하는 것을 원칙으로 하였다. 그리고 미디어 보유 및 이용행태를 파악하기 위한 조사목적을 충족시키기 위하여, 일정 수준 이상의 정확도(precision)를 갖는 통계를 생산하는 것이 중요하기 때문에 각 시, 도 단위에 일정 크기 이상의 표본을 배분하였다.

조사의 표본추출틀(sampling frame)로는 2010년 통계청 인구주택총조사가 사용되었으며, 그 중에서 조사의 현실적인 측면을 고려하여 섬, 기숙시설, 특수사회시설, 관광호텔 및 외국인 조사구를 제외한 아파트 조사구 및 일반조사구 내의 전체 가구가 조사모집단(survey population)으로 설정되었다.

표본추출방식은 층화2단계확률비례계통추출법이 사용되었다. 층화방법은 행정구역에 따라 구성한 28개의 1차 층 내에서 서울, 광역시 및 도 지역(동) 층에서는 아파트 조사구와 일반 조사구로 나누어 세부층화하였고, 도 지역(읍·면)에서는 농림어가비율(50% 기준)에 따라 2개 층으로 세분화하여 전체 층의 수는 56개로 구성되었다.

층화 방법

지역	1차 층화	2차 층화	층 수
서울, 6대 광역시	서울(4개 권역), 광역시	아파트(층1), 일반조사구(층2)	20
9개 도 지역	9개 도 지역(동부)	아파트(층1), 일반조사구(층2)	18
	9개 도 지역(읍·면부)	농림어가 조사구(층1), 비농림어가 조사구(층2)	18

1차 층인 행정구역별 표본 조사구의 배분은 층별 가구 수에 비례배분법, 제곱비례배분법, 절충배분법 등을 비교하여 결정하였다. 비례배분법은 전국 추정에 유리하고, 제곱근비례배분법은 지역별 추정에 유리하기 때문에 두 가지 모두 고려한 절충배분법을 이용하였다. 최종적으로 2015년 조사 대상 패널은 4,305가구 및 9,873명의 개인으로 구축되었으며, 그 내용은 아래 표와 같다. 조사 결과, 전체 5,109개 패널가구 중 4,281개 가구를 조사 완료하여, 전체 패널가구 대비 패널 유지율은 83.8%로 이루어졌다.

각 시도별 패널 구축 현황

지역	가구 수	사람 수	지역	가구 수	사람 수
전국	4,305	9,873	강원도	154	296
서울특별시	713	1,588	충청북도	186	440
부산광역시	299	631	충청남도	214	485
대구광역시	197	540	전라북도	220	485
인천광역시	226	581	전라남도	229	502
광주광역시	178	438	경상북도	283	631
대전광역시	155	389	경상남도	306	570
울산광역시	126	290	제주도	83	198
경기도	718	1,768	세종특별자치시	18	41

출처: 정보통신정책연구원(2015).

3. 표본추출방법

표본추출방법은 확률표본추출방법과 비확률표본추출방법으로 구분된다([그림 10-4] 참조). 확률표본추출방법(probability sampling)은 각 모집단 요소가 표본에 뽑힐 특정의 확률을 계산할 수 있는 표본추출방법을 말한다. 한편 비확률표본추출방법(nonprobability sampling)은 확률적 절차를 사용하지 않고 조사자의 개인적 판단이나 편의성에 의존하는 표본추출방법을 가리킨다. 주요 확률표본추출방법으로는 단순무작위표본추출, 계통표본추출, 층화표본추출, 군집표본추출이 있으며, 비확률표본추출방법에는 편의표본추출, 판단표본추출, 할당표본추출, 눈덩이표본추출 등이 있다.

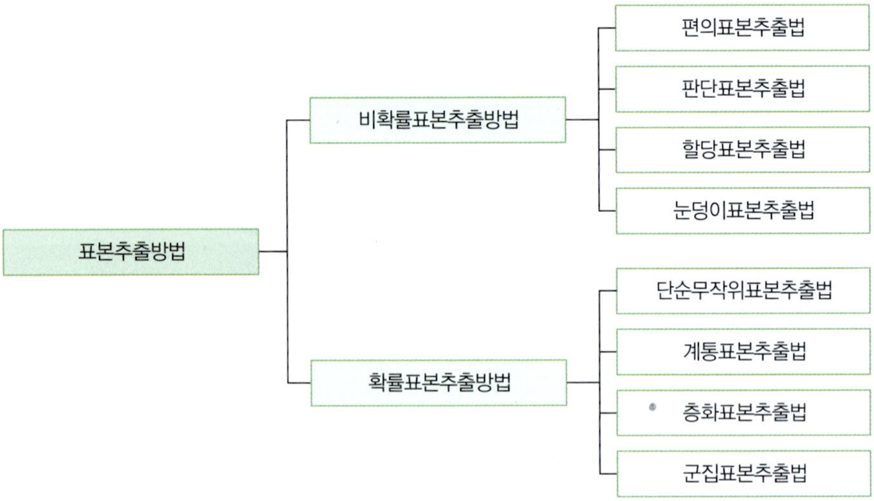

[그림 10-4] 표본추출방법

1) 비확률표본추출방법

(1) 편의표본추출

편의표본추출(convenience sampling)은 임의로 선정한 지역과 시간에 편의적으로 표본을 추출하는 방법이다. 길거리나 쇼핑센터, 터미널 등의 장소에서 마주치는 사람들을 표본으로 사용하는 것이 대표적인 예이다. 대학생들의 쇼핑행동 조사를 목적으로 학생식당, 도서관 등 학생들이 많이 이용하는 몇몇 장소에서 임의적으로 자료를 수집한다면, 그것도 편의표본추출의 예라고 할 수 있다.

(2) 판단표본추출

판단표본추출(judgmental sampling)은 조사자 개인의 전문가적 판단에 따라 적절하다고 생각되는 모집단 요소를 표본으로 추출하는 방법을 말한다. 예를 들어 신제품에 대한 소비자 반응을 조사할 경우, 전국시장을 잘 대표한다고 판단되는 몇 개 지역을 골라 테스트마케팅을 실시한다면, 판단표본추출 방법이 사용되었다고 할 수 있다. 또 어떤 편의점 회사가 새로운 상품 디스플레이 방법에 대한 고객의 반응을 조사하기 위하여 전체 가맹점을 잘 대표해줄 것으로 판단되는 일정 수의 가맹 편의점을 표본으로 선정하여 조사를 진행한다면, 그것도 판단표본추출의 사례가 될 것이다.

(3) 할당표본추출

할당표본추출(quota sampling)은 모집단을 미리 정해진 분류기준에 의해 여러 집단으로 구분하고, 각 집단별로 할당량을 설정한 다음에 편의 또는 판단에 근거하여 표본을 추출하는 방법이다. 이때 표본의 할당 기준은 사전에 파악된 성별, 연령, 지역 등 모집단 특성의 분포에 관한 정보를 활용하는 경우가 많다. 예를 들어 어떤 조상대상 모집단의 성별 구성이 남자 48%, 여자 52%이고, 연령별 분포가 30세 미만 29%, 30~49세 49%, 50세 이상이 22%인 것으로 되어있다면, 그 정보를 활용하여 모집단의 구성과 비슷하게 할당표본의 구성을 계획할 수 있다(〈표 10-1〉 참조).

〈표 10-1〉 할당표본의 설계

	모집단 구성			표본 구성		
	남자	여자	합계	남자	여자	합계
30세 미만	14%	15%	29%	70명 (14%)	75명 (15%)	145명 (29%)
30~49세	24%	25%	49%	120명 (24%)	125명 (25%)	245명 (49%)
50세 이상	10%	12%	22%	50명 (10%)	60명 (12%)	110명 (22%)
합계	48%	52%	100%	240명 (48%)	260명 (52%)	500명 (100%)

(4) 눈덩이표본추출

눈덩이표본추출(snowball sampling)은 일단 소수의 표본을 추출하고, 그 다음 이들로부터 추가표본을 소개 또는 추천 받아 표본을 키워가는 방법이다. 이 방법은 조사하고자 하는 특성을 보유한 조사대상이 숫자가 희귀하거나 조사대상의 명단 입수가 어려울 때 적절한 크기의 표본을 확보하기 위해 효과적으로 사용될 수 있다.

2) 확률표본추출방법

(1) 단순무작위표본추출

단순무작위표본추출(simple random sampling)은 무작위절차에 의해 모집단으로부터 일정 수의 표본을 추출하는 방법이다. 모집단 요소들에 대해 일련번호를 부여하고, 무작위절차를 사용하여 일정 수의 표본을 뽑는 방식이 사용될 수 있다. 이때 각 모집단 요소의 추출은 상호 독립적으로 수행되어야 하며, 각 모집단 요소가 표본에 추출될 확률은 다음과 같다.

$$P = \frac{n}{N}$$

n: 표본의 크기

N: 모집단 크기

전국에 편의점이 모두 33,547개가 있다. 이 모집단으로부터 200개 점포를 단순무작위표본추출 방법으로 추출한다고 생각해 보자. 이때 각 편의점이 표본에 뽑힐 확률은 0.596%가 된다.

$$P = \frac{n}{N} = \frac{200}{33,547} = 0.00596$$

(2) 계통표본추출

계통표본추출(systematic sampling)은 일정한 순서로 정리된 표본추출프레임에서 일단 무작위절차에 의해 시작점을 선택하고, 그 다음 k번째 표본추출단위를 연속하여 추출해가는 방법을 말한다. 이때 표본추출간격(sampling interval), k값은 모집단의 크기 N을 표본의 크기 n으로 나눈 값과 같거나 작은 정수를 사용한다. 위의 편의점 사례에 대해 계통표본추출 방법을 사용할 경우, 표본추출 간격 k값은 167로 계산된다. 우선 일련번호 1번부터 167번까지의 편의점 중에서 무작위절차에 의해 첫 편의점을 선택하고, 그 다음 167번째 편의점을 연속해서 선택해 나가면 된다. 시작점 편의점으로 83번 편의점이 선택되었다고 가정하면, 표본 구성의 다음과 같이 전개될 것이다.

k (정수) ≤ N/n = 33,547/200 = 167.735

k = 167

편의점 표본: 83, 250, 417, 584, 751, …

(3) 층화표본추출

층화표본추출(stratified sampling)은 모집단을 층(strata)이라 부르는 성별, 연령층, 소득수준 등 하부 집단으로 구분하여, 각 층으로부터 무작위절차에 의하여 일정 수의 요소를 추출하는 방법이다([그림 10-5] 참조). 이때 층화변수(stratification variable)로는 자료 분석에 이용할 변수를 사용하는 것이 일반적이다. 또한 측정과 적용이 용이한 변수를 사용하는 것이 현실적이며 비용의 절감에도 도움이 될 수 있다. 그리고 층화의 방법은 층 내부적으로는 동질적이 되게 하고, 층 사이는 이질적으로 만드는 게 좋다. 그렇게 하면, 동일한 표본의 크기에서 표본추출오차가 줄어드는 통계적 효율성이 발생하게 된다. 이것이 바로 층화표본추출 방법의 대표적인 장점이다. 또한 각 층으로부터 일정 수의 표본을 추출하기 때문에 조사하고자 하는 특성의 모든 범위에서 적절한 숫자의 표본을 확보할 수 있다는 것도 층화표본추출이 갖는 장점이다.

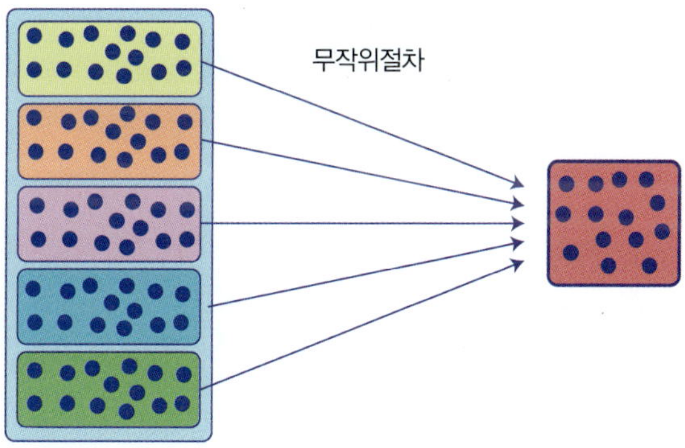

[그림 10-5] 층화표본추출

(4) 군집표본추출

군집표본추출(cluster sampling)은 모집단을 군집(clusters)이라고 부르는 하위 집단으로 구분하고, 무작위절차에 의해 일부 군집을 추출해서 표본을 선택하는 방법이다. 이

때 군집을 추출해서 그 군집들의 요소를 전부 표본으로 선정할 수 있다. 이는 1단계 군집표본추출라고 한다. 한편 무작위로 추출된 군집들을 다시 2차 하위집단으로 나누고, 다시 무작위 절차에 의해 일부 군집들을 2차적으로 추출하여 표본을 만들 수도 있다. 이것은 2단계 군집표본추출이라고 부른다([그림 10-6] 참조). 여기서 군집 구분은 일반적으로 도, 시, 군/구 등의 행정구역과 같이 표본 확보가 편리하고 그 구분이 자연스러운 하위집단의 형태로 이루어지는 경우가 많다. 그리고 군집화 방식은 군집 내부는 이질적으로 가져가고, 군집 사이는 동질적으로 만드는 게 바람직하다. 그렇게 하면, 표본추출작업이 편리해지고 비용을 절감할 가능성이 커진다. 이러한 경제적 효율성이 군집표본추출의 대표적인 장점이다.

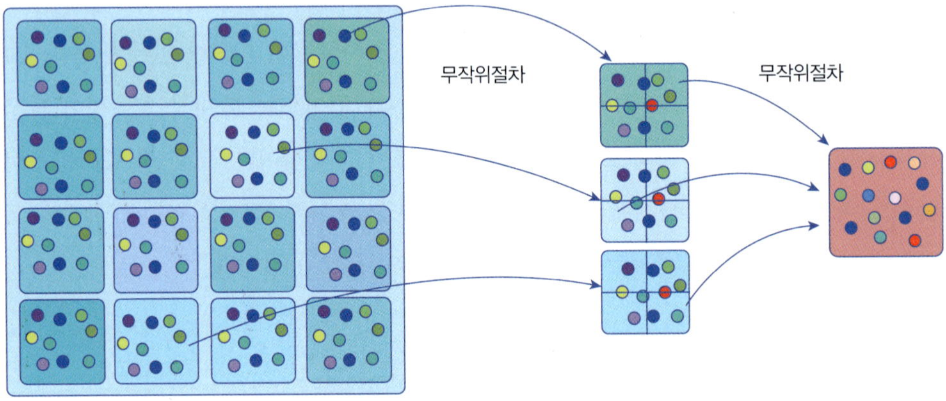

[그림 10-6] 군집표본추출

4. 표본의 크기 결정

표본의 크기란, 모집단으로부터 추출한 표집단위의 총수이다. 표본의 수는 모집단의 크기와 동질성 여부에 의해 좌우된다. 일반적으로 마케팅조사에 있어서 표본의 크기가 필요이상으로 크면 비용의 증가로 예산이 낭비될 뿐 아니라 비표본오차가 개입되어 조사의 정확도가 낮아질 수 있다. 한편, 표본의 크기가 작으면 조사의 정확도가 떨어져 신뢰할 수 없는 결과를 가져온다. 조사의 중요도에 따라 정해진 조사목표를 만족시킬 수 있는 범위에서 가능하면 최소의 표본크기를 선정하는 것이 바람직하다. 따라서 표본크기는 통계적 기법에 의해 최적 표본의 수를 파악하는 정략적 판단의 계산 공식과 실제 상황에서 고려되는 정성적 판단에 의해 결정된다.

1) 정량적 판단

(1) 평균의 추정

모집단 평균 μ의 추정이 조사의 목적일 경우가 있다. 소비자의 월평균 쇼핑 지출, 외식 횟수, 고객만족도 지수 등의 추정이 그 예라고 할 수 있다. 이와 같은 모집단 평균 추정을 위한 표본 크기의 결정 공식은 다음과 같다.

$$n = \frac{z^2\sigma^2}{E^2}$$

z = 특정 신뢰수준에 해당하는 표준오차

σ = 모집단 표준편차

E = 정확도 수준(허용오차)

여기서 z 값은 조사자가 설정한 신뢰수준에 따라 정해진다. 신뢰수준 90%에 대한 z 값은 1.645이며, 신뢰수준 95%의 z 값은 1.96, 신뢰수준 99%의 z 값은 2.54이다. 소비자의 월평균 백화점 쇼핑 규모를 추정하고 싶다고 생각해 보자. 조사자는 허용오차를 ±5,000원, 신뢰수준은 95%로 설정하였다. 모집단의 표준편차는 55,000원인 것으로 파악되었다. 이때 필요한 표본의 크기는 다음과 같이 계산된다.

$z = 1.96$ (신뢰수준 95%)

$\sigma = 5.5$만 원

$E = 0.5$만 원

$$n = \frac{z^2\sigma^2}{E^2} = \frac{5.5^2 \times 1.96^2}{.5^2} = 465$$

여기서 한 가지 실부적인 문제가 있다. 위의 공식을 이용하기 위해서는 σ 값의 추정이 필요하다. z 값과 E 값은 조사자의 선택, 결정으로 해결되지만, σ 값은 바로 알 수 없기 때문이다. σ 값 추정에는 여러 가지 방법이 있다. 예전의 비슷한 조사가 있었다면, 그때 계산된 표준편차 값을 σ 값의 추정치로 사용할 수 있다. 또는 간단한 예비조사를 실시하여 표준편차를 계산, 사용할 수도 있다. 또 이차자료에 적절한 정보가 있으면 그것을 활용하는 것도 하나의 방법이다. 마지막으로 이들 방법이 현실적으로 모두 불가능할 경우에는 다음과 같은 추정치를 사용하는 통계적 판단의 방법도 가능하다.

$$\hat{\sigma} = \frac{\text{범위}}{\sigma}$$

$$\text{범위} = \text{최대값} - \text{최소값}$$

(2) 비율의 추정

모집단의 비율 π의 추정이 조사의 목적일 때도 있다. 브랜드 인지도, 특정 상품 또는 서비스의 사용 유무, 지난 한달 동안 특정 레스토랑을 3회 이상 이용한 사람의 비율, 또는 특정 TV 프로그램의 시청자 비율의 추정이 그 예라고 할 수 있다. 모집단 비율 추정을 위한 표본 크기의 계산 공식은 다음과 같다.

$$n = \frac{z^2\pi(1-\pi)}{E^2}$$

z = 특정 신뢰수준의 표준오차

π = 모집단 비율

E = 정확도 수준(허용오차)

소비자의 특정 신용카드 보유 비율을 추정한다고 생각해 보자. 허용오차는 ±5%, 신뢰수준은 95%로 설정되었으며, π 값은 64%라고 가정하자. 그렇다면 필요한 표본의 크기는 다음과 같이 계산된다.

$z = 1.96$ (신뢰수준 95%)

$\pi = 0.64$

$$E = 0.05$$
$$n = \frac{z^2\pi(1-\pi)}{E^2} = \frac{1.96^2 \times 0.64 \times (1-0.64)}{.05^2} = 355$$

이 공식에서도 한 가지 실무적인 문제점이 발생한다. 위의 공식을 사용하기 위해서는 π 값을 알아야하기 때문이다. z 값과 E 값은 조사자가 선택하여 결정하는 것이지만, π 값은 추정치를 만들어야만 한다. 그 방법은 여러 가지가 있다. 예전의 조사결과를 활용하든지 예비조사의 실행 또는 이차자료의 활용을 통해 추정치를 만들 수 있다. 그러나 이런 방법들이 모두 현실적으로 불가능할 경우에는 π 값의 추정치 0.5를 사용하는 보수적 방법도 사용이 가능하다. 이 방법으로 신용카드 보유 비율 추정을 위한 표본 크기를 계산하면 다음과 같다.

$$n = \frac{z^2\pi(1-\pi)}{E^2} = \frac{1.96^2 \times .5 \times (1-.5)}{.05^2} = 384$$

2) 정성적 판단

표본의 크기를 결정하기 위해서는 정성적인 판단도 중요하다. 사실상 많은 경우에 조사상황에 적절하게 적용할 수 있는 표본크기의 산출 공식이나 다른 정량적 방법이 존재하지도 않기 때문에 정성적 판단이 표본의 크기 결정에 매우 중요한 부분을 차지한다. 따라서 다음과 같은 요인들을 고려한 정성적 판단이 표본의 크기 결정에 반영되어야 한다.

- 모집단의 동질성: 모집단이 동질적인 개체로 구성되어 있는 표본이라면 그 규모가 반드시 크지 않더라도 모집단을 효율적으로 대표한다.
- 조사방법: 탐색적 목적의 질적 연구가 표적집단면접(focus group interview) 또는 심층면접(in-depth interview) 등으로 수행된다면 그 연구결과는 모집단으로 일반화시키는 데 조사목적을 두고 있지 않다.
- 측정방법: 측정도구의 사전 검사와 예비조사를 통해 연구결과가 실제로 유용한 가치를 가질 것으로 평가할 수 있다.

- 변수의 수: 연구자가 다양하고 복잡한 변수를 다룰수록 더 큰 규모의 표본 집단이 요구된다.
- 유사한 연구에서 사용된 표본의 크기: 유사한 연구에서 나타난 결과가 통계적으로 유의한 것으로 밝혀졌다면 사용된 표본의 규모에 맞추어 결과를 해석할 수 있다.
- 자원의 제약: 표본의 크기는 대부분 소요되는 조사비용 · 시간 · 인력 · 장비 등의 제약적 조건 하에서 이루어진다.

마무리사례

방송매체 이용행태 조사의 표본설계

방송통신위원회는 〈방송매체 이용행태 조사〉를 통해 TV 수상기와 라디오, PC, 스마트폰 등 다양한 시청취 매체에 대한 수용자의 인식과 시청 행태의 변화를 정기적으로 분석하고 있다. 이 조사는 구조화된 설문지를 이용한 일대일 개별면접 조사방식을 사용하고 있다. 2015년 조사의 목표모집단(target population)은 조사시점 현재 대한민국에 거주하는 모든 가구 내의 만 13세 이상 가구원 전체로 설정되었다.

표본설계에서 사용한 표본추출틀(sampling frame)은 2010년 통계청 인구주택총조사가 사용되었으며, 그중에서 조사원의 방문이 어려운 섬, 기숙시설, 특수사회시설, 관광호텔 및 외국인 조사구를 제외한 인구주택총조사 상의 아파트 조사구 및 일반조사구 내 가구를 조사모집단(survey population)으로 하였다. 조사의 목표 조사 가구 수는 4,200가구이고, 목표 개인 수는 약 7,600명으로 설정하였다. 각 표본 조사구에서 10가구 내외의 표본 가구를 조사하는 것이 원칙이며, 이에 따라 표본설계에 의해서 추출되는 1차추출단위인 표본 조사구 수는 420개로 하였다.

조사를 위한 표본설계에서 1차추출단위는 조사구이고, 2차추출단위는 가구이다. 1차 추출단위인 표본 조사구는 조사구 내의 가구 수에 비례하는 확률비례계통추출법(probability proportional to size systematic sampling)에 의해 추출하였으며, 행정구역에 따라 구분한 1차 층화와 조사구의 특성에 따라 동 지역(아파트 조사구, 일반 조사구)과 읍 · 면 지역으로 구분한 2차 층화로 구성되었다. 그리고 행정구역 구분에 따라 구성한 32개의 1차 층 내에서 서울, 광역시 및 도 지역(동) 층에서 는 아파트 조사구와 일반 조사구로 나누어서 세부 층화하였으며, 신축아파트에 대해서는 16개 시도 구분을 층화구분으로 사용하여 표본설계상의 전체 층의 수는 69개가 되었다.

층화 방법

지역	1차 층화	2차 층화	층 수
서울, 광역시	서울(4개 권역), 광역시(10)	아파트, 일반조사구	20
도 지역	11개 지역(동부)	아파트(층1), 일반조사구(층2)	22
	11개 도 지역(읍 · 면부)	농림어가 조사구(층1), 비농림어가 조사구(층2)	11

2차추출단위 가구의 추출은 해당 층을 지리적으로 대표하기 위해서 69개의 각 층에서 조사구를 행정구역 번호에 따라 정렬한 후 확률비례계통추출법을 적용하여 추출하였다. 일반적으로 계통추출법(systematic sampling)을 적용할 때는 추출단위를 분류지표에 따라 정렬한 후 추출하면 대면 모집단을 잘 대표할 수 있어 효과적이다. 표본으로 추출된 조사구에서는 원칙적으로 10가구를 계통추출하여 조사하였다. 표본 조사구에 따라 조사 협조율에 차이가 있기 때문에 실제 조사과정에서는 표본 조사구 당 최소 7가구부터 15가구 이내를 추출하여 표본 조사구로부터 평균 10가구 수준을 조사하도록 하였다. 신축 아파트 단지에 대해서는 약 60가구를 기준으로 조사구를 구성하였고, 추출된 조사구에서는 원칙적으로 10가구를 계통 추출하여 조사하도록 하였다.

또한 표본설계의 중요한 목표 중 하나는 8개 권역 단위로 방송매체 이용률과 이용 행태에 대한 일정 수준 이상의 정도(precision)를 갖는 통계를 생산하는 데 있으며, 이를 위해서 각 시 · 도 단위에 일정 크기 이상의 표본 배분이 필요하다는 점이 고려되었다. 조사의 모수 추정에 대한 95% 신뢰수준의 최대 허용오차 한계는 가구 대상 조사항목인 경우 약 2.4% 포인트, 개인 대상 조사항목인 경우에 약 2.2% 포인트 수준으로 예상되었다. 2015년 조사에서는 총 27,179 가구를 접촉하였으며, 4,306가구에서 조사를 성공하여 성공률은 15.8%, 거절 및 부재 가구의 비율은 84.2%로 나타났다. 그리고 이들 가구로부터 응답이 회수된 개인응답자 수는 7,553명에 이르렀다.

출처: 방송통신위원회(2015).

요약정리

마케팅조사는 소비자의 욕구, 동기, 선호도, 태도, 선택 여부, 만족도 등을 파악하기 위하여 거의 대부분 표본조사를 사용한다. 표본조사의 타당성을 확보하기 위해서는 치밀한 표본설계가 필요하다. 표본설계란 전반적으로 표본으로 어떠한 식으로 추출할 것인지의 종합적인 계획을 작성하는 것을 말한다.

표본설계에는 주로 모집단의 정의와 범위를 규정하고 이에 따라서 적절한 표본을 설계하는 것이다. 표본추출의 이론에 근거해서 표본을 어느 정도의 규모로 선정할 지를 미리 결정해야한다. 표본규모가 크게 되면 일반적으로 조사비용이 많이 들어가게 된다. 그러나 표본규모가 크게 되면 보통의 경우에는 조사의 정확성이 올라간다고 믿고 있다. 반대로 표본규모가 적게 되면 조사비용은 상당히 감소될 수가 있으나 상대적으로 조사의 정확도가 의심을 받는 경우가 종종 있다.

표본추출은 크게 확률표본추출방법과 비확률표본추출방법으로 구분된다. 여기에서 확률적으로 표본을 추출한다는 것은 표본추출로 설문의 응답을 받은 경우에 그러한 결과가 모집단 전체에 적용이 이론적으로 가능하게 한다는 것을 의미한다. 비확률적으로 표본을 추출한 경우에는 조사결과를 모집단 전체에 적용하는 것에 상당한 제약이 따른다. 확률표본 추출방법들에는 단순무작위표본추출, 계통표본추출, 층화표본추출, 군집표본추출의 방법들이 있다. 비확률표본 추출방법들에는 편의표본추출, 할당표본추출, 판단표본추출, 스노우볼표본추출의 방법들이 있다.

11 CHAPTER

자료분석의 기초와 준비

MARKETING RESEARCH

1. 기술적 분석
2. 모집단분포, 표본분포, 표본추출분포
3. 통계적 가설검정
4. 데이터 처리하기

MARKETING RESEARCH

11 CHAPTER 자료분석의 기초와 준비

| 학습목표 |

1. 마케팅조사에서 자료분석의 필요성을 설명하시오.
2. 자료분석의 기본적인 개념들을 파악하시오.
3. 자료분석의 통계적 논리를 습득하시오.

도입사례

한국미디어패널조사의 실사작업

정보통신정책연구원으로부터 2015년 한국미디어패널조사의 실사작업을 위탁받은 닐슨컴퍼니코리아는 2015년 5월 15일부터 8월 7일까지 총 85일간 작업을 진행하였다. 그리고 실사작업을 진행하기에 앞서 적절한 조사원을 선발하여 이들에 대한 철저한 교육을 진행하였다. 작업에 실제 투입된 면접원 수는 124명이며, 정규 면접원 교육은 102명이 참석하였다. 1인당 평균 조사 패널 수는 평균 41개 가량으로 잡았고, 면접원 1일 진행부수가 2~3가구임을 고려하여 예정된 기간 내에 실사진행이 가능하도록 하였다.

실사작업의 진행에 있어서는 면접원들이 기 구축된 패널들에 대한 가구위치 정보 및 연락처 정보를 수령하여 사전 전화접촉을 실시하였다. 전화접촉을 통해 조사를 수락하는 패널에게는 패널이 원하는 일자에 가구를 방문 조사를 진행하였다. 응답을 거절하는 패널에게는 가구방문을 통하여 다양한 방법으로 면대면 설득을 실시하였다. 전화접촉이나 방문접촉 모두를 통해서도 접촉이 불가한 패널에 대해서는 시점을 두고 계속 재접촉하거나 이웃 또는 우편물 등을 통해 이사추적 등을 진행하였다.

한편 실사작업의 신뢰성 확보를 위하여 전화, 방문, 문자 등의 방법으로 데이터를 검증하였다. 면접원별 응답 설문지의 40~50% 수준으로 무작위 전화 검증을 진행하였다. 그리고 검증과 확인 과정에서 지속적으로 전화를 받지 않는 비수신 가구와 결번 가구, 거절 가구 등 접촉이 안 되는 가구들을 별도로 집계하고 지속적으로 확인을 진행하였다. 특히 특별한 사유 없이 계속 연락이 안 되는 가구들은 문제가구로 규정하고 해당 면접원의 담당가구 전량 확인 및 다른 면접원을 투입해 재조사를 실시하는 것을 원칙으로 하였다. 전화 검증과 더불어, 조사 기간 동안 방문 검증을 실시하여 문제의 소지가 있는 면접원을 가려낼 수 있는 절차를 마련하였다. 면접원별로 담당하고 있는 패널의 규모에 따라 1~3개 가구씩 무작위로 선정하여 전문 검증원이 직접 면접원과 응답 패널 가구를 방문하여 현장 검증을 진행하였다. 조금이라도 문제가 발생하는 면접원에 대해서는 전량 재검증, 재조사를 시행하는 것을 원칙으로 하였다. 문자 검증도 추가하였다. 조사 완료 후 응답 감사 문자를 발송하여 혹여나 응답을 하지 않았는데 문자를 받은 경우 본사로 연락을 달라는 메시지를 전달하여 응답자로부터 문제가구를 직접 확인하는 장치 마련하였다. 그리고 면접원들이 패널가구 방문 시 보유하고 있는 스마트폰을 통해 방문 접촉 결과를 입력하는 과정에서 GPS(위치정보)를 반드시 전송하도록 하여 실제 주거지에 방문했는지 여부를 구글맵 좌표를 통해 확인하는 위치정보 전송 검증도 수반되었다.

출처: 정보통신정책연구원(2015).

1. 기술적 분석

자료의 분석방법은 크게 기술적 분석과 추론적 분석으로 구분된다. 기술적 분석(descriptive analysis)은 도수분포표 등 간단한 도표의 작성 및 평균, 표준편차, 분산 등 기술통계량(descriptive statistics)의 서술을 통해 자료의 특성을 소개하는 기초적 분석방법이다.

한편, 추론적 분석(inferential analysis)은 표본조사의 결과를 갖고 모집단의 모수를 추정하기 위한 분석을 말한다. 여기에는 모수의 신뢰구간 추정과 가설검정이 포함된다. 모수의 신뢰구간 추정은 표본의 평균 $\overline{\chi}$ 또는 표본비율 p를 계산하여 모집단의 평균 μ, 또는 비율 π에 대한 신뢰도 90%, 95%, 혹은 99% 신뢰구간을 추정하는 일이다. 가설검정은 통계적 가설을 설정하여 표본자료의 분석을 통해 그 가설의 기각여부를 결정짓는 것을 가리킨다. 가설검정방법은 변수의 종류와 숫자에 따라 아주 다양하며, 크게 단변량, 이변량, 다변량, 분석방법으로 구분할 수 있다.

1) 빈도분석과 히스토그램

빈도분석은 각 응답항목별 빈도를 집계하는 자료의 방법이다. T베이커리에 대한 소비자 만족도를 조사한 결과, 응답자 200명 중 매우 만족한 사람은 12명, 만족 116명, 보통 69명, 불만족 고객은 3명인 것으로 나타났다. 이때 도수분포표(frequency table)와 히스토그램(histogram)을 정리하면 다음과 같다.

〈표 11-1〉 T베이커리에 대한 소비자 만족도를 조사결과 도수분포표

	빈도	퍼센트	누적 퍼센트
불만족	3	1.5	1.5
보통	69	34.5	36.0
만족	116	58.0	94.0
매우 만족	12	6.0	100.0
합계	200	100.0	

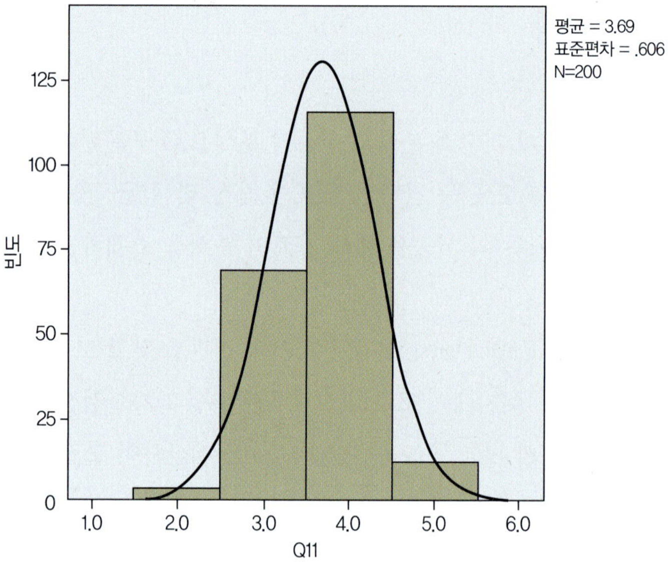

[그림 11-1] T베이커리에 대한 소비자 만족도를 조사결과 히스토그램

2) 중심경향: 평균, 중위수, 최빈값

자료의 중심경향(cenral tendeucy)은 자료의 중심적인 값, 즉 대표값을 말한다. 중심경향 지표로는 평균, 중앙값, 최빈값이 가장 널리 사용되고 있다. 그리고 이 세 가지 대표값 중에서 어떤 것을 자료의 대표값으로 선택할 것인가는 그 자료의 성격과 연구목적에 따라 달라질 수 있다.

(1) 평균

평균(mean)이란 모든 자료의 값을 더하여 자료의 개수로 나눈 값을 의미한다. 모집단 평균 μ와 표본평균 $\overline{\chi}$의 계산식은 다음과 같다.

$$\text{모집단평균 } \mu = \frac{1}{N}(x_1 + x_2 + \cdots + x_n) = \frac{1}{N}\sum_{i=1}^{N} x_i$$

$$\text{표본평균 } \overline{x} = \frac{1}{n}(x_1 + x_2 + \cdots + x_n) = \frac{1}{n}\sum_{i=1}^{n} x_i$$

N: 모집단의 자료 수

n : 표본의 자료 수

(2) 중앙값

중앙값(median)은 자료를 크기 순으로 나열할 때 가운데 위치하는 값을 말한다. 자료의 수를 n이라 할 때 크기 순서대로 나열된 자료값을 순서통계량(order statistics)이라 하며 (1), (2), ⋯, (n)로 표시한다. 여기서 (1)은 자료의 최소값이고, (n)은 자료의 최대값이다. 자료의 중앙값을 결정하기 위한 과정은 다음과 같다.

n이 홀수일 경우: $\frac{(n+1)}{2}$에 위치한 값

n이 짝수일 경우: $\left\{\frac{n}{2}\text{위치값} + \left(\frac{n}{2} + 1\right)\text{위치값}\right\}/2$

(3) 최빈값

최빈값(mode)은 자료의 분포에서 빈도가 어느 곳에 가장 많이 밀집되어 있는가를 표시해준다. 최빈수는 자료의 집합에서 각 값이 발생하는 횟수를 측정하면 확인된다. 또한 최빈값은 질적 자료의 분석에 효과적으로 이용될 수 있다. 예를 들어 소비자의 상품 구매 충동이 어떤 광고 매체를 통하여 이루어졌는가를 조사할 경우, 최빈값을 구하면 가장 효율적인 광고매체를 결정할 수 있을 것이다.

〈표 11-2〉 중심경향 통계량의 특징

평균	• 자료 관측값의 산술평균 • 소수의 매우 크거나 작은 값에 의하여 영향을 받음 • 자료를 몇 개의 작은 집단으로 나누었을 때 각 집단의 평균의 평균은 전체자료를 이용하여 구한 평균과 같음 • 수량으로 관측된 자료에만 이용가능
중앙값	• 중앙위치의 값으로 관측값의 50%가 왼쪽에 그리고 나머지 50%가 오른쪽에 존재 • 소수의 매우 크거나 작은 값에 의하여 영향을 받지 않음 • 자료를 몇 개의 작은 집단으로 나누었을 때 각 집단의 중위수의 중위수는 전체자료를 이용하여 구한 중위수와 항상 일치는 것음 아님 • 수량으로 관측된 자료에만 이용가능
최빈값	• 자료에서 관측빈도의 수가 많음 • 하나 이상의 최빈값이 있을 수 있음 • 소수의 극한값에 영향을 받지 않음 • 자료를 몇 개의 작은 집단으로 나누었을 때 각 집단의 최빈값에 의하여 전체의 최빈값을 유도할 수 없음 • 양적으로 측정된 자료와 질적으로 측정된 자료 모두에 이용 가능

3) 분산과 표준편차

분산 혹은 표준편차란 자료의 분포가 얼마나 밀집 또는 분산되어 있는지를 나타내 주는 지표이다. 모집단 분산 σ^2과 표본분산 s^2는 다음과 같이 정의된다.

$$\sigma^2 = \frac{\sum_{i=1}^{N}(\chi_i - \mu)^2}{N}$$

$$s^2 = \frac{\overline{z}(x_i - \overline{x})^2}{n-1}$$

중 간 사 례

스마트폰, 사용자의 숨겨진 이용 동기

사람들이 왜 스마트폰을 사용하는가? 최근 한 연구는 사람들의 스마트폰 사용 동기를 알아내기 위하여 심층면접, 민족지 조사 등 정성적 조사와 설문조사, 추적조사 방법을 이용한 정량적 조사를 종합적으로 수행하였다. 휴대폰 사용자들로 하여금 일주일 동안의 다이어리 방식의 조사에 응하도록 요구하는 한편 스마트폰 이용에 대한 동영상을 촬영하였다. 또한 심층면접을 통해 스마트 사용과 관련된 무엇, 언제, 어디서, 왜 등을 찾아내고자 하였다. 이러한 정성적 조사를 기반으로 두 가지 방법의 정량적 조사방법도 수행하였다. 설문조사를 통해 스마트폰 사용자 1,000명에게 스마트폰을 사용하는 세 가지의 용도(통화, 이메일, 문자 제외)를 질문하였다. 동시에 Arbitron Mobile Oy가 제공한 행위추적기술을 통해 이들 사용자들의 31일 동안의 스마트폰 행동을 추적하였다. 이 조사를 통하여 스마트폰 이용자들은 다음과 같은 일곱 가지 사용 동기를 갖고 있는 것으로 나타났다.

① 성취(accomplish): 활동 및 라이프스타일 관리를 통해 성취감 획득
② 사교(socialize): 다른 사람들과의 적극적인 교제
③ 준비(prepare): 다가올 활동에 대한 준비를 위한 적극적인 계획
④ 오락(me time): 혼자 즐기거나 시간을 보내기 위한 편안한 휴식과 오락의 추구
⑤ 발견(discover): 새로운 것에 마음을 열어주는 뉴스와 정보의 추구
⑥ 쇼핑(shop): 제품 또는 서비스의 탐색 및 구매에 초점
⑦ 자기표현(express myself): 열정과 견해을 다른 사람들에게 표현

그리고 이들 동기 중 오락(me time) 동기가 가장 강력하게 작용하고 있는 것으로 나타났다(표 참조). 이 조사에서 스마트폰을 사용한 상황 중에서 오락 동기의 점유 비율이 무려 46%에 달하였다. 그리고 사용자 한 사람이 평균적으로 한 달 동안에 사용한 시간도 오락 동기가 864분으로 압도적인 1위를 차지하였다. 또한 스마트폰 보유자 중에서 스마트폰을 각각의 동기로 사용하는 비율도 오락 동기가 60%로 가장 높게 나타났다.

스마트폰 사용 동기

	사용 상황 비중	1명당 월 사용시간	사용자 비율
오락	46%	864분	60%
사교	19%	410분	27%
쇼핑	12%	126분	28%
성취	11%	133분	20%
준비	7%	61분	13%
발견	4%	47분	9%
자기표현	2%	21분	2%

출처: AOL, BBDO, & Insights Now(2012).

2. 모집단분포, 표본분포, 표본추출분포

자료의 추론적 분석에 대한 본질적 이해를 위해서는 모집단 분포, 표본분표, 표본추출분포 사이의 차이를 명확하게 구분할 수 있어야 한다. 모집단분포(population distribution)는 모집단 구성요소 전체의 자료분포를 말한다. 모집단분포의 모습은 모집단 평균 μ, 분산 σ^2 등으로 표시된다. 한편 표본분포(sample distribution)는 모집단에서 추출된 표본의 자료분포를 이야기한다. 표본분포의 모습은 표본평균 $\overline{x}$. 분산 s^2 등으로 나타낸다. 이에 비하여 표본추출분포(sampling distribution)의 개념은 좀 더 복잡하다. 표본추출분포는 표본통계량의 분포를 가리킨다. 좀더 구체적으로 말하면, 모집단에서 추출할 수 있는 크기 n의 모든 표본이 갖는 표본통계량 $\overline{x}$ 또는 s^2 들이 갖는 전체값의 분포를 말하는 이론적 분포를 지칭한다. 자료의 추론적 분석은 표본통계량 $\overline{x}$의 표본추출분포와 관련된 중심극한정리에 그 이론적 기초를 두고 있다.

중심극한정리

특정 모집단에서 여러 개의 표본을 뽑아 각 표본의 평균치 $\overline{x}$를 계산하여 그들의 분포를 그림으로 그리면 어떤 모양이 될까? 그 모양은 표본의 크기 n을 크게 할수록 정규분포에 접근하게 된다. 이것을 우리는 중심극한정리(Central limit theorem)라고 한다.

중심극한정리에 의하면, 모집단의 분포모양에 관계없이 평균 μ, 분산 σ^2인 모집단에서 크기가 n인 모든 가능한 표본을 뽑는다면 표본평균들의 분포는 n을 증가시킬수록 정규분포에 접근하게 되며 다음의 관계가 성립된다.

$$\mu_{\overline{x}} = \mu \qquad \sigma_{\overline{x}} = \frac{\sigma}{\sqrt{n}}$$

중심극한정리는 추리통계학에서 가장 중요하고 기본이 되는 이론이다. 왜냐하면 모집단의 분포모양과는 관계없이 표본의 크기가 크면 표본분포의 모양이 정규분포가 되기 때문이다. 대체로 $n \geq 30$이면 표본평균의 분포는 정규분포로 간주된다.

3. 통계적 가설검정

1) 가설의 개념

가설(hypothesis)이란 변수의 값 또는 변수 사이의 관계에 관한 검증 가능한 서술이라고 정의할 수 있다. 연구가설을 검정하고자 할 때 세우는 통계적 가설은 귀무가설(null hypothesis, H_0으로 표기)과 대립가설(alternative hypothesis, H_1이나 H_a으로 표기)로 구분된다.

귀무가설은 모수가 특정한 값과 동일한 것으로 표현되며, 일반적으로 조사자가 기각하고 싶은 것을 귀무가설로 나타낸다. 한편 대립가설은 모수가 특정한 값과 다르다고 표현되며, 일반적으로 조사자가 주장하고 싶은 바를 나타낸다. 예를 들어 640ml로 표시된 특정 브랜드의 맥주병에 들어 있는 맥주량이 진정으로 맞는 것인지 검증하기 위한 통계적 가설은 다음과 같이 설정할 수 있다.

H_0: 병맥주의 용량은 640ml이다.
H_1: 병맥주의 용량은 640ml가 아니다.

2) 가설의 검정 절차

가설검정 과정을 단계적으로 설명하면 다음과 같다.

단계 1 검정하고자 하는 목적에 따라서 귀무가설 H_0과 대립가설 H_1을 설정한다.

단계 2 사용할 검정통계량을 선정한다.

단계 3 유의수준을 결정하고 검정통계량의 분포에서 가설의 형태에 따라 유의수준에 해당하는 기각역을 설정한다.

단계 4 표본자료의 검정통계량 값을 계산한다.

단계 5 계산된 검정통계량의 값이 기각역에 속하는가를 판단하여 결론을 내린다. 기각역에 속하면 귀무가설 H_0을 기각하고 기각역에 속하지 않으면 귀무가설 기각을 포기한다.

(1) 가설 설정

가설검정을 위하여 첫 번째로 해야 할 작업은 정확한 가설 설정이다. 가설검정에는 양측검정(two-sided test)과 단측검정(one-sided test)이 있으며, 각기 가설의 표현방식에 차이가 있다. 양측검정은 모수가 특정 값과 다른가를 검정하고 싶을 때 사용되며, 대립가설에 부등호(≠)가 표기된다. 예를 들어 '시장점유율, 품질 혹은 비용에 차이가 있다'는 의미로 부등호를 적용하여 대립가설을 설정하기는 것이 이에 해당한다. 한편, 단측검정은 모수가 특정 값보다 큰지 작은지 한쪽방향으로 검정하는 경우를 뜻하며, 대립가설에 > 또는 <의 기호가 사용된다. 예컨대 연구가설에서 시장점유율이 더높다든가, 제품의 품질이 더 우수하다든가, 비용이 더 적게 든다는 내용으로 주장하고 싶은 경우가 이에 해당한다(〈표 11-3〉 참고).

〈표 11-3〉 양측검정/단측검정 가설의 예시

양측검정 가설	단측검정 가설
• 판매원의 경력에 따라 판매실적이 다르다. • 가격에 따라 수요는 달라진다. • 심장병 환자의 비율은 남녀 간에 차이가 있다. • 맥주 한 병에 들어 있는 맥주량은 640㎖가 아니다	• 판매원의 경력이 많을수록 판매실적이 높다. • 가격이 낮을수록 수요는 증대된다. • 심장병 환자 비율은 여성보다 남성의 경우 더 크다. • 맥주 한 병에 들어 있는 맥주량은 640㎖보다 적다.

① 양측검정

귀무가설이 "모수가 특정값이다"라고 할 때, 대립가설이 "모수가 특정값이 아니다"라고 주어지는 경우로 귀무가설과 대립가설은 다음과 같이 표현할 수 있다.

$H_0: \mu = \mu_0$ (μ_0은 고정된 상수)

$H_1: \mu \neq \mu_0$

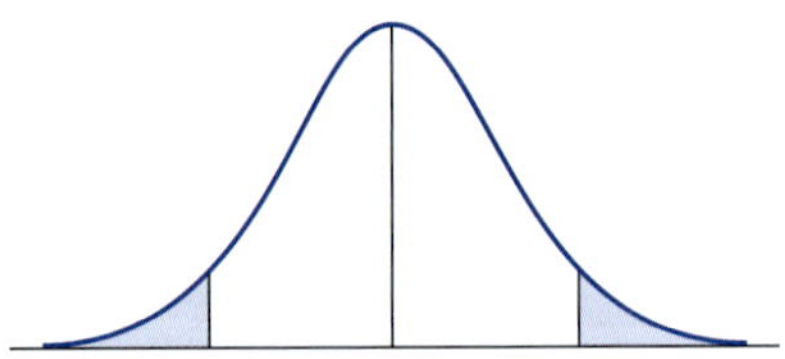

(a) 양측검정($H_1: \mu \neq \mu_0$)

② 왼쪽 단측검정

귀무가설이 "모수가 특정값이다"라고 할 때, 대립가설 H_1이 "모수가 μ_0보다 작다"로 주어지는 경우로 귀무가설과 대립가설을 다음과 같이 표현할 수 있다.

$H_0: \mu = \mu_0$

$H_1: \mu < \mu_0$

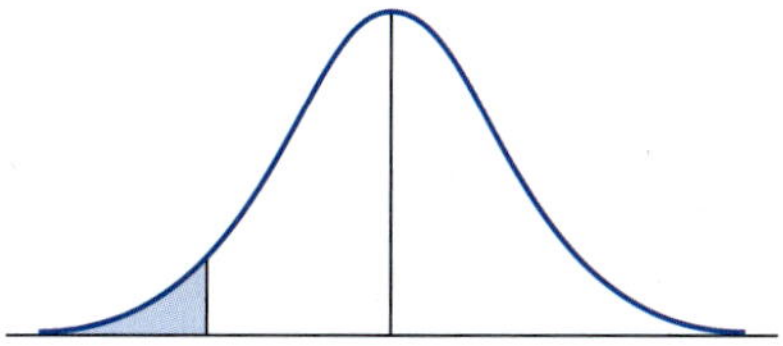

(b) 왼쪽 단측검정($H_1: \mu < \mu_0$)

③ 오른쪽 단측검정

귀무가설이 "모수가 특정값이다"라고 할 때, 대립가설 H_1이 "모수가 μ_0보다 크다"로 주어지는 경우로 귀무가설과 대립가설을 다음과 같이 표현할 수 있다.

$H_0: \mu = \mu_0$

$H_1: \mu > \mu_0$

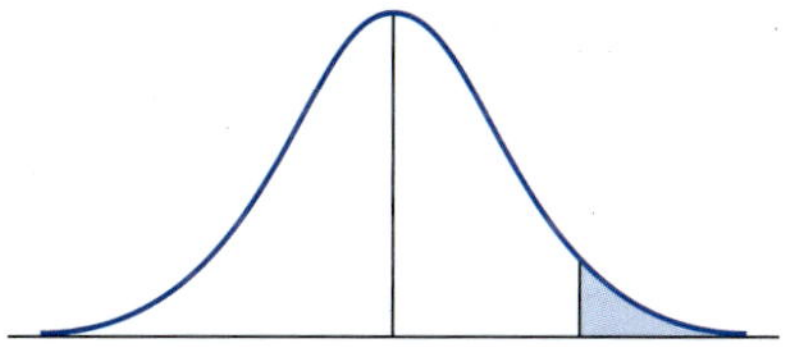

(c) 오른쪽 단측검정($H_1: \mu > \mu_0$)

(2) 유의수준

가설검정에서 유의수준의 결정이 필요하다. 유의수준(significance level)이란 조사자가 최대한 감당하고자 하는 1종오류의 크기로서 α로 표시한다. 가설검정 오류는 1종오류와 2종오류로 구분된다. 1종오류(type I error)는 귀무가설이 옳음에도 불구하고 귀무가설을 기각하는 오류를 말한다. 예를 들어, 실제로 H중학교 남학생의 평균키가 168㎝임에도 불구하고, 표본자료의 분석 결과, 남학생의 평균키가 168㎝라는 귀무가설을 기각하게 되면 1종오류가 발생한다. 한편 2종오류(type II error)는 귀무가설이 틀림에도 불구하고 귀무가설을 기각하지 않는 오류를 말하며, 그 크기는 β로 표시한다. 예를 들면, H중학교 남학생의 평균키가 168㎝이 아님에도 불구하고, 검정 결과 평균키가 168㎝이라는 귀무가설을 기각하지 못하는 경우가 이에 속한다. 그리고 귀무가설이 틀린 것일 때 귀무가설을 기각하는 올바른 결정 확률은 검정력(statistical power)이라고 부르며 1-β로 계산된다.

〈표 11-4〉 가설검정 결과와 오류

가설검정 결과 / 정확한 사실	H_0 기각 실패	H_0 기각
H_0가 사실임	옳은 결정	제1종 오류(α)
H_0가 사실이 아님	제2종 오류(β)	옳은 결정

(3) 임계치 산출

다음으로 유의수준(α)을 고려하여 가설의 채택 여부 판단에 기준이 되는 검정통계량(test statistic)의 임계치를 산출한다. 임계치는 귀무가설의 기각여부를 판단하기 위래 설정하는 기각역(rejection region)을 표시해 주는 검정통계량 값을 말한다. 예를 들어 〈11장 마무리 사례〉의 단일표본 t-검정의 경우 유의수준 $\alpha=0.05$에 해당하는 임계치는 -2.064, 2.064로 산출되어 t값이 -2.064보다 작거나 2.604보다 크면 귀무가설을 기각하는 것으로 의사결정 규칙이 설정된다.

(4) 검정통계량의 계산과 결론의 도출

그 다음 자료를 갖고 검정통계량 값을 계산해 내고, 그것을 임계치와 비교하여 결론을 도출하게 된다. 검정통계량 값이 기각역에 속하면 귀무가설을 기각하며, 그렇지 못하면 귀무가설 기각을 표기해야 한다. 11장 마무리 사례에서 계산된 검정통계량 값($t=-3.013$)이 기각역에 속하기 때문에 귀무가설 기각이 결론으로 도출되었다. 한편 이와 관련하여 분석에 사용된 자료를 갖고 귀무가설을 기각할 경우에 발생하게 될 실제적인 1종오류의 크기를 관찰된 유의수준(observed level of significance)이라고 부르며

p값(p-value)으로 표시한다.

모집단 평균에 대한 양측검정의 경우 p값은 귀무가설이 옳다는 전제하에서 현재의 표본으로부터 구한 통계치보다 절대값으로 비교하여 같거나 더 큰 값을 갖는 통계량값을 또 다른 표본으로부터 얻을 수 있는 확률을 말한다. 예를 들어, 유의수준(α)을 0.05로 하는 양측검정인 경우는 임계치가 ±1.96이 되며, 이때 t값으로 치환한 표본통계량값이 2.58보다 더 크거나 혹은 반대로 -2.58보다 더 작은 t통계량값을 얻게 될 확률을 말한다. 그러나 단측검정의 경우에는 한쪽 방향으로 현재 통계량값보다 더 크거나 작은 통계치를 얻을 확률을 말한다. 따라서 p값이 작다는 것은 표본조사를 통해서 얻은 통계차가 매우 극단적인 값이라는 것을 의미한다. 일반적으로 통계치의 p값이 유의수준(α)보다 작으면 귀무가설을 기각하고 대립가설을 채택한다. 즉, 귀무가설이 옳다는 전제하에서는 얻기 힘든 상당히 극단적이고 예외적인 표본통계량값이 나왔다는 것은 귀무가설이 잘못될 수 있음을 의미한다.

- 기각 판단 여부
  - p 값 $< \alpha$: 귀무가설(H_0) 기각
  - p 값 $\geq \alpha$: 귀무가설(H_0) 기각 못함

4. 데이터 처리하기

1) SPSS

마케팅조사가 1900년대 중반에 본격적으로 이론개발과 실무절차가 진행되면서 1970년대부터 본격적으로 컴퓨터를 활용한 통계분석이 시작되었다. 1970년대 중반에 미국 시카고에 본사를 둔 컴퓨터회사가 SPSS를 발표하였다. SPSS(Statistical Package for Social Sciences)는 사회과학을 위한 통계분석 소프트웨어 패키지이다. 근래에 미국의 IBM회사가 SPSS회사를 인수해서 현재는 IBMSPSS로 판매가 되고 있다.

현재의 SPSS는 메뉴활용(menu-driven) 형태로 되어 있으며, 사용자가 이용하기에 상

당히 편리하게 만들어져 있다. 본 장에서는 SPSS 24.0의 최신버전을 토대로 하여 데이터 코딩, 파일열기, 데이터 다루기 및 결과물 편집하기 등 자료분석의 준비작업에 관한 내용을 다루고자 한다.

2) 데이터 코딩

(1) 데이터 코딩의 개요

데이터 코딩은 수집된 자료를 적절한 통계 분석을 적용하기 위하여 숫자로 입력하는 과정이다. 자료를 코딩할 때 가장 중요한 사실은 분석방법을 생각하면서 코딩해야 하는 것이다. 즉, 통계 소프트웨어는 입력 데이터를 인식할 때 그저 하나의 숫자로 인식하므로 명령의 오류가 없으면 데이터 분석이 적절하지 않더라도 분석 결과를 출력한다. 이로 인하여 통계의 오용과 남용을 불러일으키게 된다. 그러므로 설문지-코딩-분석의 연계성을 고려해서 데이터를 입력해야 한다. 다음은 데이터 코딩 시 반영해야 할 주요사항들을 설명하고 있다.

① 응답자 ID 부여

응답을 완료한 설문지에는 개인별로 ID(identification number)를 기입하는데, 응답자별로 숫자를 순서대로 배정한다. 예를 들면, 응답한 설문지의 회수단위에 따라 백 단위 미만이면 01~99까지로, 천 단위 미안이면 001~999를 순서대로 부여한다.

② 폐쇄형 질문과 개방형 질문 데이터의 코딩

조사목적에 따라 설문문항의 유형은 한 질문에 하나의 응답만을 요구하기도 하고 복수의 응답대안이 요청되기도 하며, 적절한 선택답안을 모두 나열하기 어려운 경우 주관식 응답을 유도하기도 한다. 따라서 폐쇄형 질문과 개방형 질문에 따라 자료의 코딩방법이 달라진다.

단일 응답과 복수 응답

다음 질문은 응답 보기가 10개이므로 1~10 중 한 번호로 코딩한다. 예를 들어 금호콘도, 대명콘도, 사조마을, 일성콘도, 코레스코, 클러 하일라, 풍림후렌드리, 한국콘도, 한화콘도, 경험 없음의 순서대로 1부터 10까지의 숫자를 부여한 경우, 응답자가 사조마을에 표시했다면 3으로 코딩한다.

다음의 콘도나 리조트 중에서 귀하가 평소 가장 많이 이용하시는 곳은 어디입니까?
하나만 표시해 주십시오.

____ 금호콘도	____ 대명콘도	____ 사조마을	____ 월성콘도	____ 코레스코
____ 클럽 하일라	____ 풍림후렌드리	____ 한국콘도	____ 한화콘도	____ 경험 없음

그러나 다음과 같이 복수응답을 허용하는 질문의 경우에는 코딩방법이 달라진다. 이때는 10개의 응답 보기들을 하나씩 다른 칼럼에 입력하고, 각 보기별로 응답자가 표시한 것은 1, 표시하지 않는 것은 0으로 코딩한다.

다음의 콘도나 리조트 중에서 귀하가 평소 가장 많이 이용하시는 곳은 어디입니까?
해당하는 곳에 모두 표시해 주십시오.

____ 금호콘도	____ 대명콘도	____ 사조마을	____ 월성콘도	____ 코레스코
____ 클럽 하일라	____ 풍림후렌드리	____ 한국콘도	____ 한화콘도	____ 경험 없음

주관식 응답

개방형 질문의 경우 코딩방법에 대한 사전 지침을 매우 구체적으로 마련해야 한다. 이를 위하여 응답자들의 응답을 개략적으로 살펴보고 몇 가지 유형으로 나누어 범주를 정한다. 예를 들어, 특정 베이커리를 자주 방문하는 이유에 관한 개방형 질문에 응답자는 "내가 평소 자주 이용하는 ○○○에서는 합리적인 가격에 신선한 재료로 만든 빵을 구매할 수 있고, 무엇보다 선택할 수 있는 메뉴가 많아서 좋다."라고 답하였다. 이런 경우, 핵심적인 단어를 중심으로 몇 가지 유형으로 나누어 범주를 정한다. '합리적 가격'은 1, '좋은 품질의 재료'는 2, '다양한 메뉴'는 3과 같이 범주를 정할 수 있다. 이 경우 코딩하는 케이스의 수가 늘어남에 따라 범주대안을 추가할 수도 있다.

한편 SPSS에 자료를 입력하는 방법에는 한글파일에 코딩, 엑셀파일에 코딩, 그리고 SPSS에 직접 코딩하는 것과 같이 크게 세 가지로 구분할 수 있다. 데이터 코딩방법에 따른 처리절차는 다음과 같다.

▶ 한글파일에 코딩하여 SPSS로 전환하기

ⅰ. 수집된 설문지에 ID 부여하기
ⅲ. 한글프로그램에서 수집된 자료 입력
ⅳ. 자료 입력 후 txt파일로 저장하기
ⅴ. SPSS 프로그램 실행 후 해당 txt 파일 불러오기

▶ 엑셀파일에 코딩하여 SPSS로 전환하기

ⅰ. 수집된 설문지에 ID 부여하기
ⅲ. 엑셀프로그램에서 수집된 자료 입력
ⅳ. 자료 입력 후 txt파일로 저장하기
ⅴ. SPSS 프로그램 실행 후 해당 엑셀파일 불러오기

▶ SPSS에 코딩하기

ⅰ. 수집된 설문지에 ID 부여하기
ⅲ. SPSS프로그램에서 수집된 자료 입력
ⅳ. 자료 입력 후 저장하기

(2) 변수보기

SPSS의 Data Editor 창은 크게 데이터 보기와 변수 보기 시트로 구분되어 있다. 변수 보기는 데이터 보기에서 각 변수의 속성에 대해 설명하고 있으며, 변수 보기에서 행은 변수를 열은 변수의 속성을 나타낸다. 변수 보기에서는 변수 이름, 변수 유형, 너비, 소수점이하, 설명, 값, 결측값, 열, 맞춤, 측도 등으로 변수의 속성을 구체적으로 정의하게 되어 있다.

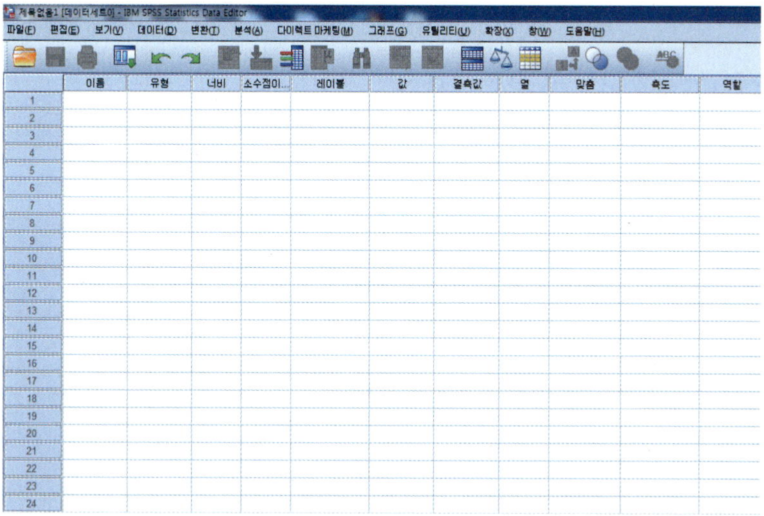

[그림 11-2] 변수 보기

① 변수의 이름 설정

변수의 이름은 영문 64자, 한글 32자까지만 입력이 가능하고, 각 변수 이름은 고유해야 하기 때문에 중복된 이름은 허용되지 않는다. 그밖에 변수 이름 설정은 다음의 규칙을 따라야 한다.

- 이름의 처음은 문자 또는 @, #, $ 문자 중 하나여야 한다. 후속 문자는 문자, 숫자, 구두점 이외의 문자 및 마침표(.)의 조합이 될 수 있다.
- 변수 이름은 공백을 포함할 수 없다.
- 변수 이름에서 첫 위치의 # 문자는 스크래치 변수를 정의한다. 스크래치 변수는 명령 구문으로만 지정할 수 있다. 새 변수를 만드는 대화 상자에서 변수의 첫 문자로 #을 지정할 수 없다.
- 첫 위치의 $ 부호는 변수가 시스템 변수임을 나타낸다. $ 부호는 사용자 정의 변수의 초기 문자로 허용되지 않는다.
- 마침표, 밑줄 및 문자 $, #, @는 변수 이름 내에 사용할 수 있다. 예를 들어, A._$@#1은 유효한 변수 이름이다.
- 마침표로 끝나는 변수 이름은 마침표가 명령 종료자로 해석될 수 있기 때문에 피해야 한다.

- 예약된 키워드는 변수 이름으로 사용할 수 없다. 예약된 키워드에는 ALL, AND, BY, EQ, GE, GT, LE, LT, NE, NOT, OR, TO, WITH 등이 있다.
- 변수 이름은 대문자와 소문자의 조합을 사용하여 정의할 수 있다.

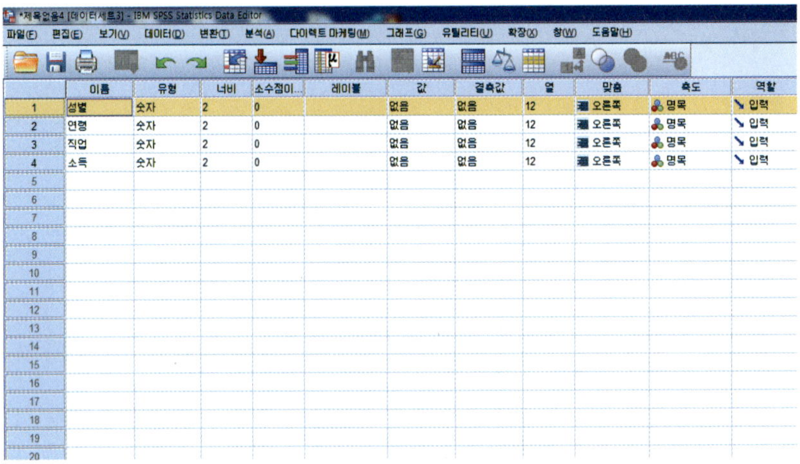

[그림 11-3] 변수 이름이 설정된 화면

② 변수의 유형 설정

변수 유형은 각 변수에 대한 데이터 유형을 설정하기 위한 것이다. 기본적으로 모든 변수는 숫자로 가정하고, 변수 유형을 사용하여 데이터 유형을 바꿀 수 있다. 변수 유형 대화상자에 있는 내용에 따라 데이터 유형은 달라진다. 사용 가능한 데이터 유형은 다음과 같다.

- 숫자: 변수값이 숫자인 변수이다. 변수는 표준 숫자 형식으로 표시된다. 데이터 편집기에서는 표준 형식 또는 지수 표기법의 숫자값이 허용된다.
- 콤마: 세 자리마다 구분하는 콤마를 사용하며 마침표를 소수점 구분자로 사용하여 표시되는 값의 숫자변수이다. 데이터 편집기는 콤마가 있거나 없는 콤마변수의 숫자값이나 지수 표기법의 숫자값을 허용한다. 값의 소수점 구분자의 오른쪽에는 콤마를 사용할 수 없다.
- 점: 세 자리마다 구분하는 마침표를 사용하며 콤마를 소수점 구분자로 사용하여 표시되는 값의 숫자변수이다. 데이터 편집기는 점이 있거나 없는 점변수의 숫자값이나 지수 표기법의 숫자값을 허용한다. 값의 소수점 구분자의 오른쪽에는 점

을 사용할 수 없다.

- 지수 표기법: E가 들어있고 부호가 있는 10의 거듭제곱으로 표시되는 값의 숫자변수이다. 데이터 편집기에서는 지수가 있는지 여부에 관계없이 이러한 변수에 대한 숫자 값을 사용할 수 있다. 지수 앞에는 선택 부호가 있는 E 또는 D가 오거나 부호만 올 수 있다(예: 123, 1.23E2, 1.23D2, 1.23E+2, 1.23+2).
- 날짜: 날짜 또는 시간 형식의 하나로 표시되는 값의 숫자변수이다. 슬래시(/), 하이픈, 마침표, 콤마, 빈 칸 등을 구분자로 하여 날짜를 입력할 수 있다. 두 자리 연도의 날짜에 대한 세기의 범위는 편집 메뉴에서 옵션을 선택하고 데이터 탭을 클릭하여 옵션 설정에서 결정한다.
- 달러: 앞에 달러 기호($)가 표시되고 세 자리마다 구분자로 콤마를 사용하고 소수점 구분자로 점을 사용하는 숫자변수이다. 데이터 값을 입력할 때 해당 값 앞에 오는 달러 기호를 생략할 수도 있다.
- 사용자 정의 통화: 옵션 대화 상자의 통화 탭에서 정의한 사용자 통화 형식의 하나로 표시되는 숫자변수이다. 정의한 사용자 통화 특성은 데이터 항목에는 사용할 수 없지만 데이터 편집기에는 표시된다.
- 문자열: 해당 값이 숫자가 아니어서 계산에 사용되지 않는 변수이다. 값으로는 정의된 길이까지 어떤 문자든지 사용할 수 있으며, 대문자와 소문자를 구별한다.
- 제한된 숫자: 해당 값이 음이 아닌 정수로 제한된 변수이다. 값은 0으로 시작하여 변수의 최대 자리수까지 채워지고, 값은 지수 표기법으로 입력할 수 있다.

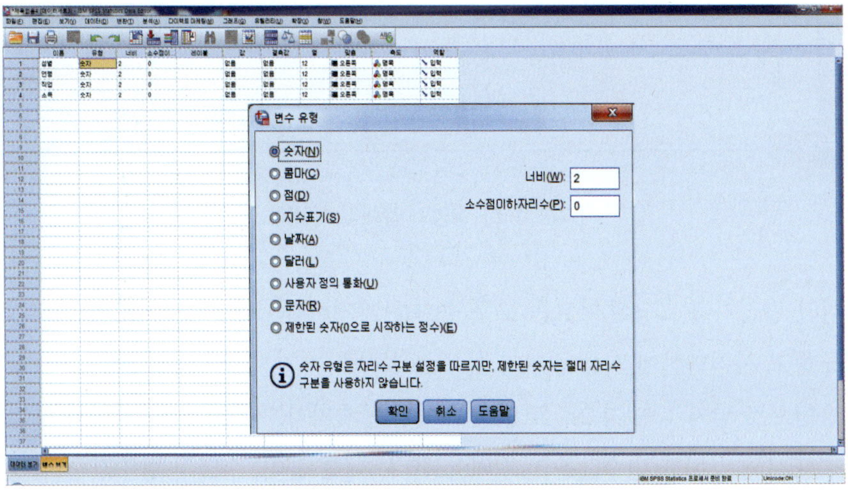

[그림 11-4] 변수 형식

③ 너비와 소수점 이하 자리의 설정

앞서 설명한 변수 유형의 대화상자에서 너비와 소수점이하의 자리수를 설정할 수 있지만, 변수 보기 메인화면에서 이를 별도로 설정할 수도 있다. 너비는 각 Cell에 대한 문자의 수를 정하며, 데이터 보기에서 열 경계선을 클릭하여 끌어 당겨도 열 너비를 바꿀 수 있다. 비례 글꼴에 대한 열 너비는 평균 문자 너비를 기준으로 값이 사용되는 문자에 따라 지정된 너비로 표시된다. 열 너비는 데이터 편집기에서 값 표시는 영향을 주지만 정의한 변수 자리수에는 영향을 미치지 않는다. 일반적으로 설문문항에 대한 응답값은 대부분 정수(integer)이므로 소수점 이하 자리를 '0'으로 설정할 수 있다.

④ 변수 설명과 설명 값의 설정

변수 이름과 같이 변수 설명에는 영문 64자, 한글 32자까지 입력할 수 있다. 그러나 변수명이 지나치게 긴 경우에는 분석결과를 보는 것이 불편할 수 있다. 이러한 경우 일반적으로 이름을 축약해서 입력하고 설명에서 이에 대한 부연설명을 하는 것이 좋다.

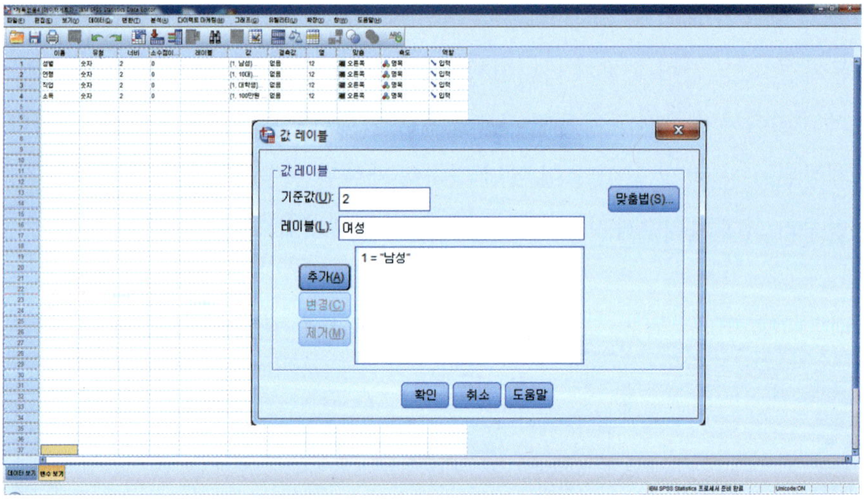

[그림 11-5] 설명의 입력(값 레이블)

데이터 편집기에 코딩된 자료는 모두 숫자를 가정한다. 그러나 숫자로 입력되었음에도 불구하고 사칙연산에 의한 결과가 아무런 의미를 가지지 못하기도 한다. 즉, 성별에 대한 응답으로 남자 1, 여자 2로 코딩된 데이터는 숫자가 가지고 있는 의미가 무엇인지 별도의 표시하기 위한 변수값을 입력해야 한다. 예를 들어, 성별의 변수값을 설정하기

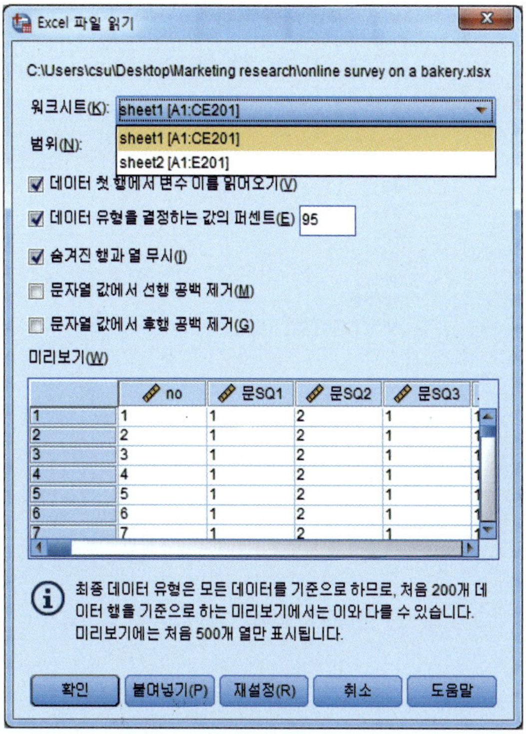

[그림 11-11] Excel에서 입력한 데이터파일 불러오기 2

② 한글에서 입력한 데이터파일

데이터 코딩은 SPSS, 엑셀과 더불어 텍스트 형식으로의 입력도 가능하다. 우선, 한글 또는 워드에 입력한 자료는 '*.txt, *.dat, *.csv, *.tab'의 파일 유형으로 전환시켜 저장하도록 한다. SPSS 데이터 보기 초기화면에서 파일(F)을 클릭하여 데이터 가져오기(D)의 텍스트 데이터(T)를 선택하고 [그림 11-13] 한글에서 입력한 데이터파일 불러오기 2와 같이 텍스트 형식으로 저장된 파일의 위치를 확인하면 된다.

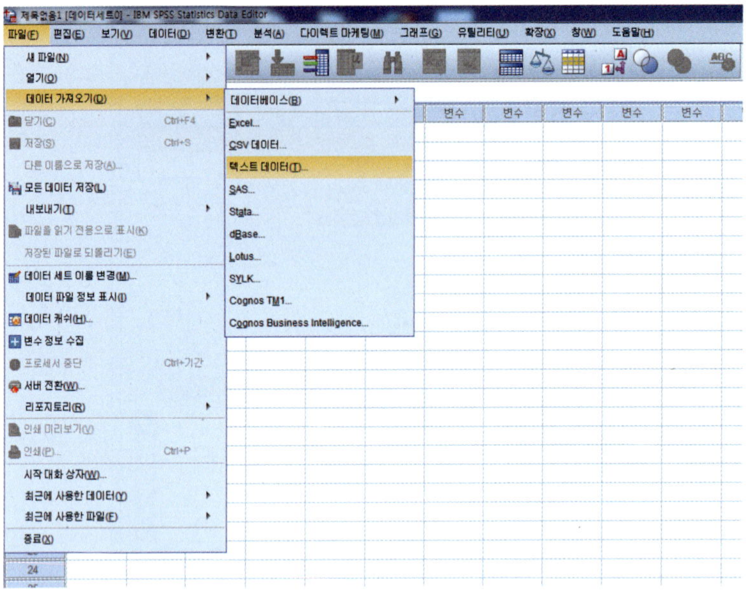

[그림 11-12] 한글에서 입력한 데이터파일 불러오기 1

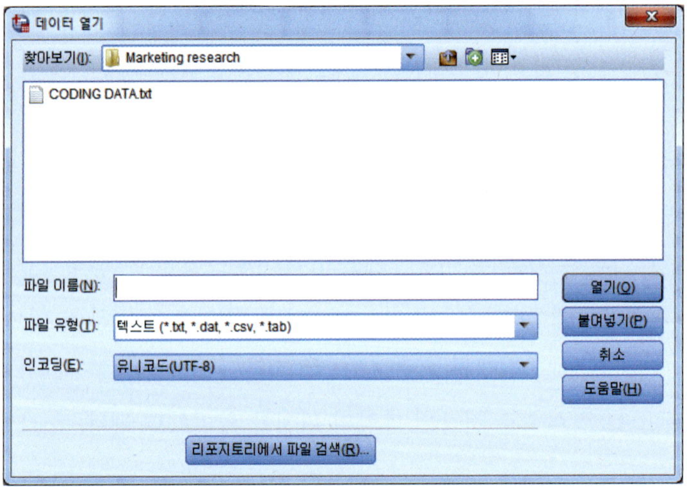

[그림 11-13] 한글에서 입력한 데이터파일 불러오기 2

[그림 11-14]는 '텍스트 가져오기 마법사 6단계'로서 다음의 실행 절차에 따르면, 데이터 보기 화면에 코딩데이터가 나타난다.

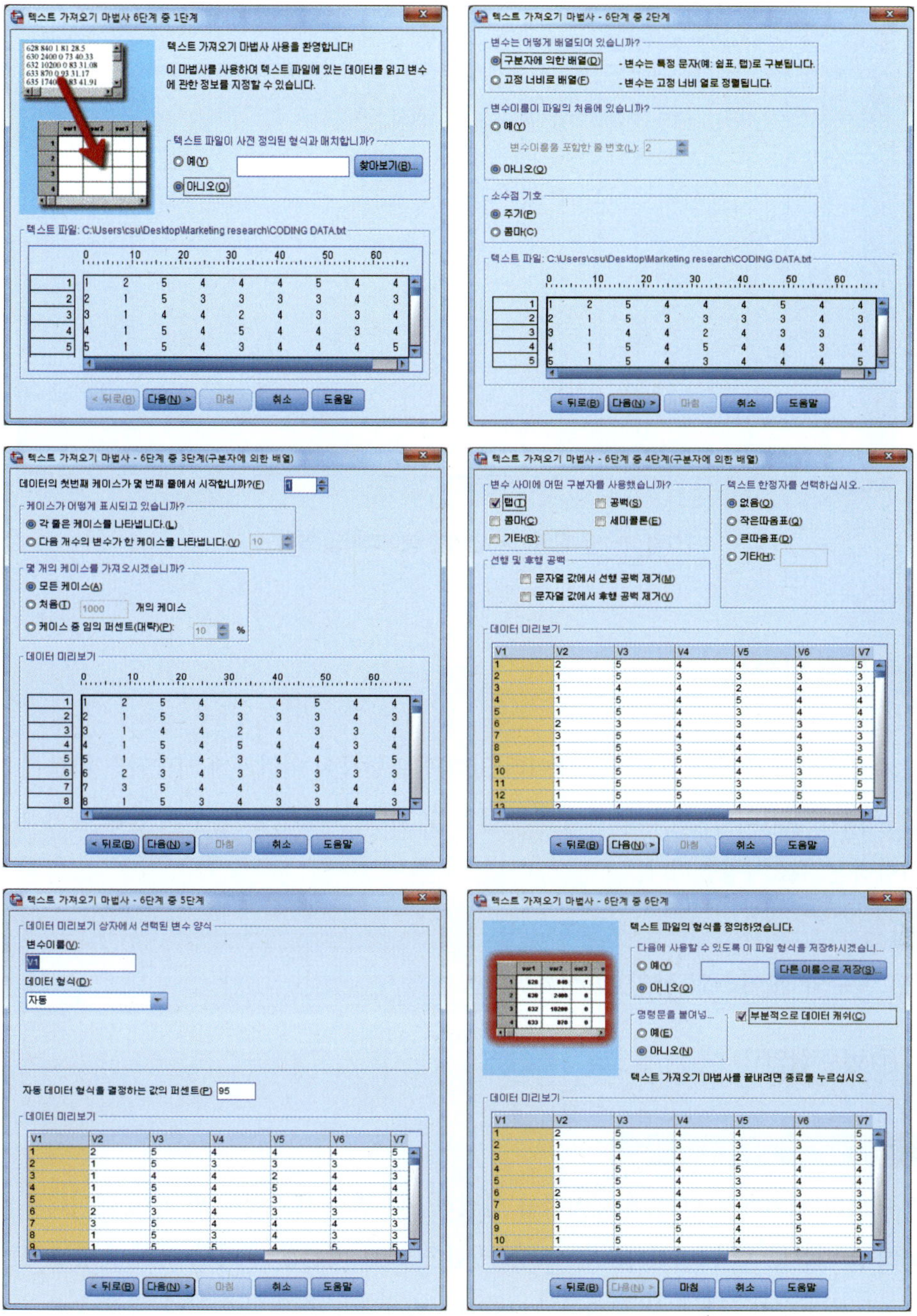

[그림 11-14] 텍스트 가져오기 마법사 6단계

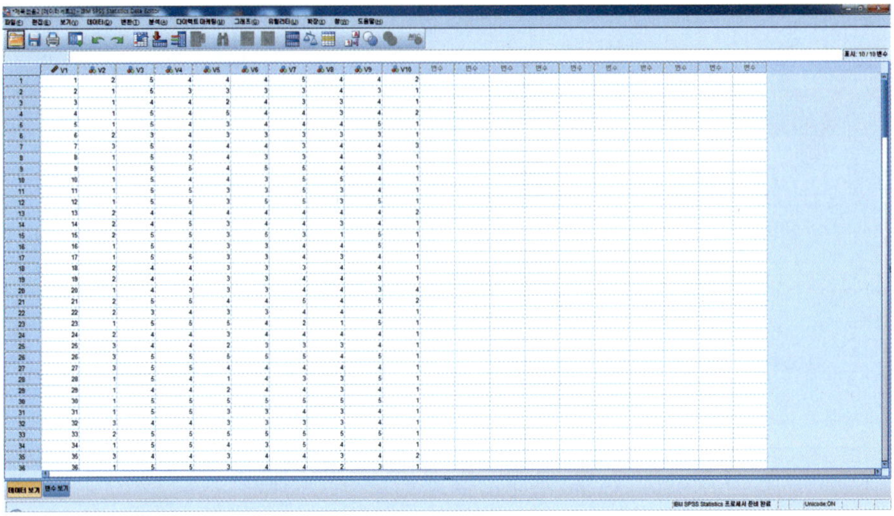

[그림 11-15] 한글에서 입력한 데이터파일 불러오기 3

4) 데이터 다루기

자료분석의 준비를 위해서는 데이터 입력과 관련하여 여러가지 기술적인 부분에 대한 이해가 필요하다. 변수와 케이스의 삽입 및 삭제, 코딩변경, 변수의 변환 등이 이에 해당하는 주요사항들이다.

(1) 변수와 케이스의 삽입 및 삭제

① 변수 삽입

기본 변수 사이에 새 변수 삽입

데이터 보기에서 빈 열에 데이터를 입력하거나 변수 보기에서 빈 행에 데이터를 입력하면 기본값 변수 이름(접두부 var 및 일련 번호)과 기본값 데이터 형식 유형(숫자)으로 된 새 변수가 자동으로 작성된다. 데이터 보기에서 빈 열이 있거나 새 변수와 기존 변수 사이의 변수 보기에서 빈 행이 있으면 이러한 행이나 열도 모든 케이스에 대해 시스템-결측값이 있는 새 변수가 된다. 즉, 삽입 할 변수 위치를 선택한 후 (1) 마우스 오른쪽 버튼을 클릭하여 변수 삽입을 선택, (2) 메뉴에서 '편집'을 선택한 후, '변수 삽입'을 클릭한다. 셀에서 빈 열에 데이터를 입력하면 자동으로 기존 변수 사이에 새 변수가 작성된다.

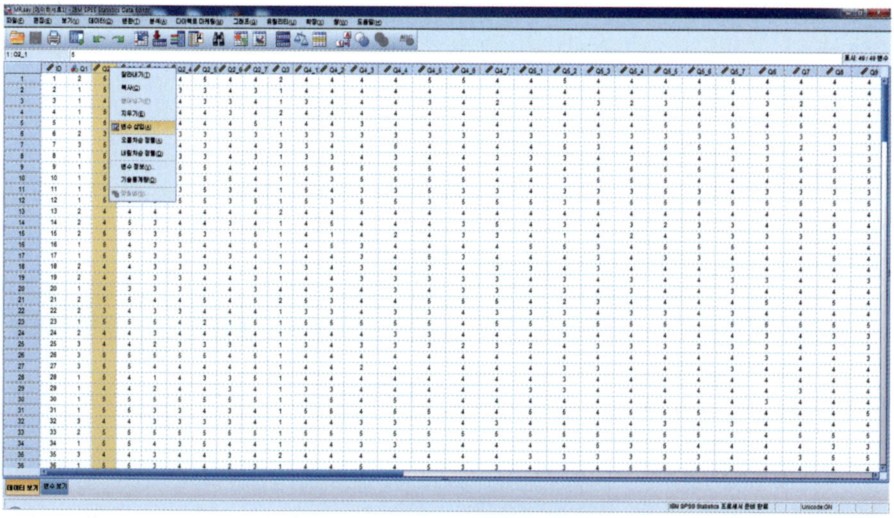

[그림 11-16] 변수 삽입 블록 설정

변수 이동

데이터 편집기에 자료를 코딩할 때, 각 응답자의 ID와 설문문항의 순서대로 응답결과를 입력한다. 그러나 변수의 구성개념 및 분석방법에 따라 입력한 변수를 이동해야 경우가 발생하기도 한다. 이러한 상황에서는 새로운 변수를 입력하는 것보다 변수를 이동하는 것이 더 효율적인 방법이다. 변수를 이동하려면, 데이터 보기에서 변수 이름을 클릭하거나 변수 보기에서 변수의 행 번호를 클릭하고, 변수를 새 위치로 끌어다 놓는다. 또는 변수를 두 개의 기존 변수 사이에 놓으려면 데이터 보기에서 변수를 배치할 자리의 오른쪽 변수 열 또는 배치할 자리의 아래쪽 변수 행에 해당 변수를 이동시킨다.

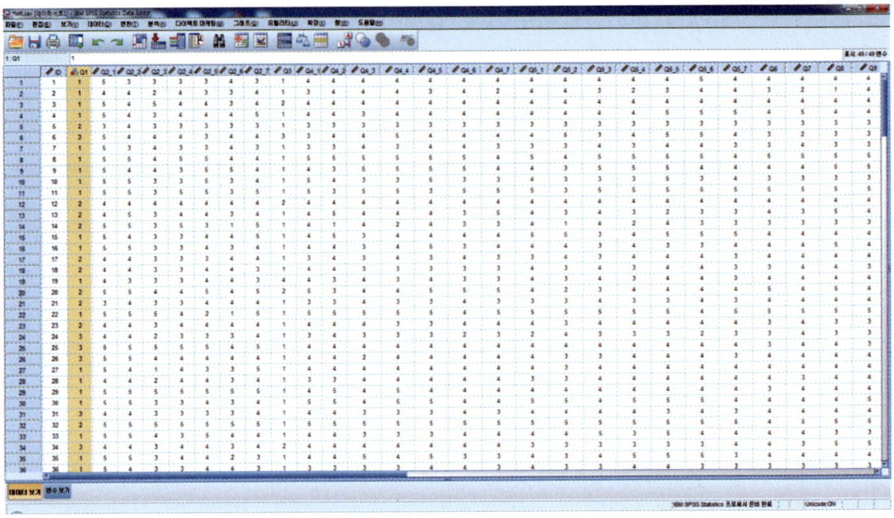

[그림 11-17] 변수 이동 전

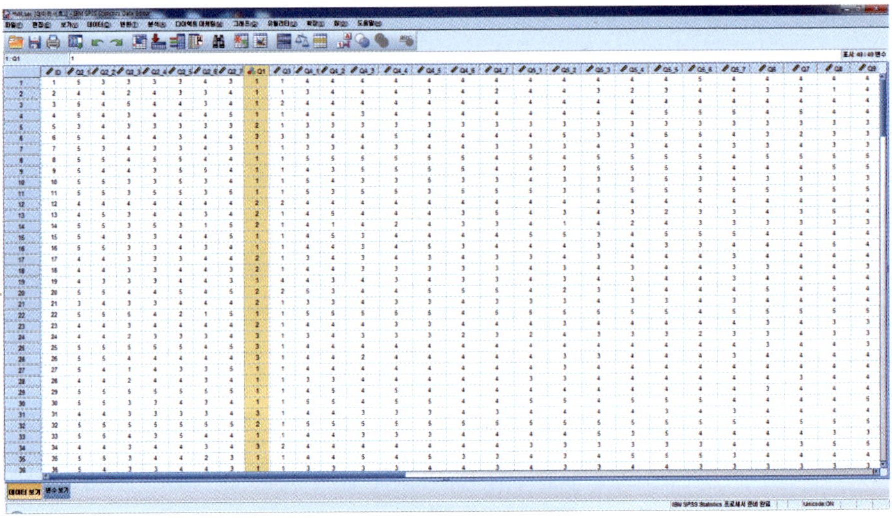

[그림 11-18] 변수 이동 후

② 변수 삭제

기존 데이터 파일에서 변수를 삭제하고자 할 때는 먼저 삭제할 변수를 블록 설정한다. 삭제할 변수를 선택한 후 (1) 메뉴에서 '편집'을 선택한 후, '변수 삭제'을 클릭 (2) Delete key 또는 마우스 오른쪽 버튼을 클릭하여 잘라내기를 선택하면 [그림 11-19]와 같이 변수가 삭제된다.

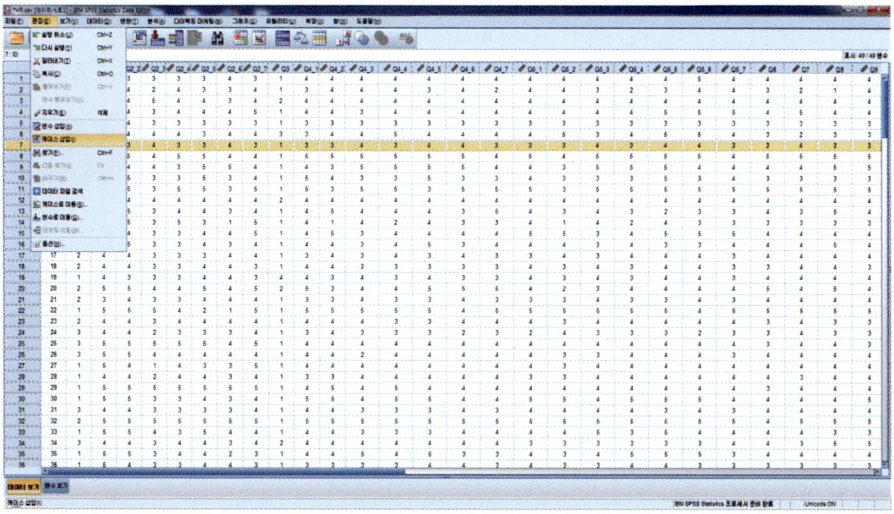

[그림 11-19] 변수 삭제

③ 케이스 삽입

케이스 삽입은 변수 삽입의 절차와 매우 유사하다. 데이터 보기에서 새 케이스를 삽입할 위치 아래에 있는 케이스(행)의 셀을 정한다. 삽입 할 케이스 위치를 선택한 후 (1) 마우스 오른쪽 버튼을 클릭하여 케이스 삽입을 선택, (2) 메뉴에서 '편집'을 선택한 후, '케이스 삽입'을 클릭한다. 셀에서 빈 행에 데이터를 입력하면 자동으로 새 케이스가 작성된다.

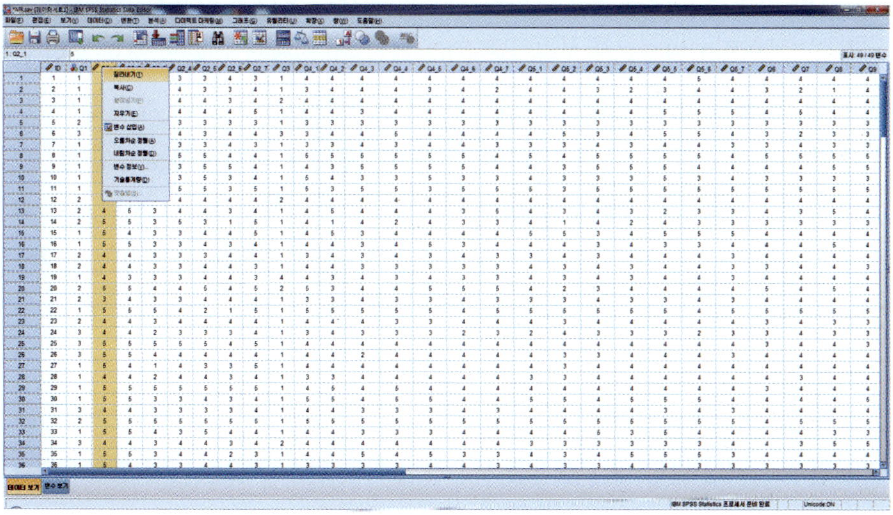

[그림 11-20] 편집 후 케이스 삽입

④ 케이스 삭제

기존 데이터 파일에서 케이스를 삭제하고자 할 때는 삭제할 변수를 블록 설정한다. (1) 메뉴에서 '편집'을 선택한 후, '케이스 삭제'를 클릭 (2) Delete key 또는 마우스 오른쪽 버튼을 클릭하여 잘라내기를 선택하면 [그림 11-21]과 같이 변수가 삭제된다.

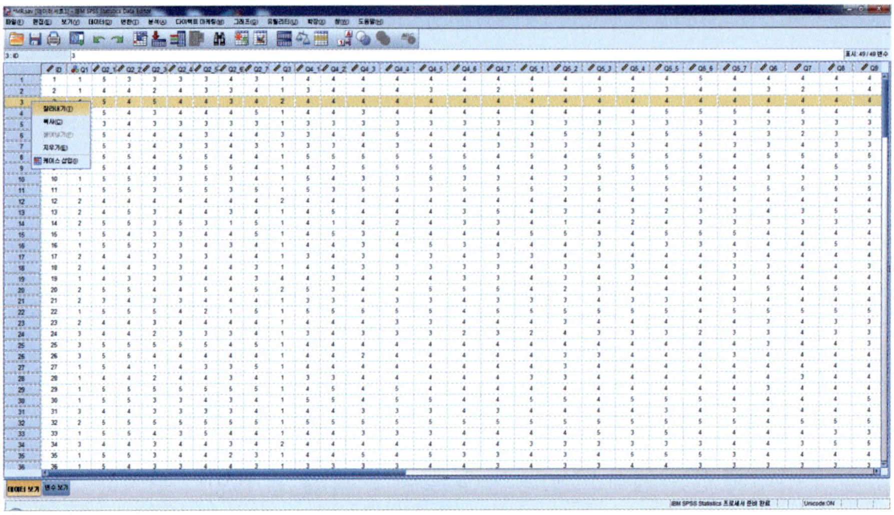

[그림 11-21] 케이스 삭제 블록 설정

(2) 코딩 변경

원자료의 입력값 중에서 필요에 따라 일부 입력값들을 다른 값으로 변환해야 하는 경우가 있다. 이러한 경우로는 분류(sorting)나 역척도(reversed scale)의 코딩 등이 있다. 명목, 서열, 간격 및 비율척도로 측정된 데이터를 재분류할 수 있다. 예를 들어, 1-7점으로 측정한 충성도 값을 1-3, 4-5, 6-7의 세 가지 그룹으로 분류하여 충성도 상, 중, 하와 같이 새로운 변수명을 부여할 수 있다.

코딩 변경에는 기존 변수명을 유지한 상태로 입력값들을 수정하는 방법과 새로운 변수를 만들어서 변경하는 방법이 있다.

① 같은 변수명으로 코딩변경

같은 변수로 코딩 변경 대화 상자를 사용하면 기존 변수의 값을 다시 할당하거나 기존 값의 범위를 새 값으로 합칠 수 있다. 예를 들어, 급여를 급여 범위 범주로 분류할 수 있다. 숫자변수와 문자열 변수의 코딩을 변경할 수 있는데, 여러 변수를 선택할 때는 모두 같은 유형이어야 한다.

메뉴에서 변환을 선택하고 같은 변수로 코딩변경(S)을 클릭하고, 코딩 변경할 변수를 선택한다. 기존값 및 새 값을 눌러, 값 코딩변경 방법을 지정한 다음, 선택적으로 코딩 변경할 케이스 서브세트를 정의한다.

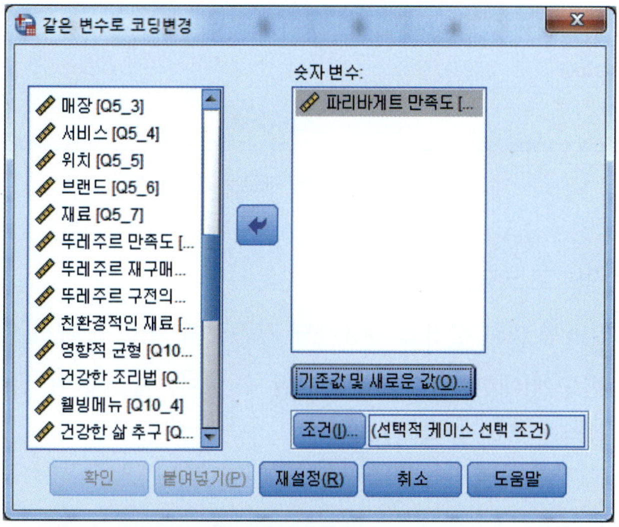

[그림 11-22] 코딩 변경 할 변수의 선택

입력값을 변경하기 위해서는 [그림 11-23]과 같이 기존값 및 새로운 값을 클릭하여 기존값과 새 값을 지정한다.

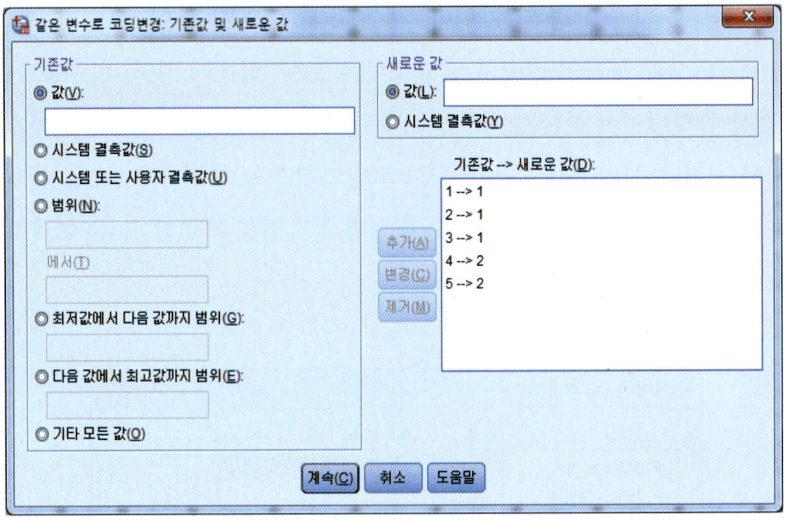

[그림 11-23] 기존값 및 새로운 값의 입력

② 새로운 변수명으로 코딩변경

새 변수로 코딩변경 대화 상자를 사용하면 기존 변수의 값을 다시 할당하거나 기존 값의 범위를 새 변수에 대한 새 값으로 분류할 수 있다. 예를 들어, 급여를 급여 범위 범주가 있는 새 변수로 묶어 줄 수 있다.

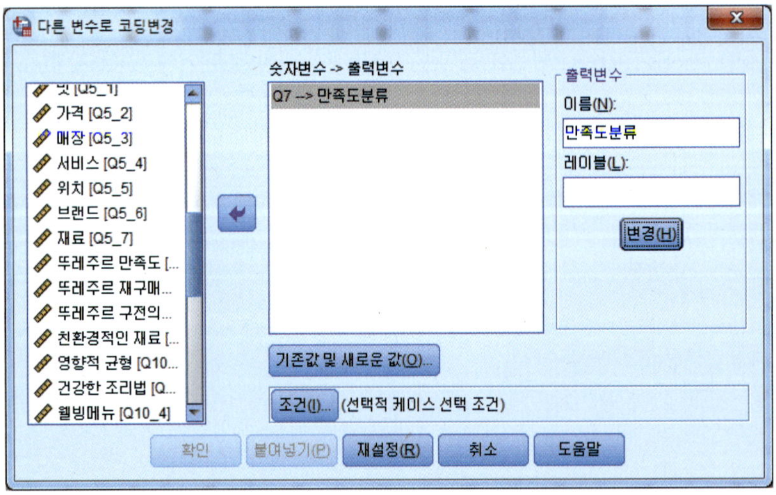

[그림 11-24] 다른 변수로 코딩 변경 변수의 선정 및 출력 변수의 설정

새 변수로 코딩 변경하기 위해서는 메뉴에서 변환(T)을 선택하고 다른 변수로 코딩 변경(R)을 클릭하는 방법도 있다. 그러면 새로운 변수로 코딩변경 대화상자가 나타난다. 코딩 변경할 변수의 선택, 새 변수마다 새 결과변수 이름을 입력하고 바꾸기를 클릭한 다음에 기존값 및 새 값을 클릭하고 값 코딩 변경 방법을 설정한다. 새 변수로 코딩변경 한 입력값의 변경방법은 앞에서 설명했던 같은 변수로의 코딩변경과 같다.

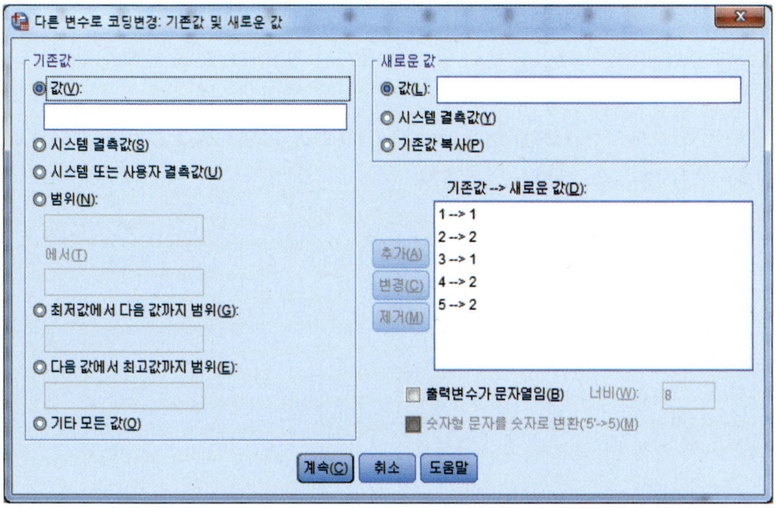

[그림 11-25] 기존값 및 새로운 값 대화상자

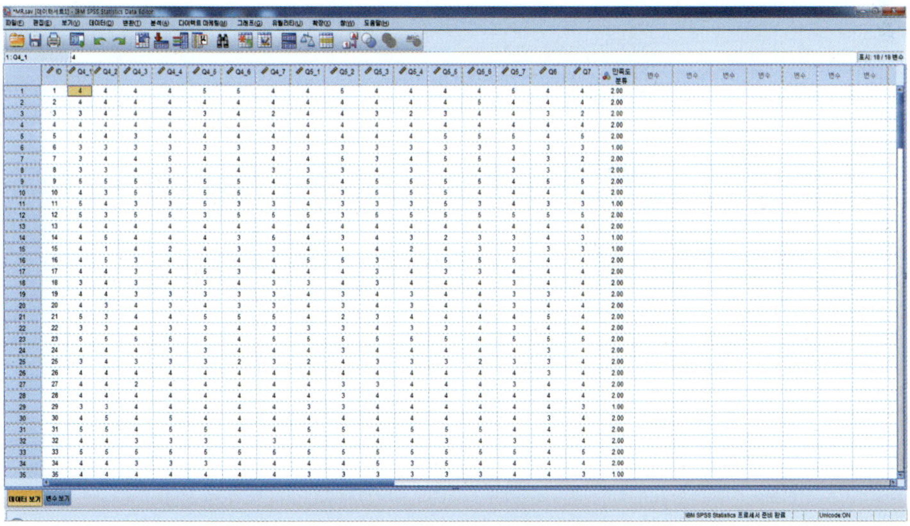

[그림 11-26] 새로운 변수 생성

마무리사례

자동차 연비 광고에 대한 t 검정

프리미어 모터카즈(Premier Motorcars)는 미국 일리노이주 델레반 시의 피아트 자동차 딜러이다. 프리미어 모터카즈는 피아트 자동차의 신차 'Fiat 500'의 연비가 갤런 당 30 마일이라는 광고를 지역 시장에 내보냈다. 현지의 소비자단체 하나가 이 광고 내용을 검증하고 싶어서 'Fiat 500'을 최근에 구매한 소비자 25명을 표본으로 조사를 실시하였다. 조사에 협조한 사람들에게 두 번에 걸쳐 자동차에 휘발유를 가득 채워 모두 소진할 때까지 차를 운전한 다음 연비를 측정하도록 요구하였다. 이들이 제시한 갤런 당 마일 표시의 연비 데이터는 아래와 같다.

30.9 24.5 31.2 28.7 35.1 29.0 28.8 23.1 31.0 30.2 28.4 29.3 24.2 27.0 26.7 31.0 23.5 29.4 26.3 27.5 28.2 28.4 29.1 21.9 30.9

이 데이터에 대한 단일표본 t 검정 결과는 다음과 같다.

가설

$H_0 : \mu = 30$

$H_1 : \mu \neq 30$

검정통계량의 선정

$$t = \frac{\overline{x} - \mu}{\frac{S}{\sqrt{n}}}$$

의사결정 규칙

유의수준 $\alpha = 0.05$

자유도$= n - 1 = 25 - 1 = 24$

H_0기각 $if \;\; t < -2.064 \;\; or \;\; t > 2.064.$

검정통계량의 계산

$$t = \frac{\overline{x} - \mu}{\frac{s}{\sqrt{n}}} = \frac{28.172 - 30}{3.03391/5} = \frac{28.172 - 30}{.60678} = -3.013$$

p-value $= 0.006$

결론

검정통계량 t 값이 기각역에 속하기 때문에 귀무가설(H_0)은 기각된다. 따라서 Fiat 500의 연비는 갤런 당 30 마일이 아니며, 프리미어 모터스의 연비 광고는 잘못된 것이라고 결론 내릴 수 있다.

출처: Zikmund, W. G. & Babin, B. J. (2013).

요약정리

자료분석 방법은 크게 기술적 분석과 추론적 분석으로 구분할 수 있다. 기술적 분석은 자료의 모양과 특징을 서술해 내는 분석이며, 추론적 분석은 표본조사 자료의 분석을 통해 모집단 모수를 추정하기 위한 것이다.

추론적 분석을 본질적으로 이해하기 위해서는 모집단 분포, 표본분포, 표본추출분포의 개념적 차이를 잘 구분할 수 있어야 한다. 모집단 분포는 모집단 전체 자료의 분포를 말하며, 표본분포는 추출된 측정 표본의 자료가 갖는 분포를 가리킨다. 표본추출분포는 모집단에서 추출 가능한 모든 표본들의 표본통계량 값이 갖는 분포를 지칭한다.

추론적 분석은 모수에 대한 신뢰구간의 추정과 통계적 가설 검정을 포함한다. 가설검정 절차는 가설의 설정, 검정통계량 선정, 기각역의 설정, 검정통계량의 계산, 결론 도출의 순서로 진행된다.

자료를 분석사기 위해서는 적절한 자료 준비 작업이 필요하다. 데이터의 코딩과 입력, 데이터 파일의 관리, 그리고 데이터의 편집과 관련된 여러 가지 세부적 작업이 충실하게 진행될 필요가 있다.

12

CHAPTER

교차분석과 차이분석

M A R K E T I N G R E S E A R C H

1. 교차분석

2. SPSS의 교차분석

3. 차이분석(T검정)

4. SPSS의 T검정

5. 분산분석

6. SPSS의 분산분석

MARKETING RESEARCH

12 CHAPTER

교차분석

| 학습목표 |

1. 마케팅조사의 목적에 따른 통계분석을 구분하시오.
2. 교차분석의 원리를 이해하시오.
3. 차이분석의 목적을 기술하시오.
4. T검정과 분산분석의 원리들을 설명하시오.

도 입 사 례

건강에 대한 관심, 베이커리 선택에 영향!

바쁜 일상을 살아가는 현대인들은 식사대용으로 간편하고 맛있게 즐길 수 있는 빵을 자주 찾는다. 우리나라의 2015년 빵 시장 규모는 6조3천억 원으로 추정되며 해마다 성장하고 있다. 이처럼 빵의 꾸준한 인기에 힘입어 빵집 창업을 고려하는 사람들이 늘면서 대형 프랜차이즈 창업부터 소규모 빵집까지 창업까지 베이커리 창업이 인기를 끌고 있다.

베이커리의 유형은 개인 윈도우 베이커리, 프랜차이즈 베이커리, 양산 베이커리, 인스토어 베이커리의 네 가지로 분류할 수 있다. 개인 윈도우 베이커리는 매장에서 제품 제조 하는 것을 고객들이 보는 것이 가능하도록 매장과 주방에 유리 창문(window)을 설치한 개인이 운영하는 제과점이다. 프랜차이즈 베이커리는 프랜차이즈 가맹 본부가 가맹 점주에게 상표영업, 상호를 상징하는 표지를 사용하여 상품 또는 서비스를 판매하거나 기타 영업을 할 수 있는 권리를 부여하고 영업에 대한 일정의 지원, 통제하는 시스템이다. 한편 전국적 판매망, 기계화된 시설을 바탕으로 대량 생산을 하는 도매업 베이커리를 뜻한다. 국내의 주요 양산 베이커리 업체로는 삼립식품, 샤니, 기린, 서울식품 등이 있고 완제품의 형태로 제품을 대형마트, 슈퍼마켓, 편의점 등에 공급한다. 마지막으로 인스토어 베이커리는 대형마트 또는 백화점 같은 매장 내에 입점해 있는 베이커리 형태를 의미한다.

최근 한 연구는 수도권의 베이커리 이용경험 소비자 398명에 대한 설문조사를 통하여 베이커리 유형 선택행동을 조사하였다. 이 연구에 따르면, 〈표〉에서 보는 바와 같이 소비자의 베이커리 유형 선택은 소비자가 건강에 대해 갖는 관심도와도 관련이 있는 것으로 나타났다(χ^2 = 6.146, p-value = .013). 건강 관심도가 높은 소비자의 51.3%가 윈도우 베이커리를 이용하고, 48.7%가 프랜차이즈 베이커리를 이용하는 것으로 나타난 반면, 건강 관심도가 낮은 소비자의 경우 그 비율이 각각 38.9%, 61.1%로 나타났다. 즉 프랜차이즈 베이커리는 상대적으로 건강 관심도가 낮은 소비자가 이용률이 높고, 윈도우 베이커리의 경우 상대적으로 건강 관심도가 높은 사람들의 이용률이 높게 나타났다.

건강 관심도와 베이커리 유형 선택

윈도우		베이커리 유형		합계
		프랜차이즈		
건강 관심도	낮음	79 (38.9%)	124 (61.1%)	203 (100.0%)
	높음	100 (51.3%)	95 (48.7%)	195 (100.0%)
합계		179	219	398
$\chi^2 = 6.146$, p-value = .013				

출처: 장저윤 · 황조혜(2015); 초이스경제(2015. 12. 5); 헤럴드경제(2016. 1. 4).

1. 교차분석

자료는 종종 범주의 형태로 수집될 때가 있다. 고객이 선호하는 브랜드, 방문 소매점, 성별, 직업, 연령세대 등이 그 예라고 할 수 있다. 교차분석(cross-tabulation analysis)은 이와 같은 범주형태의 자료, 즉 명목척도나 서열척도로 측정된 변수들 사이의 연관성을 검증하기 위한 분석방법이다. 한 가지 예를 들어보기로 하자. 한 레스토랑 매니저는 레스토랑 분위기 변경을 위해 분위기 중요성이 남자와 여자 사이에 차이가 있을까 관심을 갖게 되었다. 고객 100명의 표본을 조사한 결과 성별에 따른 지각된 분위기 중요도 분포는 〈표 12-1〉과 같이 집계되었다.

〈표 12-1〉 남성과 여성의 분위기 중요도에 대한 표본 자료(관찰 빈도)

		성별		합계
		남자	여자	
분위기 중요도	약간 중요	16	6	22
	다소 중요	30	16	46
	매우 중요	8	24	32
합계		54	46	100

이 자료에 대한 교차분석의 가설은 다음과 같다.

H_0: 성별과 분위기 중요도 지각은 독립적이다.
H_1: 성별과 분위기 중요도 지각은 독립적이지 않다.

두 변수의 독립성을 검정하기 위한 검정통계량은 다음과 같다.

$$\chi^2 = \sum_{\substack{all \\ cells}} \frac{(f_o - f_e)^2}{f_e}$$

f_o =관찰빈도

f_e =기대빈도

$d.f. = (r - 1) \times (c - 1)$

여기서 관찰빈도 f_o는 각 셀에 나타난 관측 빈도이며, 기대빈도 f_e는 각 셀에 해당하는 행의 합계와 열의 합계를 곱한 것을 표본의 크기 n으로 나눈 것으로 정의된다. 그리고 가설 검정의 의사결정규칙은 계산된 검정통계량 χ^2값이 임계치 5.991보다 크면 귀무가설 H_0을 기각하는 것으로 설정한다([그림 12-1] 참조).

유의수준 $\alpha = 0.05$

자유도(d.f.) = (행의 수 − 1) × (열의 수 − 1) = (3 − 1) × (2 − 1) = 2

$\chi^2_{.05,\ 2} = 5.991$

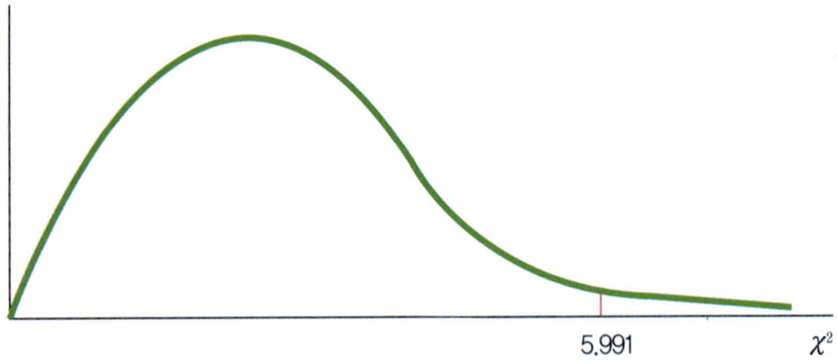

[그림 12-1] 임계치 설정

다음 단계는 검정통계량 χ^2값을 계산하는 것이다. 이를 위해 기대빈도를 계산하여 정리하면, 〈표 12-2〉의 내용과 같다. 따라서 χ^2값 계산 결과는 다음과 같다. 그리고 이 값에 대한 관찰된 유의수준 p값은 0.00029310으로 계산된다.

$$\chi^2 = \sum_{\substack{all \\ cells}} \frac{(f_o - f_e)^2}{f_e}$$
$$= \frac{(16 - 11.9)^2}{11.9} + \frac{(6 - 10.1)^2}{10.1} + \cdots \frac{(24 - 14.7)^2}{14.7}$$
$$= 16.270$$
$$p\text{값} = 0.00029310$$

〈표 12-2〉 남성과 여성의 분위기 중요도에 대한 표본 자료

			성별		합계
			남자	여자	
분위기 중요도	약간 중요	빈도	16	6	22
		기대빈도	11.9	10.1	22.0
	다소 중요	빈도	30	16	46
		기대빈도	24.8	21.2	46.0
	매우 중요	빈도	8	24	32
		기대빈도	17.3	14.7	32.0
합계		빈도	54	46	100
		기대빈도	54.0	46.0	100.0

검정통계량 χ^2값(= 16.270)이 임계치 5.991보다 크기 때문에 귀무가설 H_0은 기각된다. 이것은 관찰된 유의수준 p값(0.00029310)이 유의수준(α = 0.05)보다 낮기 때문에 귀무가설을 기각한다는 것과 동일한 내용이다. 결국 성별과 분위기 중요도 지각은 독립적이지 않다는 것이 도출된 결론이다. 그 내용을 좀 더 구체적으로 살펴보면, 레스토랑 분위기를 여자가 남자보다 훨씬 중요하게 생각하는 것을 알 수 있다(〈표 12-3〉 참조). 즉 남자의 11.9%와 55.6%가 각각 분위기가 약간 중요, 다소 중요로 나타났음에 비하여, 여자의 34.8%가 다소 중요, 52.2%가 매우 중요하다고 생각하는 것으로 나타났다.

〈표 12-3〉 남성과 여성의 분위기 중요도에 대한 교차집계표

			성별		합계
			남자	여자	
분위기 중요도	약간 중요	빈도	16	6	22
		기대빈도	11.9	10.1	22.0
		%	29.6%	13.0%	22.0%
	다소 중요	빈도	30	16	46
		기대빈도	24.8	21.2	46.0
		%	55.6%	34.8%	46.0%
	매우 중요	빈도	8	24	32
		기대빈도	17.3	14.7	32.0
		%	14.8%	52.2%	32.0%
합계		빈도	54	46	100
		기대빈도	54.0	46.0	100.0
		%	100.0%	100.0%	100.0%

2. SPSS의 교차분석

SPSS를 돌리면 교차분석을 수행할 수 있다. SPSS 메뉴에서 분석을 클릭하고 기술통계량 교차분석을 수행하면 된다. 다음은 SPSS에서 교차분석의 실행방법과 분석결과이다.

1) 실행방법

본 장에서는 베이커리 구매빈도와 외식비지출수준 간의 관계를 알아보기 위하여 교차분석을 실시하였다. 교차분석에 사용한 파일은 '12장 교차분석.sav'이며, 적용 절차는 다음과 같다.

(1) 1단계

데이터 보기 창에서 데이터를 불러온 후 메뉴의 분석(A)에서 기술통계량(E)을 클릭하고, 교차분석(C)을 선택한다.

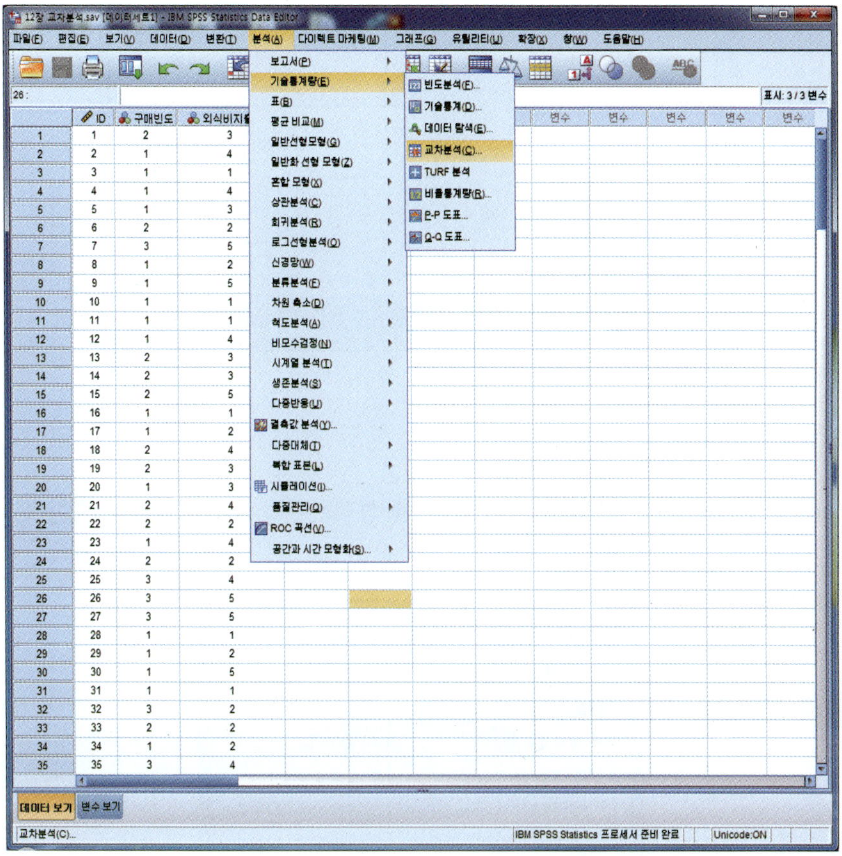

(2) 2단계

다음과 같이 교차분석 창이 나타나면, '구매빈도'를 선택하여 행(O)으로 옮기고, '외식비지출수준'은 열(C) 이동시킨다. 카이제곱 통계치를 구하기 위하여 통계량(S) 버튼을 클릭한다.

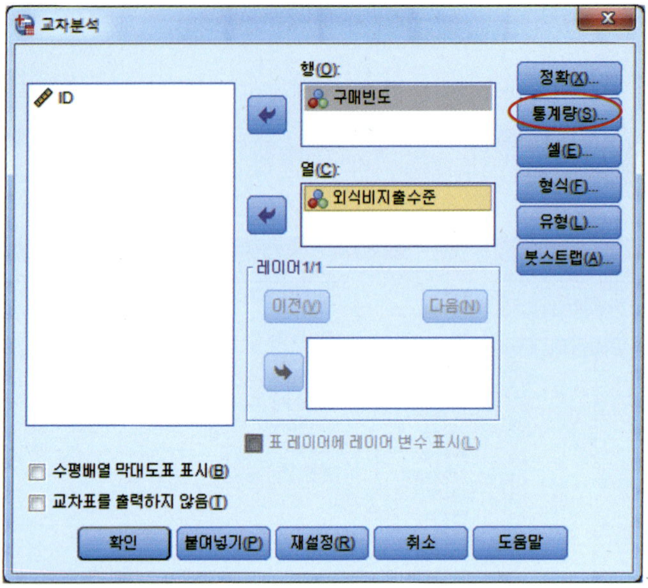

(3) 3단계

카이제곱(H)와 파이 및 크레이버의 V(P)[1]를 선택한 후, 계속 버튼을 클릭한다.

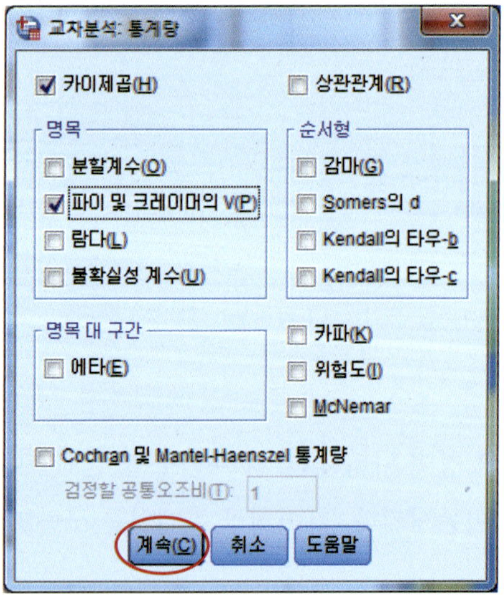

1) 파이(Phi) 및 Crame의 V란 변인 간의 관련성을 나타내는 것으로서, 파이계수는 두 변인이 이분적인(2×2)일 때, Crame의 V는 질적 변인의 범주가 2개 이상일 때의 상관관계를 검정하여 0과 1 사이의 값을 가진다.

(4) 4단계

다시 교차분석 창으로 돌아와 오른쪽에 있는 셀(E)을 클릭하면, 빈도에서 관측빈도(O)[2]는 기본설정이 되어 있고, 기대빈도(E)[3]를 퍼센트를 구하기 위하여 행(R)에 체크한 후 계속 버튼을 선택한다.

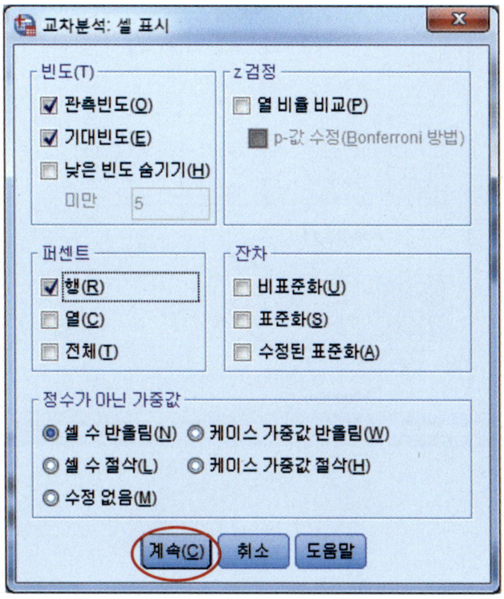

(5) 5단계

모든 설정을 마친 뒤 확인 버튼을 선택하면, 분석결과가 다음과 같이 새로운 창에 나타난다.

---

2) 관측빈도(observed frequency)란 표본의 사례 중 각 셀에 해당하는 사람의 수를 의미한다.

3) 기대빈도(expected frequency)란 각 셀이 속한 열의 전체 사람의 수와 각 셀이 속한 행의 전체 사람이 수를 곱한 후 전체 샘플 수로 나누어 계산한다.

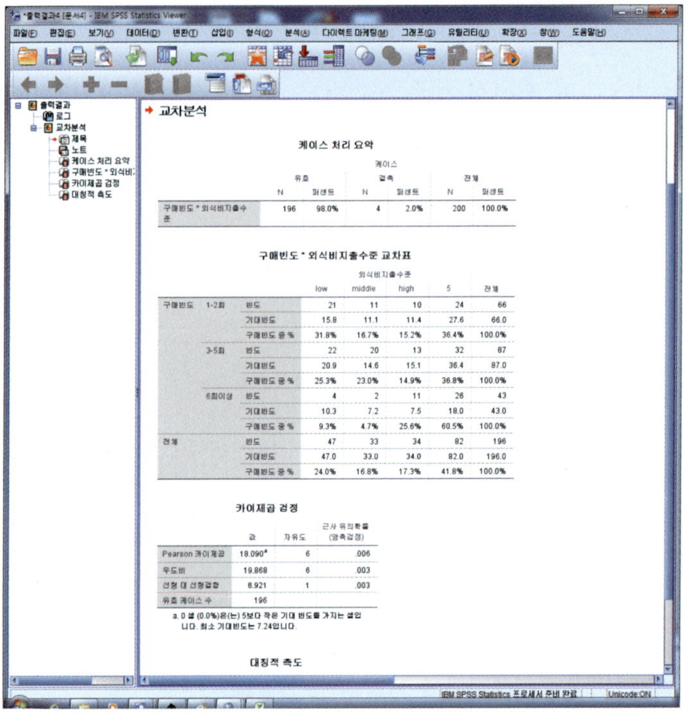

2) 분석결과

(1) 기술통계량

			외식비지출수준		
			low	middle	high
구매빈도	1~2회	빈도	21	21	24
		기대빈도	15.8	11.1	27.6
		구매빈도 중 %	31.8%	16.7%	36.4%
	3~5회	빈도	22	33	32
		기대빈도	20.9	14.6	36.4
		구매빈도 중 %	25.3%	23.0%	36.8%
	6회 이상	빈도	4	13	26
		기대빈도	10.3	7.2	18.0
		구매빈도 중 %	9.3%	4.7%	60.5%
전체		빈도	47	67	82
		기대빈도	47.0	33.0	82.0
		구매빈도 중 %	24.0%	16.8%	41.8%

교차분석 기술통계표를 살펴보면, 표본의 샘플사이즈는 200명이고, 외식비지출수준이 낮은 집단 21명, 중간 집단 21명, 높은 집단 24명은 한 달 동안 베이커리 구매빈도가 1~2회라고 대답했고, 외식비지출수준이 낮은 집단 2명, 중간 집단 33명, 높은 집단 32명은 한 달 베이커리의 구매빈도가 3~4회라고 응답하였으며, 6회 이상의 구매빈도에서는 외식비지출수준이 낮은 집단 4명, 중간 집단 13명, 높은 집단 26명으로 나타났다.

(2) 카이제곱(χ^2) 유의도 검정

	값	자유도	근사 유의확률 (양측검정)
Pearson 카이제곱	18.090a	6	0.006
우도비	19.868	6	0.003
선형 대 선형결합	8.921	1	0.003
유효 케이스 수	196		

a. 0 셀 (0.0%)은(는) 5보다 작은 기대 빈도를 가지는 셀이다. 최소 기대빈도는 7.24이다.

이 분석결과는 베이커리 구매빈도와 외식비지출간의 관계에 대한 χ^2검정의 결과이다. 표에서 χ^2값은 18.090이고, p-value는 .006으로서 $\alpha = 0.05$유의수준에서 귀무가설을 기각한다. 즉, 구매빈도와 외식비지출은 독립적이지 않다고 결론을 내릴 수 있다.

3. 차이분석(T검정)

한편 특정 변수의 자료 값이 일정한 값과 다른 것인지, 또는 집단 사이에 자료 값의 차이가 존재하는지의 알고 싶은 게 조사의 목적일 경우가 있다. 이러한 차이분석에 사용되는 대표적인 방법이 T검정이다. T검정에는 단일표본 T검정, 독립표본 T검정, 대응표본 T검정이 있다.

1) 단일표본 T검정

단일표본 T검정은 한 집단의 표본 자료를 수집하여 그 모집단의 평균이 특정값과 차이가 있는지의 여부를 검정하기 위한 방법이다. 예를 들어 새로운 광고캠페인을 전개하였을 때, 이 광고캠페인 효과를 측정하기 위하여 광고캠페인을 시청한 소비자 표본의 만족도를 조사해서 특정 만족도 값과의 차이여부를 검정할 수 있다.

귀무가설

$H_0 : \mu = \mu_0$ 모집단 평균(μ)이 가설 평균(μ_0)과 같다.

대립가설

$H_1 : \mu \neq \mu_0$ 모집단 평균(μ)이 가설 평균(μ_0)과 다르다.

or $H_1 : \mu > \mu_0$ 모집단 평균(μ)이 가설 평균(μ_0)보다 크다.

or $H_1 : \mu < \mu_0$ 모집단 평균(μ)이 가설 평균(μ_0)보다 작다.

단일표본 T검정의 통계량 계산식은 다음과 같다.

$$t = \frac{\overline{x} - \mu_0}{\frac{s}{\sqrt{n}}}$$

$\overline{x}$ =표본의 평균 값

μ_0 =모집단의 평균 값

s =표본의 표준편차

$\frac{s}{\sqrt{n}} = \overline{x}$ 의 표준오차(즉, $\overline{x}$ 표본추출분포의 표준편차)

다음 유의수준 α값에 해당하는 t통계량의 임계치를 산출하고, 그 값을 기준으로 귀무가설 H_0에 대한 기각역을 정한다. 마지막으로 자료를 통해 t통계량 값을 계산하여, 의사결정규칙에 따라 귀무가설 기각여부를 결론짓는다.

중 간 사 례

커피전문점의 점포속성 중요도, 남녀의 인식차이가 존재하는가?

커피전문점은 근래에 우리나라에서 급속하게 성장을 보인 대표적인 서비스 업종 중의 하나이다. 최근에는 커피전문점 시장의 포화와 경기불황 및 저가 커피전문점의 등장으로 구조조정이 일어나고 있기는 하지만, 그러한 논란 속에서도 업계 1 · 2위 신세계 '스타벅스'와 CJ푸드빌 '투썸플레이스'는 고속성장을 거듭하고 있다. 관련 업계에 따르면 커피전문점 업계 1위인 스타벅스는 2011년 이후 매년 20~30% 매출 성장을 지속하고 있다. 2011년 2982억 원으로 3000억 원을 밑돌았던 매출액이 2015년에 전년 대비 25.3% 증가한 7739억 원에 이르렀다. 2위인 투썸플레이스 매출액은 2014년 1607억 원에서 지난해 1800억 원으로 12% 증가하였다. 양사 모두 매년 100개 이상 신규 매장을 추가로 열면서 매출이 증가하고 있다. 스타벅스는 2011년 394개였던 매장수가 2012년 477개, 2013년 598개, 2014년 740개, 2015년 850개로 늘었다. 투썸플레이스도 2011년 205개였던 매장수가 지난해 682개로 증가했다. 2012년 308개, 2013년 436개, 2014년 579개 등 이 브랜드 역시 연평균 100여 개씩 매장이 늘었다.

소비자의 커피전문점 선택에는 커피의 맛, 가격, 점포 분위기, 직원의 서비스 등 다양한 점포속성이 영향을 미치게 된다. 그리고 이들 점포속성에 대해 소비자가 지각하는 중요도는 소비자에 따라 차이가 있게 마련이다. 〈표〉는 커피전문점 이용객 162명을 대상으로 수집한 자료를 사용하여, 커피전문점 점포속성에 대한 중요도 지각의 남녀 차이를 분석한 결과이다. 남자와 여자 사이에 기본적으로 가격의 중요성에 대해서는 차이가 없어 보이며, 분위기의 중요도 차이도 미약한 것으로 보인다. 그리고 여자가 약간 높기는 하지만 남녀 모두 서비스를 매우 중요한 점포속성으로 지각하고 있는 것으로 나타나고 있다. 그렇지만 커피 맛과 관련해서는 여성 고객이 분명히 더 까다로운 것으로 나타나 있다(M1 = 4.01, M2 = 4.28; t = -2.270, *p*-value = .025).

커피전문점 속성 중요도의 남녀 비교

	평균		t	*p*-value
	남자 (n=72)	여자 (n=87)		
가격	4.03	4.06	−.248	.804
커피 맛	4.01	4.28	−2.270	.025
메뉴	3.31	3.57	−1.839	.068
서비스	4.15	4.33	−1.500	.136
분위기	3.81	3.90	−.871	.385

출처: 김종훈 외(2016); 김현미 외(2015); 머니투데이(2016. 6. 17).

2) 독립표본 T검정

독립표본 T검정(independent samples t-test)은 독립적인 두 집단 사이의 평균 차이를 검증하기 위한 분석방법이다. 독립표본 T검정의 적용할 수 있는 조사문제들을 예시하면 다음과 같다.

- 남자와 여자의 휴대폰 사용시간에는 차이가 있는가?
- 두 지역의 소비자 집단은 브랜드 만족도가 다른가?
- 레스토랑 만족도에 성별 차이가 있는가?
- 두 개의 다른 프로그램으로 훈련받은 영업사원 집단 사이에는 성과 차이가 있는가?
- 카페 A 고객과 카페 B의 고객은 점포충성도가 다른가?
- 온라인 고객과 오프라인 고객의 가격민감도에는 차이가 있는가?

독립표본 T검정의 가설 설정은 다음과 같다.

$$H_0 : \mu_1 = \mu_2$$
$$H_1 : \mu_1 \neq \mu_2$$

그리고 검정통계량의 계산식은 아래와 같다.

$$t = \frac{\overline{x_1} - \overline{x_2}}{s_{\overline{x_1} - \overline{x_2}}}$$

다음 유의수준 α와 자유도에 해당하는 t값의 임계치를 구하여, 귀무가설 H_0의 기각 여부를 결정하기 위한 의사결정규칙을 설정한다. 그런 다음 자료를 갖고 t값을 계산하여, 의사결정규칙에 따라 결론을 도출하면 된다.

그런데 여기서 t값을 계산할 때 분자의 두 평균값 차이는 쉽게 계산할 수 있지만, 분모인 $s_{\overline{x_1} - \overline{x_2}}$의 계산은 다소 복잡하다. $s_{\overline{x_1} - \overline{x_2}}$의 계산방법은 두 모집단의 분산이 동일한가의 가정에 따라 달라진다. 두 가지 경우의 표준오차 계산식은 다음과 같다.

두 모집단 분산이 같은 경우($\sigma_1^2 = \sigma_2^2$)

• 모집단 공동분산(pooled variance)의 추정치 사용

$$s_{\overline{x_1}-\overline{x_2}} = \sqrt{\left(\frac{(n_1-1)s_1^2+(n_2-1)s_2^2}{n_1+n_2-2}\right)\left(\frac{1}{n_1}+\frac{1}{n_2}\right)}$$
$$df = n_1 + n_2 - 2$$

• 두 모집단 분산이 다를 경우

$$s_{\overline{x_1}-\overline{x_2}} = \sqrt{\frac{s_1^2}{n_1}+\frac{s_2^2}{n_2}}$$
$$df = \frac{\left(\frac{s_1^2}{n_1}+\frac{s_2^2}{n_2}\right)^2}{\frac{\left(\frac{s_1^2}{n_1}\right)^2}{n_1-1}+\frac{\left(\frac{s_2^2}{n_2}\right)^2}{n_2-1}}$$

한편 두 모집단 분산의 동일 여부를 검증하기 위한 Levene 등분산검정 방법의 가설 설정과 검정통계량은 다음과 같다.

• 가설설정

$$H_0 : \sigma_1^2 = \sigma_2^2$$
$$H_1 : \sigma_1^2 \neq \sigma_2^2$$

• 검정통계량

$$F_{(n_1-1),(n_2-1)} = \frac{s_1^2}{s_2^2}$$

3) 대응표본 T \검정

대응표본 T검정(paired samples t-test)은 동일 집단의 표본 구성원이 같은 내용의 변수에 대해 두 개의 측정값을 제공할 경우, 그 차이의 여부를 검증하기 위한 분석방법이다. 예를 들어 소비자들이 온라인 쇼핑과 오프라인 쇼핑을 얼마나 좋아하는지 조사

한다고 생각해보자. 이때 응답자들이 제공하는 두 개의 응답, 즉 온라인 쇼핑 태도와 오프라인 태도의 차이를 분석하기 위해서는 독립표본 T검정을 적용할 수 없다. 왜냐하면 두 측정값이 동일한 응답자로부터 얻어진 것이기 때문이다. 마찬가지로 동일한 사람을 대상으로 하여, 광고를 보여 주기 전의 브랜드 태도와 광고를 보고난 다음의 브랜드 태도를 측정, 그 변화를 조사할 경우에도 독립표본 T검정의 사용이 부적절하다. 이런 상황에서는 대응표본 T검정을 사용해야 한다.

대응표본 T검정의 가설 설정은 다음과 같다.

$$H_0 : \mu_D = 0$$
$$H_1 : \mu_D \neq 0$$

그리고 검정통계량의 계산식은 아래와 같다.

$$t_{n-1} = \frac{\overline{D} = \mu_D}{\frac{s_D}{\sqrt{n}}} \qquad d.f. = n - 1(n\text{은 짝의 수})$$

$$\overline{D} = \frac{\sum_{i=1}^{n} D_i}{n}$$

$$s_{\overline{D}} = \frac{s_D}{\sqrt{n}} \qquad s_D = \sqrt{\frac{\sum_{i=1}^{n}(D_i - \overline{D})^2}{n-1}}$$

다음 유의수준 α와 자유도에 해당하는 t값의 임계치를 구하고, 귀무가설 H_0의 기각 여부를 결정하기 위한 의사결정규칙을 설정한다. 그런 다음 자료를 갖고 t값을 계산하여 의사결정규칙에 따라 결론을 도출하면 된다.

4. SPSS의 T검정

1) 단일표본 T검정

단일표본 T검정에 사용한 파일은 '13장 단일표본 T검정.sav'이고, 기존 조사를 통해 확보한 일반적인 베이커리의 '맛'에 대한 중요도와 실제 조사된 '맛'의 중요도 평균을 비교하는 게 분석의 목적이다.

(1) 실행방법

① 1단계

데이터 보기 창에서 데이터를 불러온 후 메뉴의 분석(A)이 평균비교(M)에서 일표본 T검정(S)을 선택한다.

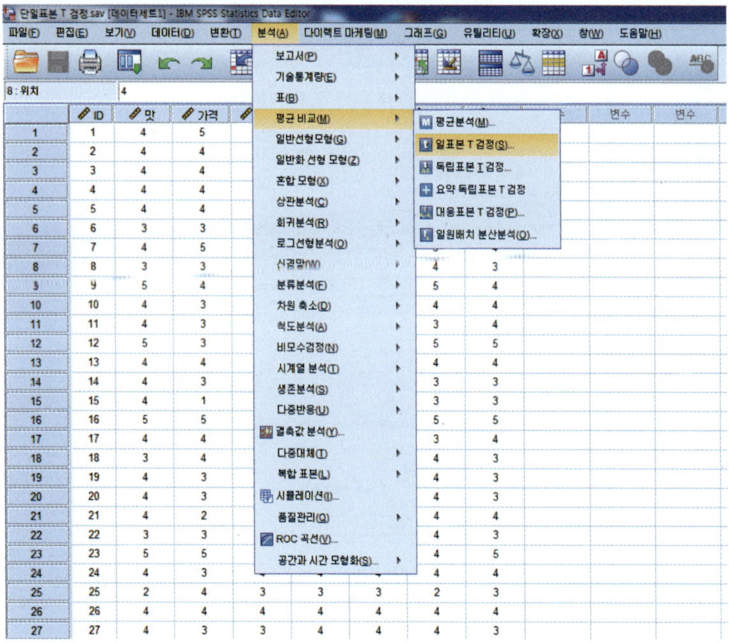

② 2단계

종속변수인 맛의 속성중요도를 검정변수(T)에 옮긴다. 아래의 검정값에 종속변수와 비교하고자 하는 평균값(기존연구 결과: 맛의 속성중요도 4.165)을 입력하고, 확인을 선택한다.

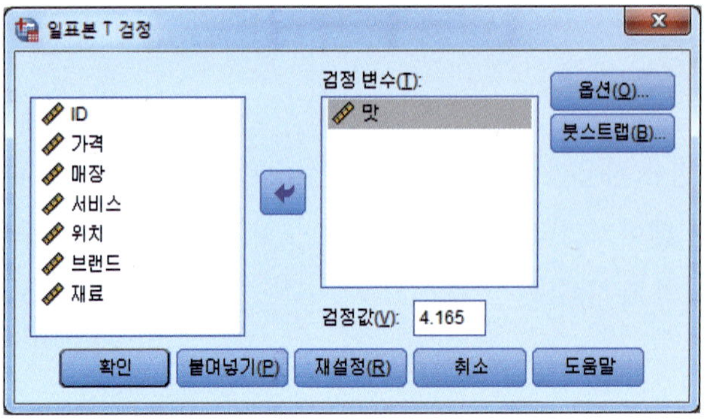

③ 3단계

모든 설정이 마무리되었으면 프로그램이 실행되어 다음과 같은 분석결과 창이 나타나고, 이를 저장해 둔다.

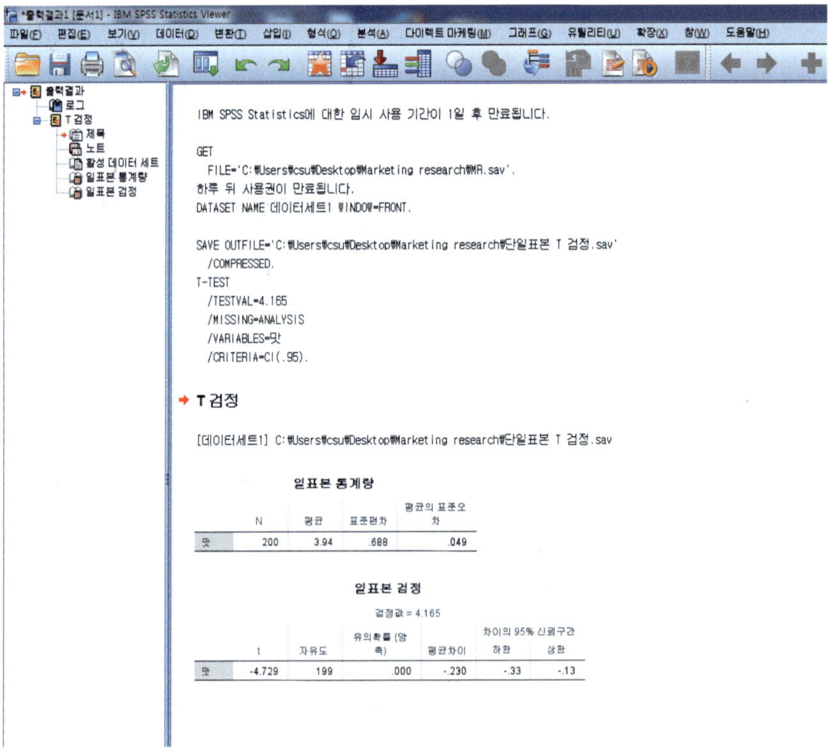

(2) 분석결과

① 단일표본 통계량

	N	평균	표준편차	평균의 표준오차
맛	200	3.94	0.688	0.049

단일표본 통계량을 보듯이 200명의 응답자를 대상으로 일반적인 베이커리의 '맛'에 대한 속성중요도의 평균은 3.94이고, 표준편차는 0.688로 나타났다.

② 단일표본 검정 결과

	검정값 = 4.165					
	t	자유도	유의확률 (양측)	평균차이	차이의 95% 신뢰구간	
					하한	상한
맛	−4.729	199	0.000	−0.230	−0.33	−0.13

일반적인 베이커리의 속성중요도에 관한 기존 연구결과를 토대로 최근 베이커리를 이용하는 소비자들이 중요하게 평가하는 속성 중 '맛'의 중요도 차이를 확인해보았다. 그 결과, 기존 연구결과와 실제 연구결과의 평균값 차이는 −0.230이고, t값은 −4.729(p 〈. 05)로 최근 베이커리의 맛에 대한 속성중요도는 과거보다 낮아졌다는 사실을 확인하였다. 즉, 맛의 속성만족도는 기존연구에서 4.165로 나타났고, 실제 연구에서는 3.94로 기존 연구보다 낮게 나타난 결과를 통해 최근 베이커리를 이용하는 소비자들이 다양한 베이커리 브랜드가 등장함에 따라 맛 이외에 다른 속성요인들의 중요도에 관심을 가지고 있을 수 있다는 점을 생각해볼 수도 있다.

2) 독립표본 T검정

(1) 실행방법

독립표본 T검정은 독립적인 두 모집단으로부터 각각 추출된 두 표본에 대한 평균 차이를 검정하는 방법으로, 본 장에서는 성별에 따른 베이커리 가격중요도의 평균 차이를 구하고자 한다. 이를 위해 사용한 파일은 '13장 독립표본 T검정.sav'이며, 적용 절차는 다음과 같다.

① 1단계

데이터 보기 창에서 데이터를 불러온 후 메뉴의 분석(A)이 평균비교(M)에서 독립표본 T검정(T)을 선택한다.

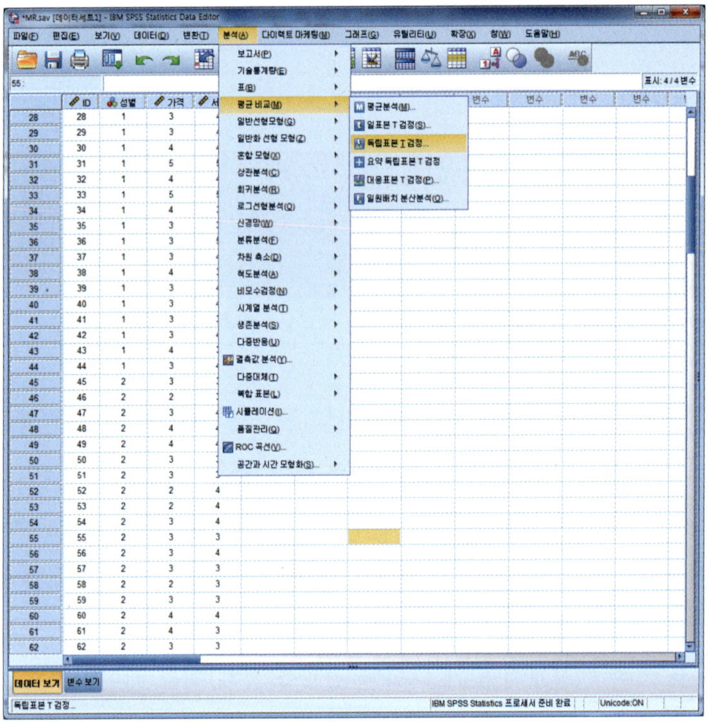

② 2단계

종속변수인 검정변수(T)에 '가격'을 선택하여 이동시킨 다음, 독립변수인 '성별'을 집단변수(G)로 이동시킨다.

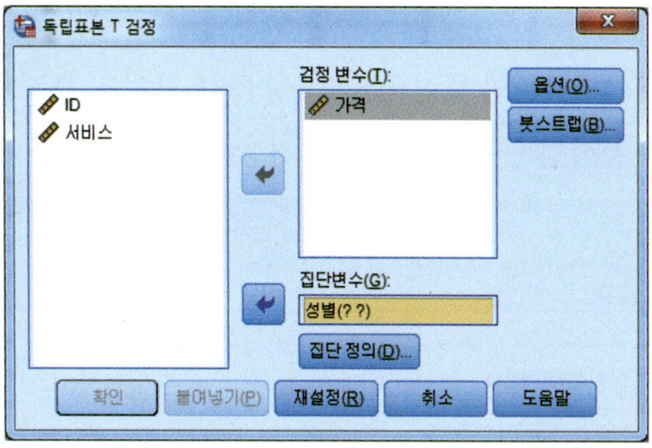

③ 3단계

앞의 '실행방법 2'에서 집단정의(D)를 선택한 후 성별을 정의한 값으로 집단 1은 1(남성)을, 집단 2에는 2(여성)를 입력하고, 계속을 클릭한다.

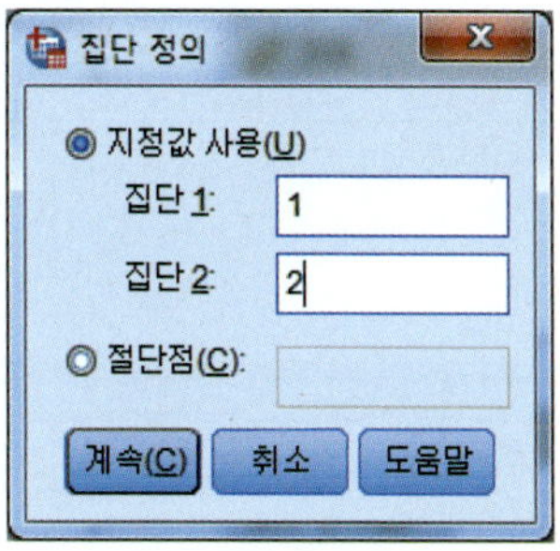

④ 4단계

독립표본 T검정 창으로 돌아와 오른쪽에 있는 옵션(O)을 클릭하여 신뢰구간(C)을 변경하거나 결측값을 체크한 후 계속을 선택한다.

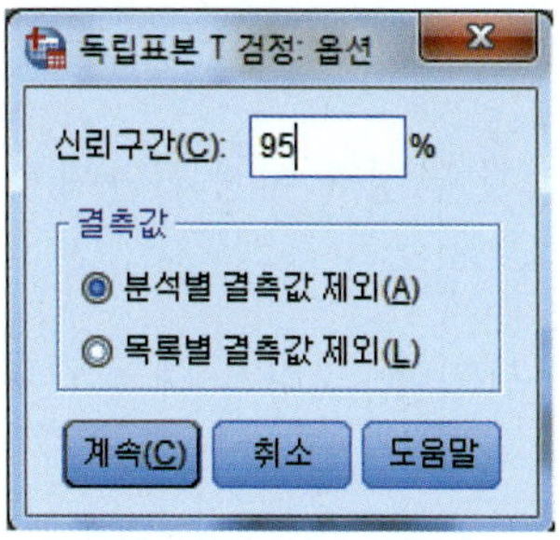

⑤ 5단계

모든 설정이 마무리되었으면 독립표본 T검정 창에 확인을 클릭한다. 프로그램이 실행되어 다음과 같은 분석결과 창이 나타나면 저장해 둔다.

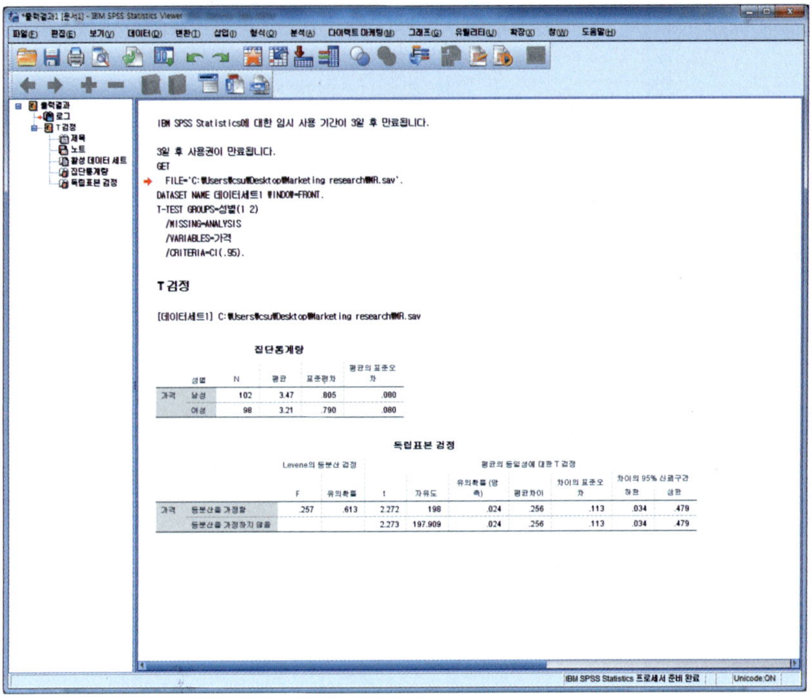

(2) 분석결과

① 집단통계량

	성별	N	평균	표준편차	평균의 표준오차
가격 중요도	남성	102	3.47	0.805	0.080
	여성	98	3.21	0.790	0.080

집단통계량에서는 성별에 따른 남성과 여성 집단에 따른 베이커리 가격중요도의 평균 차이에 대한 기술통계량을 보여 주고 있다. 베이커 가격중요도에 대한 남성의 평균은 3.47이고, 여성의 평균은 3.21이다. 그리고 각 집단의 표준편차는 0.805와 0.790으로 나타났다.

② 독립표본 T검정 결과

		Levene의 등분산 검정		평균의 동일성에 대한 T검정						
		F	유의확률	t	자유도	유의확률(양측)	평균차	차이의 표준오차	차이의 95% 신뢰구간	
									하한	상한
가격	등분산을 가정함	0.257	0.613	2.272	198	0.024	0.256	0.113	0.034	0.479
	등분산을 가정하지 않음			2.273	197.909	0.024	0.256	0.113	0.034	0.479

독립표본 검정의 분석결과는 크게 Levene의 등분산 검정[4]과 평균이 동일성에 대한 T검정으로 구분된다. 우선 Levene의 등분산검정 결과, F값은 0.257이고 유의확률은 0.613(p〉.05)으므로 '두 집단의 분산이 같다'는 귀무가설을 채택하여 등분산을 가정하고 있다. 따라서 독립표본 T검정의 분석 결과 t값은 2.272이며, 유의확률은 0.024(p〈.05)로 T검정 결과가 통계적으로 유의하게 나타났다.

3) 대응표본 T검정

(1) 실행방법

대응표본 T검정은 동일한 모집단으로부터 추출된 동일표본에 대한 통제(실험)집단의 사전–사후검사의 평균 비교 등에 주로 사용된다. 본 장에서는 동일한 집단을 대상으로 새롭게 제작된 광고캠페인의 효과를 측정하기 위해서 광고 시청 전과 시청 후의 T베이커리에 대한 웰빙이미지에 대한 평균 차이를 확인하고자 한다. 이를 위해 사용한 파일은 '13장 대응표본 T검정. sav'이며, 적용 절차는 다음과 같다.

4) 등분산 가정이란 독립표본 T검정을 해석하기 위해서 먼저 F검정(Levene의 등분산검정)을 통하여 분산의 동질성 여부를 검정해야 한다. 두 집단의 흩어진 정도(분산)가 같은가 혹은 다른가를 검정하는 과정이다. 즉, 분산의 동질성 여부에 따라 검정통계량을 계산하는 방법이 다르므로, 먼저 두 집단의 분산이 어떠한지를 판단하여야 한다.

① 1단계

데이터 보기 창에서 데이터를 불러온 후 메뉴의 분석(A)이 평균비교(M)에서 대응표본 T검정(P)을 선택한다.

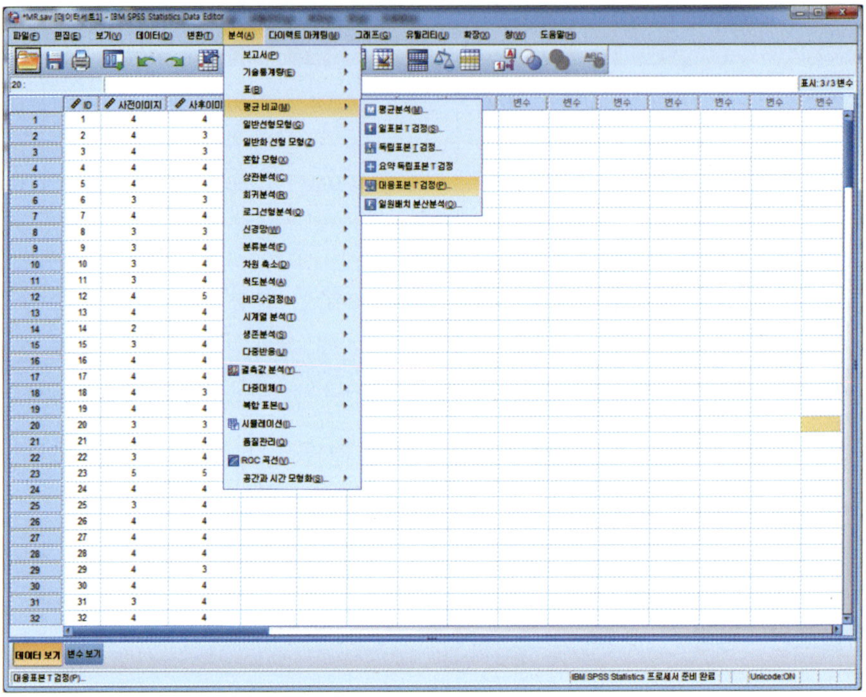

② 2단계

종속변수로 선정된 사전-사후이미지를 각각 체크하면 변수 1과 2로 설정된다.

③ 3단계

먼저 왼쪽에 창에 위치한 사전이미지를 체크한 뒤 화살표 버튼을 선택하여 대응변수(V)의 변수 1에 이동시킨 다음, 동일한 방법으로 사후이미지를 대응변수(V)의 변수 2로 옮기고 확인을 선택한다.

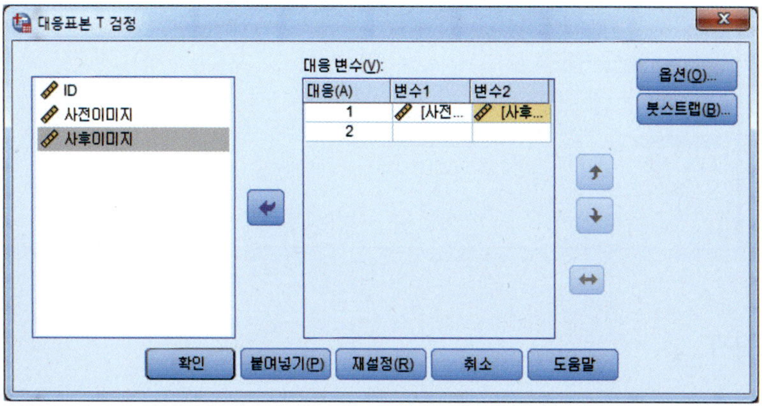

④ 4단계

실행방법 3의 오른쪽에 있는 옵션(O)을 클릭하여 신뢰구간(C)을 변경하거나 결측값을 체크한 후 계속을 선택한다.

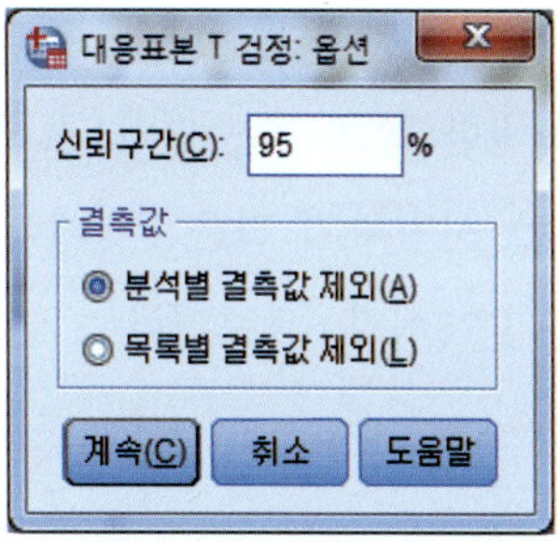

⑤ 5단계

모든 설정이 마무리되었으면 대응표본 T검정 창에 확인을 클릭한다. 프로그램이 실행되어 다음과 같은 분석결과 창이 나타나면 저장해 둔다.

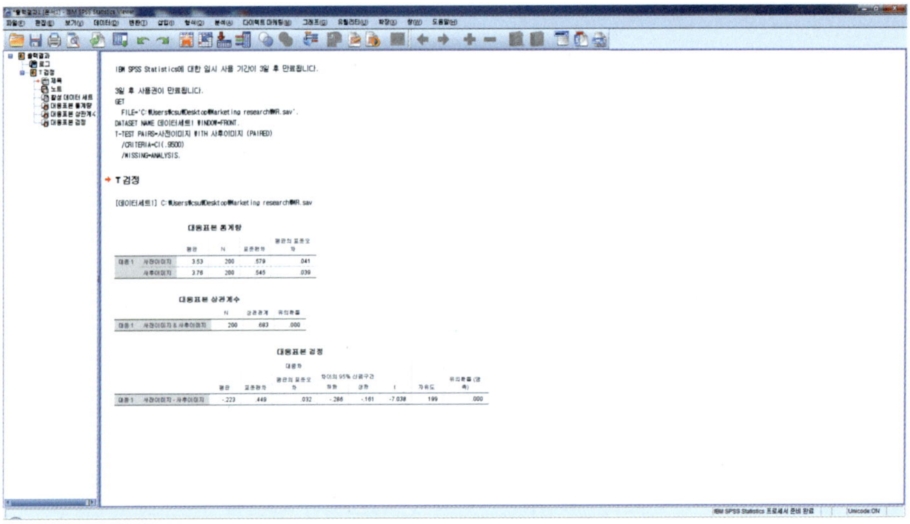

(2) 분석결과

① 대응표본 통계량

	평균	N	표준편차	평균의 표준오차
사전이미지	3.53	200	0.579	0.041
사후이미지	3.76	200	0.545	0.039

대응표본 통계량은 동일한 집단에게 측정한 변수 간의 평균 차이를 검정한 결과이다. 샘플사이즈(N), 두 변수에 대한 평균, 표준편차, 표준오차의 값이 제시되어 있다. 평균을 살펴보면, 광고캠페인을 시청하기 전은 T베이커리의 브랜드이미지가 3.53이고, 광고캠페인을 시청한 후는 3.75이다. 표준편차는 사전-사후 브랜드이미지는 각각 0.579와 0.545로 나타났다.

② 대응표본 상관관계 계수

	N	상관관계	유의확률
사전 이미지-사후 이미지	200	0.683	0.000

대응표본 상관관계 계수는 두 시점 간의 단순상관계수와 유의확률을 보여 준다. 두

시점 간의 상관계수는 .683으로 비교적 높은 상관계수가 할 수 있으며, 유의확률은 .000(P〈.05)이므로 통계적으로 유의하게 나타났다. 이와 같은 결과는 T베이커리의 브랜드이미지를 긍정적으로 평가한 피험자가 광고캠페인 시청 후에도 T베이커리 브랜드이미지에 긍정적으로 반응하려는 경향이 있음을 의미한다.

③ 대응표본 검정 결과

	대응차					t	자유도	유의확률 (양측)
	평균	표준편차	평균의 표준오차	차이의 95% 신뢰구간				
				하한	상한			
사전이미지 - 사후이미지	-0.223	0.449	0.032	-0.286	-0.161	-7.038	199	0.000

대응표본 검정 결과에서 나타났듯이 두 시점 간 평균값의 차이는 -0.223이고, t값은 -7.083(p〈.05)으로 유의한 결과를 보여준다. 따라서 새로운 광고캠페인을 시정하지 않았을 경우보다 시청한 후에 T베이커리 브랜드이미지가 높게 나타난 결과로 판단할 때 T베이커리가 새롭게 적용한 광고캠페인은 긍정적인 브랜드이미지를 형성시키는데 도움을 주는 것으로 보인다.

5. 분산분석

분산분석(analysis of variance)은 집단이 두 개 이상일 때, 이들 여러 집단의 차이를 검증하기 위해 사용하는 분석방법이다. 어떤 회사가 세 가지 신제품 콘셉트를 개발했다고 생각해보자. 이때 각각의 콘셉트에 대해 다른 집단으로부터 태도, 구매의도 등 소비자 반응을 조사하고 싶다면, 분산분석을 사용할 수 있다. 분산분석의 기본원리에 대한 이해는 아래 그림에 대한 설명으로 쉽게 가능하다.

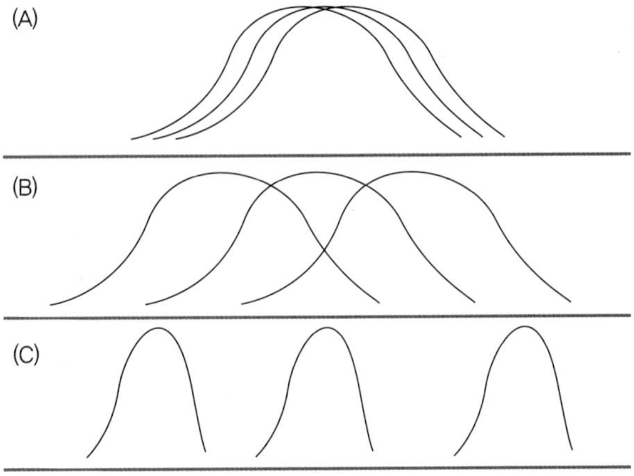

위의 그림은 세 가지 시나리오를 그린 것이다. 시나리오 (A)는 세 집단의 분포가 거의 동일한 경우이다. 시나리오 (B)는 시나리오 (A)에 비하여 세 집단의 평균이 차이를 보이고 있음을 보여준다. 다시 말해서, 집단 간 분산이 증가하였다. 그런데 시나리오 (C)는 집단 사이의 평균이 차이를 보일 뿐만 아니라, (A), (B)에 비하여 각 집단이 내부적으로 밀집된 분포를 보이고 있다. 즉, 집단 내 분산이 작다. 눈으로 볼 때, 어떤 시나리오에서 집단의 평균 차이가 가장 뚜렷하게 보이는가? 그 대답은 (C)가 될 것이다. 시나리오 (C)의 경우, 집단 간 분산이 크고, 집단 내 분산이 작기 때문에 세 집단의 차이가 뚜렷하다는 결론을 얻을 수 있다는 게 분산분석의 기본원리이다. 집단 간 분산과 집단 내 분산의 상대적 비율이 바로 집단 간 차이를 판정하기 위한 분산분석의 핵심적인 기준이다.

분산분석의 가설 설정은 다음과 같다.

H_0: 모든 집단의 평균은 같다.
H_1: 모든 집단의 평균에 차이가 있다.

한 대형마트 체인이 매출 증진을 위하여 광고를 어떻게 할까 고민 중에 있다. 매장 광고가 매출에 얼마나 효과가 있을까, 그것이 궁금하였다. 그래서 매장 15개를 표본으로 선택하여 광고 수준이 다른 고, 중, 저의 3개 집단으로 구분하여 4주 동안 광고를 적용하는 실험을 진행하였다. 그후 각 점포의 판매실적을 측정하여 0점부터 10점까지의 점수로 환산하였으며, 그 결과는 다음과 같다.

고	중	저
10	6	5
9	4	6
10	7	5
8	3	2
8	5	2

이 자료에 대한 분산분석을 위한 가설 설정은 다음과 같다.

$$H_0: \mu_1 = \mu_2 = \mu_3$$
$$H_1: \mu_1 \neq \mu_2 \neq \mu_3$$

검정통계량 F의 계산식은 다음과 같다.

$$F = \frac{SSB/(c-1)}{SSW/(N-c)} = \frac{MSB}{MSW}$$
$$d.f. = (c-1),\ (N-c)$$
$$SS\ Total = \sum_{j=1}^{C}\sum_{i=1}^{N}(Y_{ij} - \overline{Y})^2$$

Y_{ij} =종속변수 Y의 개별관찰값

$\overline{Y}$ =전체표본에서의 종속변수의 평균

N =전체표본의 수

$$SSB = \sum_{j=1}^{C} n_j(\overline{y_j} - \overline{y})^2$$

n_j = j번째 집단의 표본수

$\overline{y_j}$ = j번째 집단의 평균

C =분류된 집단의 수

$$SSW = \sum_{j=1}^{C}\sum_{i=1}^{N}(y_{ij} - \overline{y_j})^2$$

가설 검정을 위한 의사결정 규칙은 다음과 같다.

$\alpha = 0.05$
$F_{.05,2,12} = 3.89$

H_0 기각 if $F > 3.89$.
H_0 기각 if $p - value < 0.05$.

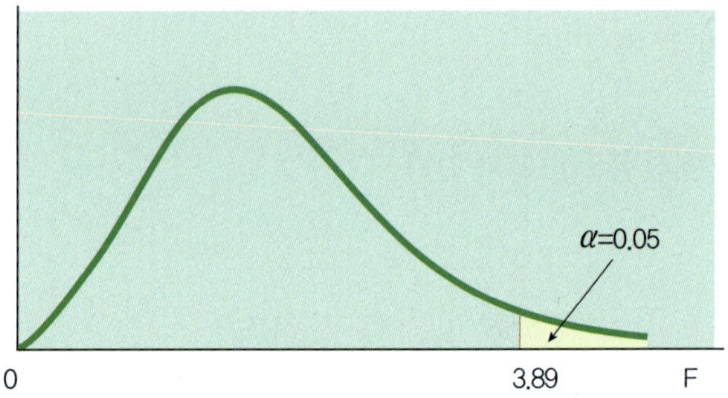

다음 검정통계량 값의 계산은 다음과 같다.

$$\begin{aligned} SS\ Total &= \sum_{j=1}^{C}\sum_{i=1}^{N}(Y_{ij} - \overline{Y})^2 \\ &= (10-6)^2 + (9-6)^2 + (10-6)^2 + (8-6)^2 + (8-6)^2 \\ &\quad + (6-6)^2 + (4-6)^2 + (7-6)^2 + (3-6)^2 + (5-6)^2 \\ &\quad + (5-6)^2 + (6-6)^2 + (5-6)^2 + (2-6)^2 + (2-6)^2 \\ &= 16 + 9 + 16 + 4 + 4 + 0 + 4 + 1 + 9 + 1 + 1 + 0 + 1 + 16 + 16 \\ &= 98 \end{aligned}$$

$$\begin{aligned} SSB &= \sum_{j=1}^{C} n_j(\overline{y_j} - \overline{y})^2 \\ &= 5(9-6)^2 + 5(5-6)^2 + 5(4-6)^2 \\ &= 45 + 5 + 20 \\ &= 70 \end{aligned}$$

$$
\begin{aligned}
SSW &= \sum_{j=1}^{C}\sum_{i=1}^{N}(y_{ij}-\overline{y_j})^2 \\
&= (10-9)^2+(9-9)^2+(10-9)^2+(8-9)^2+(8-9)^2 \\
&\quad +(6-5)^2+(4-5)^2+(7-5)^2+(3-5)^2+(5-5)^2 \\
&\quad +(5-4)^2+(6-4)^2+(5-4)^2+(2-4)^2+(2-4)^2 \\
&= 1+0+1+1+1+1+1+4+4+0+1+4+1+4+4 \\
&= 28
\end{aligned}
$$

$$
\begin{aligned}
F &= \frac{SSB/(c-1)}{SSW/(N-c)} = \frac{MSB}{MSW} \\
&= \frac{70/(3-1)}{28/(15-3)} = \frac{35}{2.33} \\
&= 15
\end{aligned}
$$

결론적으로 통계량 F값(= 15)이 임계치(=3.89)보다 크므로 귀무가설 H_0을 기각한다. 즉, 슈퍼마켓 매장 광고 수준에 따라 매출에 차이가 있다고 결론짓는다. 평균값을 보면 광고 수준이 높을수록 매출규모가 더 큰 것으로 나타났다.

6. SPSS의 분산분석

1) 실행방법

독립변수의 집단이 2개 이상이며, 종속변수가 등간 또는 비율척도 이상으로 측정되어 있을 경우 변량분석을 사용하는데, 일원변량분석은 독립변수와 종속변수가 각각 하나씩인 경우에 사용된다. 본 장에서는 세 개의 집단으로 나타난 외식지출수준(high, middle, low)에 따른 T베이커리 재구매 의도의 차이를 확인하고자 한다. 이를 위해 '13장 세 집단 이상의 차이분석.sav' 파일을 사용하고, 적용 절차는 다음과 같다.

① 1단계

데이터 보기 창에서 데이터를 불러온 후 메뉴의 분석(A)이 평균비교(M)에서 일원배치분산분석(O)을 선택한다.

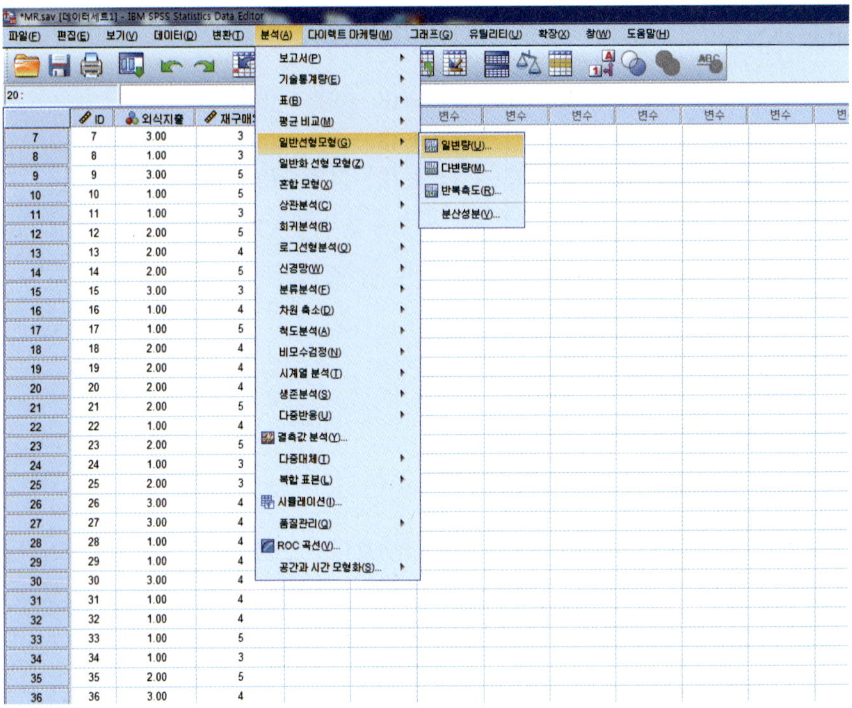

② 2단계

재구매의도를 종속변수(E)로 이동시키고, 외식지출을 요인으로 옮긴 후 일원배치분산분석 창의 오른쪽 상단에 있는 사후분석(H)을 클릭한다.

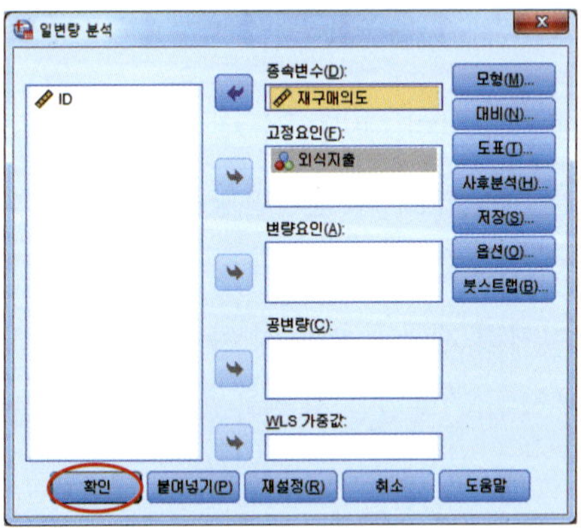

③ 3단계

관측평균의 사후분석 다중비교 대화상자에서 Turkey와 Waller-Duncan[5]을 체크하고, 계속을 누른다.

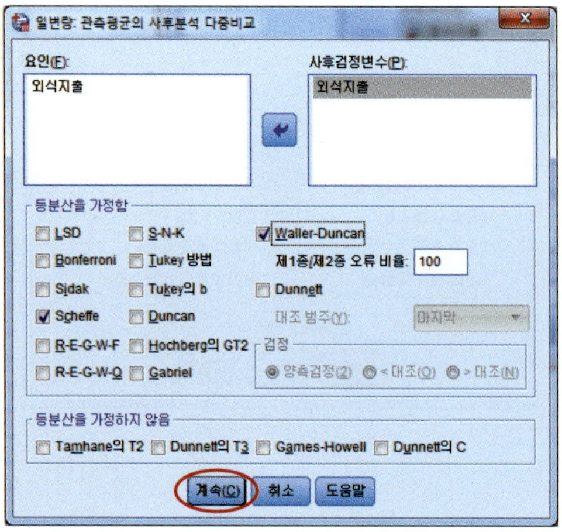

④ 4단계

앞의 실행방법2의 일변량 분석 대화상자로 돌아와 옵션(O)에서 기술통계량(D), 동질성 검증(H), 효과크기 추정값(E) 등을 체크하고, 유의수준을 수정한 후 계속을 선택한다.

5) 변량분석표만 보았을 때는 구체적으로 어떤 집단 간에 차이가 있는지를 알 수 없다. 이러한 구체적인 차이를 밝히기 위해서는 사후분석(post-hoc multiple comparison) 또는 다중비교 하는 추가분석이 요구된다. Turkey 방법은 일종의 T검정의 연장이며 필자가 자주 사용하는 Duncan 방법은 평균치의 크기에 따라 순서대로 분류한 후 단계적으로 평균치차이를 검정해 가는 방법이다.
Turkey의 다중 T검정은 피험자 수가 같을 때 독립변수의 집단별로 2개의 집단끼리 T검정을 반복해서 모든 경우의 수로 시행한다. 예를 들어, 독립변수의 각 집단 A, B, C, D가 있다면, 집단 A-집단 B, 집단 A-집단 C, 집단 A-집단 D, 집단 B-집단 C, 집단 B-집단 D, 집단 C-집단 D 간의 T검정을 반복해서 시행한다.
Duncan 방법에 의해 다중비교를 한 결과로서 문자 A, B, C, D, E는 별 의미가 전혀 없고 단지 평균치 차이의 여부만을 표시한 것이다. Duncan의 Grouping에 의하면 (집단 B, 집단 D), (집단 D, 집단 F), (집단 F, 집단 C),(집단 C, 집단 E)끼리 서로 평균치 차이가 없음을 알 수 있다. 그러나 (집단 B,집단 F)는 평균치 차이가 유의함을 알 수 있다.

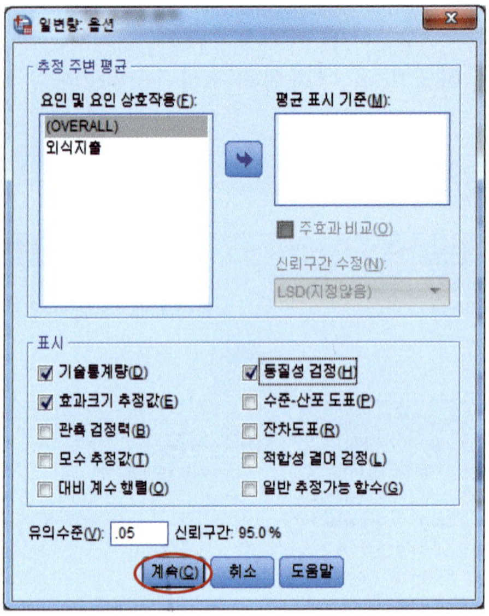

⑤ 5단계

모든 설정을 마친 뒤 확인 버튼을 선택하면, 분석결과가 다음과 같이 새로운 창에 나타난다.

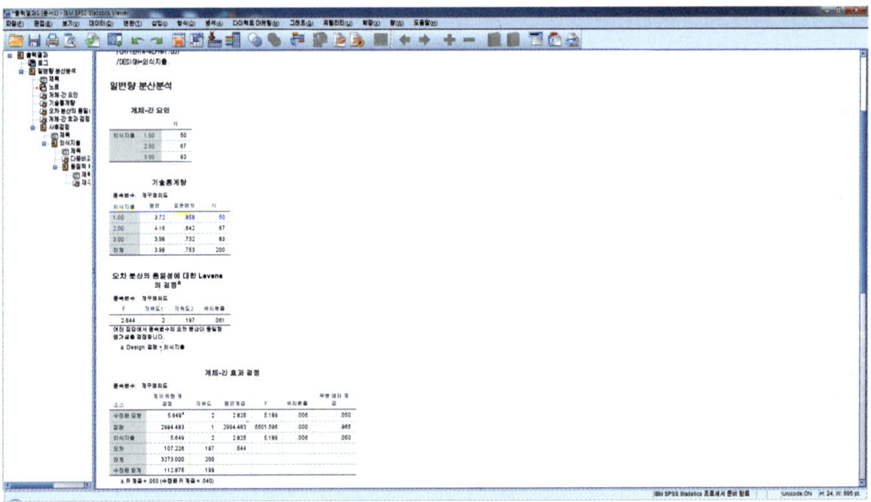

2) 분석결과

① 기술통계량

종속변수: 구매의도			
외식비지출수준	평균	표준편차	N
LOW	3.72	0.858	50
MIDDLE	4.16	0.642	67
HIGH	3.98	0.732	83
전체	3.98	0.753	200

이것은 독립변수인 외식비지출수준에 대한 기술통계로서 LOW, MIDDLE, HIGH의 세 집단 각각의 응답자 수는 50명, 67명, 83명으로 총 샘플이 수는 200명이다. 또한 각 집단의 평균, 표준편차에 관한 자료를 제시한다.

평균값만 갖고 판단할 때, 외식부지출수준이 높거나 낮은 집단에 비해 비교적 중간 수준의 외식비를 지출하는 집단에서 T베이커리의 재구매의도가 높은 것으로 나타났기 때문에 T베이커리에 외식비를 더 많이 지출하는 것 같다. 이 표본의 결과가 모집단에서도 그대로 나타나는지 판단하기 위해서는 유의도 검정이 요구된다.

② 변량분석결과

소스	제 Ⅲ 유형 제곱합	자유도	평균제곱	F	유의 확률	부분 에타 제곱
수정된 모형	5.649a	2	2.825	5.189	0.006	0.050
절편	2994.483	1	2994.483	5501.596	0.000	0.965
외식비지출수준	5.649	2	2.825	5.189	0.006	0.050
오차	107.226	197	0.544			
전체	3273.000	200				
수정된 합계	112.875	199				

위의 표에서 보듯이, 집단 간 변량(between-group variance: 설명변량으로 외식비지출의 평균 제곱) 2.825는 외식비지출의 제곱합인 5.649를 자유도 2로 나눈 값이다. 반면 집

단 내 변량(within-group variance: 오차변량으로 오차의 평균 제곱) 0.544는 오차의 제곱합인 107.226을 자유도 197로 나눈 값이다. F값은 집단 간 변량을 집단 내 변량으로 나눈 값으로 5.189이고, 유의확률은 0.05보다 작기 때문에 외식비지출의 수준에 따른 T베이커리의 재구매의도에는 차이가 있음을 확인되었다.

③ 사후검정

(I) 외식비지출수준			평균차이(I-J)	표준 오차	유의 확률	95% 신뢰구간	
						하한	상한
Scheffe	LOW	MIDDLE	-.44*	0.138	0.006	-0.78	-0.10
		HIGH	-0.26	0.132	0.156	-0.58	0.07
	MIDDLE	LOW	.44*	0.138	0.006	0.10	0.78
		HIGH	0.19	0.121	0.301	-0.11	0.49
	HIGH	LOW	0.26	0.132	0.156	-0.07	0.58
		MIDDLE	-0.19	0.121	0.301	-0.49	0.11

Scheffe의 검증방법을 사용하면, 한 집단과 다른 집단 간의 평균값 차이와 유의도 검증결과를 알 수 있다. 예를 들면, 외식비 지출이 낮은 집단(LOW)과 중간 집단(MIDDLE)의 평균값의 차이인 -.44는 통계적으로 유의하게 나타나 중간 집단의 재구매의도가 낮은 집단보다 높다는 사실을 검정하고 있다. 평균차이값 뒤의 * 표시는 두 집단 간의 평균값의 차이를 검증한 결과 통계적으로 유의미하다는 것이다. 만일 * 표시가 없다면 두 집단의 평균값 차이는 유의미하지 않다는 것을 의미하게 된다.

④ 동일 집단군

동일집단군 표는 사후검정의 Scheffe와 Duncan의 검증결과이다. 그 구성을 보면 왼쪽에는 집단별 분류가 제시되어 있고, 오른쪽 1, 2 부분은 동일한 성향을 보이는 집단을 하나의 묶음으로 제시하고 있다.

외식비지출수준		N	부분집합	
			1	2
상한	LOW	50	3.72	
	HIGH	83	3.98	3.98
	MIDDLE	67		4.16
	유의확률		0.149	0.355
Waller-Duncana,b,d	LOW	50	3.72	
	HIGH	83	3.98	3.98
	MIDDLE	67		4.16

마무리사례

한방화장품 구매행동과 인구통계 특성

한방화장품은 그 인기가 늘어나면서 시장규모도 확대되고 있다. 최근 한 연구는 한방화장품 구매경험이 있는 20세 이상의 여성소비자 320명을 대상으로 구매행동을 조사하였다. 이 연구에서는 소비자의 개인 특성에 따라 한방화장품 구매행동의 유형, 브랜드 태도, 쇼핑 만족도, 추천의도에 차이가 있는 것으로 나타났다. 여기서 구매행동의 유형은 합리구매, 동조구매, 충동구매, 광고의존구매, 과시구매로 분류되었다.

우선 연령의 차이에 따라 한방화장품 구매행동의 유형이 다르게 나타났다. 합리구매는 20대와 30대가 40대, 50대, 60대 이상보다 높았고, 동조구매는 20대가 30대, 40대, 50대, 60대 이상보다 높은 것으로 나타났다. 아울러 과시구매는 20대, 40대, 50대, 60대 이상이 30대보다 높은 것으로 나타났다. 그리고 브랜드태도, 쇼핑만족, 추천의도 모두 40대, 50대, 그리고 60대 이상이 20대와 30대 보다 높은 것으로 나타났다.

결혼여부에 따라서는 동조구매와 충동구매가 미혼이 기혼보다 높은 것으로 나타났고, 합리구매, 광고의존구매, 과시구매의 차이는 분명하지 않은 것으로 나타났다. 한편 한방화장품에 대한 브랜드태도, 쇼핑만족, 추천의도는 모두 기혼이 미혼보다 높은 것으로 나타났다.

연령별 한방화장품 구매행동 차이

	평균					F
	20대 (n=86)	30대 (n=59)	40대 (n=75)	50대 (n=56)	60대 이상 (n=28)	
합리구매	3.78	3.80	3.49	3.59	3.25	3.222*
동조구매	3.06	2.60	2.79	2.82	2.81	3.464**
충동구매	2.74	2.47	2.39	2.45	2.67	1.904
광고의존구매	2.74	2.62	2.57	2.62	2.73	.380
과시구매	2.54	2.10	2.58	2.67	2.84	4.050**
브랜드태도	2.98	3.06	3.39	3.53	3.39	5.387***
쇼핑만족	2.87	2.82	3.17	3.33	3.24	4.168**
추천의도	2.95	2.88	3.36	3.46	3.46	5.879***

* p 〈 .05, ** p 〈 .01, *** p 〈 .001

결혼 여부와 한방화장품 구매행동 차이

	평균		t
	미혼	기혼	
합리구매	3.73	3.56	1.597
동조구매	2.95	2.76	2.225*
충동구매	2.71	2.43	2.704**
광고의존구매	2.70	2.62	.689
과시구매	2.48	2.54	-.536
브랜드태도	3.06	3.35	-2.984**
쇼핑만족	2.89	3.16	-2.600**
추천의도	2.99	3.30	-2.935**

* p 〈 .05, ** p 〈 .01, *** p 〈 .001

출처: 이정미 · 안종숙(2011).

요약정리

성별, 직업, 선호 브랜드 등 조사하고자 하는 많은 변수들은 명목척도로 측정되는 범주형 변수이다. 교차분석은 이러한 범주형 변수 사이의 독립성(연관성) 여부를 판정하기 위한 분석기법이다.

모집단 평균대한 차이분석의 대표적인 방법은 T검정이다. 여기에는 단일표본 T검정, 독립표본 T검정, 대응표본 T검정이 있다. 단일표본 T검정은 단일집단의 평균이 특정 값과 차이가 있는지를 판별하기 위한 기법이다. 한편 독립표본 T검정은 두 집단 간의 차이를 분석하는 방법이다. 예를 들면 성별 혹은 브랜드 충성자와 일반소비자 간의 차이를 살펴보는 것이다. 한편 대응표본 T검정은 동일 집단의 변화된 동일 변수값의 차이를 검정하기 위한 기법이다.

세 집단 이상의 평균 차이를 분석하기 위해서는 분산분석 방법이 사용된다. 특정한 제조업브랜드 마케팅의 경우에 A지역, B지역, C지역에서 각각 소비자들이 다른 패턴을 보이는 것이 발견이 되면 마케팅담당자는 지역의 특성에 따라서 다른 형식의 마케팅전략을 수립하게 된다.

13

CHAPTER

마케팅조사의 관계분석

MARKETING RESEARCH

1. 상관분석

2. SPSS의 상관분석

3. 회귀분석

4. SPSS의 회귀분석

MARKETING RESEARCH

13 CHAPTER

마케팅조사의 관계분석

| 학습목표 |

1. 마케팅조사에서 관계분석의 중요성을 설명하시오.
2. 상관분석의 개념을 파악하시오.
3. 회귀분석의 해석방법을 습득하시오.

도 입 사 례

초등학생의 외모 관심과 화장품 구매의도

오늘날에는 다양한 형태의 대중매체 보급과 함께 흥미를 위주로 하는 오락, 연예 프로그램이 확산되었다. 이와 같이 흥미 위주의 대중문화가 보편화되면서 아동과 청소년들은 연예인을 자주 접하고 있고, 대중문화는 십대 문화의 일부분이라고 해도 과언이 아니다. 더불어 청소년들은 연예인을 우상화 하거나 자신의 모델로 삼는 현상이 강화되고 있다. 이러한 연예인에 대한 끌림 현상은 점점 대상 연령이 낮아지고 있는데, 2000년대에 들어서면서 초등학생 집단 사이에서 이런 행동이 확대되고 있다. 특히 요즘 주목 받는 아역배우들의 연령이 비슷한 또래가 많아지면서 그들을 모델로 삼는 경우도 초등학생들의 모방심리를 자극하는 하나의 현상이라고 할 수 있다. 이와 같은 연예인 우상화 현상은 초등학생들의 높은 외모 관심도와 관련이 있다.

최근 대중문화의 영향으로 사람들은 영화에 나오는 인기배우나 TV광고에 등장하는 아름다운 모델 또는 잡지의 인물들과 자신을 비교해 자신의 외모에 대한 판단을 획일적으로 내리는 경향이 있다. 그 뿐만이 아니라 현대 사회에서는 미에 관련된 잡지나 서적 등 시각적으로 만족할 수 있는 수많은 정보들을 십대들이 쉽게 접할 수 있게 되었다. 즉 외모에 대한 관심이 높아지면서 자신의 외모에 신경을 쓰는 초등학생들도 점차 증가하는 환경이 조성되어 있다고 할 수 있다.

최근 한 연구는 초등학생 5, 6학년 250명을 대상으로 자료를 수집, 분석하였는데, 그 결과 초등학생들의 미적 동조성과 외모에 대한 관심, 화장품 구매의도 사이에 상당한 플러스의 상관관계가 있는 것으로 나타났다. 여기서 동조성(conformity)의 개념은 다른 사람들의 존재가 개인의 행위에 영향을 미치는 하나의 심리적 현상으로 일반적으로 개인이 집단 혹은 다수에 일치하려는 경향을 가리킨다.

청소년의 미적동조, 외모관심 및 화장품 구매의도

	외모관심	미적동조
미적동조	.431**	
구매의도	.448**	.375**

** p 〈 .01

출처: 이경희 · 정연자(2014).

1. 상관분석

상관분석(correlation analysis)은 두 정량적 변수 사이의 연관성 정도를 검증하기 위한 분석방법이다. 상관분석이 적용될 수 있는 조사문제들을 예시하면 다음과 같다.

- 매출액과 광고비 지출과의 연관성
- 시장점유율과 영업조직의 크기 사이의 연관성
- 소비자의 품질 지각과 가격 지각과의 연관성

상관분석의 대표적인 통계량으로는 피어슨 상관계수(Pearson correlation coefficient)가 흔히 사용된다. 그 계산식은 다음과 같다.

$$r = \frac{\sum_{i=1}^{n}(x_i - \overline{x})(y_i - \overline{y})}{\sqrt{\sum_{i=1}^{n}(x_i - \overline{x})^2 \sum_{i=1}^{n}(y_1 - \overline{y})^2}}$$

피어슨 상관계수는 -1에서 1까지의 값을 갖는다. 상관계수 -1 또는 1은 완벽한 상관관계를 표시하며, 0은 전혀 상관관계가 없다는 것을 의미한다. 그리고 플러스의 상관계수는 두 변수가 같은 방향으로 움직이는 정의 상관관계를 갖는다는 것을 말하며, 마이너스 상관계수는 역방향의 상관관계를 나타내준다. 그리고 상관계수의 절대

값 크기는 상관관계의 강도를 표시한다. 상식적 법칙에 의하면, 절대값이 0.8이 넘는 상관계수는 매우 강한 상관관계를 표시하며, 0.2 이하의 상관계수는 아주 미약한 상관관계를 의미하는 것으로 여겨진다(〈표 13-1〉 참조).

〈표 13-1〉 상관계수와 상관관계 강도

상관계수	상관관계 강도
±.81 ~ ±1.00	매우 강함
±.61 ~ ±.80	강함
±.41 ~ ±.60	중간 정도
±.21 ~ ±.40	약함
±.00 ~ ±.20	매우 미약

일반적으로 광고는 매출과 연관성이 크다. 〈표 13-2〉는 10개월간의 월별 광고비와 매출액 자료를 보여 주고 있다. 이 자료에 대한 산점도(scattergram)를 그려보면 [그림 13-1]과 같다.

〈표 13-2〉 월별 광고비와 매출

(단위: 억 원)

월	광고비	매출
1	1.2	101
2	.8	92
3	1.0	110
4	1.3	120
5	.7	90
6	.8	82
7	1.0	93
8	.6	75
9	.9	91
10	1.1	105

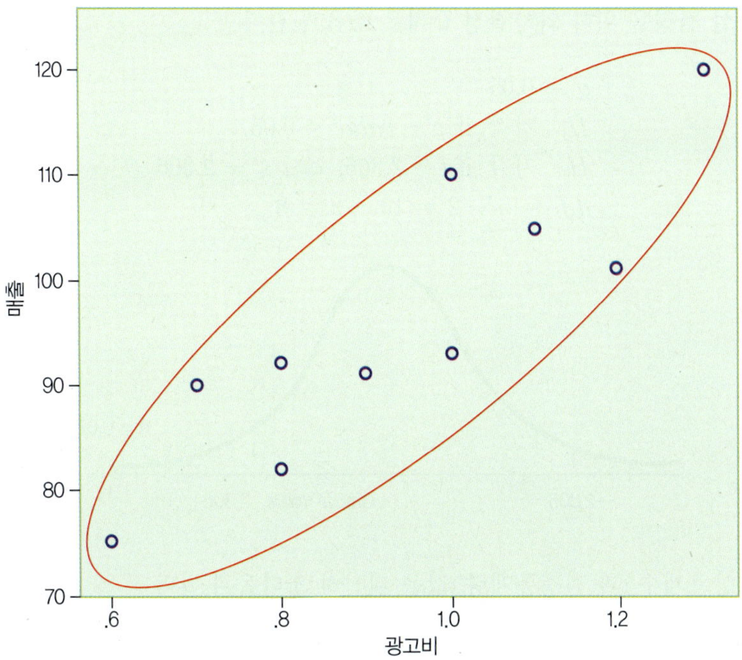

[그림 13-1] 산점도

산점도를 보면 광고와 매출은 어느 정도 플러스의 상관관계를 갖는 것으로 짐작된다. 두 변수의 상관관계 여부를 판단하기 위한 가설은 다음과 같이 설정된다.

$$H_0 : \rho = 0$$
$$H_1 : \rho \neq 0$$

이 가설 검정을 위한 표본통계량 t와 피어슨 상관계수 r에 대한 계산식은 아래와 같다.

$$t = \frac{r\sqrt{n-2}}{\sqrt{1-r^2}} \qquad d.f. = n-2$$

$$r = \frac{\sum_{i=1}^{n}(x_i - \overline{x})(y_i - \overline{y})}{\sqrt{\sum_{i=1}^{n}(x_i - \overline{x})^2 \sum_{i=1}^{n}(y_i - \overline{y})^2}}$$

다음 가설 검정을 위한 의사결정 규칙은 다음과 같다.

$$\alpha = 0.05$$
$$H_0 \ \text{기각 if } p - value < 0.05.$$
$$H_0 \ \text{기각 if } t > 2.306,\ or\ t < -2.306$$
$$d.f. = n - 2 = 10 - 2 = 8$$

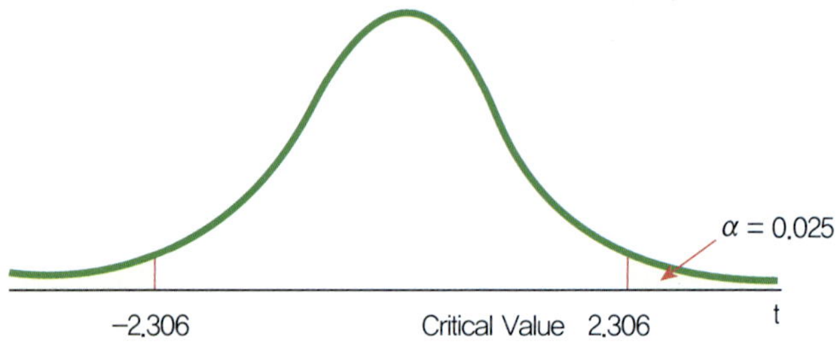

그리고 상관계수 r과 검정통계량 t값을 계산하면 다음과 같다.

	x	y	$x_i - \bar{x}$	$(x_i - \bar{x})^2$	$y_i - y$	$(y_i - y^2)$	$(x_i - \bar{x})(y_i - y)$
1	1.2	101	0.26	0.068	5.1	26.01	1.53
2	0.8	92	−0.14	0.020	−3.9	15.21	0.39
3	1.0	110	0.06	0.004	14.1	198.81	1.41
4	1.3	120	0.36	0.130	24.1	580.81	9.64
5	0.7	90	−0.24	0.058	−5.9	34.81	1.18
6	0.8	82	−0.14	0.020	−13.9	193.21	1.39
7	1.0	93	0.06	0.004	−2.9	8.41	−0.29
8	0.6	75	−0.34	0.116	−20.9	436.81	6.27
9	0.9	91	−0.04	0.002	−4.9	24.01	0.00
10	1.1	105	0.16	0.026	9.1	82.81	1.82
평균	0.94	95.9					
합계				0.444		1600.90	23.34

$$
\begin{aligned}
r &= \frac{\sum_{i=1}^{n}(x_i - \overline{x})(y_i - y)}{\sqrt{\sum_{i=1}^{n}(x_i - \overline{x})^2 \sum_{i=1}^{n}(y_i - y)^2}} \\
&= \frac{23.34}{\sqrt{(0.444)(1600.90)}} \\
&= 0.875
\end{aligned}
$$

$$
\begin{aligned}
t &= \frac{r\sqrt{n-2}}{\sqrt{1-r^2}} \\
&= \frac{(.875)\sqrt{8}}{\sqrt{1-(.875)^2}} \\
&= 5.112
\end{aligned}
$$

결론적으로 검정통계량 t 값(= 5.112)이 기각역에 속하기 때문에(p-value $<$ 0.05), 귀무가설 H_0을 기각한다. 광고비와 매출액은 강한 플러스 상관관계를 보여주고 있다(r = .875).

2. SPSS의 상관분석

SPSS를 돌리면 상관분석을 수행할 수 있다. SPSS 메뉴에서 분석을 클릭하고 상관분석 이변량상관계수을 하면 된다. 아래의 사진은 마케팅조사의 실제 설문지의 자료입력과 상관분석의 분석결과를 SPSS에서 수행한 사진이다.

1) 실행방법

변수들 간의 상관관계를 알아보기 위해서 단순상관분석(simple correlation analysis)을 이용한다. 상관분석에 사용한 파일은 '14장 상관분석.sav'으로 T베이커리의 7가지 속성만족도, 고객만족도, 재구매의도, 그리고 구전의도 간의 관계를 확인하고자 한다.

① 1단계

데이터 보기 창에서 데이터를 불러온 후 메뉴의 분석(A)에서 상관분석(C)을 클릭하고, 이변량 상관계수(B)를 선택한다.

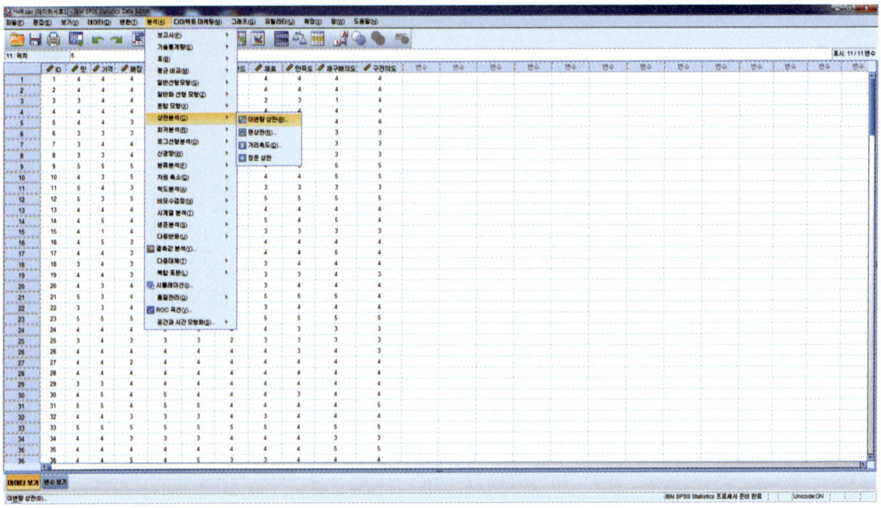

② 2단계

맛, 가격, 매장, 서비스, 위치, 브랜드, 재료, 만족도, 재구매의도 및 구전의도를 선택하여 변수(V)로 이동시킨다. 초기 지정값으로 상관계수는 Peason[1]으로 유의성 검정은 양측[2]으로 선택되어 있다.

---

1) 데이터가 서열척도라면 상관계수에서 Sperman을 체크한다. 그러나 많은 상관계수들은 Pearson 적률 상관관계를 변경한 것이기 때문에 Pearson 상관계수만 체크해도 무방하다. 구체적으로 Pearson 상관계수란 변수 간 상관관계를 산출하며, 대각선의 값은 1을 의미한다.

2) 모집단의 특성을 알고 있다면 단측 검정을 사용하는 반면 모집단의 특성을 알 수 없을 때는 양측 검정이 사용된다.

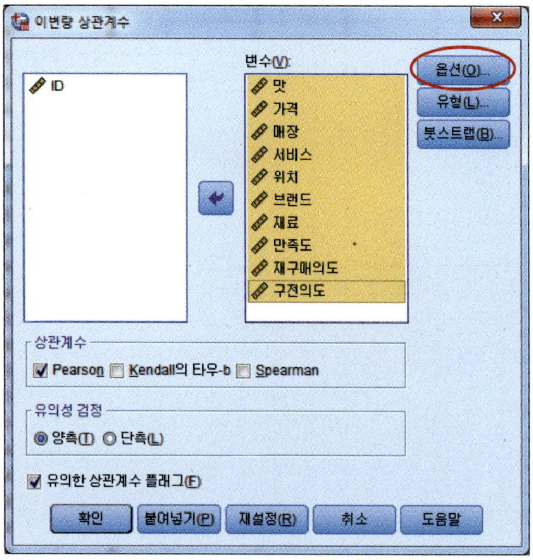

③ 3단계

이변량 상관계수 대화상자 오른쪽에 옵션(O)을 선택하여 통계량과 결측값을 설정한 뒤 계속을 클릭한다.

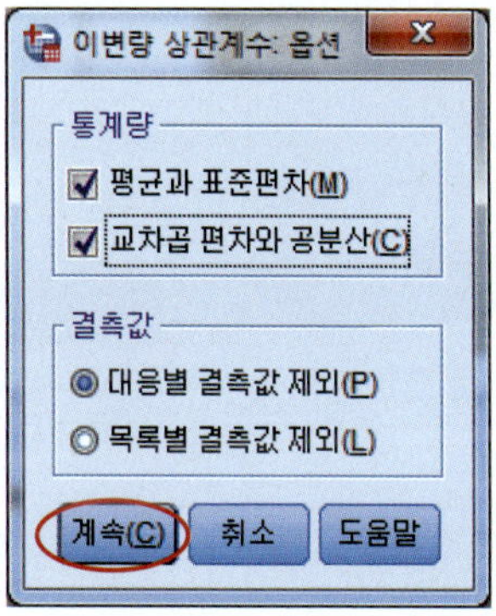

④ 4단계

모든 설정이 마무리되면 확인 버튼을 누르고, SPSS 뷰어 창에 다음과 같은 결과가 나타타면 저장해 둔다.

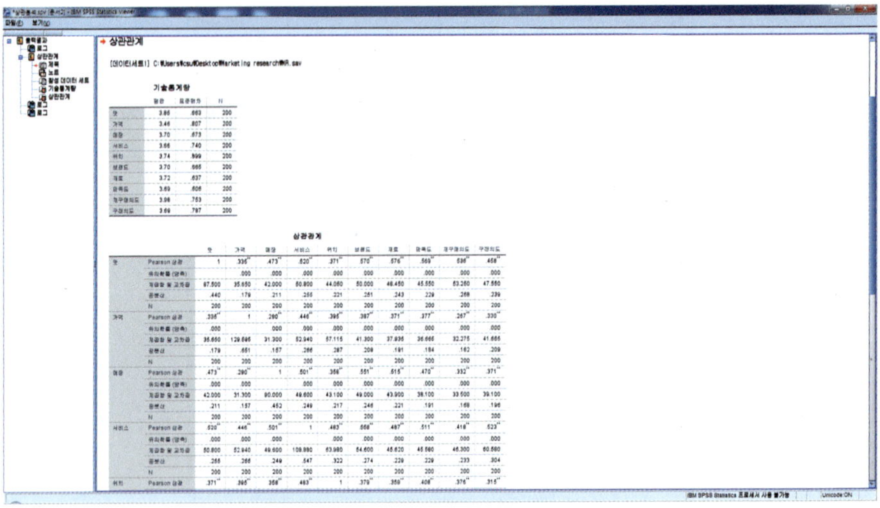

2) 분석결과

① 기술통계량

	평균	표준편차	N
맛	3.85	0.663	200
가격	3.46	0.807	200
매장	3.70	0.673	200
서비스	3.66	0.740	200
위치	3.74	0.899	200
브랜드	3.70	0.665	200
재료	3.72	0.637	200
고객만족도	3.69	0.606	200
재구매의도	3.98	0.753	200
구전의도	3.69	0.787	200

기술통계량을 보듯이 200명의 응답자를 대상으로 T베이커리의 맛, 가격, 매장, 서비스, 위치, 브랜드, 재료의 7가지 속성만족도와 고객만족도, 재구매의도, 구전의도의 평균과 표준편차가 나타나 있다.

② 상관관계 계수 행렬

		맛	가격	매장	서비스	위치	브랜드	재료	만족도	재구매의도	구전의도
맛	Pearson 상관	1	.335**	.473**	.520**	.371**	.570**	.576**	.569**	.536**	.458**
	유의확률 (양측)		0.000	0.000	0.000	0.000	0.000	0.000	0.000	0.000	0.000
	제곱합 및 교차곱	87.500	35.650	42.000	50.800	44.050	50.000	48.450	45.550	53.250	47.550
	공분산	0.440	0.179	0.211	0.255	0.221	0.251	0.243	0.229	0.268	0.239
	N	200	200	200	200	200	200	200	200	200	200
가격	Pearson 상관	.335**	1	.290**	.446**	.395**	.387**	.371**	.377**	.267**	.330**
	유의확률 (양측)	0.000		0.000	0.000	0.000	0.000	0.000	0.000	0.000	0.000
	제곱합 및 교차곱	35.650	129.595	31.300	52.940	57.115	41.300	37.935	36.665	32.275	41.665
	공분산	0.179	0.651	0.157	0.266	0.287	0.208	0.191	0.184	0.162	0.209
	N	200	200	200	200	200	200	200	200	200	200
매장	Pearson 상관	.473**	.290**	1	.501**	.358**	.551**	.515**	.470**	.332**	.371**
	유의확률 (양측)	0.000	0.000		0.000	0.000	0.000	0.000	0.000	0.000	0.000
	제곱합 및 교차곱	42.000	31.300	90.000	49.600	43.100	49.000	43.900	38.100	33.500	39.100
	공분산	0.211	0.157	0.452	0.249	0.217	0.246	0.221	0.191	0.168	0.196
	N	200	200	200	200	200	200	200	200	200	200
서비스	Pearson 상관	.520**	.446**	.501**	1	.483**	.558**	.487**	.511**	.418**	.523**
	유의확률 (양측)	0.000	0.000	0.000		0.000	0.000	0.000	0.000	0.000	0.000
	제곱합 및 교차곱	50.800	52.940	49.600	108.880	63.980	54.600	45.620	45.580	46.300	60.580
	공분산	0.255	0.266	0.249	0.547	0.322	0.274	0.229	0.229	0.233	0.304
	N	200	200	200	200	200	200	200	200	200	200
위치	Pearson 상관	.371**	.395**	.358**	.483**	1	.379**	.359**	.408**	.376**	.315**
	유의확률 (양측)	0.000	0.000	0.000	0.000		0.000	0.000	0.000	0.000	0.000
	제곱합 및 교차곱	44.050	57.115	43.100	63.980	160.955	45.100	40.895	44.305	50.675	44.305
	공분산	0.221	0.287	0.217	0.322	0.809	0.227	0.206	0.223	0.255	0.223
	N	200	200	200	200	200	200	200	200	200	200

브랜드	Pearson 상관	.570**	.387**	.551**	.558**	.379**	1	.568**	.624**	.517**	.577**
	유의확률 (양측)	0.000	0.000	0.000	0.000	0.000		0.000	0.000	0.000	0.000
	제곱합 및 교차곱	50.000	41.300	49.000	54.600	45.100	88.000	47.900	50.100	51.500	60.100
	공분산	0.251	0.208	0.246	0.274	0.227	0.442	0.241	0.252	0.259	0.302
	N	200	200	200	200	200	200	200	200	200	200
재료	Pearson 상관	.576**	.371**	.515**	.487**	.359**	.568**	1	.560**	.519**	.392**
	유의확률 (양측)	0.000	0.000	0.000	0.000	0.000	0.000		0.000	0.000	0.000
	제곱합 및 교차곱	48.450	37.935	43.900	45.620	40.895	47.900	80.755	43.045	49.575	39.045
	공분산	0.243	0.191	0.221	0.229	0.206	0.241	0.406	0.216	0.249	0.196
	N	200	200	200	200	200	200	200	200	200	200
고객 만족도	Pearson 상관	.569**	.377**	.470**	.511**	.408**	.624**	.560**	1	.676**	.665**
	유의확률 (양측)	0.000	0.000	0.000	0.000	0.000	0.000	0.000		0.000	0.000
	제곱합 및 교차곱	45.550	36.665	38.100	45.580	44.305	50.100	43.045	73.155	61.425	63.155
	공분산	0.229	0.184	0.191	0.229	0.223	0.252	0.216	0.368	0.309	0.317
	N	200	200	200	200	200	200	200	200	200	200
재구매 의도	Pearson 상관	.536**	.267**	.332**	.418**	.376**	.517**	.519**	.676**	1	.674**
	유의확률 (양측)	0.000	0.000	0.000	0.000	0.000	0.000	0.000	0.000		0.000
	제곱합 및 교차곱	53.250	32.275	33.500	46.300	50.675	51.500	49.575	61.425	112.875	79.425
	공분산	0.268	0.162	0.168	0.233	0.255	0.259	0.249	0.309	0.567	0.399
	N	200	200	200	200	200	200	200	200	200	200
구전 의도	Pearson 상관	.458**	.330**	.371**	.523**	.315**	.577**	.392**	.665**	.674**	1
	유의확률 (양측)	0.000	0.000	0.000	0.000	0.000	0.000	0.000	0.000	0.000	
	제곱합 및 교차곱	47.550	41.665	39.100	60.580	44.305	60.100	39.045	63.155	79.425	123.155
	공분산	0.239	0.209	0.196	0.304	0.223	0.302	0.196	0.317	0.399	0.619
	N	200	200	200	200	200	200	200	200	200	200

*상관계수는 .05수준(양측)에서 유의하다.
**상관계수는 .01수준(양측)에서 유의하다.

상관관계 계수 행렬에서 열(column)과 행(row)에는 변인의 이름이 제시되고, 대각선에는 같은 변인 간의 상관관계 계수인 '1'(같은 변인이기 때문에 완벽하게 일치한다는 의미)이 나타나있다.

맛, 가격, 매장, 서비스, 위치, 브랜드, 재료와 고객만족도 간의 상관관계 계수는 각각 .569, .377, .470, .511, .408, .624, .560이고, 유의확률 값은 .01보다 작게 나타나 이들 간의 상관관계는 유의한 것으로 나타났다.

맛, 가격, 매장, 서비스, 위치, 브랜드, 재료와 재구매의도 간의 상관관계 계수는 각각 .536, .267, .332, .418, .376, .517, .519이고, 유의확률 값은 .01보다 작게 나타나 이들 간의 정(+)의 관계는 유의한 것으로 확인되었다.

또한 맛, 가격, 매장, 서비스, 위치, 브랜드, 재료와 구정의도 간의 상관관계 계수는 각각 .458, .330, .371, .523, .315, .577, .392이고, 유의확률 값은 .01보다 작게 나타나 이들 간의 상관관계는 유의한 것으로 나타났다. 이와 같은 결과는 T베이커리의 7가지 속성만족도가 높으면 높을수록 T베이커리에 대한 고객만족도, 재구매의도 및 구전의도가 높다는 것을 보여 준다.

중간사례

이러닝의 학습자 만족은 무엇이 결정하나?

이러닝 시장의 규모는 계속 성장하고 있다. 산업통상자원부의 〈2014년 이러닝산업 실태조사〉에 따르면 2014년 국내 이러닝 산업의 시장규모는 전년대비 9.1% 증가한 3조2,142억 원에 달하였으며, 최근 5년간 연평균 9%대의 높은 성장세를 보인 것으로 나타났다. 세계 이러닝 시장 역시 2014년 655억 달러로 최근 5년간 11%의 성장세를 기록하고 있다.

이러닝 시장의 발전과 관련된 중요한 이슈 중의 하나는 이러닝 학습자의 만족 문제라고 할 수 있다. 이러닝 학습자 만족의 주된 영향요인으로는 이러닝과 관련하여 학습자가 경험하는 플로우(flow), 참가자의 상호작용, 그리고 학습자 자신의 능력의 세 가지를 꼽을 수 있다. 이러닝의 학습자 플로우는 이러닝 과정을 통해 학습자가 느끼는 심신의 일체적인 느낌을 말하는 것으로 이러닝 사이트의 유용성과 편의성에 따라 결정된다고 할 수 있다. 또 학습은 일방적인 정보전달보다는 학습자가 학습과정에 능동적으로 참여하는 쌍방적인 의사소통 과정에서 더욱 그 효과가 크기 때문에, 이러닝에서도 학습자 상호 간의 상호작용, 그리고 교수자와 학습자의 상호작용이 학습자의 만족도에 영향을 미칠 것이다. 뿐만 아니라 학습자 자신의 능력도 이러닝 만족에 영향을 줄 가능성이 크다. 컴퓨터 및 인터넷에 관한 사용능력이 학습자의 심리적 안정감과 실제 사용을 촉진할 것이기 때문에, 그러한 개인적 능력의 차이가 이러닝 만족에 대한 만족에 영향을 미칠 가능성이 크다.

김종훈과 김숙정(2006)은 이러닝 경험자 200명을 대상으로 하여 이러닝 만족 영향요인에 대한 조사를 수행하였으며, 그 자료에 대한 회귀분석 결과는 표와 같다. 그리고 학습자 플로우는 학습자의 만족을 크게 증가시키는 것으로 나타났다($b_1 = .576$, $t = 10.743$, $p < .0005$). 또 참가자

상호작용과 학습자 능력도 만족에 플러스 영향을 주는 것으로 나타났다(b_2 = .118, t = 2.464, p =.015; b_3 = .131, t = 2.625, p = .009).

이러닝 학습자 만족의 회귀분석 결과

	b	t	p-value
(상수)	.616	2.742	.007
플로우	.576	10.743	.000
상호작용	.116	2.464	.015
학습자 능력	.131	2.625	.009
R^2	.517		
F	70.012		
p-value	.000		

출처: 김종훈 · 김숙정(2006). 산업통상자원부 · 정보통신산업진흥원(2015).

3. 회귀분석

회귀분석(regression analysis)은 독립변수와 종속변수 사이의 선형관계를 검증하는 분석방법이다. 독립변수(independent variable)는 종속변수 값을 예측 또는 추정하는 데 사용되는 변수를 뜻하며, 종속변수(dependent variable)는 독립변수에 의해 설명되는 변수를 말한다. 예를 들어 브랜드의 시장점유율에 영향을 미치는 요인을 파악하려는 경우를 생각해보자. 시장점유율 영향요인으로는 제품의 품질 경쟁력, 경쟁의 강도, 광고비 지출, 영업조직의 규모 등을 생각해볼 수 있다. 이때 종속변수는 시장점유율이 되며, 제품의 품질 등 영향요인들은 독립변수로 설정된다. 회귀분석은 단순회귀분석과 다중회귀분석으로 구분된다.

1) 단순회귀분석

단순회귀분석(simple regression analysis)은 1개의 정량적 종속변수와 1개의 정량적 독립변수 사이의 수학적 관계를 선형등식(linear equation) 형태로 도출하여, 두 변수 사이의 선형관계를 분석하는 방법이다. 다음의 질문과 같은 상황이 회귀분석의 적용 대상이 될 수 있을 것이다.

- 매출액의 변화가 광고비 지출의 변화로 설명될 수 있는가?
- 시장점유율의 변화가 영업조직의 크기로 설명될 수 있는가?
- 소비자가 지각하는 가격 수준이 소비자가 지각하는 제품의 품질 수준을 결정하는가?

회귀분석의 절차는 [그림 13-2]와 같다. 먼저 회귀분석 모형이 설정되어야 한다. 다음 설정된 모형의 회귀계수 추정이 필요하다. 그리고 추정된 회귀계수의 통계적 유의성 검정이 필요하다. 아울러 모형의 적합도 및 유의성 검정이 마무리되어야 한다.

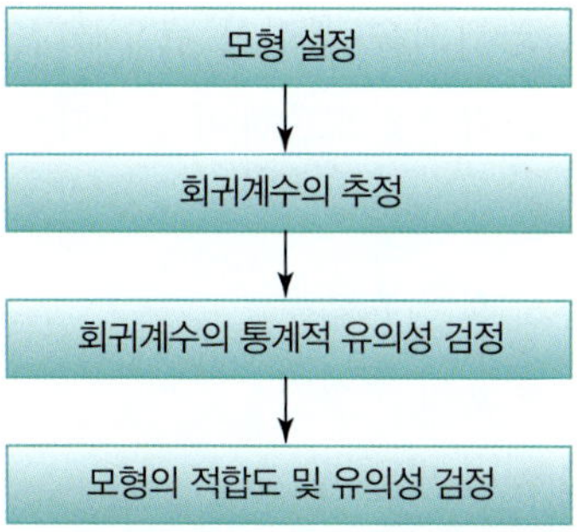

[그림 13-2] 회귀분석의 절차

〈표 13-3〉은 10개 점포의 서비스만족도와 매출 자료를 보여 주고 있다. 서비스만족도가 높으면 매출이 증가할 것이라는 것이 조사자의 생각이며 이를 위한 회귀분석 모형은 다음과 같이 설정된다.

$$y_i = \beta_0 + \beta_1 x_i + \varepsilon_i$$

y =종속변수(매출액)

x =독립변수(서비스만족도)

β_0 =상수

β_1 =기울기

ε_i = i번째 관측치의 오차 항

〈표 13-3〉 서비스만족도와 매출

점포	매출(백만 원)	서비스만족도
A	120	5.3
B	80	4.8
C	70	4.7
D	65	5.1
E	40	4.6
F	73	5.2
G	53	5.0
H	45	5.1
I	32	4.8
J	28	4.3

모형이 설정되면, 모형의 회귀계수 추정이 필요하다. 회귀계수 β_0, β_1의 추정치 b_0, b_1을 구하여 다음과 같은 회귀선을 도출하여야 한다.

$$\hat{y}_i = b_o + b_1 x_i$$

$\hat{y}_i = y_i$의 추정치

$b_0 = \beta_0$의 추정

$b_1 = \beta_1$의 추정

이 때 회귀계수를 추정하는 방법은 여러 가지가 있는데, 그 중 가장 대표적인 방법으로 최소자승법(least square method)이 있다. 간단히 말하면, 최소자승법은 종속변수의 관측치와 예측치 사이의 차이, 즉 잔차의 제곱 합계를 최소화시켜 주는 회귀선을 도출하는 방법이다([그림 13-3] 참조).

$$Minimize\ \ SSE = \sum_{i=1}^{n}(y_i - \hat{y}_i)^2 = \sum e^2$$

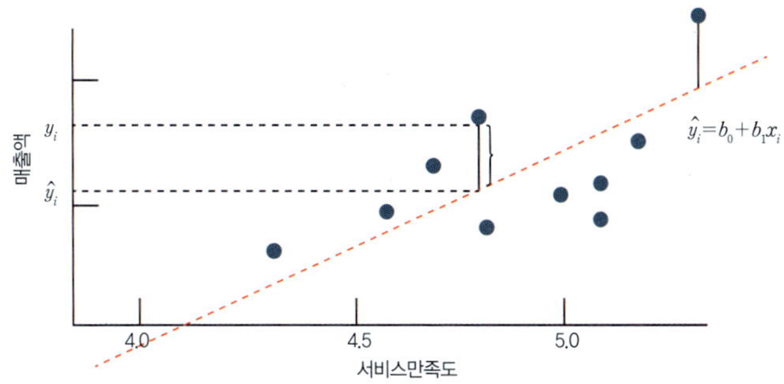

[그림 13-3] 서비스만족도와 매출

최소자승법에 의한 추정 회귀계수의 계산식과 결과 다음과 같다.

$$\hat{y}_i = b_0 + b_1 x_i$$
$$b_0 = \overline{y} - b_1 \overline{x}$$
$$b_1 = \frac{Cov(x,\, y)}{S_x^2}$$
$$= \frac{\sum_{i=1}^{n}(x_i - \overline{x})(y_i - \overline{y})}{\sum_{i=1}^{n}(x_i - \overline{x})^2}$$

x	y	$x-\overline{x}$	$y-\overline{y}$	$(x-\overline{x})(y-\overline{y})$	$(x-\overline{x})^2$	$(y-\overline{y}^2)$	$\hat{y}$	$y-\hat{y}$	SSE	$\hat{y}-\overline{y}$	SSR
5.3	120	0.41	59.4	24.354	0.1681	3528.36	84.3873	35.6127	1268.264	23.7873	565.8356
4.8	80	−0.09	19.4	−1.746	0.0081	376.36	55.3768	24.6232	606.302	−5.2232	27.28182
4.7	70	−0.19	9.4	−1.786	0.0361	88.36	49.5747	20.4253	417.1929	−11.0253	121.5572
5.1	65	0.21	4.4	0.924	0.0441	19.36	72.7831	−7.7831	60.57665	12.1831	148.4279
4.6	40	−0.29	−20.6	5.974	0.0841	424.36	43.7726	−3.7726	14.23251	−16.8274	283.1614
5.2	73	0.31	12.4	3.844	0.0961	153.76	78.5852	−5.5852	31.19446	17.9852	323.4674
5	53	0.11	−7.6	−0.836	0.0121	57.76	66.981	−13.981	195.4684	6.381	40.71716
5.1	45	0.21	−15.6	−3.276	0.0441	243.36	72.7831	−27.7831	771.9006	12.1831	148.4279
4.8	32	−0.09	−28.6	2.574	0.0081	817.96	55.3768	−23.3768	546.4748	−5.2232	27.28182
4.3	28	−0.59	−32.6	19.234	0.3481	1062.76	26.3663	1.6337	2.668976	−34.2337	1171.946
48.9	606	0	0	49.26	0.849	6772.4			3914.276		2858.105
4.89	60.6										

$$
\begin{aligned}
b_1 &= \frac{\sum_{i=1}^{n}(x_i - \overline{x})(y_i - \overline{y})}{\sum_{i=1}^{n}(x_i - \overline{x})^2} \\
&= \frac{49.26}{0.849} \\
&= 58.02 \\
b_0 &= \overline{y} - b_1\overline{x} \\
&= 60.6 - (58.02)(4.89) \\
&= -\ 223.1 \\
\hat{y}_i &= b_0 + b_1 x_i = -\ 223.1 + 58002x_i
\end{aligned}
$$

여기서 우리는 독립변수가 종속변수에 과연 유효한 영향을 갖는 것인지 판단하기 위하여 독립변수의 회귀계수 β_1의 통계적 유의성에 대한 가설 검정을 할 필요가 있다. 설정가설은 다음과 같다.

$$
\begin{aligned}
&H_0 : \beta_1 = 0 \\
&H_1 : \beta_1 \neq 0
\end{aligned}
$$

이 가설 검정에 대한 검정통계량 계산식은 다음과 같다.

$$t = \frac{b}{SE_b}$$

SE_b : 표준오차(b의 표준편차)

$$SE_b = \frac{\sqrt{\dfrac{\sum_{i=1}^{n}(y_i - \hat{y}_i)^2}{n-2}}}{\sqrt{\sum_{i=1}^{n}(x_i - \overline{x})^2}}$$

그리고 가설 검정의 의사결정규칙은 다음과 같다.

$$
\begin{aligned}
&\alpha = 0.05 \\
&H_0 \ \text{ 기각 } \ \text{if } p - value < 0.05. \\
&H_0 \ \text{ 기각 } \ \text{if } t > 2.306,\ or\ t < -\ 2.306 \\
&d.f. = n - 2 = 10 - 2 = 8
\end{aligned}
$$

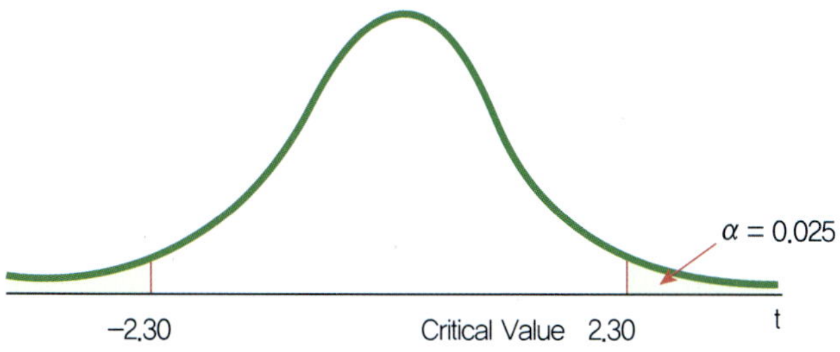

검정통계량 t값을 계산하면 다음과 같다.

$$t = \frac{b}{SE_b} = \frac{b}{\dfrac{\sqrt{\dfrac{\sum_{i=1}^{n}(y_i - \hat{y}_i)^2}{n-2}}}{\sqrt{\sum_{i=1}^{n}(x_i - \overline{x})^2}}}$$
$$= \frac{58.02}{24.006}$$
$$= 2.417$$

결론적으로 검정통계량 *t*값(= 2.417)이 기각역에 속하기 때문에 귀무가설(H_0)이 기각된다. 즉 서비스만족도와 매출액 사이에는 통계적 유의성이 있는 선형관계가 존재한다고 결론을 내린다. 서비스만족도가 큰 점포일수록 매출액이 증가한다고 판단을 내린다.

그 다음 추가적으로 회귀분석에서는 모형의 적합도를 평가하고 그 통계적 유의성을 검정하게 된다. 모형의 적합도를 나타내주는 통계량은 결정계수(coefficient of determination, R^2)로서 이는 종속변수의 총 변화량 중에서 회귀선으로 설명되는 변화량의 비율을 나타내 준다.

$$R^2 = \frac{SS_{reg}}{SS_y}$$
$$= \frac{SS_y - SS_{res}}{SS_y}$$

Total variation = Explained variation + Error Variation

$$SS_y = SS_{reg} + SS_{res}$$
$$SS_y = \sum_{i=1}^{n}(y_i - \overline{y})^2$$
$$SS_{reg} = \sum_{i=1}^{n}(\hat{y}_i - \overline{y})^2$$
$$SS_{res} = \sum_{i=1}^{n}(y_i - \hat{y}_i)^2$$

결정계수의 계산 결과는 아래와 같다.

$$SS_y = \sum_{i=1}^{n}(y_i - y)^2 = 6772.4$$
$$SS_{reg} = \sum_{i=1}^{n}(\hat{y}_i - \overline{y})^2$$

매출액($\hat{y}$) = -223.124 + 58.021×서비스만족도

첫 번째 관측치에 대한 예측값은

$\hat{y}$ = -223.124 + 58.021 x 5.3 = 84.487

계속해서 예측값을 구하면:
55.3768, 49.5747, 72.7831, 43.7726, 78.5852, 66.981, 72.7831, 55.3768, 26.3663

$$\begin{aligned} SS_{reg} &= \sum_{i=1}^{n}(\hat{y}_i - \overline{y})^2 \\ &= (84.3873 - 60.6)^2 + \cdots + (26.3663 - 60.6)^2 \\ &= 2858.105 \\ SS_{res} &= \sum_{i=1}^{n}(y_i - \hat{y}_i)^2 \\ &= (120 - 84.3873)^2 + \cdots + (28 - 26.3663)^2 \\ &= 3914.276 \\ R^2 &= \frac{SS_{reg}}{SS_y} \\ &= 2858.105/6772.4 \\ &= 0.422 \end{aligned}$$

회귀모형의 유용성 판단을 위한 가설과 검정통계량 및 의사결정규칙은 다음과 같다.

$$H_0 : R^2_{pop} = 0$$
$$H_1 : R^2_{pop} > 0$$

$$F = \frac{SS_{reg}}{SS_{res}/(n-2)} \quad (d.f.:\ k,\ n-k-1)$$

$$\alpha = 0.05$$
$$d.f.: (1,\ 8) \quad F_{(.05,\ 1.8)} = 5.32$$
$$H_0 \text{ 기각 if } F > 5.32.$$

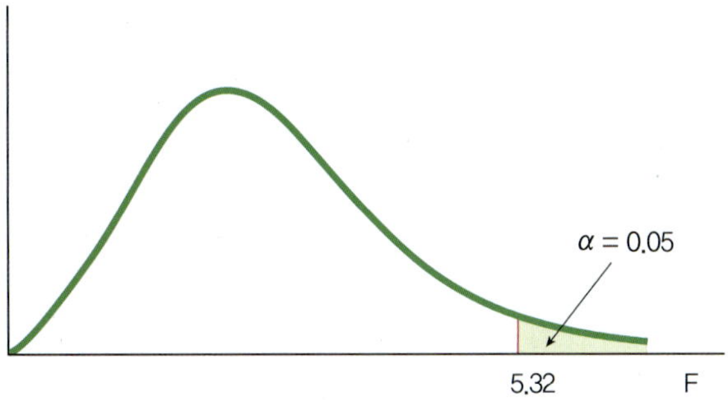

검정통계량 F값의 계산과 관련 정보를 요약한 분산분석표는 다음과 같다.

$$\begin{aligned} F &= \frac{SS_{reg}}{SS_{res}/(n-2)} \\ &= \frac{2858.105}{3914.276/8} \\ &= 5.841 \end{aligned}$$

분산분석표

	제곱합	자유도	평균제곱	F	유의확률
회귀모형	2858.124	1	2858.124	5.841	.042
잔차	3914.276	8	489.284		
합계	6772.400	9			

결론적으로 검정통계량 F값(= 5.841)이 임계치 5.32보다 크기 때문에, 유의수준 α = .05에서 귀무가설이 기각된다. 따라서 서비스만족도로 매출을 예측하는 회귀모형은 전체적으로 유용하다고 판정한다.

2) 다중회귀분석

다중회귀분석(multiple regression analysis)은 단순회귀분석의 확장이라고 할 수 있으며, 1개의 정량적 종속변수와 2개 이상의 정량적 독립변수 사이의 관계를 분석하기 위한 통계분석방법이다. 레스토랑 S의 매니저 A가 고객의 재방문의도를 결정짓는 변수가 무엇인지 알고 싶어 하는 경우를 예로 들어보자. 매니저 A는 음식의 품질과 맛, 그리고 메뉴의 다양성이 무엇보다도 중요하지 않을까 짐작하게 되었다. 그래서 그는 과연 그런 관계가 실제로 존재하는지 검증하고 싶어졌다. 이럴 때 다중회귀분석을 통해 결론을 도출해볼 수 있다. 그밖에 다중회귀분석의 적용이 적절한 문제들을 예시해 보면 다음과 같다.

- 브랜드 매출액은 투입된 광고비 지출 및 영업조직의 크기와 관계가 있는 것일까?
- 제품의 시장점유율에 광고비 지출 수준과 판촉비용 규모는 어떤 영향을 미치는가?
- 고객만족도는 고객이 인지하는 제품 품질 및 브랜드 가치에 따라 달라지는가?
- 제품의 가격 및 브랜드 이미지는 고객의 품질 지각에 얼마나 영향을 미칠까?
- 점포의 고객 충성도는 제품 구색의 다양성과 종업원 서비스 품질에 따라 얼마나 변화하는가?

다중회귀분석의 첫 번째 단계는 단순회귀분석과 마찬가지로 분석모형을 설정하는 일이다. 다중회귀분석의 일반 모형은 다음과 같이 표현된다.

$$y = \beta_0 + \beta_1 x_1 + \beta_2 x_2 + \beta_3 x_3 + \cdots + \beta_k x_k + \varepsilon$$

종속변수: y

독립변수: $x_1,\ x_2,\ x_3,\ \cdots,\ x_k$

레스토랑 S 사례의 고객 재방문의도에 대한 음식의 품질, 맛, 메뉴 다양성의 영향 분석을 위한 다중회귀분석 모형은 다음과 같이 설정할 수 있다.

$$y = \beta_0 + \beta_1 x_1 + \beta_2 x_2 + \beta_3 x_3 + \varepsilon$$

y: 재방문 의도

x_1: 음식의 품질

x_2: 음식의 맛

x_3: 메뉴 다양성

다중회귀분석의 다음 단계는 최적 회귀선(regression line)의 추정으로서 그 식은 다음과 같이 표현할 수 있다.

$$\hat{y} = b_0 + b_1 x_1 + b_2 x_2 + b_3 x_3 + \cdots + b_k x_k \text{(일반 모델)}$$

$$\hat{y} = b_0 + b_1 x_1 + b_2 x_2 + b_3 x_3 \text{(레스토랑 S 사례)}$$

회귀선 추정을 포함, 다중회귀분석을 실행하기 위해서는 데이터의 확보가 필요하며, 레스토랑 S 사례의 경우 고객 100명에 대한 설문조사를 통해 다음과 같이 자료가 수집되었다.

고객	음식 품질	음식 맛	메뉴 다양성	재방문 의도
1	6	6	6	6
2	6	4	4	3
3	7	7	7	7
4	3	3	3	3
5	5	5	5	5
6	5	3	6	3
7	4	5	6	5
8	6	6	4	6
9	4	4	3	6
10	4	4	4	3
11	6	6	6	6
12	5	5	5	5
..	..	..	..	..

이 데이터에 대하여 최소자승법을 적용, 추정된 회귀선은 다음과 같다.

$$\hat{y} = 2.206 + .260x_1 + .242x_2 - .082x_3$$

이 추정회귀선의 의미는 다음과 같다. 고객이 느끼는 음식의 품질이 한 단위 높아지면 재방문의도가 .260 만큼 증가하고, 음식의 맛 지각이 한 단위 높아지면 재방문의도가 .242 만큼 증가하며, 메뉴의 다양성이 한 단위 재방문 의도는 오히려 .082 만큼 낮아진다는 것이 추정된 회귀선의 구체적 내용이다.

다중회귀분석의 다음 단계는 각 독립변수의 영향에 대한 통계적 유의성 검정이다. 레스토랑 S 사례의 경우, 그 가설들은 다음과 같다.

$H_0: \beta_1 = 0$
$H_1: \beta_1 \neq 0$

$H_0: \beta_2 = 0$
$H_1: \beta_2 \neq 0$

$H_0: \beta_3 = 0$
$H_1: \beta_3 \neq 0$

이들 가설에 대한 검정통계량과 의사결정규칙을 설정할 필요가 있는데, 그 중 독립변수 '음식의 품질'의 회귀계수에 대한 검정통계량 t의 계산식과 의사결정규칙을 예시하면 다음과 같다.

$$t = \frac{b_1}{SE_{b_1}}$$

SE_{b_1} : 표준오차(b_1의 표준편차)

$\alpha = 0.05$

H_0 기각 if $p - value < 0.05$.

자료를 분석하여 세 개 독립변수에 대한 검정통계량 t값과 p값 계산하면 다음과 같다.

	b	표준오차	t	p-value
(상수)	2.206	.443	4.985	.000
음식의 품질	.260	.116	2.236	.028
음식의 맛	.242	.137	1.770	.080
메뉴의 다양성	−.082	.123	−.668	.506

이에 따라 음식의 품질은 거의 확실하게 고객의 재방문의도를 증가시킨다는 결론이 도출된다(p-value = .028). 그렇지만 음식의 맛이 재방문의도에 미치는 영향은 그 p값, .080이 유의수준 $\alpha = .05$보다 크기 때문에 그 통계적 신뢰수준이 크게 떨어진다. 그리고 메뉴의 다양성은 고객의 재방문 의도에 뚜렷한 영향을 주지 못한다고 결론을 내릴 수밖에 없다(p-value = .506).

다중회귀분석의 마지막 단계는 회귀분석 모형의 적합도 평가와 그 유용성에 대한 통계적 유의성 검정이다. 모형의 적합도 평가 지표로는 결정계수(coefficient of determination), R^2가 사용된다. 그런데 R^2 값은 독립변수의 숫자가 많아질수록 자동적으로 증가하는 그 증폭 효과의 문제가 존재하는데, 이를 어느 정도 조정해서 참고하기 위해 사용되는 지표가 수정결정계수(adjusted coefficient of determination), R^2_{adj}이다.

$$R^2 = \frac{SS_{reg}}{SS_y} = \frac{SS_y - SS_{res}}{SS_y}$$

$$R^2_{adj} = 1 - (1 - R^2)\frac{n-1}{n-k-1}$$

$$SS_y = \sum_{i=1}^{n}(y_i - \bar{y})^2$$

$$SS_{reg} = \sum_{i=1}^{n}(\hat{y}_i - \bar{y})^2$$

$$SS_{res} = \sum_{i=1}^{n}(y_i - \hat{y}_i)^2$$

회귀분석 모형의 유용성 판정을 위한 가설은 다음과 같다.

H_0: $R^2_{pop} = 0$
H_1: $R^2_{pop} > 0$

그리고 이 가설은 다음의 가설과 동일하다.

H_0: $\beta_1 = \beta_2 = \beta_3 = \cdots = \beta_k = 0$
H_1: 모든 β_i가 0은 아니다.

위 가설에 대한 검정통계량 F는 다음과 같다.

$$F = \frac{SS_{reg}/k}{SS_{res}/(n-k-1)} = \frac{R^2/k}{(1-R^2)/(n-k-1)}$$

레스토랑 S 사례의 경우 모델 유용성 판정을 위한 통계적 가설과 의사결정규칙, 검정통계량 F값, 그리고 그 계산 내역을 보여 주는 분산분석표의 내용은 아래와 같다.

H_0: $\beta_1 = \beta_2 = \beta_3 = 0$
H_1: 모든 β_i가 0은 아니다.

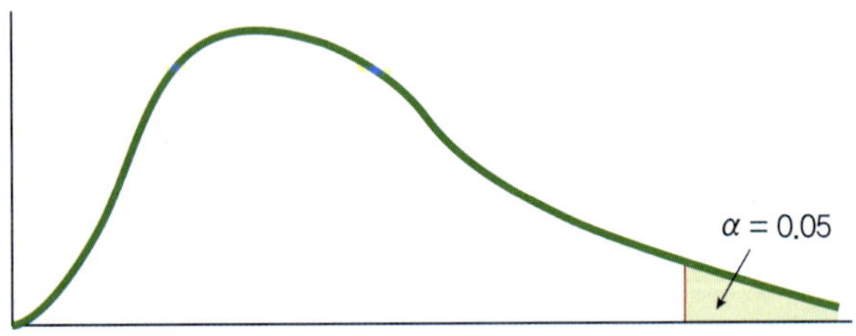

$$F = \frac{SS_{reg}/k}{SS_{res}/(n-k-1)} = \frac{28.155/3}{79.155/96} = 11.382$$

분산분석표

	제곱합	자유도	평균제곱	*F*	*p*-value
회귀 모형	28.155	3	9.385	11.382	.000
잔차	79.155	96	.825		
합계	107.310	99			

따라서 모델의 유용성이 없다는 귀무가설은 기각된다. 즉, 음식 품질, 음식 맛, 메뉴 다양성의 3개 독립변수를 사용한 다중회귀분석 모형은 종속변수 재방문 의도를 예측하는 데 유용하다는 것이 통계적 결론으로 도출된다.

위에서 설명된 레스토랑 S 사례의 다중회귀분석 결과들은 다음과 같이 간단하게 하나의 표로 정리하여, 간략히 설명, 제시할 수 있다. 재방문 의도를 종속변수로 하고 음식 품질, 음식 맛, 메뉴 다양성을 독립변수로 하는 회귀분석 모델은 유용하다고 결론지을 수 있다(R^2 = .262, F = 11.382, *p*-value $<$ .0005). 그렇지만 각 독립변수의 통계적 유의성에는 상당한 차이가 존재한다. 음식 품질은 거의 확실하게 고객의 재방문 의도에 플러스 영향을 미치는 것으로 보인다(b_1 = .260, t = 2.236, *p*-value = .028). 그렇지만 음식 맛이 재방문 의도에 미치는 영향은 그 통계적 신뢰수준이 그리 높지 못하며(b_2 = .242, t = 1.770, *p*-value = .080), 메뉴 다양성은 재방문 의도에 어떤 영향을 미친다고 보기가 매우 어렵다(b_3 = .082, t = -.668, *p*-value = .506).

레스토랑 S 사례의 회귀분석 결과

종속변수: 재방문 의도

	b	t	p-value
상수	2.206	4.985	.000
음식 품질	.260	2.236	.028
음식 맛	.242	1.770	.080
메뉴 다양성	.082	−.668	.506
R^2	.262		
F	11.382		
p-value	.000		

4. SPSS의 회귀분석

1) 실행방법

회귀분석은 하나 이상의 독립변수가 종속변수를 설명하거나 예측하는 함수모형의 통계적 방법이다. 종속변수에 영향을 주는 독립변수의 수가 한 개인 것을 단순회귀분석이라 하고, 여러 독립변수와 종속변수 간의 관계를 분석하는 것을 다중회귀분석이라 한다.

(1) 단순회귀분석

회귀분석은 하나 이상의 독립변수가 종속변수를 설명하거나 예측하는 함수모형의 통계적 방법이다. 종속변수에 영향을 주는 독립변수의 수가 한 개인 것을 단순회귀분석이라 하고, 여러 독립변수와 종속변수 간의 관계를 분석하는 것을 다중회귀분석이라 한다. 단순회귀분석의 방법을 활용해서 T베이커리의 속성중요도 중 '맛'이라는 독립변수가 T베이커리의 고객만족도라는 종속변수에 미치는 영향력을 검정해 보고자 '14장 단순회귀분석.sav' 파일을 사용한다.

① 1단계

데이터 보기 창에서 데이터를 불러온 후 메뉴의 분석(A)에서 회귀분석(R)을 클릭하고, 선형(L)을 선택한다.

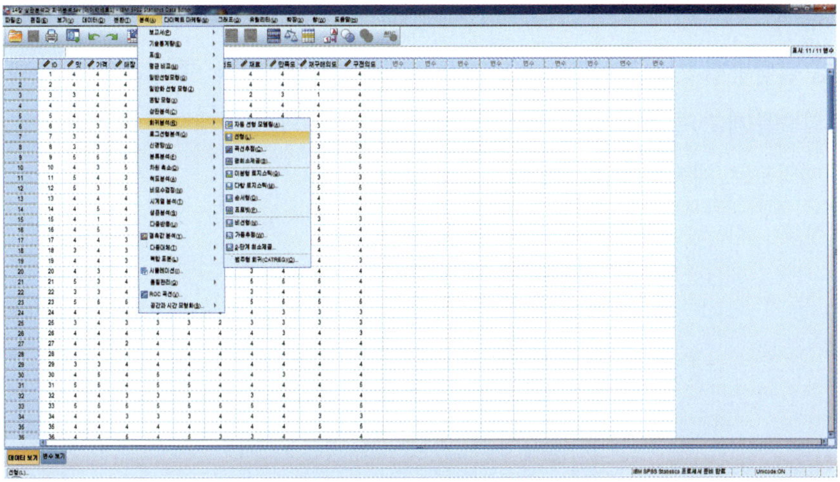

② 2단계

선형회귀 대상상자에서 종속변수(D)에 '(고객)만족도'를, 블록(B)에는 독립변수인 '맛'을 선택해서 이동시킨다. 그리고 방법(M)을 클릭하여 '단계선택'[3)]을 선택하는데 단순회귀분석에서는 집입변수가 하나이기 때문에 어떠한 방법을 선택해도 결과는 동일하게 나타난다.

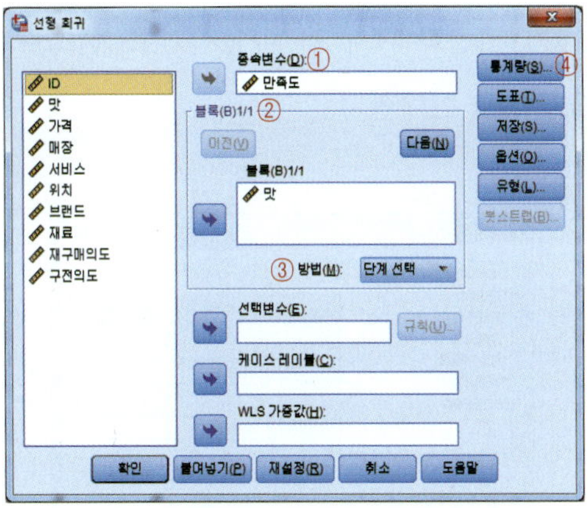

3) 단계선택(stepwise)란 전진선택법과 후진제거법을 개선한 방법으로 독립변수의 추가와 제거를 적절히 조합하여 변수를 선택하는 방법으로 가장 많이 사용하는 변수선택 방법이다.

③ 3단계

앞의 실행방법 2에서 오른쪽 상단의 통계량(S)을 선택한다. 추정값(E)과 모형 적합(M)[4], 기술통계(D)를 체크하면 변수의 평균, 표준편차와 상관계수행렬표를 구할 수 있다. 마지막으로 계속 버튼을 누른다.

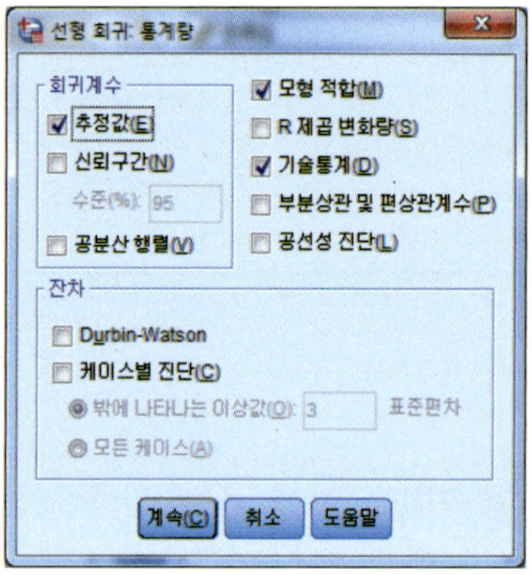

④ 4단계

선형회귀 대화상자 오른쪽 상단의 도표(L)를 선택하면 회귀분석에서 변수 간의 관계를 시각적으로 나타내는 도표 그리기를 할 수 있다. 여기서는 Y축과 X축 각각에 ZRESID(표준잔차), ZPRED(표준화예측값)을 이동시키고, 히스토그램(H)과 정규확률도표(R)를 체크하여 계속 버튼을 선택한다.

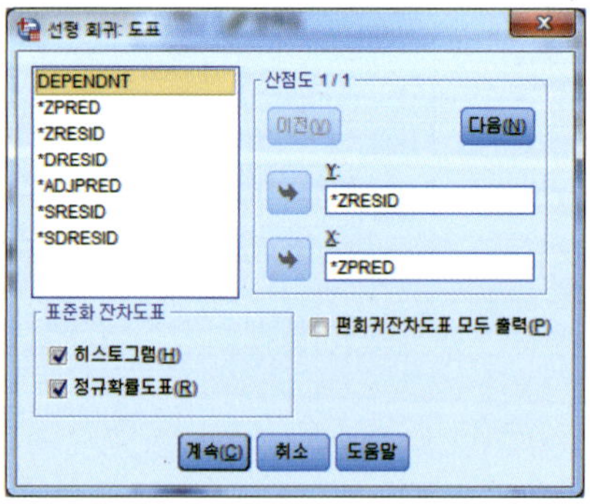

4) R, R^2, 조정된 R^2, 표준추정오차, 변량분석, 자유도, 자승합, 평균자승, F값, F의 관찰확률 계산이 제시되어 모형의 설명력과 적합도를 알 수 있다.

⑤ 5단계

단순회귀분석을 위한 모든 설정이 이루어지면, SPSS 뷰어창에 다음과 같은 분석결과가 나타난다.

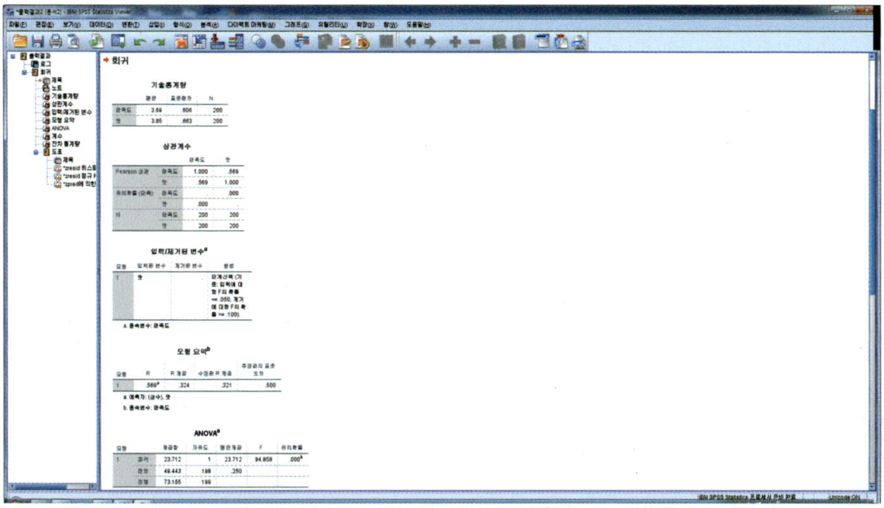

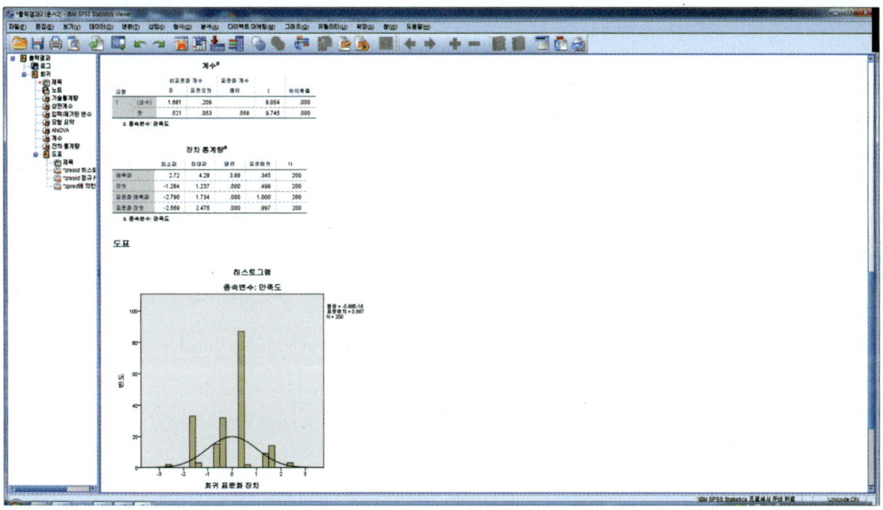

(2) 다중회귀분석

단순회귀분석과 다중회귀분석의 가장 큰 차이는 독립변수의 개수에 있다. 즉, 다중회귀분석에서는 여러 독립변수가 종속변수에 미치는 영향력을 분석한다. 본 장에서는 실제 조사된 T베이커리의 속성중요도인 맛, 브랜드, 재료(독립변수)와 종속변수인 T베이커리 만족도 간의 인과관계를 파악한다.

① 1단계

데이터 보기 창에서 데이터를 불러온 후 메뉴의 분석(A)에서 회귀분석(R)을 클릭하고, 선형(L)을 선택한다.

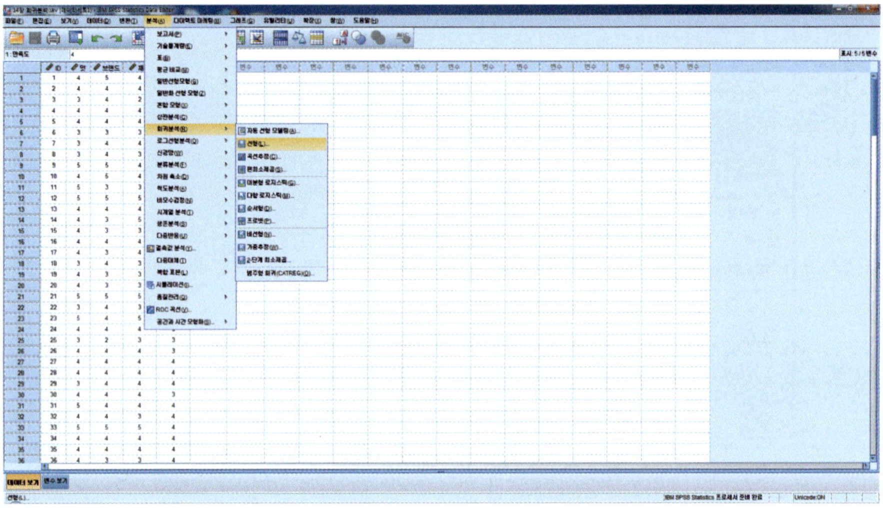

② 2단계

선형회귀 대상상자에서 종속변수(D)에 '만족도'를, 독립변수인 블록(B)에는 '맛', '재료', '브랜드'를 차례대로 선택해서 이동시킨다. 단순회귀분석에서와는 달리 방법(M)을 클릭하여 '입력'[5]을 선택한다.

5) '입력'은 모든 독립변수를 한꺼번에 투입하여 실시하는 것이며, '전진선택법'은 중요한 독립변수를 선택하여 투입하는 방법이다. 또한 '후진제거법'은 중요도가 낮은 독립변수부터 제거하는 방법이고, '단계선택법'은 '전진선택법'과 '후진제거법'을 개선한 것으로서 독립변수의 추가와 제거를 적절히 조합하여 변수를 선택하는 방법이다. 본 장에서는 가장 많이 활용되는 '입력'의 방법으로 다중회귀분석을 실행해 보고자 한다.

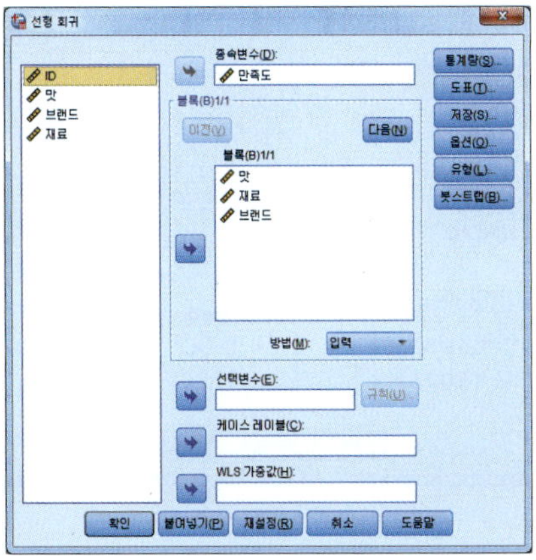

③ 3단계

단순회귀분석과 동일하게 통계량(S)에서 추정값(E)과 모형 적합(M)[6], 기술통계(D)를 체크하고, 계속 버튼을 누른다.

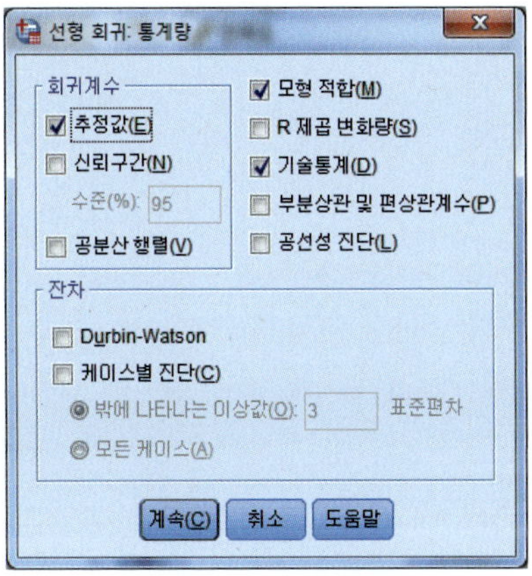

④ 4단계

선형회귀 대화상자로 돌아와 오른쪽 상단의 도표(L)를 선택하여 단순회귀분석과 같이 도표에 표현될 내용의 설정이 이루어지면 계속 버튼을 누른다.

6) R, R^2, 조정된 R^2, 표준추정오차, 변량분석, 자유도, 자승합, 평균자승, F값, F의 관찰확률 계산이 제시되어 모형의 설명력과 적합도를 알 수 있다.

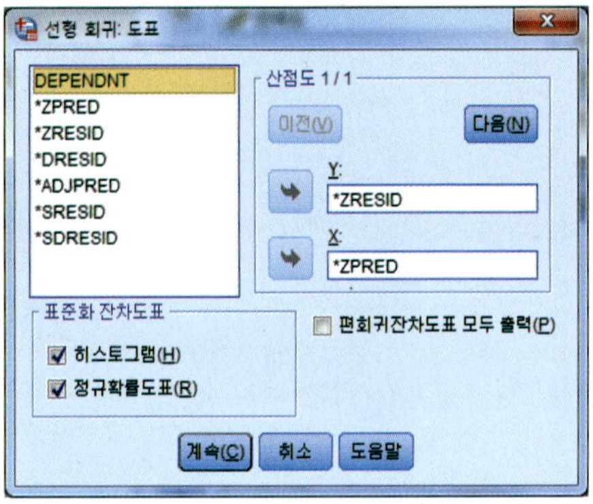

⑤ 5단계

SPSS 뷰어창에 다음과 같이 다중회귀분석 결과가 나타나면 저장한다.

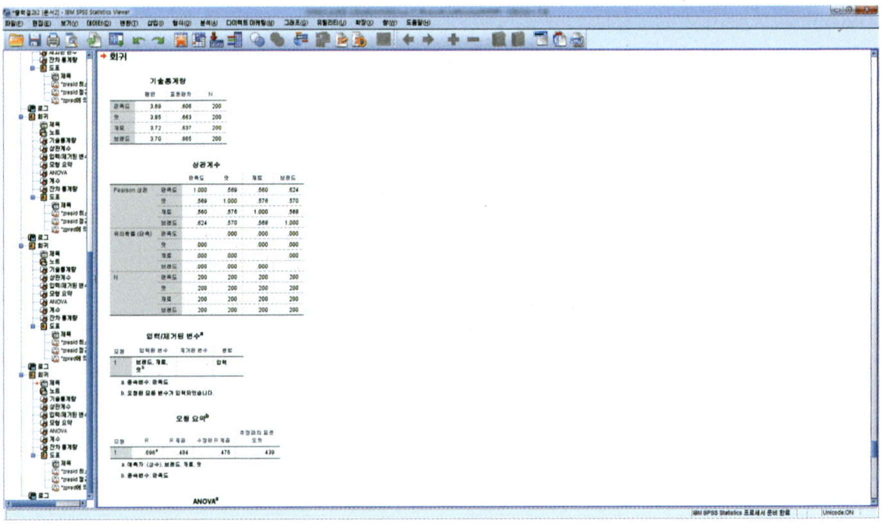

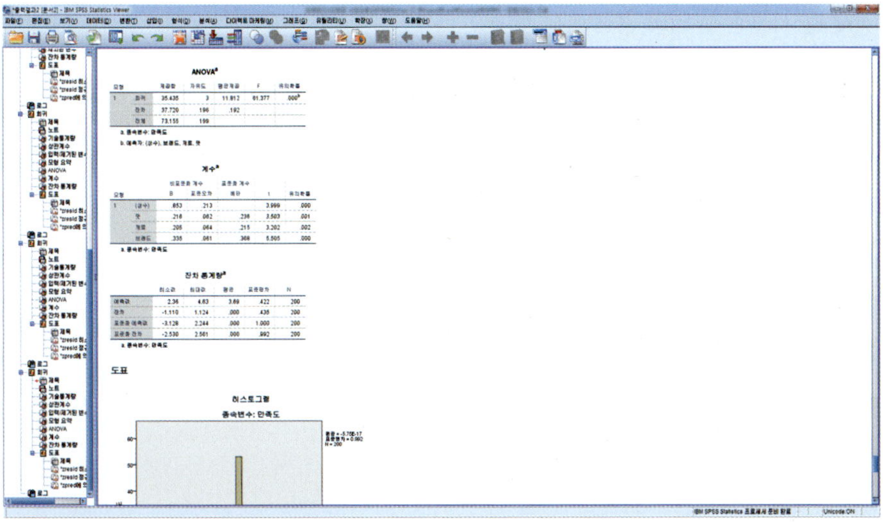

2) 분석결과

(1) 단순회귀분석 결과

① 변인 간 상관관계 계수

		만족도	맛
Pearson 상관	고객만족도	1.000	0.569
	맛	0.569	1.000
유의확률 (단측)	고객만족도		0.000
	맛	0.000	
N	고객만족도	200	200
	맛	200	200

T베이커리의 '맛'에 대한 속성만족도가 고객만족도에 미치는 영향을 알아보고자 독립변수(맛)와 종속변수(고객만족도) 간의 상관관계 계수를 살펴보았다. T베이커리 제품의 맛과 고객만족도 간의 상관관계는 계수는 .569이다. 계수만으로 판단할 때, T베이커리에서 제공하는 빵의 맛에 만족하면 만족할수록 고객만족도는 높아질 것을 알 수 있다.

② R^2를 사용한 유의도 검정

모형	R	R 제곱	수정된 R 제곱	추정값의 표준오차
1	.569a	0.324	0.321	0.500

a. 예측자: (상수), 맛

R은 등간 또는 비율척도로 측정한 변인 간의 상관관계 계수이고, 상관관계 계수를 제곱한 값 R^2는 전체 변량 중 독립변수가 설명할 수 있는 변량, 즉 설명변량의 크기를 의미한다. 위의 표에서 R^2는 0.324로 전체변량 100% 중 32.4%가 독립변수인 '맛'에 의해 설명되고 있음을 제시한다.

③ 변량분석 결과

모형		제곱합	자유도	평균제곱	F	유의확률
1	회귀	23.712	1	23.712	94.958	.000a
	잔차	49.443	198	0.250		
	전체	73.155	199			

a. 예측자: (상수), 맛

변량분석 결과를 통해서 그 결과가 유의미하면 회귀모형이 적합하다고 판단한다. 여기에서는 F 통계량이 94.95이고, 이에 대한 유의확률이 .000으로 $p < .05$이므로 통계적으로 유의하다고 할 수 있다.

④ 단순회귀분석을 사용한 유의도 검정

모형		비표준화 계수		표준화 계수	t	유의확률
		B	표준오차	베타		
1	(상수)	1.681	0.209		8.054	0.000
	맛	0.521	0.053	0.569	9.745	0.000

a. 종속변수: 만족도

회귀계수와 상수값을 표시하고 있는 단순회귀분석의 유의도 검증 표가 있는데 이 상수와 회귀계수가 통계적으로 의미가 있는지를 검정하는 것이 t 검정이다. 여기서 회귀식의 상수값 1.681의 통계적 유의성을 검정하는 t값이 8.054($p<.05$)이므로이 상수값은 통계적으로 유의하다. 또한 회귀계수 .521의 통계적 유의성을 검정하는 t값이 9.745($p<.05$)로 나타나 이 회귀계수도 통계적으로 유의하다. 즉, 맛은 고객만족도에 대해서 .521 정도의 영향을 가지고 있으며, 이 결과는 유의수준 .05에서 통계적으로 의미가 있음을 나타내고 있다. 이러한 분석결과는 소비자들은 T베이커리에서 제공하는 빵 맛에 만족하면 할수록 T베이커리에 대한 전반적인 만족도가 높아질 것으로 해석할 수 있다.

(2) 다중회귀분석 결과

① 기술통계량

	평균	표준편차	N
만족도	3.69	0.606	200
맛	3.85	0.663	200
재료	3.72	0.637	200
브랜드	3.70	0.665	200

기술통계량을 통해 T베이커리의 주요한 속성요인인 맛, 재료, 브랜드와 고객만족도의 평균과 표준편차가 나타나 있다. 여기서 N은 샘플사이즈를 의미한다.

② 변인 간 상관관계 계수

		만족도	맛	재료	브랜드
Pearson 상관	만족도	1.000	0.569	0.560	0.624
	맛	0.569	1.000	0.576	0.570
	재료	0.560	0.576	1.000	0.568
	브랜드	0.624	0.570	0.568	1.000

유의확률 (단측)	만족도		0.000	0.000	0.000
	맛	0.000		0.000	0.000
	재료	0.000	0.000		0.000
	브랜드	0.000	0.000	0.000	
N	만족도	200	200	200	200
	맛	200	200	200	200
	재료	200	200	200	200
	브랜드	200	200	200	200

상관관계 계수 표에 나타난 변수간의 상관계수를 살펴보면, 모든 독립변수와 종속변수의 관계는 정적(+) 관계를 나타내고 있으며, 특히 브랜드와 고객만족 간의 상관이 .624로 가장 높다. 그리고 독립변수들 간의 상관관계를 보면 맛과 재료 간의 계수가 .576, 맛과 브랜드의 계수는 .570, 마지막으로 재료와 브랜드 간의 상관관계 계수가 .568로 다중공선성[7]의 기준인 .80보다 작으므로 다중공선성 문제는 다루지 않도록 한다.

③ 입력/제거된 변수[a]

모형	입력된 변수	제거된 변수	방법
1	브랜드, 재료, 맛[b]		입력

a. 종속변수: 만족도
b. 요청된 모든 변수가 입력.

위의 표에서 어떠한 방법으로 독립변수들이 입력/제거되었는지를 알 수 있다. 변수들이 선택되거나 제거되어 가는 단계를 거치면서 단계선택의 방법으로 회귀모형을 구성했다는 것을나타낸다. 여기서 진입변수는 브랜드, 재료 및 맛이고, 제거된 변수는 없다.

7) 다중공선성이란 독립변수들 간이 높은 상관관계에서 파생되는 문제로서 독립변수 간의 상관이 지나치게 높을 경우 다중공선성 문제를 야기시킨다. 독립변수 간에 다중공선성이 존재할 경우 종속변수를 설명하는 개별 변수의 변량을 해석하는 것이 모호해지며 회귀계수를 비교하는 것이 무의미해진다. 따라서 다중회귀분석에서는 독립변수 간의 다중공선성을 진단해 보는 과정이 꼭 필요하다.

- ▶ 진단방법 1: 독립변수들 간의 기초 상관행렬의 상관계수를 통해서 대력적으로 파악한다. 일반적으로 상관계수가 .80을 넘지 않으면 다중공선성의 문제는 무시해도 좋다.
- ▶ 진단방법 2: 공차한계를 이용한다. 앞의 SPSS 실행방법 3단계에서 '공선성 진단'을 체크하면 결과 뷰어창에 공선성 통계량 칸에 공차한계 부분이 제시된다. 공차한계가 1에 근접할수록 변수 간에 다중공선성이 없는 것으로 판단한다.

④ R^2를 사용한 유의도 검정

모형	R	R 제곱	수정된 R 제곱	추정값의 표준오차
1	.696a	0.484	0.476	0.439

a. 예측자: (상수), 브랜드, 재료, 맛

단순회귀분석과 같이 R^2는 독립변수들이 종속변수를 어느 정도로 설명해 주는지를 나타내는 지표이다. R^2가 .484이므로 맛, 재료, 브랜드라는 독립변수가 고객만족도를 48.4% 정도 설명한다고 말할 수 있다.

⑤ 변량분석 결과

모형		제곱합	자유도	평균제곱	F	유의확률
1	회귀	35.435	3	11.812	61.377	.000a
	잔차	37.720	196	0.192		
	전체	73.155	199			

a. 예측자: (상수), 맛

F통계량이 61.377이고 이에 대한 유의확률이 .000으로 유의수준 $p<.01$이므로 이 회귀모형은 통계적으로 유의한다.

⑥ 다중회귀분석을 사용한 유의도 검정

모형		비표준화 계수		표준화 계수	t	유의확률
		B	표준오차	베타		
1	(상수)	0.853	0.213		3.999	0.000
	맛	0.216	0.062	0.236	3.503	0.001
	재료	0.205	0.064	0.215	3.202	0.002
	브랜드	0.335	0.061	0.368	5.505	0.000

다중회귀분석에서는 단순회귀분석과는 달리 비표준화 계수인 B값을 보지 않고, 독립변수 간의 영향관계를 알기 위해서는 표준화 계수 β값을 살펴보아야 한다. 다중

회귀분석의 위한 유의도 검정표에 독립변수인 맛, 재료, 브랜드의 β값은 각각 .236, .215. .368이므로 독립변수가 종속변수에 미치는 상대적 영향력을 할 수 있는데 브랜드의 영향력이 제일 크고, 다음이 맛, 재료로 순으로 재료의 영향력이 가장 작다. 유의확률은 맛, 재료, 브랜드가 .01보다 작아 통계적으로 유의하게 나타났다.

마무리사례

아파트, 조망품질과 공원접근성이 가격에 영향!

주택은 그 자체의 물리적 특성과 아파트가 위치한 단지 및 지역적 특성 등 다양한 특성을 지닌 복합체로서 이들 특성들의 가치의 합으로 볼 수 있다. 주택가격 결정요인은 평형, 방의 수, 욕실 수, 주택 층, 주택 향, 현관구조, 난방형태 등의 물리적인 주택특성과 지하철역과의 거리, 학교까지의 거리, 건설사지명도, 경과연수, 세대수, 주차대수, 단지규모, 상업시설접근성 등의 단지특성, 그리고 분진, 소음, 혐오시설, 산, 하천, 녹지, 공원, 경관조망, 체육시설 등 환경특성의 세 가지로 크게 분류할 수 있다. 이진순, 김종과 손양훈(2013)은 이들 변수가 아파트 가격에 미치는 영향에 관해 다음과 같이 헤도닉가격모형(hedonic price model)을 설정하였다.

$$Pi = \alpha + \sum\beta_1 X_i + \sum\beta_2 Y_i + \sum\beta_3 Z_i + \omega_i$$

Pi: 주택가격

α: 상수, β_i: 추정계수, ε_i: 오차항

X_i: 환경특성요인[개방감, 공원조망(정면 · 측면 · 후면) 여부, 공원 접근성]

Y_i: 주택특성요인[전용면적, 로얄층 · 준로얄층, 건축 연수, 주택 향]

Z_i: 단지특성요인[단지규모, 건설사지명도, 교통시설 접근성, 상업시설 접근성]

아파트 가격 결정요인 회귀분석 결과

		회귀계수
상수		334.521
환경특성	개방감	10.440**
	정면공원조망	33.964***
	측면공원조망	5.533
	후면공원조망	−4.279
	공원접근성	52.731***
주택특성	전유면적	.456***
	로얄층	30.969***
	준로얄층	18.569**
	건축연수	−14.372***
	주택 향	28.777***

단지특성	단지규모	.009
	건설사지명도	28.498***
	교통시설접근성	−.024*
	상업시설접근성	.002
F		50.211
p-value		.000
Adj. R2		.586

* p 〈 .10, ** p 〈 .05, *** p 〈. 01

이 연구는 인천 송도신도시 내 아파트 중 실거래가 자료가 있는 29개 아파트 단지를 조사대상으로 하여 2012년의 단위 세대별 총 실거래가에 대한 전수조사를 통해 수집된 자료를 사용하였다. 이 중에서 건설사로부터 분양가로 거래된 자료들은 조망 및 공원접근성 등에 대한 개별 효용이 규모, 층, 위치별로 제대로 반영되지 않을 수 있다는 판단 하에 연구대상에서 제외되었으며, 그 나머지 488세대에 대한 실거래가 자료가 사용되었다.

이 자료에 대해 회귀분석을 사용하여 분석한 결과, 환경특성, 주택특성, 단지특성이 모두 아파트 가격에 많은 영향을 주는 것으로 나타났다. 특히 환경특성의 영향이 크게 주목된다. 우선 아파트의 개방감이 가격에 상당한 영향을 미치는 것으로 나타났다. 개방감이 확보된 아파트의 가격이 개방감이 없는 것보다 ㎡당 10만4천 원 비싼 것으로 나타났다(b_1 = 10.440, t = 2.097, p-value 〈 .05). 또 공원조망성도 가격에 영향을 미치는 것으로 나타났다. 정면으로 공원이 조망되는 아파트는 조망이 없는 아파트보다 ㎡당 33만9천 원 비싼 것으로 나타났다(b_2 = 33.964, t = 4.092, p-value 〈 .01). 그리고 공원접근성 또한 아파트 가격에 큰 영향을 미치는 것으로 나타났다. 공원에 500m 이내에 위치한 아파트의 경우 그렇지 않은 아파트보다 ㎡당 52만7천 원 비싼 것으로 나타났다(b_5 = 52.731, t = 5.761, p-value 〈 .01).

출처: 이진순 · 김종훈 · 손양훈(2013).

요약정리

정량적 변수에 대한 관계분석은 상관분석과 회귀분석이 대표적이다. 상관분석은 등간척도나 비율척도로 측정된 변수들 간의 상관관계를 보는 것이다. 두 개씩 짝지어서 변수들 간의 관계를 본다.

한편, 회귀분석은 정량적 독립변수와 정량적 종속변수의 관계를 분석하는 방법이다. 회귀분석의 절차는 모형의 설정, 회귀식의 노출, 회계계수의 통계적 유의성 검정,

모형의 적합도 및 유의성 검정으로 구성된다. 독립변수는 영향을 미치는 변수이고, 종속변수는 영향을 받는 변수이다. 독립변수가 한 개이고 종속변수가 한 개인 경우를 단순회귀분석이라고 부른다. 독립변수가 두 개 이상이고, 종속변수가 한 개인 경우를 다중회귀분석이라고 부른다. 일반회귀분석의 결과는 상관분석의 결과와 동일하다.

14

CHAPTER

마케팅조사의 윤리와 조사보고서 작성

MARKETING RESEARCH

1. 마케팅조사의 윤리적 측면

2. 조사보고서의 목적과 구성

M A R K E T I N G   R E S E A R C H

14 CHAPTER 마케팅조사의 윤리와 조사보고서 작성

| 학습목표 |

1. 마케팅조사에서 윤리의 중요성을 이해하시오.
2. 마케팅조사 보고서의 작성방법을 습득하시오.

도입사례

빅데이터 시대, 개인정보 보호의 문제

최근 몇 년 동안 IT업계의 화두는 단연 빅데이터다. 빅데이터란 데이터의 생성이나 주기, 양, 형식 등이 매우 방대해져서 기존 방식으로는 수집이나 저장, 검색, 분석 등이 어려운 데이터를 의미한다. 특히 이전까지는 데이터로 취급하지 않았던 것들도 이제는 엄연한 데이터로 인정받게 되며 그 규모는 더더욱 커지고 있다. 특히 무선 네트워크와 모바일 기기의 발달로 인해 SNS 등 개인들이 생성하는 데이터의 양도 급속도로 증가하며 빅데이터는 더욱 빅(big)해지고 있다.

빅데이터가 주목받고 있는 이유는 단순하다. 데이터 속에 필요한 것이 있기 때문이다. 이런 빅데이터 시대를 맞아 개인정보의 중요성이 점차 높아지고 있다. 기업들은 빅데이터 개인정보를 활용하여 고객들이 원하는 제품과 서비스를 더욱 정교하게 만들어 내고 있다. 누구나 한 번쯤은 쇼핑몰에서 클릭해본 제품, 그리고 그와 연관된 제품이 다음 쇼핑몰 방문 시 광고로 뜨는 것을 본 경험이 있을 것이다. 이것은 해당 쇼핑몰이 고객의 사이트 이용 정보(쿠키)를 활용하고 있기 때문이다. 온라인 쇼핑몰들은 이처럼 쿠키를 활용해 자사 고객들에게 맞춤형 서비스를 제공하고 있다.

빅데이터 시대를 맞아 데이터가 비즈니스의 원천으로 거듭나고 있는 지금, 기업들은 이전까지 활용하지 않았던 데이터들에 대해서도 수집하고 분석하기에 이르렀다. 그러나 자칫 데이터 수집에 열을 올린 나머지 개인정보를 비롯한 민감한 정보 수집에 대한 우려도 높아지고 있다. 특히 페이스북, 트위터와 같은 소셜 네트워크 서비스(SNS)들은 이용자들에게 맞춤형 정보를 제공하기 위해 출생지, 연령, 거주지, 학력, 선호도 등 조합을 통해 개인의 식별이 가능한 개인정보를 요구하고 있으며, 이런 개인정보들을 수집하는 것이 가능해지면서 실제로 개인정보 침해가 발생하고 있는 것으로 나타났다.

이는 한국전자통신연구원(ETRI)이 자체 개발한 '빅데이터 개인정보 분석 기술'을 사용, 지난해 페이스북 657만 개, 트위터 277만 개 등 한국인 SNS 이용자 계정 934만 개를 대상, 개인정보 노출현황을 분석한 결과에도 잘 드러나 있다. ETRI 조사 결과 페이스북의 경우 성별(92%), 고등학교(47%), 혈액형(40%), 관심사(19%), 좋아하는 음악(14%) 순으로 개인 신상 정보가 노출됐으며, 트위터의 경우 이름(69%), 지역(45%), 직업(33%) 순으로 노출된 것으로 드러났다. 뿐만 아니라 페이스북에서 이름과 고등학교 조합만을 통해서도 개인이 식별되는 경우는 226만 명(34%), 대학교 정보를 추가할 경우 297만 명(45%)의 개인 식별이 가능한 것으로 확인됐다.

ETRI는 트위터와 페이스북에 노출된 이름, ID 등 간단한 정보를 이용해 최소 17만 개의 트위터 계정과 페이스북 계정을 서로 연결할 수 있는 것으로 파악됐다고 설명했다. ETRI 측은 "그동안 정보 하나하나를 조합해 개인을 식별하거나, 계정을 상호 연결해 더 많은 정보가 노출될 수 있는 위험성이 많이 지적되어 왔다"며, "이번 조사를 결과를 통해 그 심각성을 확인했다"고 밝혔다.

이밖에도 에드워드 스노든의 폭로로 인해 밝혀진 미국 국가안보국(NSA)의 프리즘이나 영국의 템포라와 같이 정보 감시를 위한 국가적 데이터 수집도 발생하고 있다. 비록 국가 안보를 위한 것이라고는 하지만, 명백한 개인정보 침해에 해당하는 사건들이다. 이처럼 빅데이터 시대를 맞이하며 개인정보 보호에 대한 필요성은 한층 높아지고 있다.

출처: IT Daily(2014. 7. 1).

1. 마케팅조사의 윤리적 측면

1) 마케팅조사에서 윤리의 중요성

조사정보의 구조는 개념적이고 기술적인 측면을 모두 포함한다. 즉, 마케팅조사에서 수집된 정보는 현실적인 마케팅문제의 핵심을 파악하고, 이 문제의 해결을 위해 구체적으로 어떤 변수를 통제해야 한다는 것을 제시해 줄 수 있어야 한다. 다양한 조사방법들을 활용해서 찾아낸 해답은 마케팅문제를 해소시키고, 바람직한 마케팅전략 수립에 도움을 줄 수 있을 것이다.

그러나 일반적으로 마케팅문제는 잘못된 시장세분화로 인한 표적시장 선정의 실패 또는 소비자의 숨은 욕구를 제대로 파악하지 못하여 발생하는 것이 일반적이다. 마케팅조사는 기업과 소비자 간의 문제를 해결하려는 과정이 필수적이기 때문에 일반 소비자 또는 대중을 상대로 면접조사, 설문지, 우편 및 전화 조사, 관찰조사, 실험조사 등을 통해 수집한 정보를 분석하여 그 결과를 제시한다.

최근 마케팅조사의 윤리적 측면이 강조되면서 소비자 및 기업차원에서 이에 대한 관심이 크게 부각되고 있다. 예를 들어, 2015년 3월 영국의 한 대학에서 카페인 섭취가 운동능력에 미치는 영향을 분석하기 위한 실험에 참가한 피실험자 2명에게 커피 300잔 분량의 카페인을 먹여 중태에 빠트린 기사가 보도 되었다. 이 대학 스포츠과학학과 소속인 2명의 실험 참여자들은 생명과학부가 진행한 실험에 자발적으로 참여했다. 하지만 이들은 실험을 진행하던 연구원들의 실수로 당초 예정된 카페인 0.3g 대신 이의 100배에 달하는 30g을 오렌지주스를 통해 섭취했다. 결국 이들은 카페인 과다복용으로 혈액순환에 문제가 생겼고, 심한 어지럼증 등의 부작용을 겪다 투석을 위해 중환자실에 실려갔다. 이에 영국 뉴캐슬 형사 법원은 카페인 18g을 섭취하고 사망한 사례를 들며 카페인 과도복용이 학생들에게 치명적일 수 있다고 판단하여 그 대학에 벌금 40만 파운드(5억 9천만 원)을 선고하였다. 이 실험과정에서 실험을 진행한 연구원들은 충분히 숙련되지 않았고, 심지어 이들은 스스로 실험을 해 본 적이 없었기 때문에 개인의 정신적 · 신체적 피해가 야기할 수 있는 윤리적 문제점들을 심각하게 고려하지 않고 조사를 진행하였던 것으로 보인다.

마케팅조사에서 고려해야 하는 윤리적 측면은 응답자뿐만 아니라 조사를 의뢰한 회사와 조사를 수행하는 회사에 대해서도 적용된다. 마케팅조사를 의뢰한 기업과 사전에 합의된 범위 내에서 조사결과를 공표하거나 활용이 이루어져야 한다는 것이 그 한 예라 할 수 있다.

마케팅조사에서 윤리적 문제가 제시된 것은 오래전부터 사회과학분야의 학자들과 조사실무자들 사이에게 거론되어 왔다. 그럼에도 불구하고 마케팅조사의 현장에서는 끊임없이 비윤리적인 행위들이 나타나고 있으며 이에 대한 지적이 제기되어 오고 있다. 이하에서는 이러한 문제점들을 보다 구체적으로 살펴보기로 한다.

2) 응답자에 대한 윤리적 책임

현재 생명윤리 및 안전에 관한 법률 제2조는 사람을 대상으로 물리적으로 개입하거나 의사소통, 대인접촉 등의 상호작용을 통하여 수행하는 연구 또는 개인을 식별할 수 있는 정보를 이용하는 연구를 규제대상으로 하고 있고, 제15조는 연구대상자 및 공공에 미치는 위험이 미미한 경우에 한하여 국가위원회 심의를 거쳐 보건복지부령으로 정한 연구는 심의를 면제할 수 있다고 규정하고 있다. 구체적인 규정대상에는 중재연구, 상호작용을 통한 연구, 개인식별정보를 포함한 연구, 복합적으로 수행되는 연구가 있다.

중재연구란 연구대상자에게 어떤 침습적 행위(식품, 의약품 등의 섭취, 혈액채취 등)를 하거나 연구대상자의 환경을 조작(시각, 청각 등에 자극 또는 스트레스 유발)하는 물리적 개입이 포함된 연구를 수행하고 그 결과를 얻어 진행하는 연구이다. 상호작용을 통한 연구는 연구대상자의 행동관찰, 연구를 위해 연구대상자를 대면한 설문조사, 그 밖에 연구대상자를 접촉하고 조사 및 관찰 등을 수행하여 자료를 얻는 연구이다. 개인식별정보를 포함한 연구는 앞의 두 연구 유형처럼 연구대상자를 직접 대면하거나 연구대상자로부터 정보를 직접 수집하지는 않았지만, 연구대상자를 직·간접적으로 식별할 수 있는 자료를 이용하는 연구를 말한다. 마지막으로 복합적으로 수행되는 연구는 실험적 연구와 조사 등을 통한 정보를 이용하는 연구가 복합적으로 수행되거나, 관찰 연구가 포함된 연구 등 앞선 연구유형들이 복합적으로 수행되는 연구로 사람을 대상으로 하는 연구에 해당한다.

일반적으로 소비자 또는 일반인을 대상으로 진행되는 마케팅조사는 위의 4가지 연구유형들 중 하나에 속하기 때문에 각 연구유형이 야기하는 위험요소들로부터 자유로울 수는 없다. 이에 생명윤리 및 안전에 관한 법률에 따라 기관생명윤리위원회를 설치하고, 인간을 대상으로 하는 연구는 생명윤리 및 안전의 확보하고자 연구자의 연구계획서 심의 및 수행 중 연구과정 및 결과에 대한 조사, 감독 등을 통해 연구자 및 연구대상자 등을 윤리적 측면에서 보호할 것을 촉구한다.

앞으로 대학, 연구기관 등에서 실시하는 모든 인간 대상 연구는 생명윤리 및 안전에 관한 법률 개정안에 의해 기관 IRB(Institution Review Board: 연구윤리심의위원회)의 심의를 의무적으로 받아야 하지만 조사회사는 이에 해당하지 않는다. 그러나 연구대상자들은 생명윤리적 문제, 사적 정보 외부유출 및 사회적으로 민감한 것에 대한 조사결과의 보고 등을 원하지 않기 때문에 조사 의뢰기업과 조사 수행기업에서는 자체적 윤리규정을 세우고 지켜나가야 할 것이다.

3) 조사 의뢰회사나 조사 수행회사의 윤리적 책임

우선 조사 의뢰회사에 대한 윤리적 측면을 살펴보면, 조사 수행회사는 조사 목적으로 보아서 이미 발표된 자료만으로 충분한데 많은 비용을 들여서 제1차 조사를 하도록 고객회사에게 권유하는 경우에 윤리적 문제가 발생한다. 예컨대 백화점 입지 선정을 위해서는 통행량에 관한 정보가 필요한데 최근에 정부나 공공연구기관에서 실시한 자료가 있는데도 불구하고 그것을 말하지 않고 새로운 조사를 권하는 경우가 있다. 또는 조사 의뢰회사가 마케팅조사 예산 최고한도를 정해 줄 경우, 조사 수행기업이 표본 축소, 표본 추출방법 간소화, 조사 범위 축소, 조사 질문 문항 수 최소화 등의 방법을 적용할 수 있다. 이것은 조사의 목적을 달성하지도 못할 정도로 조사를 간략화 하는 결과를 초래할 수 있다.

마지막으로 조사용역은 내용에 따라서는 특정기업이 그러한 조사를 의뢰하였다는 것이 외부에 알려져서는 아니 되며, 동일하거나 유사한 목적을 가진 조사를 두 경쟁기업으로부터 의뢰 받은 경우 각각의 의뢰회사에게는 서로의 조사계획 및 내용을 비밀로 하고 동시에 수행해야 한다.

반면, 조사 수행회사에 대한 조사 의뢰회사의 윤리적 문제로는 다음과 같은 것들이 제기된다. 회사가 특정 문제 해결을 위한 조사계획 제의서를 여러 개의 조사회사에서 받아서 계획서의 아이디어만 참고하고 조사를 하지 않는 경우이다. 혹은 조사 수행회사는 조사계획제의서 작성에 비용이 들었는데 채택되지 않은 나머지 조사제의가 아무런 보상 없이 각하되면 윤리적으로 문제가 된다. 입찰에서 떨어진 회사에게도 최소한 조사계획서 작성 비용은 보상해 주어야 합당하다.

보고서에서 내린 결론이 고객회사에게 바람직하지 않을 경우, 보고서를 자의적으로 해석하여 유리한 결론을 내리기도 한다. 예를 들어서, 대리점주가 영업사원에게 제품을 밀어내기 식 강매를 강요해서 사회적으로 문제가 된 경우에 이것이 소비자들에게 해당 기업의 브랜드 이미지에 어떠한 영향을 미치는지에 대한 조사는 신중해야 한다. 만약, 해당 기업 대리점주의 강압행위에 대해서 소비자여론이 부정적이면 이것을 누락하고, 반대로 여론이 별로 나쁘지 않아 자의적으로 해석해 언론에 조사결과를 발표한다면 이것은 비윤리적인 행위라고 볼 수 있다. 조사 수행회사의 조사결과를 신뢰하고, 액면 그대로 받아들이려는 마음가짐이 필요하다.

2. 조사보고서의 목적과 구성

1) 조사보고서의 목적

마케팅조사 과정에서 자료를 수집하고, 분석을 완료하고 나면 조사보고서(research report)를 만들어서 조사 의뢰기업에게 발표하고 또한 제출한다. 조사 수행회사의 입장에서 마케팅조사의 최종단계인 보고서는 기업으로 의뢰받은 조사를 완수했다는 것을 입증하는 것이다. 조사보고서는 마케팅조사 전문기관이 제공한 용역서비스에 대한 조사비용 청구 대가인 것이다.

조사보고서의 최종품질은 조사 의뢰기관에 의해 평가 내려지기 때문에 보통 마케팅 조사 전문기관에서는 조사보고서의 품질을 높이기 위해 마지막까지 수많은 노력을 투입하게 된다. 보고서의 품질은 조사자가 분석결과를 토대로 마케팅전략의 수립과 집행에 관련해 기업이 취할 수 있는 대안들을 제시하여 마케터가 적절한 마케팅의사결정을 내릴 수 있느냐에 달려 있다. 즉, 조사보고서는 의뢰기관의 조사목적에 맞추어서 조사가 얼마나 체계적으로 진행되었는가를 보여 주는 것이 가장 중요한 판단 기준이 된다.

2) 조사보고서의 구성

조사보고서는 크게 구두보고와 문서보고의 두 가지 형태로 이루어져 있다. 구두보고는 조사의뢰기관과 조사수행기관의 계행조건에 따라 횟수가 정해져 있지만 보통 1~2 회의 구두보고가 진행된다. 한편, 문서보고는 조사프로젝트 수행기간에 따라 약간의 차이를 보이는데 단기간(1~2개월)에 완수가 되는 경우에는 착수보고와 최종보고가 전형적이다. 그러나 조사의 수행기간이 3개월~1년 정도로 비교적 긴 경우에는 단기간 문서보고에 중가보고를 추가하는 것이 일반적이다. 착수보고는 조사의뢰기관의 조사목적에 따라 구성된 조사설계를 보고하는 형태이다. 조사설계란 조사목적을 달성하기 위한 자료수집방법과 실행계획에 구체적이고 체계적인 계획을 의미한다.

중간보고는 착수보고 이후에 수행된 실사업무(field work)와 이 과정에서 발견된 다양한 문제점과 어려움에 대처하기 위한 대안을 모색하는 데 목적이 있다. 작성된 중간 보고에 따른 업무의 진행여부는 최종보고의 사전목적 달성이 어느 정도 가능하지를 가늠하게 한다.

최종보고서는 주로 다음과 같은 목차로 구성된다.

- 조사보고서의 표지
- 조사보고서의 제목
- 조사보고서의 주요목차
- 조사보고서의 요약된 결론
- 조사설계
- 조사실행
- 자료분석
- 마케팅적 시사점
- 부록

이를 자세히 살펴보면 다음과 같다.

(1) 조사보고서의 표지

표지에 포함될 내용은 보고서 제목, 클라이언트의 회사명(필요에 따라 담당 부서명까지), 조사회사명과 조사담당자명, 제출일자 등이 있다.

(2) 조사보고서의 주요목차

주요목차에는 각각의 주제를 순서대로 기술하고 주제에 해당하는 페이지 번호를 기입한다. 보고서가 길어 세부적인 주제가 많은 경우 목차요약을 먼저 제시할 수 있다. 또한 목차에는 조사보고서에 포함된 표와 그림의 번호와 제목 그리고 페이지 번호를 함께 기술한다.

(3) 조사보고서의 요약된 결론

요약된 결론은 조사보고서의 주요 내용을 간략히 압축하여 표현한 것이다. 요약에 포함된 내용은 조사목적, 자료수집, 분석방법, 시사점 그리고 전략제안이다.

- 조사의 목적: 의사결정문제와 가설 제시
- 자료수집 및 분석방법: 조사설계, 자료수집방법, 자료수집수단, 표본추출, 응답자 특성 및 자료분석방법을 개괄적으로 제시한다.
- 시사점: 조사목적에 상응하는 주요 시사점만을 기술한다.
- 전략제안: 시사점을 토대로 한 전략을 제안한다.

(4) 조사설계 및 조사실행

이 부분은 본 조사가 어떻게 수행되었는가에 관한 것으로 조사하는 목적과 이용될 조사 방법(탐색적 조사, 기술조사, 인과관계조사)을 제시하고, 조사 시 따라야 할 전반적인 틀을 설정한다. 조사설계 조건을 기준으로 조사 대상자와 조사 수단을 무엇으로 할 것인가에 대한 정보를 제공한다.

(5) 자료분석

자료분석에 포함될 내용은 우선 조사목적에 부합되는 응답자 특성과 측정항목을 개괄적으로 정리하고, 수집된 자료를 적합한 통계적 기법에 의하여 분석한 결과에 대한 요약표를 작성한다. 이때, 분석결과는 클라이언트에게 그 의미가 전달될 수 있다고 판단되는 범위까지 기술한다. 예를 들어, 클라이언트의 통계학적 지식이 매우 적다면 분석기법을 구체적으로 제시한다는 것은 의미가 없기 때문이다.

(6) 마케팅적 시사점

수집된 자료를 적합한 통계적 기법에 의하여 분석하고 나면 조사자는 분석결과로부터 마케팅 전략상에 활용할 수 있는 시사점을 도출한다. 이에 분석결과로부터 적절한 시사점을 포착하여 전략적인 방안으로 확장된 내용이 포함될 수 있다.

(7) 부록

부록에는 본문에 반드시 포함시킬 필요가 없지만 경우에 따라 클라이언트에게 참고가 될 수 있는 것들이 포함된다. 일반적으로 설문지, 참고문헌, 세부적인 자료분석 결과 등이 있다.

좋은 조사보고서를 완성하기 위한 작성규칙을 알아보면 다음과 같다.

규칙 1 독자는 가장 중요한 사람이다.

- 독자의 관점에서 보고서를 작성
  - 작업에 대한 독자의 이해정도
  - 독자가 알고 있어야 하는 프로젝트 배경에 대한 이해도 정도
  - 독자는 이와 유사한 일에 관여한 적인 있는지에 대한 여부
- 서로 다른 대상을 위한 보고서를 작성하기 위해 사전에 작성방법에 대해 결정
- 독자를 이해함으로써 기술적인 수준과 글의 형식을 결정

규칙 2 조사보고서는 가능한 한 간결하게 작성한다.

- 관심을 끌기 위해서는 짧은 보고서가 유리
- 통계와 지도, 기술적인 용어, 실험데이터를 사용해서 간결한 형태 유지

규칙 3 조사보고서는 기술적인 오류 및 오탈자가 없어야 하며, 일관성을 유지해야 한다.

- 정확성: 올바른 철자법 사용, 적절한 문자의 순서, 의미 전달이 가능한 단어의 선택과 더불어 다양한 문장의 길이를 사용하고, 각 문단의 내용은 일관성을 유지하도록 함
- 간결성: 같은 내용을 중복해서 설명하지 않음으로써 의미가 불명확해지는 것을 방지하고, 불필요한 수식어를 남발하지 않음
- 요란한지 않은 형식: 공식문서에서 사용하는 언어의 격식과 적절한 형식을 갖추고 속어나 구어적 표현 사용하지 않음

- 전문용어 또는 사용 단어의 길이가 길어서 약어를 사용하는 경우 약어를 일관성 있게 사용

규칙 4 조사보고서에 시각적 자료를 적극적으로 활용한다.

- 도표의 위치
  - 가능한 도표에 관련된 문장과 같은 쪽에 위치
  - 도표가 보조적인 역할을 할 때에는 부록에 포함
  - 가능한 문장의 방향과 같은 방향으로 놓이도록 함
- 규약
  - 많은 정보를 나타낼 때에는 표를 사용
  - 두 개의 비교 항목을 표시할 때에는 그래프를 사용
  - 일반적인 통계나 과학적인 결과를 표시할 때에는 그래프를 사용
- 표와 그래프를 활용한 시각자료의 예
  - 표: 많은 양의데이터를 정확하게 제공하고, 데이터 비교의 용이성을 고려해 가로보다는 세로로 제시하는 것이 좋다.

(a) 잘못된 표의 예

속성 / 이용빈도	Low	Mid.	High
맛	4.57	4.45	4.60
가격	4.25	4.15	4.05
분위기	3.44	3.55	3.67
서비스	3.81	3.83	3.95
위치	4.03	4.00	4.00
브랜드	3.48	3.39	3.84
재료	4.05	4.13	4.37

(b) 잘된 표의 예

이용빈도 \ 속성	맛	가격	분위기	서비스	위치	브랜드	재료
Low	4.57	4.25	3.44	3.81	4.03	3.48	4.05
Mid.	4.45	4.15	3.55	3.83	4.00	3.39	4.13
High	4.60	4.05	3.67	3.95	4.00	3.84	4.37

- 그래프

(1) 선그래프: 막대그래프보다 상세하게 데이터를 표시할 수 있고, 선의 형태와 심벌은 일관성을 유지시켜야 하며 같은 축적을 사용해야 한다.

(a) 잘못된 그래프의 예

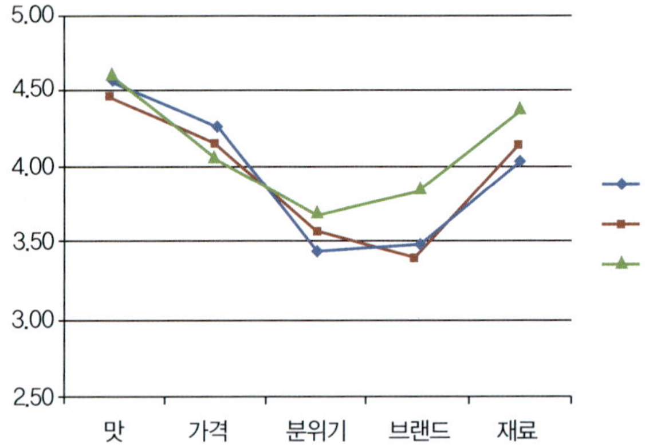

(b) 잘된 그래프의 예

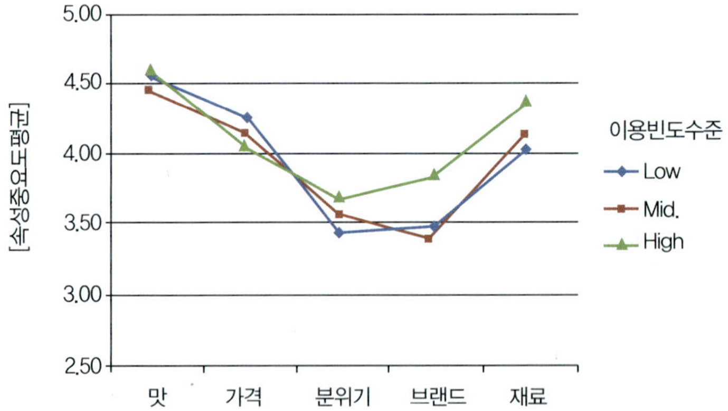

(2) 막대그래프: 간단한 결과를 명확하게 보여 주기에 적합한 그래프이며, 축제목과 범례를 명시해 주어야 한다.

(a) 잘못된 그래프의 예

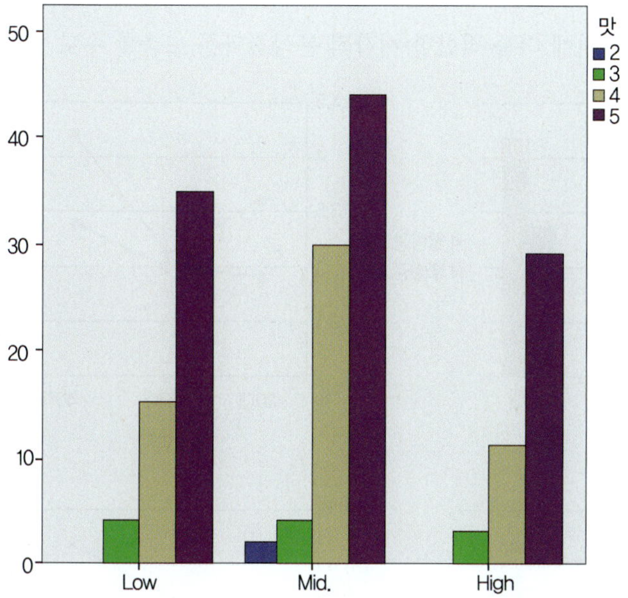

(b) 잘된 그래프의 예

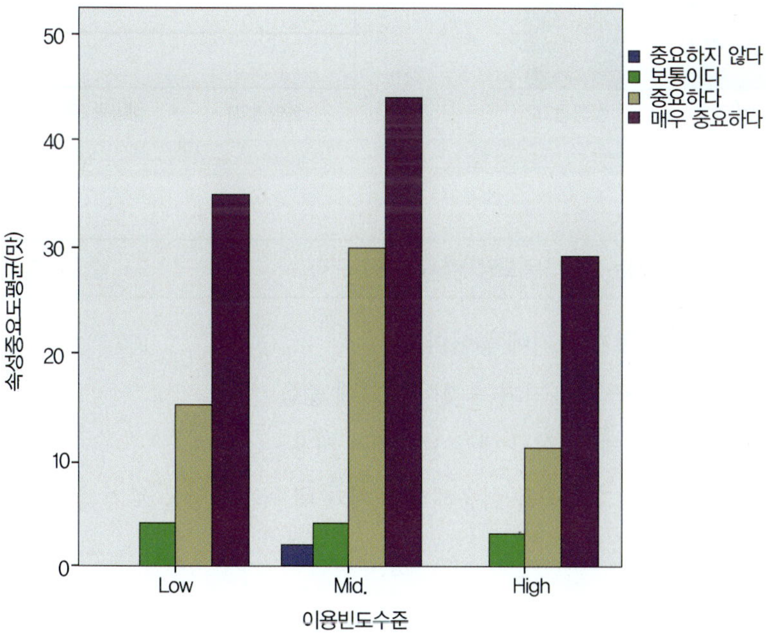

(3) 같은 데이터를 나타내는 두 개의 그래프 사용: 세부적인 결과를 나타내는 라인 그래프와는 달리 막대그래프는 간단한 결과를 명확하게 보여 줄 수 있기 때문에 동일한 데이터를 두 가지 유형의 그래프를 동시에 제시할 수 있다.

(a)와(C) 그리고 (b)와(d)의 그래프와 같이 행과 열의 축을 바꿔봄으로써 조사결과를 부각시키시에 더욱 적합한 시각적 분석결과를 도출할 수도 있다.

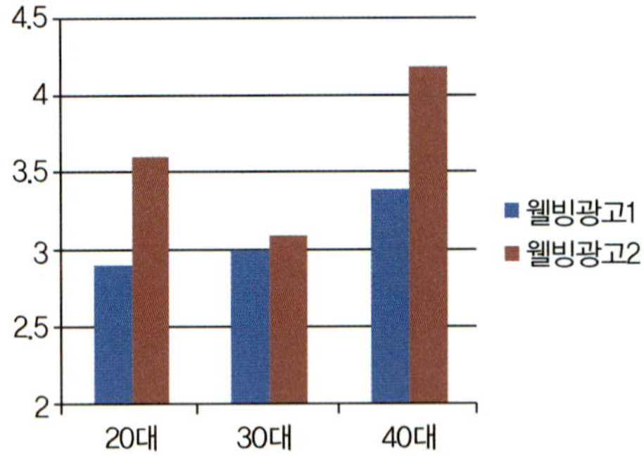

(a)

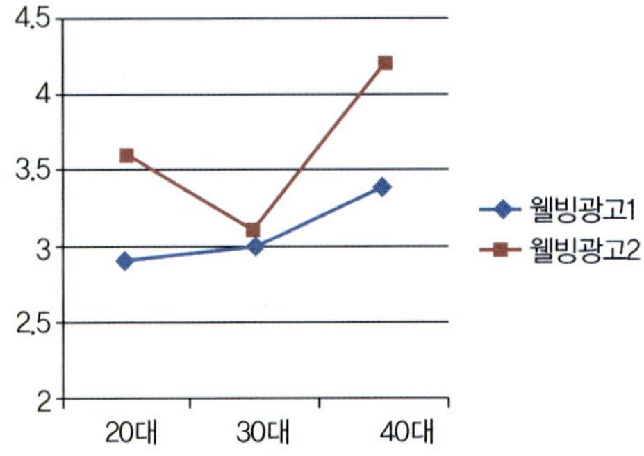

(b)

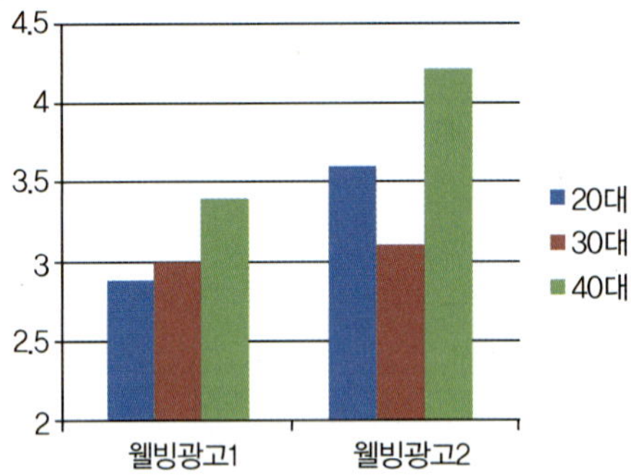

(c)

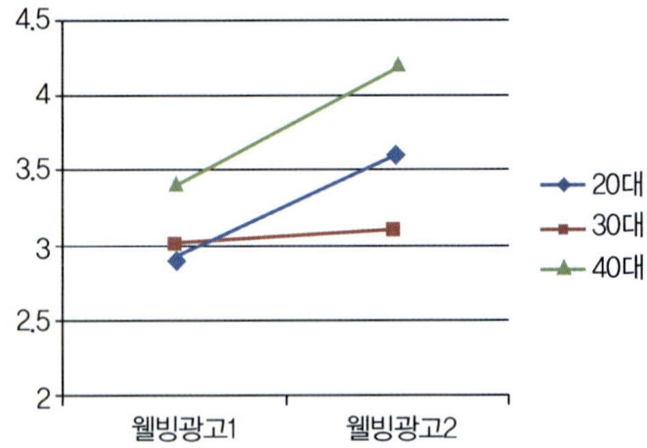

(d)

규칙 5 조사보고서는 프로다운 모양새를 구비해야 한다.

- 출력 품질과 배치가 보기에 좋아야 함
- 빈 공간이 보기 좋게 유지되는 것이 보기에 좋음
- 링 제본, 스프링 제본: 회사 내부 보고서에 사용
- 중요한 보고서는 그래픽을 이용해서 표지와 내주의 모양을 보기 좋게 함

규칙 6	조사보고서를 사용하는 사람이 편리하도록 작성한다.

- 절과 세부 절
  - 보고서의 개요를 설명하는 독립된 절을 작성
  - 다시 세부적으로 절을 구분하고 각 세부 절은 구체적인 제목 사용
  - 다양한 목적에 따라 자료를 세부적으로 구분
  - 주요 절은 새로운 쪽에서 시작해서 쉽게 찾을 수 있도록 함
- 표기법
  - 표기법을 이용해서 제목을 논리적으로 연결
  - 절의 제목은 중요도에 따라 부여되는 번호와 부합해야 함: '1.', '1.1', '1.1.1'
  - 숫자 외에 다른 표기법도 사용 가능: 가나다순 또는 알파벳 순서

3) 조사결과의 신뢰성과 이의 활용여부

조사결과는 신뢰성이 높아야 한다. 마케팅조사가 마케팅조사의 기본적인 이론들(조사설계, 표본추출, 설문작성, 도표구성, 결론추출)에 근거해서 수행이 되었다면 우리는 보통 믿을 수 있다라고 한다. 그러나 조사보고서가 신뢰성이 높으려면 객관성과 반복결론 가능성을 항상 확보하고 있어야 한다.

여기에서 객관성이란 결론은 객관적인 입장에서 내려져야 한다는 것이다. 마케팅조사를 의뢰한 곳이 의도를 감안하면서 수행하더라도 결론은 항상 객관적인 입장에서 내려져야 우리는 그 결과를 신뢰할 수가 있다.

반복결론 가능성이란 이번에 내려진 결론을 다른 마케팅조사기관이 동일한 절차로 수행하면 거의 동일한 결론에 도달할 수가 있어야 한다. 이것은 과학적인 조사의 기본적인 전제요건이 된다.

마무리사례

미국 소비자의 구매행동 변화

맥킨지 사는 매년 광범위한 설문조사를 통해 소비자들의 경제적 상황과 소비행동의 변화를 분석하고 있다. 최근 조사에 따르면, 2015년의 미국 소비자 구매행동에는 다음과 같은 다섯 가지의 변화가 일어난 것으로 알려졌다.

① 소비절약의 강화
② 절약적인 브랜드 충성
③ 하향적 소비의 약화
④ 주류 및 개인위생용품의 상향적 소비
⑤ 복수 유통경로의 사용

1. 소비절약의 강화

미국 소비자들은 여러 가지 방식으로 소비지출을 줄이고 있다. 조사대상자의 49%가 "돈을 절약할 수 있는 방법을 찾기 위해 더욱 노력하고 있다"고 응답하였다. 특히 아이가 있는 21세부터 34세까지의 신세대 여성(millennial women)의 경우 72%가 그렇다고 대답하였다. 이들 소비자는 가격비교, 쿠폰이나 회원제 카드 사용, 세일과 판촉 이용, 값이 저렴한 가게에서의 쇼핑, 대량구매 등 소비절약 행동에 열심히 노력하고 있다.

2. 절약적인 브랜드 충성

미국 소비자들은 여전히 선호 브랜드에 충성도를 보이고 있지만 할인 쿠폰을 사용하거나 세일할 때를 이용한다든지 가격이 싼 점포를 찾아 쇼핑하거나 구매량을 줄이는 등의 방법으로 어떻게 하면 돈을 절약할 수 있을까 노력하는 것으로 나타났다.

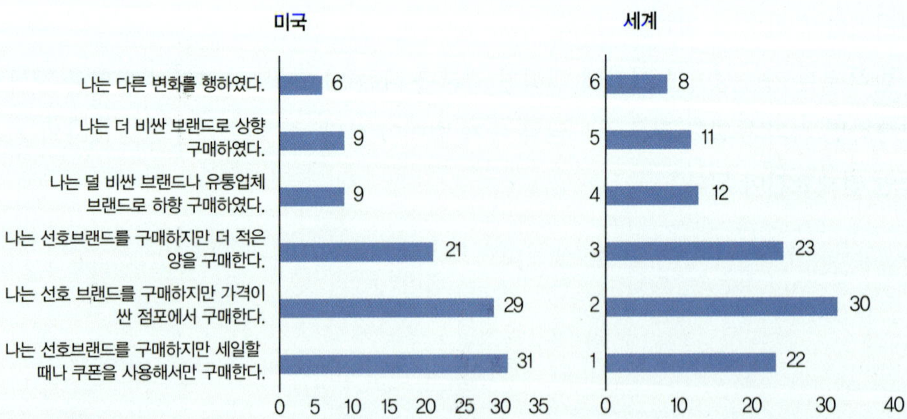

선호 브랜드에 대한 구매절약 방법 선택비율(단위: %)

3. 하향적 소비의 약화

전체적으로 하향적 소비추세는 다소 약화되었다. 응답자 중 선호 브랜드 대신에 가격이 싼 브랜드 또는 유통업체 브랜드를 구매했다는 하향적 소비 경험을 이야기한 소비자의 비율은 9%에 불과하였다.

집단별로는 소비절약 추세의 경우와 마찬가지로 신세대 엄마들의 하향적 소비 경험 비율이 14%로 가장 높게 나타났다. 품목별로는 생수, 청소용품, 파스타, 쌀 등 브랜드 상품 사이의 차별화가 크지 않은 상품들의 하향적 소비 경험 비율이 높게 나타났다.

또한 하향적 소비 경험을 즐긴 소비자의 비율은 2015년에 46%로서 2012년 이후의 안정적 42% 수준에서 약간 증가하였다. 응답자의 3분의 2 이상이 품질과 돈의 가치 측면에서 덜 비싼 브랜드가 기대 이상이었다고 대답하였다. 그리고 대부분의 하향적 소비 경험자들이 자신의 의사결정을 후회하지 않았고, 74%가 덜 비싼 선택을 고수하고, 예전에 구매했던 브랜드로 돌아가지 않겠다고 응답하였다. 흥미롭게도 더 싼 선택을 고수하겠다는 응답자 절반이 여전히 더 비싼 브랜드를 선호하지만 그것을 위해 더 비싼 돈을 지불하지는 않겠다고 이야기하였다.

4. 주류 및 개인위생용품의 상향적 소비

그림에 보이는 것처럼 미국의 하향적 소비 경험자 비율과 상향적 소비 경험자 비율은 9%로 동일하게 나타났다. 이 숫자는 2013년과 2014년의 6%에 비하여 높아진 것이다. 특히 주류와 개인위생용품의 비율이 각각 17%, 13%로 가장 높게 나타나 소비자들에 대한 이들 제품의 고가 프리미엄 설득력이 높아진 상황이 되었다. 집단별로는 하향적 소비 경험 비율이 가장 높은 신세대 엄마들이 상향적 소비 경험도 그 비율이 14%로 가장 높게 나타났다는 사실이 주목된다. 55세에서 74세까지의 베이비부머들은 불과 5%의 가장 낮은 상향적 소비 경험 비율을 보였다.

5. 쇼핑경로의 다양화

소비습관의 또 다른 중요한 변화는 사람들의 쇼핑 장소와 관련된 것이다. 미국 소비자들은 소비지출의 5분의 1 정도를 온라인 소매점, 대폭 할인점(hard discounters), 회원제 할인점(club stores)의 3개 쇼핑경로로 전환시켰다. 실제로 이들 3개 유통경로의 매출이 2009년 이래 최고의 성장률을 기록하고 있다.

출처: Magni, M., Martinez, A., & Motiwhala, R. (2016).

요약정리

마케팅조사를 수행할 때에 가장 중요한 것이 윤리의식을 가지고 수행하는 것이다. 윤리란 인간이 지켜야 하는 최소한도의 도리를 의미한다. 마케팅조사는 소비자들의 심리상태를 측정하는 경우가 많기 때문에 간혹 실수를 하면 소비자의 마음에 상처를 줄 수가 있다. 또한 마케팅조사의 결과를 비윤리적인 방식으로 사용할 수도 있다.

마케팅조사를 수행하기 전에 마케팅조사를 윤리적으로 설계한다는 의식을 확고하게 가져야한다. 그러고 나서 설문지를 개발하면서 윤리적으로 문제가 되는 질문들은 전부 피하는 것이 좋다. 동시에 설문을 수집하면서 소비자들에게 응답을 하는 과정에서 심리적으로 상처를 입히지 않도록 해야 한다.

마케팅조사의 결과분석을 하는 과정에서 입수가 될 수 있는 기업체에 관한 비밀정보들을 외부에 발설하지 말아야 한다. 또한 조사결과의 보고가 완료된 후에 마케팅전략을 수립하면서 생기는 각종 정보나 노하우도 외부에 노출하지 말아야 한다.

윤리적인 의식에서 마케팅조사를 수행하고 나서 최종보고서를 작성해야 한다. 마케팅조사는 시간과 비용이 소요되므로 시간과 비용부담에 비해서 결과가 더 좋은 것을 찾아내어야 한다. 마케팅조사 의뢰기업에 제시한 조사목적을 확실하게 이해하고 그러한 조사목적에 적합한 조사결과를 정상적인 마케팅조사 절차를 통해서 완수하고 이를 보고해야 한다.

구두보고도 가능하고 그리고 문서로 보고서를 작성해서 요약하고 조사목적과 조사설계를 기록하고 조사실시한 과정과 결과를 도출, 마지막으로 전략을 제시해야 한다.

참고문헌

김상현, 김정구, 김종훈, 김주호, 전중옥, 정연승, 정용길, 한동철, 한장희, 마케팅, 2011, 서울: 이프레스.

김옥남, 고객의 두뇌 속까지 관찰하자, 동아비즈니스리뷰, 제55호(4월), 2010.

김주호, 정용길, 한동철, 소비자행동, 2012, 서울: 이프레스.

김상현, 한동철, 유통관리, 2012, 서울: 이프레스.

국민일보, 5차 리스테이지로 섬세해진 동서식품 '카누'… 원두커피시장 평정 나섰다, (2014.1.7).

김근배, '콘셉트' 잡아주는 조사는 최고의 마케팅 무기, 동아비즈니스리뷰, 제55호(4월), pp. 54-58, 2010.

김유영, 신수정, 바닥을 읽고 생각을 뒤집었다, 그리고 중국 시장을 잡았다, 동아비즈니스리뷰, 제58호(6월), pp. 20-28, 2010.

서울신문, '대선 풍향계' 여론조사 해부] 100여곳 난립… 상위 10곳 매출 60% '독식': 여론조사기관 현황 · 실태, (2012.10.27).

송규봉, 스타벅스 서울 매장 지도, 상장사 본사 지도와 똑같은 이유, 동아비즈니스리뷰, 제133호(7월), pp. 92-98, 2013.

아시아투데이, '동서 · 남양 잡는다' 롯데 · 네슬레 연합: 커피믹스 시장 불붙나? (2014.1.27).

아이뉴스24, '세계 최초'의 맛 동서식품 '맥심': 시대 흐름 맞는 품질 · 디자인 변화 통해 국내 커피 업계 리딩, (2014.2.4).

윤세환, 2012 리서치업계 주요이슈와 전망, 광고계동향, 제255호(6월), pp. 16-37, 2012.

이종호, 박용, 깐깐한 美 소비자, 성능 · 가격 무장한 제네시스에 빠지다, 동아비즈니스리뷰, 제85호(7월), pp. 75-8, 2011.

조원상, 직원부터 확 바꾼 'New Thinking. New Possibilities.' 프리미엄 고객 움직인 'Live brilliant', 동아비즈니스리뷰, 제134호, pp. 76-85, 2013.

중앙일보, 동서식품의 '카누', 저온서 압축해 추출, 커피 원두 고유의 맛 살려, (2013.11. 28).

통계청, 통계로 찾은 2014 블루슈머 6, 보도자료, (2014.1.27).

한국경제, 동서식품 '카누', 커피전문점 같은 고급스런 맛: 인스턴트커피의 간편함에 담아, (2014.2.13).

Babbin, B. J., Hardesty, D. M., & Suter, T. A. "Color and Shopping Intentions: The Intervening Effect of Price Fairness and Perceived Effect", *Journal of Business Research, 56*, pp. 541-551, 2003.

Bucklin, L. P., *A Theory of Distribution Channel Structure Berkeley*, CA: IBER Special Publication, 1996.

Churchill, Jr., Gilbert A. & Brown, T. J., *Basic Marketing Research*(6th ed.), Mason, Ohio: Thomson South-Western, 2007.

Coughlam, A. T., Anderson, E., Stern L. W., & El-Ansary, A. I., *Marketing Channels*(7th ed.), NJ: Prentice Hall, 2006.

EBN, 발렌타인데이 받고 싶은 선물 1위 지갑 · 벨트 등 잡화, (2014.2.5).

Hartley, R. F., *Marketing Mistakes*, 6th ed., NY: John Wiley & Sons, Inc, 1995.

Honomichl, J., "2012 Honmichl Global Top 25: Research Report", *Marketing News*, (August 31), pp. 12-40, 2012.

Power, J. D., The J.D. Power 2013 U.S. Sales Satisfaction Index (SSI) Study, 2013.

Kotler, P., & Keller, K. L., *Marketing Management*, Pearson Education, 2012.

Malhotra, N. K., Basic *Marketing Research: Integration of Social Media*(4th ed.), Boston: Pearson Education, Inc., 2012.

Malhotra, N. K., *Marketing Research: An Applied Orientation*(6th ed.), Boston, Pearson, 2010.

Puccinelli, N. M., Chandrashekaran, R., Grewal, D., & Rajneesh, S., "Are Men Seduced by Red? The Effect of Red Versus Black Prices on Price Perceptions", *Journal of Retailing, 89*(2), pp. 115-125, 2013.

Zemke, D. M. V., & Shoemaker, S., "Scent across a Crowded Room: Exploring the Effect of Ambient Scent on Social Interactions", *Hospitality Management, 26*, pp. 927-940, 2007.

Zikmund, W. G., & Babin, B. J., *Essentials of Marketing Research*(5th ed.), South-Western, Cengage Learning, 2013.

찾 아 보 기

ㄱ

가격조사 23
가설 55
가설검정 66
가정 방문 187
가치제안 22
감지효과 206
개념적 정의 230
개념타당성 239
개방형 질문 258
개별면접 60, 151
개별심층면접 44
거래단위 25
검사-재검사 신뢰성 236
검정통계량 314
결정계수 399, 405
결측값 323
결측자료 66
경쟁조사 19
계통표본추출 291
계통표본추출방법 64
고객조사 21
과학적 방법 17
관리자 오류 148
관찰빈도 344
관찰조사 49, 60, 171
관찰지 62
관측빈도 349
광고침투비율 24
광고카피조사 24
교차분석 343
구두보고 429
구매행동변수 22
국가통계포털 116
군집표본추출 291
군집표본추출방법 64
귀무가설 311
균등화 59, 214
균형 혹은 비균형 척 248
그림 그리기 48
그림분류법 98
그림투사법 98
근거이론 83
근육 활동(Muscle Activity) 측정 182
기계적 관찰 179
기대빈도 349
기술적 분석 305
기술조사 46
기술통계량 66, 305
기술통계분석 66
기준타당성 239
기타 비용 95

ㄴ

내부자료 110
내용분석 179
내용타당성 239
내적 일관성 236
내적 타당성 206
노출수 24
눈덩이표본추출 292

ㄷ

다변량분석 66
다중공선성 418
다중회귀분석 402
단계선택 409
단변량분석 66
단순무작위표본추출 291
단순무작위 표본추출방법 64
단순이분형 260
단순회귀분석 394
단어연상법 48, 98
단일 응답 316
단일표본 T검정 351
단일 혹은 비교척도 247
단측검정 312
닻 내림 효과 264
대립가설 311
대응표본 T검정 351
대조 96
대조검토 110
대체형식 신뢰성 236
대표성 문제 206
데이터마이닝 130
데이터베이스 111
도수분포표 66, 305
독립변수 59, 200
독립표본 T검정 351
동반적 변화 49, 198
두뇌 활동(Brain Acitivity) 측정 183
등간척도 62

등분산 가정 363

ㄹ

리커트척도 244

ㅁ

마이크로데이터 서비스시스템 116
마케팅성과 조사 26
마케팅성과추적조사 26
마케팅 의사결정문제 52
마케팅조사 16
마케팅커뮤니케이션 조사 24
맞춤조사 27
명료화 96
명목척도 62
모바일 조사 시스템 164
모수 287
모수통계방법 66
모의시험시장 221
모의시험시장법 23
모집단 64, 289
모집단분포 310
모집단의 동질성 299
무작위표본 287
무작위표본추출오차 288
무작위화 59, 203
문서보고 429
문장완성법 48, 98
물리적 통 214
미각시험 201
민족지 83
민족지적 조사 44

ㅂ

반분법 237
발생의 시간 순서 49
방문면접 152
범주척도 242
변수 230
복수시계열 설계 218
복수 응답 316
복수응답형 260
부등통제집단설계 218
분산 66, 305
분산분석 367
분포 66
비교척도 63
비디오 에스노그래피 187
비용대비가치 분석 109
비율 66
비율의 추정 298
비율척도 62
비표본추출오차 65, 287, 288
비확률표본추출방법 64, 291
빈도 66
빈도분석 305
빙산의 원리 53

ㅅ

사례분석 83, 86
사전조사 24, 238
사후검정 376
산점도 384
상관분석 383
상권분석 135
상호작용효과 218
상황분석 19
생각 이끌기 96
섀도 트래킹 186
서열척도 62
선다형 260
선정편차 206
설문조사 49, 143
설문지 62
성숙효과 206
소매유통조사 121
소매포화지수 129, 135
소멸효과 206
소비자 패널조 121
소셜 네트워크 100
수정결정계수 405
수학적 모델 구축 126
순서오류 263
순서오차 263
순수실험설계 216
순위서열척도 246
스노우볼 표본추출방법 64
스캐너조사 180
시간적 순서 199
시계열 설계 218
시장세분화 22
시장조사 20
시장추세 분석 126
시장 트랙킹 126
시험단위 59, 202
시험마케팅 23, 220
시험효과 206
신디케이트 서비스 27
신뢰구간 66
신뢰성 235
실사작업 65
실태조사 125
실험 대상 202
실험실실험 219
실험의 타당성 206
실험조사 23, 59, 200
실험집단 203
심리묘사적 변수 22

심장혈관계 181
쌍대비교척도 246

ㅇ
안구 운동(Eye Movement) 측정 184
안정성 236
알파계수 237
알파계수 또는 크론바하 알파 237
양측검정 312
어의판별척도 245
연구 비용 95
예비조사 238
온라인 일기 187
외부자료 110
외적 타당성 206
우발적 사건 206
우편조사 151
원시실험설계 216
유도질문 273
유사실험설계 216
유의수준 313, 314
유통조사 25
응답자 143
응답자 오류 146
의미 찾기 96
이메일 조사 151
이변량분석 66
이야기완성법 98
이중 질문 276
이차자료 49
인과관계 198
인과조사 46, 198
인구통계 변수 22
인위적 관찰 , 177
인터넷조사 151
일차자료 60
임계치 314

ㅈ
자기기입식 설문조사 60, 151
잠깐 멈춤 96
재고조사 178
전수조사 64
전진선택법 409
전화조사 60, 151
정량조사 43
정비작업 66
정성조사 43
제3자 기법 48
제품개념시험 22
조사목적 52
조사문제 52
조사보고서 429
조사설계 57
조사질문 52
조작적 정의 62, 230
종단면 설계 58
종속변수 59, 200
주관식 응답 317
주효과 218
중간보고 429
중심경향 306
중심극한정리 310
중앙 값 66
중위수 306
지리인구통계정보 135
지리적 변수 22
지역분석 135
직접 관찰 175
직접 비용 95
질적 척도 233
집단집중면접 44

ㅊ
착수보고 429
처치변수 200
총합척도 245
최빈 값 66
최빈값 306
최소자승법 396
추론적 분석 305
추론통계분석 66
추정 66
측정 62
측정도구 62
측정방법변화 206
측정척도 62
층화표본추출 291
층화표본추출방법 64

ㅋ
카이제곱 351
캐묻기 96
코딩 66
콘셉트 테스트 82
콜라주 98
퀄트릭스 164
클릭율 24

ㅌ
타당성 238
타운 와칭 186
탐색조사 45, 81
통계량 287
통계적 통제 59, 214
통계청 116
통제시험시장 221

통제시험시장법 23, 134
통제 조 59
통제집단 203
투사법 44
툭 던지기 96

ㅍ

판단표본추출 292
판단표본추출방법 64
패널조사 49
편의표본추출 292
편의표본추출방법 64
평균 66, 305, 306
평균의 추정 297
폐쇄형 질문 259
포지셔닝 22
표본분포 310
표본설계 57
표본조사 287
표본추출간격 294
표본추출단위 64, 289
표본추출분포 310
표본추출오차 65
표본추출프레임 64, 289
표본추출프레임 오차 289
표본크기 64
표적시장 선정 22
표준시험시장 221
표준시험시장법 134
표준조사 27
표준편차 66, 305
피부(Skin) 측정 182
피어 섀도잉 186
피어슨 상관계수 383
피플미터 172

ㅎ

학습 효과 263
한국표준산업분류 117
할당표본추출 292
할당표본추출방법 64
현상학 , 83
현장실험 219
혼란변수 49, 59, 199
확률표본추출방법 64, 291
회귀분석 66, 394
횡단면 설계 58
후진제거법 409
흔적증거 178
히스토그램 305

A–Z

ANOVA 66
ATLAS.ti 101
CATI 155
Chi-square 검정 66
CRM 130
Electroencephalography: EEG 173
eye-tracking monitor 173
FAX조사 151
IRB 427
KSDC DB 164
Mann-Whitney 검정 66
NVivo 101
POP 187
psychogalvanometer 173
pupilometer 173
RDD 방식 157
STP 전략 133
t-test 66
TV 시청률 조사 179
voice pitch analyzer 173
Z-MET 44

1종오류 313
2종오류 313

저자소개

김종훈

서울대학교 상과대학 경영학과 학사
서울대학교 대학원 경영학과 석사
The University of Georgia 경영학 박사(마케팅)
University of Saskatchewan 조교수
인천대학교 경영대학장 겸 경영대학원장
현) 인천대학교 경영학부 교수

이상권

고려대학교 사회학과 박사 수료
건국대학교 벤처기술학과 기술경영 박사 수료
한국리서치 마케팅 · 여론조사 부사장/CMO
고려대학교, 경기대학교 사회학 강사
현) 한국조사협회(KORA) 전임교수

이은미

부경대학교 경영학과 석사
부경대학교 경영학과 박사
현) 창신대학교 경영회계학과 조교수

마케팅리서치 인사이트

2017년 9월 5일 1판 1쇄 인쇄
2017년 9월 10일 1판 1쇄 발행

지 은 이 김종훈 이상권 이은미
펴 낸 이 최용구
펴 낸 곳 이프레스

주 소 (04316) 서울시 용산구 원효로 89길 19 (원효로1가)
전 화 537-1720(영업부), 537-1721(편집부), 537-1711(팩스)
이 메 일 epress01@naver.com
홈페이지 www.epress1.com
등 록 2009년 12월 10일 제16-2710호

기획마케팅 최용구 장만동 송대용 최충구
책임편집 석기은 황가연
본문편집 다인
표 지 SDY

ISBN 979-11-87570-00-4 93320

정가 30,000원